Salafismus in Deutschland

Reihe für Osnabrücker Islamstudien

Herausgegeben von
Bülent Ucar und Rauf Ceylan

Band 17

PETER LANG
EDITION

Rauf Ceylan/Benjamin Jokisch (Hrsg.)

Salafismus in Deutschland

Entstehung, Radikalisierung und Prävention

PETER LANG
EDITION

Bibliografische Information der Deutschen Nationalbibliothek
Die Deutsche Nationalbibliothek verzeichnet diese Publikation in der DeutschenNationalbibliografie; detaillierte bibliografische Daten sind im Internet über http://dnb.d-nb.de abrufbar.

Gedruckt mit Unterstützung des Bundesministeriums für Bildung und Forschung.

GEFÖRDERT VOM

Bundesministerium für Bildung und Forschung

Umschlagabbildung:
© Bilal Erkin

Lektorat:
Bettina Kruse-Schröder und Jörg Ballnus
Satz: Elhakam Sukhni und Bettina Kruse-Schröder

ISSN 2190-3395
ISBN 978-3-631-64458-4 (Print)
E-ISBN 978-3-653- 978-3-653-03178-2 (E-Book)
DOI 10.3726/978-3-653-03178-2

Peter Lang Edition ist ein Imprint der Peter Lang GmbH.
Peter Lang – Frankfurt am Main · Bern · Bruxelles · New York · Oxford · Warszawa · Wien

Diese Publikation wurde begutachtet.

www.peterlang.com

Inhaltsverzeichnis

Inhaltsverzeichnis ... 5

Rauf Ceylan, Benjamin Jokisch,
Einleitung ... 7

I Geschichte und Gegenwart des Salafismus in der islamischen Welt ... 13

Benjamin Jokisch,
„Salafistische" Strömungen im vormodernen Islam ... 15

Abdurrahim Kozalı,
Zur Bedeutung von salaf und „Salafismus" ... 37

Bacem Dziri,
Der Salafismus in innerislamischer Selbst- und Fremdverortung ... 47

Silvia Horsch,
Zu konzeptuellem Gehalt und medialen Dimensionen des dschihadistischen Märtyrerkults des 20. und 21. Jahrhunderts: Das Erbe ʿAbdullāh ʿAzzāms ... 85

Moussa Al-Hassan Diaw,
Salafismus, Zelotismus und politischer Exklusivismus ... 119

Elhakam Sukhni,
Das gezielte Töten von Zivilisten und Nichtkombattanten im salafitisch-ǧihādistischen Diskurs ... 129

Sami Zemni,
Salafism and the Arab Revolutions. Analyzing some general trends ... 153

Rüdiger Lohlker,
Salafismus zwischen Realität und Fantasie ... 173

II Salafismus in Deutschland: Aspekte der Radikalisierung und Radikalisierungsprävention 191

Claudia Dantschke,
Radikalisierung von Jugendlichen durch salafistische Strömungen in Deutschland 193

Sabine Damir-Geilsdorf,
Zu politischer Identitätsbildung als Radikalisierungsfaktor bei jungen Muslimen in Deutschland 215

Marwan Abou Taam,
Radikalisierungsmechanismen am Beispiel des Salafismus in Deutschland 239

Michael Kiefer,
Thesen zum Umgang mit der neosalafistischen Mobilisierung – Zwischen Hilflosigkeit und gezielter pädagogischer Intervention 255

Personenverzeichnis 265

Einleitung

Benjamin Jokisch/Rauf Ceylan

Der Salafismus als islamisch-fundamentalistische Strömung hat weltweit, und so auch in Deutschland, deutlich an Relevanz gewonnen, was sich nicht zuletzt in der medialen Präsenz der Thematik widerspiegelt. Die Zahl vor allem gewaltbereiter Salafisten im Lande hat in den vergangenen Jahren zweifellos zugenommen, auch wenn der Anteil salafistischer Gruppierungen an der Gesamtzahl der Muslime nach wie vor sehr gering ist. Angesichts massiver Gesetzesüberschreitungen durch Salafisten besteht Einigkeit in allen Teilen der Gesellschaft über die Notwendigkeit geeigneter Gegenmaßnahmen, wobei die Behandlung der Symptome durch die Sicherheitsbehörden bisher im Vordergrund stand. Die immer deutlicher werdende Komplexität des Phänomens macht darüber hinaus gehende Maßnahmen erforderlich. Vor allem aber zeigen sich immer noch Defizite in der Erforschung der Ursachen, Erscheinungsformen und Methoden des Salafismus sowie in der Einwicklung geeigneter, koordinierter Strategien im Bereich der Prävention und Deradikalisierung.

Ziel des vorliegenden Bandes ist es, diesem Desiderat nachzukommen und einen weiteren Beitrag zur interdisziplinären Erforschung des Salafismus zu leisten. Muslimische Theologen, Sozialwissenschaftler, Sicherheitsexperten sowie Islamkundler sind aufgefordert, verschiedene Aspekte des Salafismus aus ihrer jeweiligen Perspektive zu beleuchten, wobei der Fokus einerseits auf Entstehungsgeschichte und Zustandsbeschreibung des Phänomens (Teil I) und andererseits auf den Radikalisierungsmechanismen und den Möglichkeiten der Prävention liegt. Vorrangig geht es um den Salafismus in Deutschland, doch im Hinblick auf die historische Entwicklung sowie die aktuelle Bedeutung auf globaler Ebene ergeben sich Fragestellungen, die über Deutschland als Betätigungsfeld des Salafismus hinausgehen.

Ein zentrales Problem bei der Behandlung des Gegenstandes bleibt die klare Eingrenzung des Phänomens. Der zunehmend erkennbaren Vielschichtigkeit der Erscheinung steht eine inflationär pauschalisierende Anwendung des Begriffes „Salafismus" in den Medien sowie auch in der wissenschaftlichen Literatur gegenüber. Trotz vielfacher Differenzierungsversuche ist immer noch nicht klar, was genau der Salafismus beinhaltet. Insbesondere die Beiträge von M. Diaw und R. Lohlker liefern hier Einblicke in die gängigen Typologien sowie Vorschläge für weitere Differenzierungen, zumal der Salafismus ein hohes Maß an Heterogenität und Fluktuation aufweist.

Sinnvoll erscheint zudem die in der Tendenz überwiegende Feststellung, dass der Salafismus ein insgesamt neuartiges Phänomen darstellt, das sich historisch nicht als ein dem Islam wesensimmanentes Element erklären lässt und deshalb, so manche Autoren, besser unter dem Begriff „Neo-Salafismus" zu fassen ist. Der Rückbezug auf Traditionen des frühen, ursprünglichen Islam als charakteristischer Zug nahezu aller islamischen Strömungen, und nicht nur des Salafismus, kann und darf in dieser Allgemeinheit nicht als Rechtfertigung dafür dienen, den Islam als Ganzes unter Generalverdacht zu stellen. Dies wird besonders deutlich im Beitrag von A. Kozali, der auf der Grundlage relevanter Texte aus Koran und Sunna gezielt auf den Unterschied von *salaf* und „Salafismus" eingeht und nachweist, dass die frühislamische Tradition in Wirklichkeit einem steten Wandel unterlag und in keiner Weise der von den Salafisten vorgegebenen statischen Form entspricht. Zu einem ähnlichen Ergebnis gelangt die Studie von Mitherausgeber B. Jokisch über eventuelle Vorläufer des Salafismus im vormodernen Islam. Abgesehen davon, dass es in der Vormoderne keine Bewegung oder Strömung mit der Bezeichnug „Salafiyya" gab, weisen alle von den Salafisten bemühten Traditionsmaterialien und Konzepte erhebliche Transformationen auf, die nicht zuletzt auf die Abkoppelung vieler Salafisten von der etablierten islamischen Gelehrsamkeit zurückgehen. Eine direkte konzeptuelle oder sonstige historisch gewachsene Verbindung mit autoritativen Persönlichkeiten der Vormoderne wie Aḥmad b. Ḥanbal (st. 854), einem maßgeblichen Vertreter der ahl al-ḥadīṯ und Gründervater der Ḥanābila, Ibn Taymiyya (st. 1328) oder Muḥammad b. ʻAbdalwahhāb (st. 1792), wie sie die Salafisten zumeist postulieren, ist nicht erkennbar. Während die formale vorgebliche Anknüpfung an die Tradition einen legitimatorischen Zweck erfüllt, dient die für den Laien i.d.R. nicht erkennbare Transformation der Traditionen und Konzepte durch Selektion, Neuinterpretation und Verbindung mit neuen, teilweise nicht-islamischen Elementen der Anpassung an die propagandistischen und gegebenenfalls militärisch-strategischen Bedürfnisse der salafistischen Gruppierungen. Ein konkretes Beispiel dafür bildet der von ʻAbdullāh ʻAzzām im 20. Jahrhundert begründete und von S. Horsch in ihrem Beitrag detailliert beschriebene Märtyrerkult. Das in der Tradition auf das Jenseits beschränkte Märtyrerkonzept wird im salafistischen Kontext erweitert und durch Verknüpfung mit säkularen (nationalen, kommunistischen) Elementen wie etwa der Opferrhetorik der palästinensischen Dichtung auf das Diesseits bezogen. Die Stilisierung der Märtyrer als Elite im Rahmen des salafistischen Märtyterkultes geht in Wirklichkeit auf leninistischen Ursprung zurück. Mitunter wird die Tradition direkt außer Kraft gesetzt, indem etwa durch Missachtung des ehemals strengen Bilderverbotes Bilder von sterbenden Menschen in die mediale Propaganda einbezogen werden. Ähnliches gilt für die Legitimation zum Töten, ein

Konzept, das bei den salafistischen Agitatoren ebenfalls eine erhebliche Umdeutung erfährt. Wie E. Sukhni in seinem Artikel herausstellt, weichen die gewaltbereiten Gruppierungen der Salafisten auch hier von der Tradition ab und erweitern den Kreis der als „Ungläubige“ zu qualifizierenden Feinde des Islam generell auf Herrscher (islamischer und nicht-islamischer Länder) und ihre Kollaborateure sowie auf unbeteiligte Zivilisten, Frauen und Kinder, deren Tötung als „unvermeidbarer Kollateralschaden“ gerechtfertigt wird.

All diese Positionen, die hier nur exemplarisch vorgestellt werden können, stehen nicht nur im Widerspruch zur gängigen Auffassung vormoderner muslimischer Gelehrter – einschließlich des von den Salafisten beanspruchten Ibn Taymiyya – sondern erregen auch den Unmut der meisten muslimischen Autoritäten der Gegenwart. In seinem Beitrag zur Selbst- und Fremdverortung des Salafismus innerhalb des Islam beschreibt B. Dziri u.a. die sunnitische Offensive, der sich militante salafistische Gruppierungen gegenübersehen. In Anlehnung an eine historische Parallele werden sie von der sunnitischen Mehrheit als „Ḫawāriǧ“ deklassiert, da sie gleich jener frühislamischen, hochmilitanten Sekte jenseits der islamischen Orthodoxie stehen und von dieser als Bedrohung angesehen werden. Als wesentliches Kriterium zur Unterscheidung der (repräsentativen) islamischen Hauptströmungen und jener militanten (nicht-repräsentativen) Splittergruppen verweist der Autor auf das *iḫtilāf*-Prinzip (Duldung der Meinungsvielfalt), das für die Ersteren, nicht aber für die Letzteren gelte. Insgesamt wird deutlich – und dieser Aspekt wird leicht unterschätzt – dass der Salafismus nicht nur für die westliche Welt, sondern auch für den weitaus größten Teil der islamischen Welt eine ernste Herausforderung darstellt.

Der Salafismus zeigt sich in höchst unterschiedlichen regionalspezifischen Formen. Dennoch entwickelt er sich nicht losgelöst von der globalen weltpolitischen Lage. Wie sehr auch der deutsche Salafismus mit der Weltpolitik verknüpft ist, hat erst jüngst die Neigung einiger deutscher Salafisten zur Teilnahme am Bürgerkrieg in Syrien offenbart. Auch der arabische Frühling hat sicherlich zur Intensivierung salafistischer Aktivitäten in verschiedenen Teilen der Welt beigetragen. Insbesondere diese Ereignisse bilden den Hintergrund für die Studie von S. Zemni, der sich mit der Entstehung und Entwicklung salafistischer Strömungen und Parteien im Rahmen der arabischen Revolutionen in Ägypten und Tunesien befasst und davon ausgehend den Aspekt der Globalisierung salafistischer Ideologien herausstellt. Ein Beispiel für die Wirkkraft salafistischen Aktivismus, so S. Zemni, ist die neuerdings zu beobachtende Verschärfung des Konflikts zwischen Sunniten und Schiiten.

Der stärker auf Deutschland fokussierte zweite Teil des Bandes behandelt Aspekte der Radikalisierung sowie Möglichkeiten der Prävention. Einen empirisch äußerst fundierten Bericht zu Radikalisierungsprozessen unter deutschen

Jugendlichen liefert C. Dantschke von der Gesellschaft Demokratische Kultur in Berlin. Der Fokus ihrer Studien liegt auf dem politischen Salafismus, den sie scharf vom puristischen, nicht-gewaltsamen Salafismus unterscheidet. Die Ursachen der Radikalisierung dschihadistischer Salafisten sind nach ihren Beobachtungen zunächst in der Zunahme der Prediger, aber auch im propagandistischen Potential des Internets zu sehen. Die für den Salafismus rekrutierten Jugendlichen, darunter auch Mädchen, erweisen sich zumeist als religiös-theologische Analphabeten und stammen aus durchaus unterschiedlichen Milieus. Oftmals aber sind sie gesellschaftlich ausgegrenzt und damit empfänglich für salafistische Multiplikatoren mit ähnlicher Sozialstruktur. Neben der Authentizität der Protagonisten ist es auch die Symbolsprache, das Outfit und die Verbildlichung der Ideologie. Entgegen der islamrechtlichen musikkritischen Tradition konnte sich ein Pop-Dschihadismus entwickeln, in dem Maximen des Salafismus über die Musik vermittelt werden. Inhaltlich fördert der Salafismus mit einem exklusiven Wahrheitsanspruch das Selbstwertgefühl der zumeist stigmatisierten Anhänger. Die Ideologie der Ungleichwertigkeit schafft einen scharfen Kontrast zu allen Andersdenkenden, während gleichzeitig innerhalb der Gemeinschaft Egalitarismus suggeriert wird. Generell bilden salafistische Zirkel ein attraktives Sammelbecken für Jugendliche, die aufgrund verschiedener Stigmata nicht oder nicht voll in die Gesellschaft integriert sind. Statt repressiver Maßnahmen durch die Sicherheitsbehörden plädiert die Autorin daher für präventive Maßnahmen im Rahmen zivilgesellschaftlicher Einrichtungen.

Ebenfalls empirisch wertvolle Daten beinhaltet der Beitrag von S. Damir-Geilsdorf. Auf der Grundlage verschiedener Videos, Foren, Websites und qualitativer Interviews mit Akteuren der salafistischen Szene geht sie der Frage nach, inwieweit die politische Identitätsbildung als Faktor für die Radikalisierung muslimischer Jugendlicher zu betrachten ist. Während die Debatten zwischen den verschiedenen, puristischen und politischen Gruppierungen der Salafisten einerseits eine Vielfalt von Positionen offenbaren, zeigen sie andererseits eine gewisse Tendenz zur Einbeziehung politischer Faktoren bei der Bestimmung der Gruppenidentität. Kennzeichnend ist die Formulierung dichotomer Weltbilder, in denen klar zwischen Freund und Feind unterschieden wird und die an gängige, nicht ureigentlich islamische Kritikmuster (Kapitalismuskritik, Antiamerikanismus) anknüpfen. Auch der Bezug auf politische Konflikte und Kriege in der islamischen Welt und die Solidarisierung mit den dortigen Muslimen fördert das Wir-Gefühl. In Verbindung mit persönlichen Ausgrenzungserfahrungen kann dies zur Radikalisierung führen. Umgekehrt können die Auseinandersetzungen zwischen den verschiedenen Gruppierungen der Salafisten aber auch einen deradikalisierenden Effekt haben, wenn etwa streng dschihadistische Positionen einer massiven Kritik durch puristische Salafisten ausgesetzt sind.

Weitere Beschreibungen zur Innenstruktur salafistischer Gruppierungen unter besonderer Berücksichtigung relevanter Radikalisierungsmechanismen finden sich in der Studie von M. Abou-Taam. Generell lassen sich salafistische Gemeinschaften weniger auf eine besondere Attraktivität islamischer Ideen als vielmehr auf eine allgemeine Sinnkrise, bedingt durch radikale gesellschaftliche Transformationen und die Suche nach einer eigenen Identität, zurückführen. Die von den Gruppierungen vermittelten Werte vermitteln ein Gefühl der moralischen Überlegenheit, das durch die staatlichen Verfolgungen der eingeschworenen Gemeinschaften noch verstärkt wird. Der Zusammenhalt innerhalb der Gruppen ist so stark, dass Denken nur im Kollektiv möglich ist, während eine interne diskursive Auseinandersetzung mit den programmatischen Inhalten ausgeschlossen wird. Obwohl die Gruppen zunächst egalitaristisch erscheinen, sind sie unter der Leitung eines charismatischen Oberhauptes in Wirklichkeit hierarchisch strukturiert. Je nach Einsatz- und Gewaltbereitschaft ist ein Aufstieg innerhalb der Gruppe möglich, was wiederum die Bindung an die Gemeinschaft verstärkt. Angesichts der komplexen Strukturen salafistischer Gruppen hält der Autor differenziertere Deradikalisierungsstrategien für erforderlich, was u.a. eine engere Vernetzung der Teilkompetenzen (Polizei, Jugendämter, Migrationsbeauftragte, islamische Einrichtungen etc.) impliziert.

Der letzte Beitrag des Bandes von M. Kiefer verweist nochmals in prägnanter Weise auf die bisherigen Versäumnisse, fehlende Expertise und Ressourcen im Umgang mit der neosalafistischen Mobilisierung. Nicht nur bedarf der Radikalisierungsbegriff einer Präzisierung – nicht jedes Bekenntnis zum Salafismus impliziert Radikalisierung –, auch die empirischen Daten über den Bestand salafistischer Gruppen in Deutschland sowie ihre Rekrutierungs- und Mobilisierungsstrategien sind nach wie vor ungenügend. Auch sieht der Autor in der Dominanz sicherheitsbehördlicher Maßnahmen eine Gefahr, zumal die muslimischen Teile der Bevölkerung in die Defensive gedrängt werden. Vielmehr sollten Maßnahmen der primären und sekundären Prävention von sicherheitsrelevanten Maßnahmen der tertiären Prävention getrennt werden. Außerdem ist der Salafismus als ein gesamtgesellschaftliches, und nicht spezifisch islamisches, Phänomen zu sehen, dem auf der Präventionsebene durch Erweiterung der Zielgruppen entsprechend begegnet werden müsse.

I
Geschichte und Gegenwart des Salafismus in der islamischen Welt

„Salafistische“ Strömungen im vormodernen Islam

Benjamin Jokisch

I. Einleitung

Verfolgt man die Medien, entsteht leicht der Eindruck, der Islam sei eng verknüpft mit Fanatismus und Gewalt, mit Werten, die den Vorstellungen moderner demokratischer Gesellschaften widersprechen.[1] Dies gilt insbesondere für jene Strömung des Islam, die allgemein als „Salafismus“ bezeichnet wird und in ihrer radikalen Ausprägung tatsächlich zur Anwendung von Gewalt neigt. Während die Einschätzungen bezüglich der Anzahl gewaltbereiter Salafisten in Deutschland wie auch in anderen Ländern schwanken, besteht doch Einigkeit darüber, dass es sich um eine kleine Minderheit handelt. Die für die überproportionale mediale Präsenz verantwortlichen Gruppen radikaler Salafisten sind in ihrer Zahl und Stärke zweifellos begrenzt, werfen aber dennoch die hier näher zu behandelnde Frage auf, inwieweit die Wurzeln des Salafismus in der Geschichte des Islam zu suchen sind, zumal Salafisten sich ja gerade auf Konzepte und Autoritäten des vormodernen Islam berufen. Die Meinungen gehen in der Frage weit auseinander, was angesichts der unterschiedlichen Darstellungen und Deutungen der islamischen Geschichte wenig überrascht. Während einerseits durchaus eine generelle Prädisposition des vormodernen Islam für den Salafismus der Gegenwart gesehen wird – sei es durch eine „theologische Blockade“, die seit dem Triumph der Orthodoxie im 9. Jahrhundert eine klare Trennung von Staat und Religion verhindere,[2] sei es speziell durch traditionalistische Konzepte in Recht und Theologie des frühen und mittelalterlichen Islam[3] – werden andererseits exogene Faktoren wie der Kolonialismus und im

1 So ist das Islambild (Nahost) der deutschen überregionalen Presse u.a. durch ein *worst-case*-Denken charakterisiert, d.h. Konzentration auf als negativ empfundene Vorgänge und entsprechende assoziative Verkettung der Art: Islam = politischer Islam = Fundamentalismus = Gewalt (K. Hafiz, *Die politische Dimension der Auslandsberichterstattung, Bd. 2: Das Islambild der deutschen überregionalen Presse*, Baden-Baden 2002, S. 301).

2 L. Boukra, *Le djihadisme: l'islam à l'éprueve de l'histoire*, Paris 2011, S. 143-5.

3 B. Haykel, *"On the nature of Salafi thought and action"*, in: Meijer, R. (ed.) *Global Salafism. Islam's new religious movement*, London 2009, S. 37. Solange Koran und Sunna als absolut und für alle Zeit wahr ausgegeben werden, sind nach Auffassung von T. Nagel Islam und Islamismus (wohl weitgehend deckungsgleich mit Salafismus) nicht voneinander zu trennen (*„Islam oder Islamismus? Problem einer Grenzziehung“*, in H. Zehetmair (Hg.), *Der Islam. Im Spannungsfeld von Konflikt und Dialog*, Wiesbaden 2005, S. 33). Im Hinblick auf die zentrale Bedeutung der Tradition im vormodernen

weitesten Sinne die voranschreitende Globalisierung als ursächlich für radikal-islamische Strömungen angeführt, die, so die Überzeugung, in Wirklichkeit einen Bruch mit der islamischen Tradition darstelle.[4]

Zunächst ist festzuhalten, dass es im vormodernen Islam keine Bewegung oder Strömung gegeben hat, die als *salafiyya* bezeichnet wurde oder sich selbst in dieser Weise bezeichnete.[5] Vielmehr taucht der Begriff erstmals Anfang des 20. Jahrhunderts auf, als muslimische Intellektuelle wie Ǧamāl ad-Dīn al-Afġānī, Muḥammad ʿAbduh oder Rašīd Riḍā versuchten, den Islam angesichts der kolonialistischen Herausfordungen zu reformieren und sich dabei u.a. auf die frommen Altvorderen (*as-salaf aṣ-ṣāliḥ*) beriefen.[6] Jene Altvorderen repräsentieren aber weder eine Bewegung noch ein Konzept, sondern gelten lediglich als herausragende, fromme Gläubige des frühen Islam, die dem Propheten zeitlich und oftmals auch räumlich nahe standen und somit das Ideal der islamischen Umma praktizierten. Die von den Reformisten verbreitete Vorstellung, die islamische Welt müsse zur Überwindung der Krise zu ihren ursprünglichen, authentischen Wurzeln zurückfinden, wurde im Laufe des 20./21. Jahrhunderts von verschiedenen Bewegungen in unterschiedlicher Weise aufgegriffen, sodass der Begriff des „Salafismus" heute in Wirklichkeit für ein weites Spektrum an Konzepten steht, die Gemeinsamkeiten, aber auch deutliche Unterschiede aufweisen. Klare Abgrenzungen zu verwandten, auf den Islam bezogenen Begriffen wie Islamismus, Ǧihadismus, Fundamentalismus, Radikalismus oder Extremismus fallen schwer.[7] Um eventuelle historische Vorläufer des Salafismus ausmachen zu können, müssen – in einer provisorischen Übersicht – zunächst einmal die wesentlichen Elemente der modernen salafistischen Gruppierungen und ihrer Konzepte herausgestellt werden, wobei Selbst- als auch Fremdbeschreibungen zu berücksichtigen sind.

Islam spricht B. Rougier von „salafisme médieval" (*Qu'est ce-que le salafisme?*, Paris 2008, S. 7).

4 Siehe dazu den Beitrag von A. Kozali *„Zur Terminologie: Bedeutung von Salaf und Salafismus"* in diesem Band.

5 H. Lauzière, *"The construction of Salafiyya. Reconsidering Salafism from the perspective of conceptual history", in: International Journal of Middle East Studies 42* (2010), S. 371-2.

6 A. Merad, Art. *"Iṣlāḥ"*, in: EI², Bd. IV, E. J. Brill: Leiden, 1978, S. 148.

7 L. Boukra, *Le djihadisme*, S. 138; Steinberg, G./Hartung, J.-P. *"Islamist groups and movements"*, in W. Ende/U. Steinbach (eds.), *Islam in the world today. A handbook of politics, religion, culture, and society*, Cornell University Press 2010, S. 682; B. Krawietz, *„Ibn Taymiyya, Vater des islamischen Fundamentalismus? Zur westlichen Rezeption eines mittelalterlichen Schariatsgelehrten"*, in M. Atienza et al. (eds.), *Theorie des Rechts und der Gesellschaft. Festschrift für Werner Krawietz zum 70. Geburtstag*, Berlin 2003, S. 53-4.

II. Charakteristika des modernen Salafismus

Das in Medien und Wissenschaft erzeugte Bild des Salafismus ist äußerst vielfältig und teilweise sogar widersprüchlich. Darüber hinaus gibt es Gruppierungen, die sich selbst als „salafistisch“ bezeichnen, sich zugleich aber gegenseitig ausdrücklich als „ungläubig“ disqualifizieren.[8] Ein wichtiger gemeinsamer Anknüpfungspunkt ist die „Tradition“, die, so die allgemeine Überzeugung, von den frommen Altvorderen beachtet und gelebt wurde. In Bezug auf Ziele, Hermeneutik, Strategien, Organisationsformen und gesellschaftliche Verortung lassen sich aber erhebliche Unterschiede feststellen, die nicht nur auf die längere Entwicklungsgeschichte seit dem ausgehenden 19. Jahrhundert, sondern auch auf die Verschiedenartigkeit regionaler Kontexte zurückzuführen sind, in denen salafistische Bewegungen entstanden. Begriffe wie Neo-Salafiyya, neo-traditionalistischer Salafismus, modernistischer Salafismus, konservativer Salafismus, politischer Salafismus, globaler Salafismus oder militanter Salafismus machen die unterschiedlichen Akzente deutlich.[9] Gelegentlich wird auch zwischen drei Hauptformen des Salafismus, dem literalistischen, reformistischen und ǧihadistischen Salafismus, unterschieden.[10] Während die erstere, quietistische Form des Salafismus eine strikt puristische Lebensweise auf der Grundlage der religiösen Texte anstrebt, zielt die zweite, ebenfalls nicht militante Form auf eine Reform des Islam, wobei durch den Rückgriff auf das Vorbild der Altvorderen die Verkrustungen späterer Entwicklungen im Islam überwunden werden sollen. Die dritte Form, auch als Ǧihadismus bezeichnet, definiert den *ǧihād* als individuelle Pflicht und stellt Gewalt als Mittel zur Etablierung eines islamischen Staates in den Vordergrund. Die Heterogenität des Phänomens bringt es mit sich, dass die einzelnen salafistischen Gruppierungen zumeist nur einzelne jener Kriterien aufweisen, die zur Beschreibung des modernen Salafismus insgesamt notwendig erscheinen.

1. Tradition

Der Begriff des Salafismus impliziert die Rückbesinnung auf jene frühe Phase des Islam, in der der Prophet und weitere muslimische Autoritäten der ersten

8 R. Meijer, *"Introduction"*, in: Meijer, R. (ed.), *Global Salafism. Islam's new religious movement*, London 2009, S. 6.

9 Zu den einzelnen Begriffen siehe L. Berger Islamische Theologie, Wien 2010, S. 146-7; D. Baehr *Kontinuität und Wandel in der Ideologie des Jihadi-Salafismus. Eine ideentheoretische Analyse der Schriften von Abu Mus'ab al-Suri, Abu Mohammed al-Maqdisi und Abu Bakr Naji*, Bonn 2009, S. 27-44.

10 L. Boukra, *Le djihadisme*, S. 138.

drei Generationen (d.h. Gefährten, Nachfolger und Nachfolger der Nachfolger) in vorbildlicher Weise den authentischen, wahren Islam praktizierten. Dabei erfährt die durch den Propheten vermittelte Offenbarungsschrift in dessen Aussprüchen, Taten und Anerkenntnissen (Sunna) sowie in der Lebensweise früher, herausragender Muslime eine Präzisierung und Ergänzung, die im Zuge sechs anerkannter Hadithsammlungen aus dem 9. und 10. Jahrhundert kanonisiert wurden.[11] Koran und Sunna bilden prinzipiell das entscheidende normative Fundament nicht nur des Salafismus, sondern des sunnitischen Islam insgesamt. Da das Corpus an Traditionen trotz des formalen Anspruchs auf Vollständigkeit Lücken, Widersprüche und Unklarheiten aufweist, ist es stets Gegenstand kontroverser hermeneutischer Ansätze geblieben. Der Traditionsbegriff im islamischen Kontext, soweit er mit Koran und Sunna wiedergegeben wird, ist also durchaus variabel und bedarf in jedem Fall einer Konkretisierung. In der Tendenz neigen salafistische Ansätze zu einer verkürzten, selektiven Umschreibung der Tradition, sodass sich interessanterweise die Auslegungsmöglichkeiten erweitern. Für zahlreiche normative Diktate salafistischer Gruppen (Kopftuch, Bilderverbot, individueller *ǧihād* etc.) gibt es mit Blick auf die innerislamischen Kontroversen keine eindeutigen, expliziten Grundlagen in Koran und Sunna. Durch die Abkoppelung von den hermeneutischen Diskursen muslimischer Gelehrter seit dem 9./10. Jahrhundert entsteht ein Vakuum, das von den oftmals nicht gebildeten Salafisten beliebig ausgefüllt wird.[12] Was zunächst als strikte Anbindung an die Tradition erscheint, erweist sich bei näherer Betrachtung als eine sehr freie, willkürliche Form der Auslegung, die gerade von den Traditionalisten des vorklassischen Islam als *ra'y* (persönliche Meinung) hart bekämpft wurde.

Eine spezifische, vor allem für den modernen Salafismus relevante Form der Tradition bilden Narrative, die auf Begriffe oder Erzählungen in Koran und Sunna, aber auch spätere historische Ereignisse zurückgehen und sich im Laufe der Zeit als kultur- und handlungsbestimmende Ressourcen der Erinnerung verselbstständigt haben.[13] In ihrem abstrakten Gehalt behandeln sie Themen wie Erlösung, Konflikt mit Gott, Invasion, List, Verrat oder ehrenhafte Selbstauf-

---

11 Entsprechende, aber nicht deckungsgleiche, Traditionssammlungen etablieren sich ein wenig später auch im zwölfer-schiitischen Islam.

12 Charakteristisch für den modernen Salafismus ist der autodidaktische Zugang zu den Lehrgebäuden des Islam, wobei oftmals nicht einmal auf die Originalquellen zurückgegriffen wird (A. Böttcher, *"Ibn Taymiyya and Ibn Qayyim al-Jawziyya as changing salafi icons"*, in B. Krawietz/G. Tamer (eds.), *Islamic theology, philosophy and law. Debating Ibn Taymiyya and Ibn Qayyim al-Jawziyya*, Berlin/Boston 2013, S. 470, 476).

13 J. Halverson/ H. Goodall/S. Corman, *Master narratives of Islamic extremism*, New York 2011, S. 1, 198.

opferung.[14] Konkrete Anknüpfungspunkte sind u.a. koranische Begriffe wie Ǧāhiliyya, Pharao, Mahdī oder Satan bzw. historische Ereignisse wie die Kreuzzüge oder die Invasion der Mongolen, die von den modernen Salafisten im Zuge einer vereinfachenden Interpretation (Selektion der Fakten, binäre Sichtweise, fehlerhafte Analogie) auf die Gegenwart übertragen werden.[15] Die Verknüpfung mit konkreten Fakten der Gegenwart (Mongolen werden z.B. zu Amerikanern) macht derartige, als Allgemeinwissen anerkannte Narrative zu einem wichtigen rhetorischen Instrument der salafistischen Propaganda (*daʿwā*).[16] Im weiteren Sinne lassen sich auch die koranischen Prinzipien *al-amr bi-l-maʿrūf wa-n-nahy ʿan al-munkar* (Das Rechte gebieten und das Verwerfliche verbieten) und *al-walāʾ wa-l-barāʾa* (Treue und Bruch) zu diesen Narrativen zählen, zumal sie einen hohen Bekanntheitsgrad in der Geschichte des Islam erlangten und in den unterschiedlichsten Kontexten gedeutet und als Handlungsmaximen herangezogen wurden. Das erstere, mehrfach in Koran (z.B. 3:104, 3:110) und Sunna angeführt und gemäß der klassischen Doktrin als rein staatliche Handlungsmaxime interpretiert, bildet u.a. einen wichtigen Bestandteil im aktivistischen, staatsfeindlichen Konzept der ägyptischen *al-Ǧamāʿa al-islāmiyya.*[17] Das letztere, u.a. auf Koran 5:51 zurückgeführte Prinzip beinhaltet die Aufforderung, sich von Nicht-Muslimen fernzuhalten und stattdessen die Nähe der Muslime zu suchen. Bis auf wenige Ausnahmen wurde es von den Sunniten als *bidʿa* abgelehnt, während es bei Minderheitsgruppierungen wie den Ḫāriǧiten und Schiiten breite Anwendung fand.[18] Modernen Salafisten liefert es ein Argument für die scharfe Trennung von Muslimen und Nicht-Muslimen, für die jegliche Form der Kooperation ausgeschlossen wird.[19]

2. Exklusivismus

Während Tradition in der oben beschriebenen, eingeschränkten Version eines der wenigen Elemente darstellt, für das der moderne Salafismus positiv steht,

14 Ebd., S. 184.

15 Ebd., S. 198-205.

16 Ebd., S. 182.

17 R. Meijer, “*Commanding right and forbidding wrong as a principle of social action: The case of the Egyptian al-Jamaʿa al-Islamiyya*”, in: R. Meijer (ed.), *Global Salafism. Islam's new religious movement*, London 2009, S. 191. Eine ausführliche Darstellung zur historischen Dimension dieses Grundsatzes findet sich bei M. Cook *Commanding right and forbidding wrong in Islamic thought*, Cambridge 2000.

18 J.Wagemakers, “*The transformation of a radical concept: al-wala' wa'l-bara' in the ideology of Abu Muhammad al-Maqdisi*”, in R. Meijer (ed.), Global Salafism. Islam's new religious movement, London 2009, S. 84-5.

19 D. Baehr, *Kontinuität und Wandel in der Ideologie des Jihadi-Salafismus*, S. 74-9.

gibt es recht viele Elemente, die der Salafismus in aller Deutlichkeit als unvereinbar mit dem Islam ausschließt und entsprechend bekämpft. Salafismus definiert sich in den meisten seiner Ausprägungen weniger positiv durch die konkrete Formulierung eines in sich konsistenten Konzepts, als vielmehr negativ durch die Abgrenzung von anderen Gruppen und Konzepten. So wendet er sich entschieden gegen jegliche Form der Häresie, wobei der Begriff der Häresie extensiv zu verstehen ist und nicht nur frühislamische Strömungen wie die Qadariyya, Murǧiʿa, Muʿtazila oder Ǧahmiyya, sondern auch Kompromisskonzepte wie die Ašʿariyya oder Māturīdiyya umfasst, die sich im Rahmen des sunnitischen Islam als gleichberechtige oder gar mehrheitliche theologische Bekenntnisse fest etabliert haben. Besonders harter Kritik sieht sich der Schiismus ausgesetzt,[20] der seit dem Nachfolgestreit in der Mitte des 7. Jahrhunderts einen Sonderweg beschreitet und bis heute in einem Spannungsverhältnis zum Sunnismus steht.[21] Zentrales theologisches Argument der Salafisten gegenüber den genannten Gruppen ist das Prinzip von der Einheit Gottes (*tawḥīd*), das allerdings von all diesen Gruppen vertreten und teilweise noch restriktiver interpretiert wird. Die Salafisten folgen hier der Minderheitsdoktrin des Aḥmad b. Ḥanbal (st. 854), der die Kernfrage des *tawḥīd* vor allem dadurch zu umgehen versuchte, dass er sich einer spekulativ-rationalistischen Annäherung, wie sie die meisten seiner Zeitgenossen zumindest ansatzweise wagten, konsequent verweigerte.

Generell stellt sich der Salafismus gegen alle Formen der Neuerung (*bidʿa*), wobei die stets kontroverse Unterscheidung zwischen zulässiger und unzulässiger Neuerung, wie man sie aus den Darlegungen früher muslimischer Autoritäten wie etwa aš-Šāfiʿī (st. 820) kennt,[22] in der Regel entfällt. Die auf der Grundlage eines selektiven Traditionsbegriffes idealisierte Lebenspraxis der frühislamischen Umma wird so in einen scharfen Gegensatz zur Vielfalt späterer konkretisierender Fortentwicklungen in der islamischen Welt gebracht. Auch der weit verbreitete Sufismus steht im Feuer der Kritik, da nach salafistischer Auffassung zahlreiche Praktiken der Mystiker (Heiligenverehrung, Gräberkult etc.) als Form des Polytheismus (*širk*) im Widerspruch zum *tawḥīd* und zu authentisch islamischer Normativität stehen.[23]

---

20 B. Rougier, *Qu'est ce-que le salafisme?*, S. 13.

21 R. Brunner, *Annäherung und Distanz. Schia, Azhar und die islamische Ökumene im 20. Jahrhundert*, Berlin 1996, S. 296-99.

22 M. Talbi, «*Les bida*'», in: Studia Islamica 12 (1960) S. 62; M. Gronke,"'*Alles Neue ist ein Irrweg'. Zum mittelalterlichen arabischen Schrifttum über religiöse Missbräuche*", in: R. Brunner et al. (eds.), *Islamstudien ohne Ende. Festschrift für Werner Ende zum 65. Geburtstag*, Würzburg 2002, S. 135.

23 B. Rougier, *Qu'est ce-que le salafisme*?, S. 13.

Die deutliche Abgrenzung gegenüber Häresie und Neuerung dient der Profilierung und Identitätsbildung innerhalb des Islam. Eine weitere Dichotomie wird auf globaler Ebene konstruiert, auf der der Islam der nicht-islamischen Welt, d.h. vor allem christlichen oder westlichen Werten und dem durch den Staat Israel verkörperten Judentum, gegenübersteht. Der Rückgriff auf das Trauma der Kolonialisierung sowie die Vorstellung von der Dekadenz und Bedrohlichkeit des Westens – an sich ein Phänomen der jüngeren Geschichte – verbindet sich hier mit dem innerislamischen Ringen um Identität, Authentizität und Dominanz, ein Ringen, das als solches zweifellos eine Konstante der islamischen Geschichte darstellt. Im Extremfall erfolgt die pauschale Disqualifizierung aller ideologisch abweichenden Gruppierungen als Ungläubige (*takfīr*), was in historischer Perspektive mit Hinblick auf die Gefährdung des innerislamischen Friedens aber als kritisch angesehen und zumeist eingedämmt wurde.[24] Generell ist festzustellen, dass Sunniten wie al-Ġazālī (st. 1111) zur Vorsicht beim *takfīr* mahnten, zumal der Vorwurf des Unglaubens – so eine Prophetentradition – gleichbedeutend mit Mord sei.[25] Ein Muslim, der einen anderen Muslim zu Unrecht des Unglaubens bezichtigt, gilt selbst als Ungläubiger.

3. Ǧihād

Unter den verschiedenen Bewegungen und Gruppierungen des Salafismus zielen nur einige – oftmals als *salafiyya ǧihādiyya* bezeichnet – auf die gewaltsame Veränderung der bestehenden politischen und gesellschaftlichen Verhältnisse. Mitunter werden nicht explizit gewaltbereite salafistische Gruppierungen als Vorstufe zu ǧihādistischen Gruppen gesehen, zumal Mitglieder der letzteren zumeist den ersteren entstammen. Inwieweit aber das traditionelle *ǧihād*-Konzept überhaupt als Grundlage und Rechtfertigung salafistischer Gewaltbereitschaft dienen kann, ist umstritten.[26] Grundsätzlich ist zwischen dem kleinen und großen *ǧihād* zu unterscheiden, wobei der letztere, weitaus bedeutendere eben

---

24 Art. *"Takfīr"*, in: EI², Bd. 10, S. 122: Islamische Sekten wie etwa die Ḫāriǧiten bedienten sich dieser radikalen Strategie der Abgrenzung. Zwar finden sich auch in der sunnitischen Häresiographie Ausgrenzungen durch *takfīr*, doch beziehen sich diese nicht pauschal auf alle Nicht-Sunniten, sondern auf spezielle Randgruppen wie eben die Ḫāriǧiten oder extreme Schiiten (*ġulāt*).

25 aṭ-Ṭabarānī, *al-Muʿǧam al-kabīr*, 25 Bde., Kairo 1984-2008, Bd. 18, S. 193, Nr. 463.

26 Eine nähere Analyse der Grundlagen des *ǧihād* in Koran und Sunna findet sich bei R. Lohlker, *Dschihadismus: Materialien*, Wien 2009, S. 1ff. Bereits im frühen Islam weist der Begriff verschiedene Deutungen wie „Kriegsführung“ oder „Askese“ auf (ebd., S. 14, 17). Neben Elementen der Gewalt enthält der Koran eben auch solche der Großmut (ebd., S. 19).

nicht Gewalt gegen andere als vielmehr den Kampf des Einzelnen mit sich selbst meint. Gleichwohl wird auch der kleinere *ǧihād* regelmäßig in den Rechtskompendien thematisiert, teilweise sogar in Werken, die ausschließlich diesem Thema gewidmet sind. Hier geht es ausschließlich um den Kampf der Muslime gegen die Ungläubigen außerhalb des *Dār al-Islām*. *Ḏimmīs* – d.h. Buchbesitzer (Christen, Juden etc.), die dauerhaft im islamischen Herrschaftsbereich leben – genießen gegen Zahlung der Kopfsteuer einen besonderen Schutz und dürfen nicht bekämpft werden. Einschränkungen in Bezug auf den *ǧihād* im *Dār al-Islām* gelten insoweit, als Frauen, Kinder und alle, die nicht unmittelbar an den Kampfhandlungen beteiligt sind, zu schonen sind.[27] Überhaupt ist abzuwägen, so einige Rechtsgelehrte, ob statt des Krieges nicht ein Waffenstillstandsabkommen den Interessen der Muslime näherkommt.[28] Ein weitgehender Konsensus besteht darüber, dass keine Individualpflicht (*farḍ al-ʿayn*), sondern lediglich eine Kollektivpflicht (*farḍ al-kifāya*) zum *ǧihād* bestehe, d.h. nur soviele kampffähige Muslime sind nach Überzeugung des politischen Machthabers bzw. des Heerführers heranzuziehen, wie zur Durchführung des Krieges notwendig sind.[29] Dieses hier nur grob skizzierte *ǧihād*-Konzept, das auf der Grundlage des oben beschriebenen Traditionscorpus entwickelt wurde, spiegelt ein unter der islamischen Rechtsgelehrsamkeit weit verbreitetes, wenn auch theoretisches Modell wider. Es entstand in einer Zeit, in der Kriege überall und nicht nur in der islamischen Welt, als legitimes Mittel angesehen wurden, und entwickelte sich weiter, als mit der völkerrechtlichen Ächtung des Krieges ein Umdenken einsetzte. Zahlreiche Beispiele der jüngeren Geschichte wie etwa das durch ein *Fatwā* gebilligte Camp-David-Abkommen,[30] zeigen, dass auch nach islamischem Recht Lösungen für eine friedliche Koexistenz verschiedener, islamischer und nicht-islamischer, Staaten gefunden werden können.

4. Einheit von Staat und Religion

Ziel salafistischer Gruppen ist die Etablierung eines islamischen Staatswesens, in dem das islamische Recht, die Scharia, die einzige normative Grundlage bildet. Mit der Wiedereinführung des unter Atatürk aufgelösten Kalifats sollen die Voraussetzungen für die Rückkehr zum Ideal der frühislamischen Umma geschaffen werden. In ihm, so die salafistische Überzeugung, verkörperte der Pro-

27 Ibn Qudāma, *al-Muġnī* (Riad, o. D.), Bd. 8, S. 477-8.
28 Ebd., Bd. 8; S. 459.
29 Ebd., Bd. 8, S. 345-6.
30 S. Hartert, „*Ein ägyptisches fatwa zu Camp David*“, in: Die Welt des Islam 22 (1982), S. 139-42.

phet die untrennbare Einheit von göttlicher Herrschaft und muslimischem Gemeinwesen. Ob sich bereits in dieser frühen Phase neben verbindenden auch trennende Elemente finden, lässt sich mangels sicherer historischer Fakten nicht eindeutig feststellen. Auf jeden Fall kommt es aber in der nachfolgenden Phase insofern zu einer Trennung von Staat und Religion, als die Nachfolger des Propheten zwar eine weltliche, aber keine geistliche Führung mehr beanspruchen konnten. Gerade dieses Defizit an religiöser Autorität führte zusammen mit wieteren Faktoren dazu, dass eine Reihe frühislamischer Gruppen und Bewegungen die Legitimität der Kalifen anzweifelten. Spätestens seit der zweiten Hälfte des 9. Jahrhunderts fehlt den Kalifen jegliche Macht, die Einheit von weltlichem und religiösem Bereich zu sichern. Die Kontrolle islamischer Normativität lag nun weitgehend in den Händen der muslimischen Gelehrsamkeit, die zwar faktisch auf vielfältige Weise mit dem Staatsapparat verflochten war, formal aber als unabhängig anzusehen ist. Das trotz unbestreitbarer Verquickungen bestehende Spannungsverhältnis von Staat und Religion spiegelt sich nicht zuletzt in den Konzepten muslimischer Staatstheoretiker wie al-Māwardī, Abū Yaʿlā, Ibn Ǧamāʿa oder sogar Ibn Taymiyya wider. Danach kommt dem Kalifen die weltliche Aufgabe zu, in zentralen militärischen und administrativen Bereichen wie Kriegsführung, Steuereinziehung, Justizverwaltung etc. für Ordnung zu sorgen, zugleich aber ist er an islamische, nicht von ihm zu bestimmende Normen gebunden.[31] Der daraus resultierende Widerspruch zwischen staatlicher Handlungsfähigkeit einerseits und prinzipieller Unveränderlichkeit islamischer Normativität andererseits zeigt sich nicht nur auf theoretischer Ebene, sondern auch praktisch in einer Vielzahl von Konflikten zwischen Kalifen/Sultanen und Gelehrten. Die erstmals im 20. Jahrhundert nachweisbare Formel *dīn wa-dawla* steht somit für eine Einheit von Staat und Religion, die in dieser vollkommenen Form niemals existierte und auch nicht existieren konnte. Hinzu kommt, dass der eng mit der Einheitsidee verknüpfte Schariabegriff im Laufe des 20. Jahrhunderts eine neue Konnotation erfuhr. Erst im Zuge des Orientalismus und entsprechender Reaktionen in der islamischen Welt konnte der Begriff zu einer (scheinbar) festen, westlichen Rechtssystemen vergleichbaren, Größe werden, die dann in die frühere Geschichte des Islam zurückprojeziert wurde.[32] In Wirklichkeit bildete die Scharia stets ein recht offenes, diffuses Phänomen, dem je nach Raum und Zeit sehr unterschiedliche Inhalte zugeschrieben wurden. Wie dargelegt, basieren salafistische Konzepte auf einem restriktiven Traditions-

---

31 B. Jokisch, *„Herrschaft und Recht im frühabbasidischen Kalifat"*, in: Hochschule für Jüdische Studien (Hg.) *Tora und politische Macht*, Heidelberg 2010, S. 45ff.

32 B. Dupret/L. Buskens, *«L'invention du droit musulman. Genèse et diffusion du positivisme juridique dans le contexte normatif islamique»*, in: Pouillon, François (ed.) *Après l'orientalisme : l'orient crée par l'orient*, Paris 2011, S. 71-92.

begriff, der spätere Entwicklungen – und dazu gehört auch der erst im 10. Jahrhundert als Terminus verwandte Scharia-Begriff (ursprüngliche Bedeutung: kürzester Weg zur Wasserstelle) – ausschließt. Was also Salafisten im Einzelnen unter Scharia verstehen, bleibt offen, sodass auch das Scharia-basierte Konzept *dīn wa-dawla* wenig Aussagekraft besitzt.

5. Reaktivierung des *Iǧtihād*

Ein zentraler Aspekt der salafistischen Methodik (*manhaǧ*) ist die Zurückweisung des *taqlīd* (blinde Nachahmung der Position anderer Rechtsgelehrter), während der *iǧtihād* (größtmögliches, eigenständiges Bemühen bei der Suche nach einer Rechtslösung) besonders hervorgehoben wird. Nachdem das Tor des *iǧtihād* bereits im 10. Jahrhundert geschlossen worden sei (*sadd bāb al-iǧtihād*),[33] so die gängige Begründung der Salafisten, müsse der *iǧtihād* nun wieder belebt werden. Die salafistische Methodik wendet sich damit gegen die in den Rechtsschulen zu beobachtenden Tendenzen zur Verkrustung des islamischen Rechts. In seinem materiellen Gehalt wird es zunächst auf jene explizit überlieferten Normen reduziert, die nach salafistischem Verständnis zur authentischen Tradition gehören. Zugleich erweitert sich mit dem Verweis auf den *iǧtihād* das Spektrum der hermeneutischen Möglichkeiten, was angesichts der begrenzten Anzahl expliziter normativer Traditionen eine Notwendigkeit darstellt.

Der *iǧtihād* als Methode der islamischen Jurisprudenz lässt sich bereits im frühen Islam nachweisen, wird aber erst im Rahmen der *uṣūl*-Wissenschaft (*uṣūl al-fiqh*) näher konkretisiert. Kennzeichnend ist die Vielzahl rationaler Ableitungsmethoden, von denen die meisten innerhalb und zwischen den Rechtsschulen kontrovers diskutiert werden. Stein des Anstoßes war stets die Frage, inwieweit rationale und damit menschliche Erwägungen bei der Ausfüllung von (äußeren) Regelungslücken zulässig sind. Während also die salafistische Methodik mit dem *iǧtihād* auf ein historisches Konzept zurückgreifen kann, stellt sich dennoch die Frage, inwieweit die strikte Anbindung an die Tradition mit den rational-spekulativen Elementen des *iǧtihād* vereinbar ist. Wie sich zeigen wird[34], konnte die Ḥanbaliyya – d.h. jene traditionsbezogene Bewegung der Vormoderne, auf die sich salafistische Bewegungen der Gegenwart häufiger be-

---

33 Die Theorie von der Schließung des Tores des *iǧtihād* wurde zunächst von westlichen Orientalisten explizit formuliert, beeinflusste dann aber auch die Diskurse innerhalb der islamischen Welt. In Wirklichkeit war die Frage unter den muslimischen Gelehrten der Vormoderne stets kontrovers (B. Jokisch, *Islamisches Recht in Theorie und Praxis*, S. 2010-12).

34 Siehe unten.

rufen – den Widerspruch nur dadurch überwinden, dass sie in faktischer Loslösung von der Tradition zu einer für die rationale Argumentation aufgeschlossenen Rechtsschule mutierte.

III. „Salafistische“ Vertreter und Bewegungen der Vormoderne

Einige Aspekte salafistischer Konzepte weisen Bezüge zu verschiedenen früheren Konzepten der islamischen Geschichte auf, auch wenn zumeist inhaltliche Abweichungen zu beobachten sind. Eine andere Frage ist, ob es darüber hinaus Bewegungen oder Gruppen in der Vormoderne gab, die historisch in einer direkten, kausalen Beziehung zum Salafismus der Gegenwart stehen. Geht man von der These der „theologischen Blockade“ aus, der zufolge die Trennung von Staat und Religion im Islam niemals vollzogen werden konnte, entsteht leicht das Bild eines historischen Determinismus, der zwingend salafistische Bewegungen hervorbringt. In der Tat bildet der dogmatische Rückzug Mutawakkil's um die Mitte des 9. Jahrhunderts den Kulminationspunkt eines längeren Polarisierungsprozesses, der schließlich zur Etablierung der Unerschaffenheitsdoktrin führte. Die sunnitische und damit dominierende Vorstellung von der Unerschaffenheit (*ġayr maḫlūq*) und Unnachahmlichkeit (*iʿǧāz*) des Koran machte die Offenbarungsschrift sowie die daran anknüpfende Prophetentradition zum unantastbaren Maßstab zentraler Bereiche des gesellschaftlichen Lebens, darunter die islamischen Wissenschaften und das universal ausgerichtete Recht. Prinzipiell unterlagen Politik, Recht, Handel, Bildung und Kultur dem Primat der Tradition, wobei die Kontrolle über deren Einhaltung grundsätzlich von allen Gruppierungen der Gesellschaft beansprucht werden konnte. Die weithin anerkannte Autorität der Tradition als überstaatliche und zugleich für jedermann zugängliche und interpretierbare Instanz schaffte Raum für potentiellen Widerstand, sobald gesellschaftliche Veränderungen als von der Tradition abweichende Fehlentwicklungen wahrgenommen wurden. Während also einerseits das Traditionsideal allgemein ein wichtiges Leitmotiv gesellschaftlichen Handelns und Denkens bildete, gab es andererseits im Hinblick auf tatsächlichen gesellschaftlichen Wandel stets ein Ringen um die konkreten Inhalte der Tradition, wobei Gruppierungen mit „fundamentalistischer“ Ausrichtung in der Regel marginalisiert wurden. Wie im Folgenden gezeigt werden soll, entstanden in der Geschichte des Islam immer wieder Bewegungen, die in Berufung auf die wahre Tradition gesellschaftliche Veränderungen anprangerten. Sie erscheinen jedoch in sehr unterschiedlichen historischen Kontexten und weisen immer nur einige der o.g. Einzelkonzepte auf, die darüber hinaus oftmals nicht deckungsgleich mit denjenigen der modernen Salafisten sind.

a) Ḥanbaliyya

Begründet von dem namhaften Hadithgelehrten und der Gallionsfigur der *Miḥna* im 9. Jahrhundert Aḥmad b. Ḥanbal (st. 854) bildet die Ḥanbaliyya bis heute die kleinste der vier sunnitischen Rechtsschulen. Sie entsprang einem weiten Spektrum an frommen Traditionsgelehrten (*ahl al-ḥadīṯ*), die der Tradition einen klaren Vorrang vor der persönlichen Meinung (*raʾy)* einräumten und seit dem 8. Jahrhundert im Zuge des *ṭalab al-ʿilm* Überlieferungen früherer Autoritäten, insbesondere des Propheten, sammelten und weiter verbreiteten. Nicht selten berufen sich Salafisten auf Aḥmad b. Ḥanbal, der als einer der herausragenden Vertreter der späten *as-salaf aṣ-ṣāliḥ* gelten kann. Während die Ḥanbaliyya trotz ihres ausgeprägten Bezuges zur Tradition im Laufe der Zeit starke Tendenzen zur Anpassung an die anderen Rechtsschulen – insbesondere im Bereich der rationalistischen Argumentation – zeigt, bildet sie immer wieder den ideologischen Ausgangspunkt für einzelne Gelehrte, die wie die modernen Salafisten eine Rückkehr zur wahren Tradition postulieren.[35] Dazu gehören insbesondere Gelehrte wie Ibn Taymiyya (st. 1328), sein Schüler Ibn Qayyim al-Ǧawziyya (st. 1341) und der Begründer der wahhābitischen Bewegung Muḥammad b. ʿAbd al-Wahhāb (st. 1792), die alle der ḥanbalitischen Rechtsschule angehörten, dann aber einen Sonderweg beschritten und teilweise sogar von der Ḥanbaliyya angefeindet wurden.

aa) Aḥmad b. Ḥanbal

Als weitgereister Hadithsammler und Verfasser des *Musnad* – neben den sechs kanonischen eine der herausragenden Traditionssammlungen im sunnitischen Islam – zählt Aḥmad b. Ḥanbal zu den Vertretern eines stringenten Traditionalismus. Mit der Einbeziehung nicht nur im engeren Sinne „echter" (*ṣaḥīḥ*), sondern auch „guter" (*ḥasan*) und „seltener" (*ġarīb*) Überlieferungen[36] geht sein Traditionsbegriff über denjenigen vieler seiner Zeitgenossen (al-Buḫārī, Muslim etc.), aber auch späterer Ḥanbaliten wie Ibn al-Ǧawzī hinaus. Neben Koran und Sunna räumt er den Entscheidungen (*fatāwā*) der Prophetengefährten, sozusagen als dritte materielle Quelle, eine große Bedeutung ein. Tradition in diesem Sinne bildet den Maßstab für die Bekämpfung aller Neuerungen (*bidaʿ*). In seinen dogmatischen Schriften wendet er sich gegen einzelne theologische Gruppierungen wie die Ǧahmiyya oder die schiitische Fraktion der Rawāfiḍ, während

35 H. Laoust sieht hier einen kausalen Zusammenhang zwischen Aḥmad b. Ḥanbal, Ibn Taymiyya, Muḥammad b. ʿAbd al-Wahhāb und der konservativen Reformbewegung der Salafiyya Anfang des 20. Jahrhunderts (*"Aḥmad b. Ḥanbal"*, EI², Bd. I, S. 272).

36 H. Laoust, *"Aḥmad b. Ḥanbal"*, EI², Bd. I, S. 275.

die Ḥanbaliyya seiner Zeit als Teil oder gar Motor der starken, wenn auch heterogenen Strömung der *ahl as-sunna wa-l-ǧamāʿa* gelten kann. Seine Standhaftigkeit im Rahmen der staatlichen Inquisition in der ersten Hälfte des 9. Jahrhunderts machte ihn zum Helden des letztlich triumphierenden Traditionalismus, obwohl er niemals zum gewaltsamen Widerstand gegen die Staatsgewalt aufrief, sich schließlich – nach der offiziellen Rücknahme der Staatsdoktrin von der Erschaffenheit des Koran – sogar mit ihr versöhnte. Seine kritische Haltung gegenüber der spekulativen Theologie (*kalām*) spiegelt sich nicht zuletzt in seinen hermeneutischen Methoden wider, indem er, einigen Überlieferungen zufolge, kontroversen, vernunftbasierten Ableitungsverfahren wie Analogie (*qiyās*)[37] oder Konsensus (*iǧmāʿ*)[38] mit Skepsis begegnete. Generell gilt er als Gegner des *iǧtihād*,[39] womit er sich in Gegensatz zu den meisten seiner Zeitgenossen brachte, die den *iǧtihād* befürworteten. Während er jedoch eine strikte Befolgung der Vorschriften im Kultus (*ʿibādāt*) postuliert, gilt im Bereich der *muʿāmalāt* (Beziehungen der Menschen untereinander) weitgehende Toleranz nach dem Grundsatz „Alles, was nicht ausdrücklich verboten ist, ist erlaubt".[40] Insgesamt wird Aḥmad b. Ḥanbal weniger eine juristische als vielmehr eine überlieferungswissenschaftliche Kompetenz zugeschrieben, auch wenn er als Begründer der ḥanbalitischen Rechtsschule angesehen wird. Erst nach seinem Tode entwickelte sich die Ḥanbaliyya zu einer Rechtsschule im engeren Sinne, die trotz ihrer zahlenmäßigen Unterlegenheit gegenüber den anderen Rechtsschulen sowohl in der Rechtswissenschaft (*fiqh*) als auch in der rationalistisch geprägten Rechtsmethodologie (*uṣūl al-fiqh*) einen großen Einfluss ausübte. Zugleich aber finden sich in der Folgezeit mit Gelehrten wie etwa al-Barbahārī (st. 941) oder Šarīf Abū Ǧaʿfar al-Hāšimī (st. 1078) einzelne Zirkel innerhalb der Ḥanbaliyya, die mit öffentlichen Demonstrationen und Revolten gegen Minderheiten (z.B. Schiiten) und unliebsame Neuerungen (Gräberkult, Weingeschäfte, Wechselstuben etc.) für Unruhe sorgten und teilweise sogar vom Staat verboten und verfolgt wurden. Im Hinblick auf die staatlichen Gegenmaßnahmen, die geringe Anhängerzahl und die mangelnde gesellschaftliche Akzeptanz – in der biographischen und historiographischen Literatur werden sie zu-

37 Analogie lässt er einschränkend nur insoweit gelten, als sie Koran und Sunna nicht widersprechen darf (Abū'l-Ḫuṭṭāb al-Kalwaḏānī, *at-Tamhīd fī uṣūl al-fiqh*, Mekka 1985, Bd. 3, S. 368). Welche Formen der Analogie er im Einzelnen anerkennt, ist aber unklar.

38 So lautet einer seiner Aussprüche: „Wer den *iǧmāʿ* behauptet, lügt" (B. Jokisch *Islamisches Recht in Theorie und Praxis*, S. 143).

39 M. Bernand, *"Ḳiyās"*, in: EI², Bd. V, S. 239-40.

40 H. Laoust, *"Aḥmad b. Ḥanbal"*, in: EI², Bd. I, S. 277.

meist als Unruhestifter stigmatisiert[41] – können sie jedoch als marginal eingestuft werden.

bb) Ibn Taymiyya (st. 1328)

Mehr noch als Aḥmad b. Ḥanbal wird der herausragende Ḥanbalite und Querdenker des 13./14. Jahrhunderts Ibn Taymiyya als autoritativer Wegbereiter des modernen islamischen Fundamentalismus herangezogen.[42] In der Tat lassen sich im umfangreichen Schrifttum Ibn Taymiyyas eine Reihe von Bezügen zu den Konzepten moderner Salafisten finden, auch wenn die in der Regel mit höchster Gelehrsamkeit und sehr differenziert dargelegten Vorstellungen des Gelehrten oftmals dekontextualisiert und verkürzt werden.[43] Darüber hinaus ist es die bewegte Biographie des Vielschreibers, Agitators und Widerstandskämpfers, die ihn in besonderer Weise für die Ideen der Salafisten prädestiniert.[44] Angesichts der massiven mongolischen Bedrohung avanzierte das Mamlukenreich zur Festung der islamischen Orthodoxie, die – nicht zuletzt angetrieben durch die mobilisierende Rhetorik und das persönliche Engagement Ibn Taymiyyas – den Angriffen aus dem Osten letztlich standhielt. Aber nicht nur die Mongolen, sondern auch innere Feinde, zu denen nach seiner Auffassung Schiiten, Mystiker, Juden und Christen gehörten, bekämpfte Ibn Taymiyya in Wort und Tat, wobei ihn seine rigorosen theologischen Positionen in Konflikt mit dem Sultan, den Rechtsschulen und sogar seiner eigenen Ḥanbaliyya brachten. Am Ende starb er als Einzelkämpfer im Gefängnis, wo er nach dem Entzug von Stift und Papier nicht einmal mehr schreiben konnte. Trotz seiner Auseinandersetzungen mit den Machthabern lehnte er den Widerstand gegen die Staatsgewalt ab, da ihm 60 Jahre mit einem ungerechten Herrscher lieber seien als eine Nacht in

---

41 Zu al-Barbahārī siehe Ibn Kaṯīr, *al-Bidāya wa-n-nihāya*, Kairo 1933, Bd.11, S. 201; aṣ-Ṣafadī *al-Wāfī bi-l-wafayāt*, Beirut ²2009, Bd. 12, S. 146 (Nr. 119); zu Šarīf Abū Ǧaʿfar al-Hāšimī siehe Ibn Kaṯīr, *al-Bidāya wa-n-nihāya*, Bd. 12, S. 115; aṣ-Ṣafadī *al-Wāfī bi-l-wafayāt*, Bd. 18, S. 90-91 (Nr. 94).

42 B. Krawietz, „*Ibn Taymiyya, Vater des islamischen Fundamentalismus?*", S. 41, 49-50,51; S. Arif, "*Ibn Qayyim al-Jawziyya in the 'lands below the wind': An ideological father of radicalism or a popular sufi master?*", in B.Krawietz, /G.Tamer (eds.) *Islamic theology, philosophy and law. Debating Ibn Taymiyya and Ibn Qayyim al-Jawziyya*, Berlin/Boston 2013, S. 220-21; J.Jansen, *The dual nature of Islamic fundamentalism*, London 1997, S. 32-3; A. Böttcher, "Ibn Taymiyya and Ibn Qayyim al-Jawziyya as changing salafi icons", S. 467.

43 Böttcher, A. "*Ibn Taymiyya and Ibn Qayyim al-Jawziyya as changing salafi icons*", S. 491-2.

44 Ebd., S. 486-7.

Anarchie.[45] Zweifellos repräsentierte Ibn Taymiyya in seiner Zeit eine große Persönlichkeit, die in hohem Maße polemisierte, doch als Exzentriker fiel er aus dem Rahmen,[46] zumal seine unmittelbare Anhängerschaft – zu nennen ist hier vor allem sein Schüler Ibn Qayyim al-Ǧawziyya (st. 1351) – äußerst begrenzt war.[47] Erst später wurden seine Schriften in verschiedenen Teilen der islamischen Welt rezipiert, wo sie je nach gesellschaftlichem Kontext ausgewählt und gedeutet wurden. Die starke Fokussierung auf die Tradition sowie die deutliche Kritik an verschiedenen Neuerungen seiner Zeit (Gräberkult, Heiligenverehrung, Weinhandel etc.) bilden Ausgangspunkt und Rahmen seiner insgesamt reformistischen Ansätze, die paradoxerweise neue Positionen ermöglichten. Während er Tradition – ganz im Trend seiner Zeit – eher extensiv versteht (d.h. Koran, Sunna – wie sie in den kanonischen und etlichen nichtkanonischen Hadithsammlungen dokumentiert ist –, Entscheidungen der Prophetengefährten),[48] lehnt er spätere im Zuge des *taqlīd* übernommene und festgeschriebene Deutungen der Tradition entschieden ab.[49] Er wendet sich damit gegen die für seine Zeit übliche Festlegung auf einen bestimmten *maḏhab*, was scharfe Reaktionen der Rechtsschulen hervorrief. Zugleich fordert er Toleranz, indem er ausdrücklich all jene verurteilt, die andere aufgrund ihrer eigenständigen *iǧtihād*-Positionen für Ungläubige erklären.[50] Nach seiner Auffassung haben alle Muslime gleichermaßen Anteil am Wissen, für das niemand ein Monopol beanspruchen könne.[51] Generell postuliert er die Scharia, die in seiner Zeit im Mamlukenreich fest etabliert war und praktiziert wurde,[52] als wesentliche Grundlage des Staatswesens, weshalb er andere islamische Völker wie die bereits konvertierten, aber immer noch mit der *Yāsa* operierenden Mongolen zu Apostaten erklärte.[53] Anders als Aḥmad b. Ḥanbal zeigt Ibn Taymiyya eine enge

---

45 J. Jansen, *The dual nature of Islamic fundamentalism*, S. 32-3, B. Rougier, *Qu'est ce-que le salafisme?*, Paris 2008, S. 13.

46 D. Little, "*Did Ibn Taymiyya have a screw loose?*", in: D. *Little, History and Historiography of the Mamluks*, Variorum, London 1986, Teil VIII, S. 93-111.

47 Nicht einmal die Ḥanbaliyya hat Ibn Taymiyya in besonderer Weise beeinflusst, vgl. C. Melchert, *"The relation of Ibn Taymiyya Ibn Qayyim al-Jawziyya to the Ḥanbalī School of law"*, in B. Krawietz /G. Tamer (eds.), *Islamic theology, philosophy and law. Debating Ibn Taymiyya and Ibn Qayyim al-Jawziyya*, Berlin/Boston 2013, S. 161.

48 B. Jokisch, *Islamisches Recht in Theorie und Praxis*, S. 119-24.

49 Ebd., S. 214.

50 Ibn Taymiyya, *Maǧmūʿ fatāwā Šayḫ al-Islām Aḥmad b. Taymiyya*, 37 Bde, Riad 1961-6, Bd. 3, S. 349.

51 Ebd., Bd. 35, S. 384.

52 B.Jokisch, "*Social-political factors of qaḍā' in eighth/fourteenth century Syria*", in: al-Qantara 20 (1999), S. 503-30.

53 J. Jansen, *The dual nature of Islamic fundamentalism*, S. 36.

Vertrautheit mit rationalistischer Argumentation wie generell mit den Schriften muslimischer Theologen, Philosophen und Logiker.[54] Die besondere Hervorhebung der Tradition darf nicht darüber hinwegtäuschen, dass seine hermeneutischen Herangehensweisen diejenigen seiner Zeitgenossen an Virtuosität bei Weitem übertreffen. Wenn er sich mit Theologen auseinandersetzt, tut er dies mit den Mitteln eines *mutakallim*,[55] obwohl der *kalām* bereits bei Aḥmad b. Ḥanbal in der Kritik stand. Auch im Recht wagt er sich an Ableitungsformen (*qiyās*, *maṣlaḥa* etc.), die aufgrund ihres unsicheren, spekulativen Charakters immer schon kontrovers diskutiert und von vielen Gelehrten sogar abgelehnt wurden.[56] Die juristischen Überlegungen Ibn Taymiyyas führen nicht selten zu abweichenden, innovativen Ergebnissen, finden aber in der Regel allgemeine Akzeptanz, da er sich stets als Kenner des Rechts und seiner Methoden sowie insgesamt der islamischen Wissenschaften ausweist und somit an traditionelle Diskurse anknüpfen kann.

cc) Muḥammad b. ʿAbd al-Wahhāb (st. 1792)

Eine spätere, ebenfalls in ḥanbalitischer Tradition stehende Bewegung ist die Wahhābiyya. Sie geht auf den Gelehrten Muḥammad b. ʿAbd al-Wahhāb zurück, der im 18. Jahrhundert die ideologischen und politischen Grundlagen für das noch heute bestehende Königreich Saudi-Arabien bereitete. Ausgehend von einem strengen, an konkrete Verhaltensweisen geknüpften Monotheismus (*tawḥīd*), der in dieser radikalen Form leicht zum *takfīr* führen konnte,[57] stellte er sich gegen die schiitische wie auch weite Teile der sunnitischen Welt. Die restriktive Deutung des grundsätzlich für alle Muslime geltenden Einheitsdogmas beinhaltete für ihn die Rechtfertigung, als Minderheit gegen die Mehrheit vorzugehen, so wie es Aḥmad b. Ḥanbal in der Zeit der *miḥna* (833-849) getan habe.[58] Gleichwohl lässt sich in den Schriften des Muḥammad b. ʿAbd al-Wahhāb kein im Detail entwickeltes *ǧihād*-Konzept erkennen. In der späteren wahhābitischen Historiographie scheinen die mit *ǧihād* assoziierten militäri-

54 A. v. Kügelgen, "*The poison of philosophy. Ibn Taymiyya's struggle for and against reason*", in B. Krawietz/G. Tamer (eds.), *Islamic theology, philosophy and law. Debating Ibn Taymiyya and Ibn Qayyim al-Jawziyya,* Berlin/Boston 2013, S. 254.

55 N. Zouggar, «*Aspects de l'argumantation élaborée par Taqī l-Dīn Aḥmad b. Taymiyya (m. 728/1328) dans son livre Rejet de la contradiction entre raison et Écriture* (*Dar taʿāruḍ al-ʿaql wa-n-naql*)», in: *Arabica* 61 (2014), S. 16.

56 B. Jokisch, *Islamisches Recht in Theorie und Praxis*, S. 177ff, 259-61.

57 E. Peskes, *Muḥammad b. ʿAbdalwahhāb (1703-92). Untersuchungen zur Rekonstruktion der Frühgeschichte der Wahhābīya*, Beirut 1993, S. 16-7.

58 Ebd., S. 46.

schen Unternehmungen der Wahhābiten insoweit einen eher defensiven Charakter zu haben, als sie als Reaktion auf die Angriffe des Feindes dargestellt werden.[59] Auch nähere Ausführungen zum Staatswesen fehlen in seinen Schriften,[60] obwohl es ihm gelang, mit Hilfe eines Paktes mit dem politischen Machthaber ʿAbd al-ʿAzīz b. Muḥammad b. Saʿūd (st. 1803) einen neuen, islamischen Staat zu gründen. Grundlegend für seine Vorstellungen vom Gemeinwesen (*ǧamāʿa*) ist vielmehr der allgemeine Grundsatz *al-amr bi-l-maʿrūf wa-n-nahy ʿan al-munkar* (das Rechte gebieten und das Verwerfliche verbieten), demzufolge – so seine Deutung – der Gehorsam gegenüber unrechtmäßigen Herrschern (d.h. solche, die seiner Vorstellung von *tawḥīd* zuwiderhandeln) verweigert werden darf.[61] Muḥammad b. ʿAbd al-Wahhāb entstammt dem ḥanbalitischen *maḏhab*, der zu seiner Zeit bereits fest auf der arabischen Halbinsel etabliert war. Doch ebenso wie Ibn Taymiyya und dessen Schüler Ibn Qayyim al-Ǧawziyya, auf die er sich neben Aḥmad b. Ḥanbal ausdrücklich beruft,[62] wendet er sich nicht nur gegen die Auswüchse (*bidʿa*) seiner Zeit (Heiligenverehrung, Gräberkult etc.) sondern auch gegen die mit der Etablierung der Rechtsschulen einhergehenden Verkrustungen des Rechts, mit der Folge, dass sogar seine ḥanbalitischen Zeitgenossen gegen ihn polemisierten. *Fiqh* und der weithin praktizierte *taqlīd* ist für ihn gleichbedeutend mit *širk* (Polytheismus),[63] andererseits lässt er offen, was genau die Gegenkategorie des *iǧtihād* beinhalten soll. Anders als Ibn Taymiyya befasst Muḥammad b. ‘Abd al-Wahhāb sich nicht mit der Frage, mit welchen hermeneutischen Mitteln dem durch die *as-salaf aṣ-ṣāliḥ* verkörperten Traditionscorpus zu begegnen sei. Spätere wahhābitische Gelehrte wie Ibn Bāz oder Ǧādd al-Ḥaqq haben sich dem traditionellen ḥanbalitischen *maḏhab* wieder angenähert. Insgesamt spielen juristische Aspekte in der Doktrin des Muḥammad b. ʿAbd al-Wahhāb eine untergeordnete Rolle. Zwar betont er wie einige seiner ḥanbalitischen Vorgänger das Ideal der frühislamischen Umma,[64] was eine strikte Befolgung von Koran und Sunna impliziert, doch macht er keine näheren Angaben zu Inhalt und Form der Scharia als normativer Grundlage des politischen Gemeinwesens.

59 Ebd., S. 250, 251, 252, 299, 300, 301

60 E. Peskes, *“Wahhābiyya”*, in: EI², Bd. XI, S. 41.

61 Ebd.

62 E. Peskes, *Muḥammad b. ʿAbdalwahhāb*, S. 40.

63 Ebd., S. 36.

64 Ebd., S. 43.

b) Ḫāriǧiyya

In der Geschichte des Islam gab es immer wieder Bewegungen (Assassinen, Fatimiden, Almoraviden etc.), die zur Durchsetzung eines spezifischen Religionsverständnisses – oftmals verbunden mit nicht-religiösen Motiven – gewaltsam gegen bestehende Herrschaftssysteme vorgingen und teilweise sogar eigene Staaten gründeten. Es sind aber insbesondere die Ḫāriǧiten[65], die von den übrigen Muslimen mit den salafistischen Bewegungen der Gegenwart assoziiert werden, während letztere sich explizit von der frühislamischen Sekte distanzieren. Die heterogene Gruppe der Ḫāriǧiyya, aus dem Nachfolgestreit Mitte des 7. Jahrhunderts hervorgegangen und in den folgenden Jahrzehnten hauptsächlich durch die höchst militante Untergruppe der Azraqiten repräsentiert, erklärte den Koran zur einzig autoritativen Entscheidungsgrundlage des Konflikts. Eine besondere Nähe zum Koran wird der Ḫāriǧiyya sogar von sunnitischer Seite zugestanden, doch ist das Zugeständnis mit einer scharfen Kritik an der Auslegungsweise verknüpft. Gemäß ihrer egalitaristischen Ausrichtung konnte prinzipiell jeder Muslim das Amt des Kalifen bekleiden, d.h. nicht die Abstammung vom Propheten oder dessen Sippe, sondern allein die Frömmigkeit wurde als Voraussetzung für den Nachfolgeanspruch anerkannt. Die Bewegung entwickelte ein hohes Maß an Gruppensolidarität und grenzte sich nach außen deutlich ab, indem sie all jene Muslime für Ungläubige erklärte (*takfīr*), die nicht ihrer puristischen Auffassung von einer islamischen Lebensweise entsprachen.[66] Nach ḫāriǧitischer Auffassung war dies bereits bei der Begehung schwerer Sünden, d.h. äußeren Verstößen gegen koranische Vorschriften wie Gebetspflicht, Diebstahlverbot etc. gegeben. Da es sich um eine sehr frühe Bewegung handelt und die Sunna noch nicht explizit als weitere Quelle islamischer Normativität definiert war, beschränkt sich der Traditionsbegriff der Ḫāriǧiten auf den Koran, und auch hier ist fraglich, ob die wenigen bekannten Fallbeispiele auf eine allgemein litteralistische Auslegungsweise schließen lassen. Das auf den Begründer der Azriqiten Nāfiʿ b. al-Azraq (st. 685) zurückgehende Werk *al-Masāʾil* verweist vielmehr auf innovative exegetische Methoden.[67] Von einigen Ḫāriǧiten ist sogar bekannt, dass sie einzelne Suren aufgrund von Widersprüchen außer Kraft setzten.[68] Darüber hinaus ist unklar, welche Vorstellun-

65 Mitunter werden sie auch als *šurāt* bezeichnet, d.h. diejenigen, die ihre Seele für die Sache Gottes verkaufen.

66 J. Jansen,"*The early Islamic movement of the Kharidjites and modern Muslim extremism: similarities and differences*", in: Orient 27 (1986), S. 133.

67 A. Neuwirth, „Die Masāʾil Nāfiʿ b. al-Azraq – Elemente des « Portrait mythique d'Ibn 'Abbās » *oder ein Stück realer Literatur? Rückschlüsse aus einer bisher unbeachteten Handschrift*", in: Zeitschrift für Arabische Linguistik 25 (1993), S. 233-55.

68 Levi Della Vida, *"Khāridjites"*, in: *EI²*, Bd. IV, S. 1076-7.

gen von Recht die Ḫāriǧiten im Einzelnen vertraten,[69] zumal der Scharia-Begriff in seiner engeren rechtlichen Bedeutung und zudem große Teile des später bekannten Rechts noch gar nicht existiert haben dürften. Die Ḫāriǧiten rekrutieren sich in hohem Maße aus *mawāliʾ* (Klienten) und zeigen sich – möglicherweise deshalb – gegenüber Nicht-Muslimen (Juden, Christen, Zoroastrier) deutlich nachsichtiger als gegenüber all jenen Muslimen, die nicht ihrer Doktrin folgen.[70] In der sunnitischen Häresiographie entwickelte sich die Ḫāriǧiyya – nun gleichbedeutend mit Rebellion – zu einem negativen Paradigma, das bis heute dazu dient, all jene Gruppierungen (u.U. auch Regierungen) zu stigmatisieren, die die Einheit der muslimischen Gemeinschaft gefährden.[71]

IV. Fazit

Die Tatsache, dass Salafisten sich auf muslimische Autoritäten der Vormoderne berufen, bedeutet nicht, dass dem vormodernen Islam insgesamt salafistisches Denken immanent ist. Die Bezüge zu den Konzepten früherer Gelehrter sind, soweit erkennbar, eher punktuell, und oftmals erfahren die Konzepte eine grundlegend neue Deutung in den Kontexten der Moderne. Zweifellos bildet die Tradition als allgemeiner Topos ein starkes gemeinsames Element, da sie nicht nur für den modernen Salafismus, sondern auch für nahezu alle Bewegungen und Strömungen des vormodernen Islam zentral ist. Dies darf allerdings nicht darüber hinwegtäuschen, dass Tradition in ihrer Substanz und je nach hermeneutischer Herangehensweise in hohem Maße variabel ist. Weiterhin wird deutlich, dass Salafisten zwar aus einem weiten Spektrum an islamischen Konzepten der Vormoderne schöpfen, doch verbinden sich die verschiedenen, spezifischen Einzelkonzepte zu einer Gesamtkonzeption, die als solche keiner vormodernen Bewegung oder Gruppierung zugeordnet werden kann. Insgesamt scheint es sogar mehr Übereinstimmungen mit jenen Konzepten zu geben, die auf marginalisierte und von den Salafisten selbst verworfene Randgruppen wie die Ḫāriǧiten zurückgehen. Eine konkrete vormoderne Bewegung, aus der sich der moderne Salafismus unmittelbar rekrutiert, ist nicht zu erkennen. Vielmehr bildet der moderne Salafismus ein neuartiges Phänomen, das – so die Hypothese – nicht

69 Ebd., S. 1077.

70 B. Jokisch, *Islamic imperial law. Hārūn al-Rashīd's codification project*, Berlin 2007, S. 345-6. Der ḫāriǧitische Gelehrte Yazīd b. Abī Anīsa glaubte, dass Gott einen neuen Koran an einen persischen Propheten herabsenden und somit für die Perser eine neue, ebenso göttliche Religion begründen werde, Levi Della Vida, *"Khāridjites"*, in: *EI²*, Bd. IV, S. 1076.

71 J. Kenney, *Muslim rebels. Kharijites and the politics of extremism in Egypt*, Oxford 2006, S. 180.

nur in historischer Perspektive, sondern auch und vor allem im Hinblick auf die aktuellen Bedingungn einer globalisierten Welt zu analysieren ist.

Literatur

Abū al-Ḫuṭṭāb al-Kalwaḏānī, *at-Tamhīd fī uṣūl al-fiqh*, 4 Bde, Mekka 1985.

Arif, S., *"Ibn Qayyim al-Jawziyya in the „lands below the wind": An ideological father of radicalism or a popular sufi master?"*, in: Krawietz, B./Tamer G. (eds.), *Islamic theology, philosophy and law. Debating Ibn Taymiyya and Ibn Qayyim al-Jawziyya*, Berlin/Boston 2013, S. 220-49.

Baehr, D., *Kontinuität und Wandel in der Ideologie des Jihadi-Salafismus. Eine ideentheoretische Analyse der Schriften von Abu Mus'ab al-Suri, Abu Mohammed al-Maqdisi und Abu Bakr Naji*, Bonn 2009.

Berger, L., *Islamische Theologie*, Wien 2010.

Böttcher, A., *"Ibn Taymiyya and Ibn Qayyim al-Jawziyya as changing salafi icons"*, in: Krawietz, B./Tamer G. (eds.), *Islamic theology, philosophy and law. Debating Ibn Taymiyya and Ibn Qayyim al-Jawziyya*, Berlin/Boston 2013, S. 461-92.

Boukra, L., *Le djihadisme: l'islam à l'éprueve de l'histoire*, Paris 2011.

Brunner, R., *Annäherung und Distanz. Schia, Azhar und die islamische Ökumene im 20. Jahrhundert*, Berlin 1996.

Cook, M., *Commanding right and forbidding wrong in Islamic thought*, Cambridge 2000.

Dupret, Baudouin/Buskens, Leon, «L'invention du droit musulman. Genèse et diffusion du positivisme juridique dans le contexte normatif islamique», in: Pouillon, François (ed.), *Après l'orientalisme : l'orient crée par l'orient*, Paris 2011, S. 71-92.

Elger, R., *Kleines Islam-Lexikon. Geschichte, Alltag, Kultur*, Bonn 2002.

Gronke, M., *"'Alles Neue ist ein Irrweg'. Zum mittelalterlichen arabischen Schrifttum über religiöse Missbräuche"*, in: R. Brunner et al. (Hg.), *Islamstudien ohne Ende. Festschrift für Werner Ende zum 65. Geburtstag*, Würzburg 2002, S. 127-38

Hafiz, K., *Die politische Dimension der Auslandsberichterstattung, Bd. 2: Das Islambild der deutschen überregionalen Presse*, Baden-Baden 2002.

Halverson, J./Goodall, H./Corman S., *Master narratives of Islamic extremism*, New York 2011.

Hartert, S., *„Ein ägyptisches fatwa zu Camp David"*, in: *Die Welt des Islam* 22 (1982), S. 139-42.

Haykel, B., *"On the nature of Salafi thought and action"*, in: Meijer, R. (ed.) *Global Salafism. Islam's new religious movement*, London 2009, S. 33-51.

Ibn Kaṯīr, *al-Bidāya wa-n-nihāya*, 12 Bde., Kairo 1933.

Ibn Qudāma, *al-Muġnī*, Bd. 1-9, Riad, o. D.

Ibn Taymiyya, *Maǧmūʿ fatāwā Šayḫ al-Islām Aḥmad b. Taymiyya*, 37 Bde., Riyad 1961-6.

Jansen, J., *The dual nature of Islamic fundamentalism*, London 1997.

Ders. *"The early Islamic movement of the Kharidjites and modern Muslim extremism: similarities and differences"*, in: *Orient* 27 (1986), S. 127-35.

Jokisch, B. *„Herrschaft und Recht im frühabbasidischen Kalifat"*, in: Hochschule für Jüdische Studien (ed.) *Tora und politische Macht*, Heidelberg 2010, S. 45-56.

Ders., *Islamic imperial law. Hārūn al-Rashīd's codification project*, Berlin 2007.

Ders., *Islamisches Recht in Theorie und Praxis. Analyse einiger kaufrechtlicher Fatwas von Taqī ad-Dīn Aḥmad b. Taymiyya*, Berlin 1996.

Ders., *"Social-political factors of qaḍā' in eighth/fourteenth century Syria"*, in: *al-Qantara* 20 (1999), S. 503-30.

Kenney, J., *Muslim rebels. Kharijites and the politics of extremism in Egypt*, Oxford 2006.

Khoury, A./Hagemann, L./Heine, P. *Islam-Lexikon A-Z. Geschichten – Ideen – Gestalten*, Freiburg i. Br. 2006.

Krawietz, B., *„Ibn Taymiyya, Vater des islamischen Fundamentalismus? Zur westlichen Rezeption eines mittelalterlichen Schariatsgelehrten“*, in: Atienza, M. et al. (eds.), *Theorie des Rechts und der Gesellschaft. Festschrift für Werner Krawietz zum 70. Geburtstag*, Berlin 2003, S. 39-62.

v. Kügelgen, A., *"The poison of philosophy. Ibn Taymiyya's struggle for and against reason"*, in Krawietz, B./Tamer G. (eds.), *Islamic theology, philosophy and law. Debating Ibn Taymiyya and Ibn Qayyim al-Jawziyya*, Berlin/Boston 2013, S. 253-328.

Lauzière. H., *"The construction of Salafiyya. Reconsidering Salafism from the perspective of conceptual history"*, in: *International Journal of Middle East Studies* 42 (2010), S. 369-89.

Little, D., *"Did Ibn Taymiyya have a screw loose?"*, in: Little, D. *History and Historiography of the Mamluks*, Variorum, London 1986, Teil VIII, S. 93-111.

Lohlker, R., *Dschihadismus: Materialien*, Wien 2009.

Melchert, C., *"The relation of Ibn Taymiyya Ibn Qayyim al-Jawziyya to the Ḥanbalī School of law"*, in Krawietz, B./Tamer G. (eds.), *Islamic theology, philosophy and law. Debating Ibn Taymiyya and Ibn Qayyim al-Jawziyya*, Berlin/Boston 2013, S. 146-61.

Meijer, R., *"Introduction"*, in: Meijer, R. (ed.), *Global Salafism. Islam's new religious movement*, London 2009, S. 1-32.

Ders., *"Commanding right and forbidding wrong as a principle of social action: The case of the Egyptian al-Jama'a al-Islamiyya"*, in: Meijer, R. (ed.), *Global Salafism. Islam's new religious movement*, London 2009, S. 189-220.

Nagel, T., *„Islam oder Islamismus? Problem einer Grenzziehung“*, in: Zehetmair, H. (Hg.) *Der Islam. Im Spannungsfeld von Konflikt und Dialog*, Wiesbaden 2005, S. 19-35.

Neuwirth, A., *„Die Masā'il Nāfi' b. al-Azraq – Elemente des « Portrait mythique d'Ibn 'Abbās » oder ein Stück realer Literatur? Rückschlüsse aus einer bisher unbeachteten Handschrift“*, in: *Zeitschrift für Arabische Linguistik* 25 (1993), S. 233-55.

Peskes, E., *Muḥammad b. 'Abdalwahhāb (1703-92). Untersuchungen zur Rekonstruktion der Frühgeschichte der Wahhābīya*, Beirut 1993.

Rougier, B., *Qu'est ce-que le salafisme?*, Paris 2008.

Ṣafadī, aṣ- *al-Wāfī bi-l-wafayāt*, (Nachdruck) 30 Bde., 2. Aufl., Beirut 2009.

Sourdel, J. u. D., *Dictionaire historique de l'Islam*, Paris 2004.

Sivan, E., *Radical Islam, medieval theology and modern politics*, New Haven/London1985.

Steinberg, G./Hartung, J.-P., *"Islamist groups and movements"*, in: Ende, W./Steinbach, U. (eds.), *Islam in the world today. A handbook of politics, religion, culture, and society*, Cornell University Press 2010, S. 682-96.

Ṭabarānī aṭ-, *al-Mu'ǧam al-kabīr*, 25 Bde., Kairo 1984-2008.

Talbi, M., *«Les bida'»*, in: *Studia Islamica* 12 (1960) S. 43-77.

Wagemakers, J., *"The transformation of a radical concept: al-wala' wa-l-bara' in the ideology of Abu Muhammad al-Maqdisi"*, in Meijer, R. (ed.), *Global Salafism. Islam's new religious movement*, London 2009, S. 81-106.

Zouggar, N., «Aspects de l'argumentation élaborée par Taqī l-Dīn Aḥmad b. Taymiyya (m. 728/1328) dans son livre *Rejet de la contradiction entre raison et Écriture* (*Dar taʿāruḍ al-ʿaql wa-n-naql*)», in : *Arabica* 61 (2014), S. 1-16.

Zur Bedeutung von *salaf* und „Salafismus“

Abdurrahim Kozalı

Bereits im Rahmen der mittlerweile Tradition gewordenen Zusammenarbeit der Universität Osnabrück und dem Osnabrücker Wissensforum am 23. November 2012 wurde der Frage „Salafismus. Warum wurde er zu einer gewaltätigen Ideologie?” unter den drei Gesichtspunkten *salaf*, *salafiyya* und Salafismus nachgegangen, die auch für diesen Artikel die Grundlage bilden sollen. Zwar sind diese Begriffe miteinander verwandt, dennoch können sie, wie in jeder Sprache, unterschiedliche Bedeutungen bei den Übersetzungen aufweisen.

1. Der Begriff *salaf*

Als Erstes wird sich dem Begriff *salaf* gewidmet. In den klassischen Wörterbüchern wie *Lisān al-ʿarab* und *al-Qāmūs al-muḥīṭ* findet man für *salaf* die wörtliche Bedeutung „Wegbereiter, Vorgänger“.[1] Obwohl der Begriff in den tradierten islamischen Wissenschaften sehr häufig vorkommt, kann man eine nähere Erläuterung in den Wörterbüchern für islamische Wissenschaften, vermutlich wegen seines Bekanntheitsgrades, nicht antreffen. Im Koran wird der Begriff *salaf* wie folgt, in obiger Bedeutung verwendet:

> fa-ǧaʿalnāhum salafan wa maṯalan li-l-āḫirīn
> Wir machten sie zu Vorgängern und zu einem Beispiel für die späteren (Geschlechter).[2]

In diesem Vers werden die Rebellen, die sich Gott gegenüber erheben, Ramses (*Firʿawn*) und seine Anhängerschaft bezüglich ihrer Tyranei gerügt sowie die ihnen zustehende Strafe in Aussicht gestellt, um den Nachfolgern ein Präzedenzfall (*salaf*, *maṯal*) zu liefern.

Der aus der Wurzel *s-l-f* stammende Begriff *salaf* ist in den Hadithen des Propheten Muḥammad (ﷺ) des Öfteren verwendet worden. Ein Beispiel dafür ist ein Hadith, aus dem hervorgeht, wie der Begriff in Form eines Nomen und in der obigen Bedeutung verwendet wurde, welcher unter den Muslimen während ihrer Friedhofbesuche eine liturgische Tradition angenommen hat. Nach einer Überlieferung des Prophetengefährten ʿAbdullāh b. ʿAbbās sprach der Prophet bei einem Friedhofbesuch folgende Worte aus:

---

1 al-Fīrūzābādī, *al-Qāmūs al-muḥīṭ*, B. 3, Beirut 2005, S. 148, 149; Ibn Manẓūr, *Lisān al-ʿArab*, B. 3, Kairo o.J., S. 2068.

2 Koran 43:56.

as-Salāmu ʿalaikum yā ahl al-qubūr yaġfirullāhu lanā walakum. antum salafunā wa naḥnu bi-l-aṯr.
Seid gegrüßt, oh ihr Grabbewohner, der Frieden sei mit euch. Möge Gott euch und uns seiner erbarmen. *Ihr seid unsere Vorgänger und wir folgen euch.*[3]

Die für uns bedeutende Stelle ist: "*antum salafunā wa naḥnu bi-l-aṯr*" (Ihr seid unsere Vorgänger und wir folgen euch.).

Wie bereits ausgeführt, sowohl im Koran als auch im Hadith, kommt der Begriff *salaf* den Bedeutungen wie „im Voraus, Beispiel" sehr nahe.

In den klassischen islamischen Quellen wird die erste Generation nach dem Propheten Mohammad, bestehend aus den *ṣaḥāba* und *tābʿiūn*, als *salaf* (*as-salaf aṣ-ṣāliḥūn*) bezeichnet. Grundsätzlich ist damit vielmehr die 1. (*aṣḥāb*), 2. (*tābiʿūn*) und 3. (*atbāʿ at-tābiʿīn*) Generation nach dem Propheten Muḥammad (ﷺ) gemeint. In Anbetracht des Lobes der ersten drei Generationen seitens des Propheten in den Hadith-Überlieferungen haben die *salaf* im Islam eine besondere Stellung.[4] Ferner wurden die Begründer der religiösen, moralischen und rechtlichen Schulen, wie auch seine Schüler, als *salaf* bezeichnet. Beispielsweise sind Abū Ḥanīfa (150/767) und seine ersten Schüler Abū Yūsuf (182/798) und aš-Šaibānī (189/805) die ersten *salaf* der hanafitischen Rechtsschule.

Im weiteren Verlauf der Generationen ging diese Bezeichnung über zu den Rechtschulgelehrten, die mit besonderen Kenntnissen und Kompetenzen ausgestattet waren und den Titel des *tarǧīḥ*[5], *taḫrīǧ*[6] bzw. *tamyīz*[7] erlangten. In diesem Zusammenhang sollte kurz auf das islamische Geschichtsverständnis eingegangen werden. Bekanntlich wird in der Geschichtsphilosophie über Strömungen wie Fortschrittlichkeit, Zyklus etc. berichtet. Ebenso ist die moderne Geschichtsauffassung der Ansicht, dass sich die Menschheit fortwährend in einem Expansionsprozess befindet. Dies gilt sowohl für technische als auch für kulturelle Ereignisse. Demzufolge ist die Gegenwart stets überlegener und besser als die Vergangenheit und des Weiteren die Zukunft überlegener und besser als die Gegenwart. Doch ist die hellenistische Geschichtsprägung ein Beweis für

3 at-Tirmiḏī, *Ǧanāʾiz*, 59.

4 *ḫayrukum qarnī ṯumma allaḏīna yalūnahum ṯumma allaḏīna yalūnahum.* „Die Tugendhaftesten sind meine Gefährten, dann ihre Nachfolger und danach dessen Nachfolger.", siehe Buḫārī, *Šahāda*, 9.

5 *aṣḥāb at-tarǧīḥ* sind solche Juristen, die dazu berechtigt sind, von Meinungsstreitigkeiten der Rechtsgelehrten und *muǧtahidūn* zu profitieren und für ihre Rechtsfindung davon eine Auswahl zu treffen.

6 *aṣḥāb at-taḫrīǧ* sind die *fuqahāʾ*, die in Anlehnung an die Methoden und Ansichten von Rechtsgelehrten zu aktuellen Angelegenheiten neue Lösungen darbieten.

7 *aṣḥāb at-tamyīz* sind die *fuqahāʾ*, die in der Lage sind, die bevorzugten Meinungen im *maḏhab* zu beherrschen, aber trotzdem nicht berechtigt sind, diese Meinungen auszuwählen und praktizieren.

Aufschwung und Abschwung. Von einem absoluten Hoch oder Tief kann nicht die Rede sein. Die kreisförmige (*dā'irawī*) Geschichtsauffassung dagegen vertritt die Ansicht, dass der Mensch nach einer Zirkulation wieder zu seinem Ausgangspunkt zurückkehrt.[8] Unabhängig davon, ob die einzelnen Ansichten einen Wahrheitsgrad aufweisen, geht die islamische Geschichtsauffassung in Bezug auf die oben genannten Generationen davon aus, dass grundsätzlich diejenigen Ereignisse bzw. Personen, die der Offenbarungszeit des Koran und dem Propheten zeitlich näher waren, primär wertvoller sind. Der oben angeführte Hadith[9] bringt genau dies zum Ausdruck. Trotz alledem ist bei der Quellenheranziehung und -verwendung, die Letztere/ Jüngere die Wertvollere. Hierzu ein Beispiel: Unter den Rechtsgelehrten gilt das erstgeschriebene Werk *Tafsīr al-ḫams mi'at āya min al-Qur'ān al-karīm*[10] von Muqātil b. Sulaimān (150/767), im Gegensatz zu den Werken von al-Ǧaṣṣāṣ (370/981)[11], Ibn 'Arabī (543/1148)[12] und Qurṭubī (671/1273)[13], eher als zweitrangig. Der modernen geschichtswissenschaftlichen Auffassung zufolge müsste das Werk *Tafsīr al-ḫams mi'at āya min al-Qur'ān al-karīm*, welches das erste Werk auf seinem Gebiet ist, seitens der Gelehrten, vor allem der Rechtsgelehrten, als die meist konsultierte Quelle gelten. Dass dem jedoch nicht so ist, belegt die Bewertung der Gelehrten nachfolgender Werke. Beispielsweise ist das Werk von an-Nawawī (676/1277), *al-Minhāǧ*, sehr viel später als die Werke des schafiitischen Rechtsschulbegründers aš-Šāfi'ī erschienen und gilt trotz alledem als unabdingbar, wogegen die Werke von aš-Šāfi'ī ihre tatsächliche Anwendung verloren haben und lediglich als historische Quellen dienen. Dieser Zustand lässt jedoch die ältere Quelle nicht weniger wert sein. Vielmehr dienen die jüngeren Quellen als Ergänzung, Bewertung usw. der vorhergegangenen Werke und stellen eine Bereicherung dar. Somit kann man grundsätzlich sagen, dass diese Werke, mit anderen Worten die Werke der *salaf*, den nächsten Generationen als Fundament gedient haben und immer noch dienen.

Folglich ist *salaf* als ein gewisser Prozess zu betrachten, als eine Form von Tradition. Im Türkischen hat es die zutreffende Bedeutung *gelenek* (gelen+ek - Kommender + Zusatz) gefunden.[14] D.h. einerseits etwas aus der Ferne, aus der Geschichte Kommendes, und andererseits jedoch ein in der Gegenwart erfolgter

8 Siehe Izetbegovic, Alija, *Islam zwischen Ost und West*, Editions Sana 2011.

9 Siehe FN 4.

10 Muqātil b. Sulaimān (150/767), *Tafsīr al-ḫams mi'at āya min al-Qur'ān al-karīm*, hrsg. v. Isaiah Goldfeld, Schefar'am 1980.

11 al-Ǧaṣṣāṣ, Abū Bakr Aḥmad b. 'Alī, *Aḥkām al-Qur'ān*, Beirut 1985.

12 Ibn 'Arabī, Abū Bakr Muḥammad b. 'Abdullāh, *Aḥkām al-Qur'ān*, Qāhira 1974.

13 al-Qurtubī, Abū Abdullāh Muḥammad, *al-Ǧāmī' li aḥkām al-Qur'ān*, Riyād 2003.

14 Das Wort *taqlīd* aus dem Arabischen ist ebenfalls eine durchaus schöne Bedeutung.

Zusatz. Demzufolge ist *salaf* nicht etwas Statisches, sondern etwas Dynamisches, innerhalb dessen, auch wenn nicht immer in der jeweils darauffolgenden Dekade, doch innerhalb von zwei bis drei Dekaden eine Wandlung stattfinden kann. Es werden neue Werke verfasst, die auf vorherigen Schriften basieren, somit diese als *naṣṣ* und schließlich die älteren als *salaf* etablieren. Dies führt dazu, dass sich das Augenmerk auf die neuen Werke richtet und diese sich hiermit als renommierte Werke (*muḫtaṣar*) etablieren. Ein Beispiel dafür: Das hanafitische Werk von Abū al-Yusr al-Bazdawī (482/1089) namens *Uṣūl* war solange im Umlauf, bis Abū al-Barakāt Ḥāfiẓ ad-Dīn an-Nasafī (710/1310) sein Werk *Manār al-Anwār* veröffentlichte. *Manār al-Anwār* wurde als Standardwerk in den Medresen eingeführt. Wenn man beide Werke miteinander vergleicht, sieht man, dass *Manār al-anwār* eigentlich eine sehr erfolgreiche Zusammenfassung des *Uṣūl* von al-Bazdawī ist. Die Bücher von Mullā Ḫusraw (885/1481) *Mirqāt al-wuṣūl* und Abū Saʿīd Muḥammad b. Muṣṭafā b. ʿUṯmān Abū Saʿīd al-Ḫādimī (1176/1762) *Maǧāmiʿ al-ḥaqāʾiq* sind in den hanafitischen Kreisen als sehr gelungene Neuerscheinungen zu bezeichnen. Auch der eigene Kommentar von Mullā Ḫusraw *Mirʾāt al-uṣūl* zu seinem Werk *Mirqāt* kann als solch eine Neuerscheinung verstanden werden.

Im Bereich der arabischen Literatur, ganz besonders im Bereich der Grammatik (Syntax-Lehre) ist das Werk von Muḥammad b. Pīr ʿAlī al-Birkawī (981/1573) *Iẓhār al-asrār* statt des Werkes von Ibn al-Ḥāǧīb (646/1249) *al-Kāfīya,* ferner der Kommentar von Kuşadalı Muṣṭafā b. Ḥamza (1085/1674) *Natāʾiǧ al-afkār* statt des Werkes von Mullā Ǧāmī (898/1492) *al-Fawāʾid aḍ-ḍiyāʾīya* in den Vordergrund getreten und hat seinen Platz in der Lehre gefunden, was keineswegs jedoch heißen soll, dass die älteren Werke verdrängt wurden. Dies wiederum bedeutet, dass neue Kommentare und Glossen verfasst werden und die neu entstandenen Werke literarisch inhaltlich bewertet werden. Kommentatoren sowie Glossatoren ist geläufig, dass nicht nur der Text verdeutlicht wird, sondern ebenfalls vom jeweiligen Kommentator oder Glossator Kritik mit einfließt. Man möchte damit die Integrität zwischen dem neuen und dem alten Werk prüfen. Und nur solche Werke, die der konstruktiven Kritiken standhalten, gewinnen eine gewisse Autorität.[15]

---

15 Nach der schafiitische Rechtsschule ist *salaf* die „alte Ansicht der Rechtschule" in Bagdad (*al-qawl al-qadīm*) angefangen mit Imām aš-Šāfiʿī (204/820) und wurde weitergeführt durch Namen wie: Abū Ṯawr (240/854), Aḥmad b. Ḥanbal (241/855), al-Karābisī (248/862), az-Zaʿfarānī (260/874). In Ägypten geht es weiter mit „Die neue Ansicht der Rechtschule" (*al-qawl al-ǧadīd*)" wie: al-Buwayṭī (231/846), al-Muzanī (264/878), Rabīʿ al-Murādī (270/884). Als *naṣṣ* (Standardwerk) anerkannt gilt das Werk von Muzanī, *al-Muḫtaṣar aṣ-ṣaġīr*. Folgend als neue Autorität gilt Ibn Surayǧ (306/918). Ferner al-Ǧuwaynī (478/1085) und sein Schüler al-Ġazzālī (505/1111), Ġazzālīs Werk *al-Waǧīz*

In diesem Zusammenhang ist der Kommentar von Saʿd ad-Dīn Masʿūd at-Taftāzānī (792/1390) *Šarḥ al-ʿaqāʾid* zum Werk von ʿUmar an-Nasafī (537/1142) *Matn al-ʿaqāʾid* und der Kommentar von ʿUbaydullāh b. Masʿūd Ṣadruššaria (747/1346) *at-Tawḍīḥ* zum Werk *at-Tanqīḥ* zu nennen, wo die Rezensionstradition sehr deutlich wird. Demzufolge kann man sagen, dass *salaf* aus dem Ursprung entstammt und auf dem Konsens[16] der Umma/Gemeinschaft basiert und somit aus seiner Dynamik resultiert.[17]

2. Der Begriff *salafiyya*

Zwar liegen die Schwerpunkte hauptsächlich bei *salaf* und „Salafismus", jedoch ist es aus Gründen der Verständlichkeit und Vollständigkeit wichtig kurz auch auf den Begriff *salafiyya* einzugehen. *Salafiyya* gibt den Hinweis auf diejenigen, die ein beschränktes Denken im Bezug auf religiöse Texte haben und in der Relation Vernunft versus Überlieferung das Gewicht auf Überlieferungen legen.

Das Gedankengut der *salafiyya* ist in drei Epochen zu gliedern: 1. Gründungsphase, dazu gehört Aḥmad b. Ḥanbal (241/855). 2. Die Phase der Systematisierung, wie z.B. der Vertreter Ibn Taymiyya (728/1328). 3. Die Phase der *Neo-salafiyya* im 19. Jh., durch westliche Einflüsse entstanden.

Besonders in den Anfängen der *salafiyya* ging es eher um emotionale Intelligenz als um Intellektualität. Deshalb steht bei der *salafiyya* auch eher ihre aktionäre und politische Seite im Vordergrund. Diese Haltung wurde beibehalten, sodass die Heranziehung von *ašʿarītischen* und *muʿtazilitischen* Werken in hanbalitischen Rechtswerken seitens der *salafiyya* damit begründet werden kann.[18]

---

etablierte sich zur neuen Autorität dieser Rechtsschule, weiterhin als eine nächste Größe Nawawī (926/1520) mit seinem Werk *Rawḍat at-ṭālibīn*. Von aš-Šāfiʿī bis al-Ġazzālī sind alle Gelehrten der *salaf* zugehörig. Nach an-Nawawī kommende Autoritäten, die sich mit *al-Minhāǧ* beschäftigten, sind Namen wie Ibn Ḥaǧar al-Hayṯamī (974/1567) und Ḫaṭīb aš-Širbīnī (977/1570). Diese Kette und Autorität ist bis heute bestehend. Aufgrund dieser Wechselseitigkeit werden im Zuge eines modernen Falles primär Ansichten und Werke an-Nawawīs, Ibn Ḥaǧar al-Hayṯamīs und Ḫaṭīb aš-Širbīnīs zur Hilfe genommen.

16 Basierend auf den Hadith *inna ummatī lā taǧtamiʿu ʿala l-ḫaṭaʾ* „Meine Umma/Gemeinschaft vereint sich nicht im Irrtum“ (Ibn Māǧa, *Fitan*, 8).

17 In unserer heutigen Zeit kann man sagen, dass der Salafismus nicht mehr seiner Traditionskette folgt und entspricht, sondern vielmehr eine neue Richtung einschlägt.

18 Als Beispiel: Das Werk *al-Mustaṣfā* von dem *schafiitisch-ašʿarītischen* Gelehrten al-Ġazzālī (505/1111) wurde mit dem Werk *Rawdat an-nāẓir wa ǧunnat al-munāẓir* des hanbalitischen Gelehrten Ibn Qudāma (620/1223) und das Werk *al-Muʿtamad fī uṣūl al-fiqh* des muʿtazilitischen Gelehrten Abu al-Ḥusayn al-Baṣrī (436/1044) mit dem Werk *al-ʿUdda fī uṣūl al-fiqh* des hanbalitischen Gelehrten Abū Yaʿlā al-Farrāʾ (458/1066) inhaltlich verglichen.

Dennoch hatte die *salafiyya* von Anbeginn besonders mit den *Mu'taziliten*, aber auch mit den *Aš'arīten* Auseinandersetzungen. Auch wenn sie gewisse Traditionen führte, wurde sie von der Umma (Gemeinschaft/Allgemeinheit) immer wieder mit Skepsis betrachtet.

3. Salafismus

Salafismus ist ein modernes Ereignis, denn die Modernität ist ebenfalls in gewisser Weise der Tradition entrissen. Aus dieser Perspektive betrachtet ist der Salafismus als eine im Westen in Erscheinung tretende, der Tradition entrückte und für das gesellschaftliche Gleichgewicht bedrohliche und mithin als eine außerislamische Strömung zu betrachten. In diesem Zusammenhang schreibt Ṭāhā 'Abd ar-Raḥmān in seinem Buch *al-'Amal ad-dīnī wa taǧdīd al-'aql,* dass die Wurzeln des Salafismus bis zu Descartes (1666) moderner Rationalität zurückgehen. Auch wenn die Modernität versucht sich eine Tradition aufzubauen, bleibt sie von der Tatsache, der Tradition entrissen zu sein, nicht unberührt. Der Versuch, eine Tradition aufzubauen zeigt sich darin, dass aristotelische Schriften neu gedeutet werden (Humanismus). Jedoch legt die aristotelische Philosophie einen Fokus auf die Götter, die Ähnlichkeiten mit der christlischen und islamischen Philosophie aufweisen, sodass schon hier auch die Tradition abbricht, da die Modernität der Göttlichkeit einen sehr geringen Wert beimisst bzw. diese an den Rand drängt.

Dass der Salafismus der Tradition entrissen ist, wurde bereits erwähnt, man könnte sogar sagen, dass er traditionslos ist. Der türkische Begriff *gelenek*, wie bereits oben angemerkt, könnte im Allgemeinen auch als die Wurzeln und Generationen von Glaubens- und Denksystemen sowie auf deren Grundlage entstandener Werte- und Moralvorstellungen, Rechtsauffassungen, politischer und gesellschaftlicher Leitideen sowie das althergebrachte kulturelle Erbe verstanden werden. Die Angemessenheit einer Tradition zeichnet sich durch ihre Resistenz und ihr erfolgreiches Überdauern aus. Beispielsweise kann für die Osnabrücker, für Deutschland und Europa der Westfälische Frieden (1648) als eine bewährte Tradition gelten, die lehrt, wie ein harmonisches Miteinander zwischen andersdenkenden Menschen über Generationen hinweg gelingen kann. Der Autor denkt, dass Tradition über Generationen hinweg ihre Erfahrungen wie Toleranz, Frieden, Moral an die Nächsten weitergibt und somit eine Reife und Identität gewährt. Und genau das ist der Problempunkt, dem der Salafismus und alle anderen Strömungen, die fern ihrer Traditionen sind, unterliegen. Die Anhänger des Salafismus blenden Traditionen völlig aus. Solche Menschen leiden unter einem Identitätskonflikt, sind unerfahren, möchten sich beweisen und suchen nach Anerkennung. Der einfachste Weg zur Anerkennung liegt darin, eine extreme und zugespitzte Haltung einzunehmen. Menschen wie Salafisten sind nicht in der Lage, Traditionen zu erfassen. Deshalb bleiben sie in ihrem Denken und Glauben sehr oberflächlich. In Europa, auf dem Balkan und in Mittelasien, wo sie fern von der Tradition sind, ist es einfacher für sie zu expandieren. An Orten, die eine fundierte Tradition haben, und sowohl dem Orient als auch dem Okzident eine Plattform bieten, wie beispielsweise in der Türkei, können solche Strömungen kaum einen Platz finden.

Dieses Ereignis zeigt uns folgenden Zusammenhang auf: Der Islam geriet in erhebliche Missstände, die auch durch die Muslime selbst hervorgerufen wurden. Vor nicht all zu langer Zeit haben muslimische Gelehrte auf den Gebieten wie *fiqh*, Logik, *kalām*, Philosophie, *taṣawwuf*/Sufismus, Hadith und noch in vielen anderen, mit ihren Errungenschaften das Wohlgefallen Gottes erstrebt, so gut wie nur möglich den Islam zu verstehen und gesellschaftskonform auszulegen, dies in bekannter Weise mit Erfolg. Bemühungen, selbst sehr stark im Meinungsstreit lebender Gelehrter in diversen Dialogen, zu konstruktiven Begegnungen zu motivieren, waren ebenfalls ein Zeichen des Erfolges. Auch Streitigkeiten über Rationalität von Überlieferung, Philosophie und *kalām*, *fiqh* und *taṣawwuf* oder aber die Logik, wurden bereits vor der Moderne gelöst. Sodass sich sogar daraus ergab, dass ein idealer, kompetenter Gelehrter (sog. *al-ʿālim al-kull*) nur mit der Beherrschung der genannten Disziplinen ausgezeichnet wurde. Die Bezeichnung eines äußerst renommierten Gelehrten als *al-ʿallâma*, war auch eine wichtige Betitelung in der klassischen Epoche. Dieser Titel gebührte all jenen Gelehrten, die eine Autorität durch ihre Kompetenzen auf dem Gebiet *ʿaql* und *naql* aufwiesen. Ein Beispiel dafür ist der Gelehrte Saʿd ad-Dīn at-Taftāzānī (792/1390) betitelt als al-ʿAllāma aṯ-Ṯāniya, einer der wichtigsten Gelehrten der klassischen Zeit. Saʿd ad-Dīn at-Taftāzānī (792/1390), Sayyid Šarīf al-Ǧurǧānī (816/1413) zeichnet ebenfalls verantwortlich für die Errungenschaften der osmanischen Gelehrten und hat hier eine Vorreiterrolle, besonders auf dem Gebiet der Wissenschaft, inne. Als in dieser Zeit die Wissenschaft expandierte, erfuhr auch die metaphysische Komponente der Religion mehr Tiefgründigkeit. Denn die Scharia (die *kalām* und *fiqh* beinhaltet) ist die diesseitsbezogene, materielle Auslegung der Religion, doch gibt es darüber hinaus die metaphysische Komponente der Religion, die *ṭarīqa* (bestehend aus *taṣawwuf* und *aḫlāq*). So wie der Mensch aus Körper und Seele besteht, so steht die Religion auf diesen beiden Grundpfeilern. Somit kann man sagen, dass in den Werken all derjenigen Gelehrten, die in dieser bzw. in den darauffolgenden Generationen die Bildung genossen haben, diese Gesamtheit in Wissenschaft, Literatur, Architektur und Musik(-Kunst) etc. zu sehen ist. Deshalb findet man in den Diwanen und Moscheen neben den Koranversen und Hadithen zahlreiche Inhalte aus *aḫlāq*, *taṣawwuf* und Ausprüche von Weisen. In diesem Zusammenhang ist Mawlānā Ǧalāluddīn ar-Rūmī (672/1273) *Maṯnawī* ein bemerkenswertes Beispiel.

Ein weiteres Beispiel aus dem Bereich der Rechtsmethodologie (hanafitische *uṣūl al-fiqh*) stellt das Werk von Mullā Ǧīwan b. Abī Saʿīd (1130/1718) *Nūr al-anwār,* ein Kommentar zu *al-Manār von* Abū al-Barakāt Ḥāfiẓ ad-Dīn an-Nasafī (710/1310) dar. In diesem Werk ist der Einleitungssatz *al-ḥamdu lillāhi l-laḏī hadānā ila ṣ-ṣirāṭi l-mustaqīm* (Wir loben Allah/Gott für die Rechtleitung) besonders bemerkenswert. Folgendes führte er zu (*aṣ-ṣirāṭ al-mustaqīm*)/rechter Pfad, richtiger Weg aus:

> *aṣ-ṣirāṭ al-mustaqīm* ist ein auf einer breiten Straße befindlicher, weder rechts noch links schweifender, jedermanns Weg.
>
> Dies beschreibt die *ahl as-sunnah wa l-ǧamāʿa*; sie vertritt einen Mittelweg in Bezug auf die Auslegung von Gottes Eigenschaften, im Verhältnis zu *Ǧabriyya*[19] und *Qadariyya*[20], *Rawāfiḍ*[21] und *Ḫawāriǧ*[22].
>
> Auf der anderen Seite drückt *aṣ-ṣirāṭ al-mustaqīm* den Mittelweg zwischen Liebe und Logik/Rationalität aus. Wenn es nur zur Liebe führen würde, würde es zur Entrückung führen. Und wenn es nur die Logik/Rationalität wäre, würde es zur Leugnung führen.[23]

Wir vermuten, dass der Salafismus, wie auch andere radikale Strömungen, aufgrund ihrer fehlenden Nähe zur Tradition und Oberflächlichkeit enorme Defizite aufweisen und daher als problematisch einzustufen sind. Wenn man bedenkt, wie bereits oben ausgeführt, mit welcher Sorgfalt der Islam, die Religion sowohl in der Wissenschaft aber auch in der Gesellschaft etabliert wurde, liegt es wohl in der Hand, den Salafismus und seine Banalität ohne Weiteres zu erkennen. Die Aussage, Rückkehr zu den Wurzeln, scheint lediglich eine bloße Floskel ohne Inhalt zu sein, denn dies bedarf der präzisen Pflege und hohem Verständnis, die

---

19 *Ǧabriyya* sind der Ansicht, dass die bewußten Handlungen der Menschen auf den Zwang Gottes zurückzuführen sind; siehe Türkiye Diyânet Vakfı İslâm Ansiklopedisi.

20 *Qadariyya* sind der Ansicht, dass alle Taten, die eine Verantwortung für den Menschen beinhalten, lediglich Menschenswille sei, siehe Türkiye Diyânet Vakfı İslâm Ansiklopedisi.

21 *Rawāfiḍ* ist eine Bezeichnung, die zunächst der Opposition (den Imamis) von Zayd b. ʿAlī zugeschrieben wurde, ferner inzwischen allen schiitischen Strömungen und allen Ansichten, die schiitische Züge enthalten; siehe Türkiye Diyânet Vakfı İslâm Ansiklopedisi.

22 *Ḫawāriǧ* ist eine Strömung, die für ihre radikalen Ansichten in religiösen, wie auch in politischen Angelegenheiten bekannt ist. *Ahl as-sunnah* als Mittelweg hier bedeutet, dass sie nicht wie die *rāfiḍa*, ʿAlī (r.a.) vergöttert haben und ebensowenig wie die *ḫawāriǧ* geleugnet; siehe Türkiye Diyânet Vakfı İslâm Ansiklopedisi.

23 Mullā Ǧīwan b. Abī Saʿīd (1130/1718), *Nūr al-anwār*, B. 1, Istanbul 1986, S. 4.

in den meisten Fällen fehlt und nicht über die Äußerlichkeit hinaus geht. Es ist nicht primäres Anliegen des Islam, den Menschen nach unerheblichen Kleidungsvorschriften zu normieren, wie auch die vorgegangenen Beispiele dies mehrmals untermauern, viel mehr geht es darum, die Tradition inhaltlich konstruktiv und reichhaltig zu pflegen, ferner gesellschaftskonform zu gestalten. Doch scheint dem Salafismus aufgrund mangelnder Bildung etc. dies nicht zu gelingen. Vor allem ist es sehr bedauerlich mit ansehen zu müssen, wie eine Religion des Friedens, die gerade ein Angebot bietet Unterschiede und Meinungsverschiedenheiten als eine Bereicherung zu verstehen und eine Plattform bietet, um mit diesen Unterschieden konstruktiv und gerecht umzugehen, dermaßen einzuschränken und zu meinen es gäbe nur eine Ansicht.

Nach Erachten des Autors werden die heutzutage als extrem zu bezeichnenden Strömungen nur zur Besinnung kommen, wenn sie ihre Traditionen kennenlernen und sich ihnen gegenüber öffnen. Ansonsten werden ihre Handlungen nichts weiter sein als ein aggressives Sich-beweisen-Wollen. Dazu bedarf es eines gesunden, ausgeglichenen, respektvollen, Religionsverständnisses (das den Menschen lieben lernt, aufgrund seiner gottesgewollten Existenz), welches in den öffentlichen Bildungseinrichtungen gelehrt werden müsste.

Literatur

Mullā Ǧīwan b. Abī Saʿīd (1130/1718), *Nūr al-anwār*, B. 1, Istanbul 1986.

Ibn ʻArabī, Abū Bakr Muḥammad b. ʿAbdullāh, *Aḥkām al-Qurʾān*, Qāhira 1974.

Al-Fīrūzābādī, *al-Qāmūs al-muḥīṭ*, B. 3, Beirut 2005.

Ǧaṣṣāṣ, Abū Bakr Aḥmad b. ʿAlī, *Aḥkām al-Qurʾān*, Beirut 1985.

Izetbegovic, Alija, *Islam zwischen Ost und West*, Editions Sana. 2011.

Ibn Manẓūr, *Lisān al-ʿArab*, Qāhira B. 3, Kairo o.J.

Qurṭubī, Abū ʿAbdullāh Muḥammad, *al-Ǧāmīʿ li-aḥkām al-Qurʾān*, Riyād 2003.

Muqātil b. Sulaimān (150/767), *Tafsīr al-ḫams miʾat āya min al-Qurʾān al-karīm*, hrsg. v. Isaiah Goldfeld, Schefar'am 1980.

Der Salafismus in innerislamischer Selbst- und Fremdverortung[1]

Bacem Dziri

Einleitung

Der innerislamische Selbst- und Fremdverortungsdiskurs des Salafismus impliziert eine Abgrenzung, die sich längst durch die jeweiligen Begriffsbildungen „Muslim" und „Salafī" äußert. Der Gedanke, dass zwar jeder Salafī ein Muslim, nicht aber jeder Muslim ein Salafī sei, dürfte gerade von Ersteren weniger als deskriptive denn als normative Aussage aufgefasst werden. Die Gemengelage bietet außerdem Raum zum Lavieren; immerzu dann von Vorteil, wenn dem Salafismus etwas zur Last liegt oder gelegt werden soll. Faktisch jedenfalls scheint der Salafismus eine kleine, wenn wohl auch überaus auffallende Randgruppe innerhalb der gesamtdeutschen Muslime zu bilden.[2] Ob als zu überwindende Diskrepanz oder als zu wahrender Abstand, die Beziehung der Kategorien „Islam" und „Salafismus" sind Gegenstand von Auseinandersetzungen in einem innerislamischen Binnendiskurs, die hier dargelegt werden sollen.

Als fundamentalistische Idee ist der Salafismus eine kontingente, keine ausschließlich oder gar zwangsläufig *aus* dem Islam als solchem heraus resultierende Erscheinung.[3] Er ist historisch betrachtet in vielerlei Hinsicht ein Novum,

---

1 Für die kritischen Kommentare zum Vortragsskript, auf dem dieser Artikel beruht, möchte der Autor Bülent Ucar, Kathrin Klausing, Michael Kiefer und Amir Dziri herzlich danken.

2 Geht man bei den Schätzungen um die gegenwärtige Anzahl der Salafisten in Deutschland von der Höchstzahl aus, nämlich von ca. 5000 Salafisten, und sie mit Anzahl der niedrigsten Schätzung von in Deutschland lebenden Muslimen (3,3 bis 4,3 Millionen) vergleicht, dann sind gerade mal etwa 1,15% unter diesen Salafisten. Geht man von dem Höchstwert der in Deutschland lebenden Muslime aus, sind es etwa 0,1%. Die militante Variante der so genannten „Gefährder" fällt noch einmal drastisch kleiner aus. Den Schätzungen nach machen sie etwa zwischen 0,04 und 0,03% der in Deutschland lebenden Muslime aus, vgl. Guido Steinberg, *„Wer sind die Salafisten? Zum Umgang mit einer schnell wachsenden und sich politisierenden Bewegung"*, in: SWP-Aktuell 28, Berlin Mai 2012, S. 6; Sonja Haug/Stephanie Müssig/Anja Stichs, *Muslimisches Leben in Deutschland*, Nürnberg 2009, S. 11.

3 Für das Erstarken der Salafiyya sind die Interdependenzen mit anderen Faktoren jenseits des Islams als Religion zu stark, als dass man sie ignorieren und die Ursache allein einem fundamentalistischen Religionsverständnis anlasten kann. Drei der insbesondere bei Jugendlichen wirkenden Hauptfaktoren sind aufgeführt bei Bacem Dziri, *„Chancen muslimischer Jugendarbeit gegen Radikalisierung"*, in: Michael Borchard/Rauf Ceylan (Hg.), *Imame und Frauen in Moscheen im Integrationsprozess. Gemeindepädagogische Perspektiven*, Göttingen 2011.

was sich am Aufkommen der Diskussionen über dessen Legitimität ablesen ließe. Das moderne Reformprogramm firmiert seit spätestens den 1920er Jahren unter dem Label des Salafismus.[4] Die damit aufgekommenen Debatten reichen im innerislamischen Diskurs sicherlich länger zurück als die im Vergleich dazu recht jungen Beschäftigungen innerhalb der deutschen Öffentlichkeit.

Bei dem Begriff Salafiyya geht es im Folgenden um jene Erscheinung, welche weitaus stärker als problematisch empfunden wird, also nicht um den sogenannten klassischen Salafismus des islamischen Modernismus, obgleich Ähnlichkeiten (aber eben auch Unterschiede!) im reformatorischen Impetus auszumachen sind. Der so genannte klassische Salafismus des 19. und frühen 20. Jahrhunderts hat zwar nicht unverständliche Gründe für seine Entstehung; er suchte nach Wegen, die Lehren des Islams mit den Erkenntnissen der Moderne in Einklang zu bringen, und zielte damit auf eine allgemeine Reform ab. Dessen Richtung ist eine andere als die des Salafismus, wie er sich heute manifestiert. Und doch gibt es einen Zusammenhang zur klassischen Salafiyya, der man ebenfalls in kritischer Reflexion begegnet müsste.[5] Immerhin spielt diese bei der Genese des Salafismus und seiner Untergruppen keine unbedeutende Rolle: Es war einer ihrer Leitfiguren, Muḥammad Rašīd Riḍā (gest. 1935), der populäre Multiplikator des islamischen Modernismus, der zu einer Verwicklung der Salafiyya mit dem Wahhabismus beitrug, wodurch er zu einer als *al-wahhābiyya al-salafiyya* gedachten Symbiose beisteuerte, die Reformen also in Richtung des wahhabitischen Purismus rückte.[6]

4 Vgl. Henri Lauzière, *"The Construction of Salafiyya: Reconsidering Salafism from the Perspective of Conceptual History"*, in: J. Middle East Studies, Nr. 42, 2010, pp. 369-89.

5 Statt einer stereotypen Verurteilung, wie sie nicht nur von Seiten mancher Sufis oder Traditionalisten vernommen werden kann, wonach Reformer den Weg zum Fanatismus Tür und Tor öffnen, wäre es angebracht die substanziellen Anliegen von Reformern und Traditionalisten ohne einen Verteidigungsreflex zu thematisieren. In einer historischen Betrachtung fällt zudem auf, dass sich Reformer und Traditionalisten trotz von teilweise gleichen Anliegen ausgehend in einem dialektischen Verfeindungsprozess immer mehr auseinanderdifferenzierten, vgl. dazu am Beispiel von Salafis und Sufis: Itzchak Weismann, *"Modernity from Within: Islamic Fundamentalism and Sufism"*, in: Der Islam, Bd. 86, Heft 1, Okt 2011, pp. 142-170.

6 Seine Ablehnung gegenüber sogenannten Neuerungen näherte ihn puristischen Bewegungen an, die sich ihrerseits auch seiner Zeitschrift al-Manār bedienen sollten, um ihren Gegnern argumentativ zu entgegnen, vgl. Joseph Schacht: *„Zur wahhabitischen Literatur"*, in: Zeitschrift für Semitistik 6/1928, S. 200-212; Jakob Skovgaard-Petersen, *"Portrait of the Intellectual as a Young Man, Rashid Rida's Muhawarat al-muslih wa-al-muqallid (1906)"*, in: Islam and Christian-Muslim Relations 12, 1/2001, pp. 93-104; Claudia Preckel, *Islamische Bildungsnetzwerke und Gelehrtenkultur im Indien des 19.*

Für eben diese Spielart finden sich unterschiedliche Bezeichnungen, etwa: „Neo-Salafism“[7], „Neo-Traditional Salafism“ oder als Hybridform „Salafabism“. Auch ihre Zuordnung, ob nun in ihrer Gesamtheit oder in ihren Varianten schwankt, vom Purismus über Fundamentalismus und Integralismus bis zum Traditionalismus.[8] Wie so oft gibt die Einteilung immer auch ein Stück der Perspektive Preis. Was sich aber an der Begriffs- und Definitionsunstimmigkeit widerspiegelt, ist die schwere Fassbarkeit der Salafiyya. *Salaf* als scheinbare gemeinsame Wurzel wirkt hier weniger wegweisend als irreführend. In seiner Eigenbezeichnung soll der Sammelbegriff der „Salafiyya“ zwar auf die ersten drei Generationen der Altvordern (*salaf*) verweisen, ob sich aber in den darauf folgenden Epochen darin eine sich ihr zurechnende religiöse Einheit konstituierte ist mehr als zweifelhaft.[9] Nicht einmal unter den hervorstechendsten Wortführern dieser heute wenn auch nicht leicht zu erfassenden, so doch um so deutlicher wahrnehmbaren Bewegung herrscht Klarheit darüber, ob diese Bezeichnung auf eine konkrete Gruppe oder eine zeitlose, abstrakte Haltung verweisen soll.[10] Da es schwierig ist, die Salafiyya in all ihren Schattierungen und ihrer Verstrickung bzw. Differenzierung klassischer Lehrmeinungen mit modernen Bewegungen treffend auszumachen, bietet sich gerade angesichts der gebotenen Kürze eine heuristische Annäherung an.[11] Im Folgenden wird fortan der Begriff

---

Jahrhunderts: Muhammad Siddīq Hasan Hān (gest. 1890) und die Entstehung der Ahl-e hadīt-Bewegung in Bhopal, Diss. Uni Bochum 2005, S. 445-449.

7 Aziz Al-Azmeh, *The Times of History: Universal Topics in Islamic Historiography*, Budapest 2007, S. 124-127; Rauf Ceylan/Michael Kiefer, *Salafismus. Fundamentalistische Strömungen und Radikalisierungsprävention*, Wiesbaden 2013; Khalid Abou El Fadl, *“9/11 and the Muslim Transformation”*, in: Mary L-Dudziak, *September 11 in History: A Watershed Movement?*, Duke University 2003, pp. 91-94

8 Aziz Al-Azmeh, *Die Islamisierung des Islam. Imaginäre Welten einer politischen Theologie*, Frankfurt/New York 1996, S. 72.

9 Vgl. Henri Lauzière, *The Construction of Salafiyya.*

10 Während al-Albāni (gest. 1999) meint, dass es völlig legitim sei, sich selbst auch als Salafī zu bezeichnen, verurteilt Ibn al-ʿUṯaymīn (gest. 2001) die Verwendung im Sinne einer Partei, vgl. *Ibn al-Uthaymeen - "The Salafi Sect" Vs. The Way of the Salaf*, URL: http://www.youtube.com/watch?v=2v_qeMxc_vY; Shaykh Al Albani- Naming Yourself 'Salafi' & the Nonsense of Shakeel Begg: http://www.youtube.com/watch?v=7HGOcX-mUfc (letzter Zugriff: 17.11.2013).

11 Die Problematik dieses Ansatzes ist mir durchaus bewusst. Das selbst in akademischen Kreisen vorherrschende Bild des Neo-Salafismus als Kampfbegriff gegen alles vermeintlich aus dem Islam erwachsene Grundübel ist nicht nur teilweise verstrickt mit anderen, z.B. schlichtweg islamfeindlichen Diskursen, sondern auch als etikettierendes Stigma höchst manipulativ, da dieses leicht auf Kritiker vorherrschender Diskurse angewandt werden kann (ja selbst im Kontext einer Diskussion über Möglichkeiten und Grenzen der deutschsprachigen Theologie angewandt wurde), ohne dass diese als neo-salafistisch im

Neo-Salafiyya verwendet, da deutlich gemacht werden soll, dass wir es erstens mit einer letztendlich doch modernen Erscheinung zu tun haben, und zweitens, diese sich selbst nochmal von der klassischen Salafiyya-Bewegung der Moderne unterscheidet.

Bei dieser haben wir es mit einer stark verbreiteten Form der Salafiyya und einiger seiner Kerninhalte zu tun, was zu einem nicht unerheblichen Maße mit der finanziellen und politischen Unterstützung Saudi-Arabiens zusammenhängt, einem Hauptagitationsort des islamischen Internationalismus salafitischer Prägung und dem Gastgeber der Pilgerriten, denen Millionen von Muslimen alljährlich nachgehen und denen daher ein nachhaltiger transnationaler Einfluss auf das islamische Denken vorbehalten ist. So floss salafitisches Gedankengut in den Mainstream des Islams ein; auch unter Muslimen, die sich selbst nicht als Anhänger der Salafiyya verstehen, lassen sich sowohl im Bereich der Glaubenslehre als auch der Glaubenspraxis typisch salafitische Elemente wiederfinden.[12]

Die Darstellung der Neo-Salafiyya erfolgt zunächst aus ihrem Selbstverständnis heraus und wird im Zuge dessen kritisch diskutiert. Wie angedeutet gibt es eine Inkongruenz wechselseitiger Wahrnehmungen, also der Selbst- und Fremdverortung innerhalb der Gesamtheit aller Muslime (Umma). Neben der Abgrenzung bedürfen auch diese Unstimmigkeiten einer weiteren Begründung. Die Einheit der Gläubigen stellt unter Muslimen generell wie auch bei den diversen islami(sti)schen Gruppierungen, Strömungen und Bewegungen ein prinzipiell hohes Ideal dar. Allein der Charakter einer solchen Einheit, ihre Konditionen und die zu beschreitenden Wege ihrer Umsetzung bleiben unterschiedlich. Vor dem Hintergrund historischer Ereignisse, deren Wirkung auf die vielen Differenzen mit höchster Wahrscheinlichkeit nicht mehr umkehrbar ist, lässt sich eine Verortung von Denominationen innerhalb des Ganzen durch die wechselseitigen Verhältnisbestimmungen in den Kategorien Mehrheit, Minderheit und Gesamtheit behandeln. Im Verhältnis zu einem antizipierten Mehr-

---

weitesten Sinne zu betrachten wären, oder aber auch weil dieses von anderen fragwürdigen Entwicklungen ablenken kann, vgl. dazu mit einem Schwerpunkt auf Russland, aber auch für den Westen allgemein zutreffend und besonders wegen der Möglichkeit des Vergleichs mit Westeuropa sehr erhellend: Alexander Knysh, *"A Clear and Present Danger, 'Wahhabism' as a Rhetorical Foil"*, in: Die Welt des Islams, New Series, Vol. 44: 1/2004, pp. 3-26. Dennoch oder gerade deswegen möchte sich der Autor ohne in Stereotypen zu verfallen einem ernsthaften Versuch die innerislamische Kontroverse widerzuspiegeln und doch kritisch zu bewerten nicht entziehen.

12 Vgl. Bernard Haykel, *"On the Nature of Salafi Thought and Action"*, in: Roel Meijer, *Global Salafism. Islam's New Religious Movement*, New York 2009, S. 35/36.

heitsislam[13] stellt die Neo-Salafiyya offensichtlich eine Minderheit dar, es wird der Frage nachzugehen sein, ob sich diese als Teil des Ganzen auffasst, dem Ganzen gegenüber auf Distanz geht oder sie Mischformen zwischen diesen beiden Polen annimmt.

Das Selbstverständnis der Neo-Salafiyya und die historische *ahl al-ḥadīṯ*

In Ermangelung des Vorhandenseins einer historischen Bewegung, die den Namen „Salafiyya" für sich in Anspruch nahm, beziehen sich zahlreiche Vertreter der Neo-Salafiyya auf die *ahl al-ḥadīṯ* (im Unterschied zu dieser historischen Schule steht für neo-salafītische Verwendung dieses Begriffs fortan: Ahl al-Hadith), in deren Tradition sie sich selbst verstehen.[14] So auch der salafītische Gelehrte Mašhūr b. Ḥasan Āl Salmān (geb. 1960),[15] der zu seinen Hauptlehrern Nāṣirudīn al-Albānī (gest. 1999), Bin Bāz (gest. 1999) und Ibn al-ʿUṯaymīn (gest. 2001) zählt.[16] In einer schriftlich verzeichneten Unterrichtsreihe der 12.

---

13 Die Beziehungen zu anderen Minoritäten, wie beispielsweise der bedeutenden schiitischen Gemeinschaft, können in diesem Rahmen nicht erörtert werden. Hier soll die Bemerkung genügen, dass diese von extremen Spannungen geprägt sind, vgl. Guido Steinberg, *"Jihadi-Salafism and the Shi'is. Remarks about the Intellectual Roots of anti-Shi'ism"*, in: Roel Meijer, *Global Salafism*, New York 2009. Wobei ich zurückhaltend bin, was die hier und andernorts hinterlegte Deutung einer quasi linearen Kontinuität der anti-schiitischen Haltung der Salafiyya speziell aus der ḥanbalītischen Tradition heraus betrifft, da letztere unterschiedliche Entwicklungen angenommen hatte und ihr Überleben letztlich der Anpassung an die anderen Rechtsschulen zu verdanken hat, vgl. Christopher Melchert, *Ahmad ibn Hanbal*, Oxford 2006, S. 79-81. Es gab zwar besonders im abbasidischen Bagdad immer wieder und zeitweise eher politisch bedingte Spannungen zwischen Ḥanbalīten und Schiiten, genauso gab es innerhalb der Ḥanbaliyya aber auch eine quietistische sowie scholastische Tradition, die sich mit anderen Schulen zurechtfanden.

14 Tatsächlich trägt das populärste und meist genutzte arabische Diskussions- und Austauschportal der Salafiyya im Internet diesen Namen: www.ahlalhdeeth.com (letzter Zugriff: 03.03.2014).

15 Vgl. die Selbstbeschreibung siehe URL: http://www.mashhoor.net/ (letzter Zugriff: 03.03.2014).

16 Vgl. Mashhūr bin Hasan Āl Salmān, *The Fiqh Madhhab of Ahl ul-Hadīṯh*, London 2011, S. 45. Alle Angaben aus dieser Schrift werden im Folgenden gleich ins Deutsche übersetzt. Zu Āl Salmān und einem weiteren Kreis von getreuen Schülern al-Albānīs in Jordanien siehe: Mohammad Abu Rumman/Hassan Abu Hanieh, *Conservative Salafism: A Strategy for the "Islamization of Society" and an Ambiguous Relationship with the State,* Amman 2010. Was den darin behandelten "Tarikhiyya Salafism" betrifft, so scheint mir die dargestellte historische Verwurzelung der Salafiyya in der formativen

Imām al-Albānī Konferenz aus dem Jahre 2010, welche im gleichnamigen Zentrum in Amman stattfand, erläutert Āl Salmān das Verständnis, Geschichtsbild und die Merkmale der Ahl al-Hadith wie folgt: Zunächst bezeichnet er die *Ahl al-Hadith* als eine „Rechtsschule" (*maḏhab*), die zwischen dem *maḏhab* der Rechtsgelehrten (*fuqahāʾ*) und dem *maḏhab* der *ẓāhiriyya*[17] positioniert stehe. Die Bezeichnung *Ahl al-Hadith* sei außerdem deckungsgleich mit den Begriffen *ahl as-sunna, ahl al-aṯar* und eben auch dem *maḏhab as-salafī*; der salafītischen Rechtsschule. All diese Namensgebungen stünden synonym für ein und dieselbe Rechtsschule, die sich darin ausweise, den *salaf* Folge (*ittibāʿ*) zu leisten. Kennzeichnend für diese Zeit, in der die Angehörigen dieser salafītischen Rechtsschule lebten, sei, dass das „*ḥadīṯ fiqh*, und *fiqh ḥadīṯ* gewesen ist"[18]. Damit will gesagt sein, dass die Überlieferungen des Propheten andere Quellen und Instrumente des *fiqh* nahezu obsolet werden lassen. Während sich im Laufe der Geschichte verstärkt Engstirnigkeit (*taʿaṣṣub*) und unkritische Nachahmung (*taqlīd*) in die Rechtsschulen eingeschlichen hätten und dies darin gegipfelt habe, dass Mitte des 19. Jahrhunderts zur Zeit der Osmanen ein menschengemachter Gesetzeskodex (Die *Maǧallat al-aḥkām al-ʿadliyya*) eingeführt worden sei[19], distanzierten sich die Muslime zunehmend von ihren Ur-Quellen.[20]

Phase des Islams sowie in der klassischen Zeit unter Ibn Taymiyya (gest. 728/1328) doch differenzierter zu sein. Zu weiteren prominenten Vertretern der Neo-Salafiyya siehe die traditionalistische Verteidigungsschrift: Gibril Foad Haddad, *Albani and his Friends: An Concise Guide to the Salafi Movement*, Birmingham 2009, zu Mašhūr dort im Speziellen S. 174-81.

17 Einer skripturalistischen Rechtsschule, vgl. dazu nach wie vor Ignaz Golziher, *Die Ẓahiriten. Ihr Lehrsystem und ihre Geschichte. Beitrag zur Geschichte der Muhammadanischen Theologie*, Leipzig 1884.

18 Vgl. Āl Salmān, *The Fiqh Madhhab of Ahl ul-Hadīṯ*, S. 10. Die Vorstellung einer Kongruenz von *ḥadīṯ* und *fiqh* war unter den ahl al-ḥadīṯ und den Ḥanābila in der formativen Phase der Rechtsschulen, also bis zu Beginn des 4./10. Jahrhunderts noch präsent, konnte dann aber zusehends nur noch als rhetorische Wendung überleben, da *ḥadīṯ* letztlich selbst Gegenstand einer Auslegung bleibt, vgl. Christopher Melchert, *Traditionist-Jurisprudents and the Framing of Islamic Law*, S. 393ff., insb. S. 397.

19 Vgl. ebd., S. 13. Dieses Beispiel der Maǧalla stammt zwar nicht von Āl Salmān, sondern vom Übersetzer seiner Rede ins Englische, ʿAbdulḥaqq al-Ašantī, im Kommentar, stimmt aber dennoch mit der allgemeinen wahhābitischen und salafitischen Tendenz überein, das Osmanische Reich als einen frevlerisches oder gar ungläubiges Gebilde zu beschreiben.

20 Im Geschichtsbild aller salafitischen Richtungen gibt es die Vorstellung einer allmählichen Degeneration und Dekadenz der Muslime. Dieser Gedanke ist bereits mit ʿAbduh auch außerhalb der Salafiyya sehr populär geworden. Unterschieden wird allerdings nach den Gründen dieses Verfalls. Ein gängiger Topos unter den hier behandelten Neo-Salafisten ist der ab dem 2. Jh. n. H. korrumpierende Einfluss der Philosophie, den sie bis

Daher sei es erstrebenswert, zu der Zeit der frommen Altvorderen (*salaf*) zurückzukehren. Einer Zeit, in der die *salaf* insgesamt das freie, beliebige Räsonieren (*ra'y*) abgelehnt hätten. Daher gehöre sowohl die Schule von Medina als auch die Schule von Kufa eigentlich zu den *ahl al-ḥadiṯ*.[21] Von daher sei die Rechtsschule der Neo-Salafiyya von Anfang an nicht nur bekannt und anerkannt, sondern auch die Einzige gewesen. Mit der Zeit jedoch habe es neben den schon erwähnten Veränderungen in den Rechtsschulen noch ein Abdriften in hypothetische und daher sinnlose Fragestellungen gegeben, sodass die nachkommenden Rechtsgelehrten als sogenannte „blinde Nachahmer" (*muqallidūn*) nicht wirklich den vier Imamen anhingen, obgleich Letztere ihrerseits sehr wohl allein den *salaf* folgten.

Die von Āl Salmān ausgeführten gemeinsamen Merkmale der Ahl al-Hadith lassen sich im Wesentlichen wie folgt zusammenfassen:[22]

1. Die absolute Autorität der Offenbarungsquellen (vor dem Verstand). Die Willkür der Gelüste, das eigene Vernunftdenken oder die Meinungen von Autoritätspersonen sowie die der Rechtsschulen, aber auch die der Politik seien der literalistischen Auslegung der Offenbarung unterzuordnen.
2. Die Ahl al-Hadith folge den Aussagen und damit dem Ideal der *salaf*, wobei die Aussagen Letzterer hinsichtlich der Glaubensgrundsätze bindender seien als bezüglich rechtlicher Fragen. Insgesamt vertraue sie sich in allen religiösen Fragen dem Verständnis der *salaf* an, während demgegenüber die Rechtsgelehrten (*fuqahā'*) sich den *ahl al-fiqh* anvertrauten. Der Grundgedanke hierbei ist, dass jene *salaf* die Religion besser verstanden hätten als die fortan kommenden Generationen und überhaupt jemand anderes sie jemals verstehen könnte. Gleichzeitig würde dieses Verständnis aber von den *ahl al-ḥadiṯ* in der Gegenwart weitergetragen werden.
3. Die Ahl al-Hadith lehne *ra'y* und *qiyās* weitgehend ab. Damit wähnen sie sich zwischen der *ẓāhiriyya*, die den *ra'y* gänzlich ablehnt, und den *fuqahā'*,

heute nicht überwunden glauben. Selbst in seiner gebändigten Form, als *'ilm al-kalām*, gilt er als verboten. In dieser Entwicklung stellt das Osmanische Reich den Höhepunkt des Niedergangs dar.

21 Vgl. Āl Salmān, *The Fiqh Madhhab of Ahl ul-Hadīṯh*, S. 19ff. *Ahl ar-ra'y* mag kritisiert worden sein, sie mag sich der *ahl al-ḥadīṯ* angenähert haben, völlig negiert oder unter die *ahl al-ḥadīṯ* subsumiert wurde und wird sie in der Rechtsgeschichte indessen nicht, vgl. Muṣṭafa Aḥmad az-Zarqā, *al-Fiqh al-islāmī wa madārisuhu*, Beirut 1995, S 53-79. Nach einer im 9. Jahrhundert vollzogenen Annäherung beider Schulen lag der Unterschied zwischen diesen nicht einfach darin, dass die eine Schule die Tradition (*ḥadīṯ*) als Quelle akzeptierte, während die andere dies nicht tat, sondern vielmehr in den unterschiedlichen Methoden der Rechtsfindung.

22 Vgl. Āl Salmān, *The Fiqh Madhhab of Ahl ul-Hadīṯh*, S. 62ff.

die den Menschen ihre Beschlüsse aufbinden. Wenn die *ahl al-ḥadīṯ* sich des *ra'y* bediene und *iǧtihād* übe, dann nur äußerst zögerlich und unter Not, wobei sie zugleich niemanden zu dessen Befolgung verpflichte. Die *ahl ar-ra'y* hingegen ließe sich von der *mu'tazila* beeinflussen, die ihre Auslegungen allen aufzwingen wolle.

4. Sie lehnen den *taqlīd* ab, der gemeinhin als stures Nachahmen von Autoritäten gilt, ohne deren Beweisführung (*dalīl*)[23] kritisch zu hinterfragen. Auch hier verortet Āl Salmān die Ahl al-Hadith in der Mitte zwischen den *fuqahā'* und den *ahl al-ẓāhir*: Sie sehen *taqlīd* weder als verpflichtend an, noch lehnen sie es vollkommen ab. *Taqlīd* stelle bloß eine Notwendigkeit dar, die analog mit dem ausnahmsweise erlaubten Essen von sonst verbotenem Aß im Fall einer Hungersnot verglichen werden könne.
5. Überlieferungen des Propheten zu sammeln und lesen erachten sie als weitaus sinnvoller, als Rechtssprüche und Fallfragen zu kodifizieren. Die Überlieferungen genügen in aller Regel.

Problematisch an dieser Selbstverortung ist, dass Kontext und Verwendung des Begriffs *ahl al-ḥadīṯ* in den ersten Jahrhunderten bei allen Parallelen anders zu sein scheinen, als in den konzeptionellen Ausführungen Āl Salmāns. Das Verständnis der gegenwärtigen Neo-Salafiyya, die in ihrer Selbstbeschreibung auf den Begriff *ahl al-ḥadīṯ* rekurriert, ist anachronistisch und unterscheidet sich von dem Gebrauch und den Bedeutungsinhalten früherer Gelehrter und sei es auch von den Anwendungen solcher für die Neo-Salafiyya maßgeblicher Autoritäten wie Ibn Taymiyya (gest. 728/1328), Ibn al-Qayyim (gest. 751/1350) und Ibn Kaṯīr (gest. 774/1373). Letzterer zählt sich bspw. zu einem „maḏhab as-salaf" im Bereich der Glaubenslehre, im Bereich des *fiqh* aber sah er sich als Anhänger der šāfi'ītischen Rechtsschule.[24] Die Bezeichnungen *ahl al-ḥadīṯ* oder *maḏhab as-salaf* wurden in klassischen Texten im theologischen Feld genutzt,

23 Der Begriff *dalīl* wird innerhalb der deutschsprachigen Neo-Salafiyya gerne mit „Beweis" übersetzt, wohingegen dies eher die Widergabe des Begriffs *burhān* wäre. *Dalīl* lässt sich treffender mit Hinweis übersetzen, wodurch der nicht zwingende und letztgültige Charakter des *dalīl* in einer Beweisführung (*ẓannī ad-dalāla*) hindurch scheint, vgl. Thomas Bauer, *Die Kultur der Ambiguität*, Berlin 2011, S. 162ff.

24 Vgl. Henri Lauzière, *"The Construction of Salafiyya: Reconsidering Salafism from the Perspective of Conceptual History"*. So auch noch vier Jahrhunderte später: Muḥammad b. Aḥmad al-Safārīnī (gest. 1188/1774) ordnete sich noch im 18. Jahrhundert den Ḥanbalīten zu; *maḏhab al-salaf* bezog sich für ihn auf das Verständnis der Eigenschaften Gottes, vgl. *Awāmi' al-anwār al-bahiyya wa sawāṭi' al-aṯariyya li-šarḥ ad-durra al-maḍiyya fī 'aqd al-firqa al-marḍiyya*, (ed. Muḥammad Mufīd al-Ḫaymī, Mu'assasat al-Ḫāfiqīn), Damaskus 1982, S. 25-27.

wenngleich auch diese Gruppe vielschichtig gewesen ist.[25] Es wäre also ahistorisch den *maḏhab as-salaf* mit der heutigen Salafiyya gleichzusetzen.[26] Und doch gibt es Schnittmengen mit dem klassischen *maḏhab as-salaf* als auch mit den genannten Autoritäten wie Ibn Taymiyya, insbesondere was die *hadīṯ*-Zentriertheit angeht. Das macht einerseits die Unterscheidung schwierig, andererseits liegt darin *ein* Grund für dessen Attraktivität heute.[27] Die Berufung auf den Hadith dient in beiden Fällen aber letztlich nichts anderem als einer Reform.

Ähnliches gilt für das Verhältnis der frühen ḥanbalītischen Rechtsschule mit der modernen Wahhābiyya: Eine Verwerfung des Gräberkults und ähnlichen heute von der Wahhābiyya als Polytheismus (*širk*) klassifizierten Handlungen, ist in den klassisch-ḥanbalītischen Quellen nicht zu finden, bis auf die eine Ausnahme des Abū l-Wafāʾ b. ʿAqīl (gest. 513/1119), der seinerseits aber ausgerechnet von der *muʿtazila* geprägt war. Daher mag es kaum verwundern, dass bei dem Begründer Ibn ʿAbdulwahhāb (gest. 1972) bis auf ebenfalls eine Ausnahme keine ḥanbalītischen Quellen zitiert werden, die nach dem 8./14. Jh. erschienen sind.[28]

Dass die Bezeichnung *ahl al-ḥadīṯ*[29] in der Geschichte sich nicht so widerspiegelt, wie es die Neo-Salafiyya für sich beansprucht, zeigt sich dann auch noch daran, dass es historisch keine durchgehend konsistente Einteilung in die Schulen *ahl ar-raʾy* und der *ahl al-ḥadīṯ* gab; die Gründerfiguren der Rechtsschulen wurden in unterschiedlichen Werken mal der einen Richtung, mal der anderen zugeordnet.[30] Auffallend ist allerdings, dass in den Quellen Abū Ḥanīfa

---

25 Vgl. Scott C. Lucas, *"The Legal Principles of Muḥammad b. Ismāʿīl al-Buḫārī and their Relationship to Classical Islam"*, in: Islamic Law and Society 13,3.
26 Ebd., S. 384.
27 Ebd., S. 322.
28 Michael Cook, *"Origins of Wahhābism"*, in: Journal of the Royal Asiatic Society, Third Series, Vol. 2, jul. 1992, S. 191-202.
29 Ahl-i Hadith nannte sich auch eine berühmte Reformbewegung Südasiens, die sich auf Šāh Waliyullāh ad-Dihlāwī (gest. 1176/1762) beruft. Nach 1924 kam es zu einer Zusammenarbeit mit der Wahhābiyya der arabischen Halbinsel, wobei es auch hier wiederum Unterschiede zu der Neo-Salafiyya und der Wahhābiyya gibt.
30 Vgl. George Makdisi, *"Sunni Schools of Law in Islamic Religious History"*, in: International Journal of Middle East Studies, Vl. 10, No. 1 (Feb., 1979), S. 3/4; G. Makdisi, *The Rise of Colleges: Institutions of Learning in Islam and the West*, Edinburgh 1981, S. 3-4. Mit Ibn Qutayba finden wir sogar einen Autor, der solche Gelehrte wie Mālik, al-Awzāʿī, Sufyān aṯ-Ṯawrī in der eigenen Lebzeit zunächst als *aṣḥāb ar-raʾy* kennzeichnete und sie dann einige Jahre später zu den *aṣḥāb al-ḥadīṯ* zählte. Ein Hinweis darauf, dass mit diesem Begriff zu unterschiedlichen Zeiten Verschiedenes subsumiert wurde, vgl. Christopher Melchert, *"Traditionist-Jurisprudence and the Framing of Islamic Law"*, in: Islamic Law and Society, Vol. 8, Nr. 3, Hadith and Fiqh (2001), S. 404.

tendenziell eher den *ahl ar-ra'y*, Aḥmad auf der anderen Seite – soweit mir bekannt – sogar ausschließlich der *ahl al-ḥadiṯ* zugeordnet wird. Diese Inkongruenz als solche wird aber in dem Vortrag Mašhūr b. Ḥasan Āl Salmān nirgends problematisiert, vielmehr (bewusst?) ausgeblendet. Implizit wird damit auch ausgedrückt, dass nicht alle Namensgeber der Rechtsschulen konsequente Anhänger der *ahl al-ḥadiṯ* seien und damit der einzig „korrekten" Rechtsschule folgten. Es ist daher gerade die ḥanafītische Rechtsschule, die am meisten diskreditiert wird.[31] Aḥmad b. Ḥanbal (gest. 164-241/780-855) hingegen wird von Āl Salmān explizit als „Imam der Ahl al-Hadith"[32] bezeichnet. Dennoch verzichtet die Neo-Salafiyya im Allgemeinen nicht auf die Vereinnahmung Abu Ḥanīfas als auch anderer Führungspersonen der *salaf.* So wird der im klassischen Sinne gedachte *maḏhab as-salaf* erfolgreich inkorporiert. Folgende hermeneutische Wendung im Vortrag Āl Salmāns mag das verdeutlichen:

> A researcher should not doubt that these quotes and the like are many, and when Ashāb ul-Hadīth are mentioned generally, and prior to them being mentioned specific Madhhabs are mentioned singularly, then this is out of connecting the general ('Ām [sic]) to the specific (khās [sic]). When it is said „and the Madhhab of Ashāb ul-Hadīth" and specific jurists are mentioned before them, then are included within „Ashāb ul-Hadīth", so the statement „this is the view of Ashāb ul-Hadīth" is out of connecting the general to the specific, this is something which there should be no doubt in whatsoever.[33]

Entsprechend der Neo-Salafiyya müsste man daher auch von Neo-Ahl al-Hadith sprechen.[34] Trotz der exemplarisch aufgeführten Inkonsistenzen zwischen der historischen *ahl al-ḥadīṯ* und der modernen Aneignung dieses Begriffs seitens der Neo-Salafiyya wird die Rolle, die Letztere dem Aḥmad b. Ḥanbal zuschreibt, zu selten hinterfragt. Folglich erhält Aḥmad selbst den Anschein, der eigentliche Begründer der Neo-Salafiyya zu sein. Diese führten sozusagen nur sein Werk fort, wodurch eine ursächliche Verbindung zum modernen Fundamentalismus naheliege.[35] Das Sunnitentum hat die *ahl al-ḥadīṯ* in Form der

---

31 Für Beispiele siehe: *Albani and his Friends*, S. 92, 159/160, 179. Entsprechend ist es Aḥmad b. Ḥanbal, der das meiste Lob erhält.

32 Vgl. Āl Salmān, *The Fiqh Madhhab of Ahl ul-Hadīth*, S. 28.

33 Ebd., S. 37

34 Vgl. A. Duderija, *Islamic Groups and their World-views and Identities: Neo-Traditional Salafis and Progressive Muslims*, S. 345.

35 Vgl. dazu exemplarisch den Beitrag von Marwan Abou Taam, *„Die Salafiyya – eine kritische Betrachtung"*, URL: http://www.bpb.de/politik/extremismus/islamismus/138468/ die-salafiyya-eine-kritische-betrachtung?p=all, 14.6.2013 (letzter Zugriff: 03.03.2014), wo einerseits der heutige Neo-Salafismus als eine Fortführung der ḥanbalītischen Rechtsschule dargestellt wird, zum anderen aber die Entstehungsvoraussetzungen der modernen Salafiyya in die

Ḥanbaliyya jedoch trotz Differenzen, die tatsächlich zwischen Aḥmad b. Hanbals Anhängern und manchen ihrer Zeitgenossen auftraten und gelegentlich gewaltsam ausgetragen wurden, in das historische Gebilde der vier äquivalenten Rechtsschulen aufgenommen.

Aḥmad b. Ḥanbal und die Neo-Salafiyya

Eine Besonderheit Aḥmads, auch im Hinblick auf das Selbstverständnis der Neo-Salafiyya (aber auch bei anderen Muslimen der *ahl as-sunna*!) ist gewiss sein tapferes Einstehen für seine Glaubensüberzeugung zur Zeit der *miḥna* (eine Form der Inquisition, pl. *miḥan*) zur Zeit des Kalifen al-Maʿmūn (gest. 833), der allen die rationalistische Schule der muʿtazila mit allen Mitteln aufoktroyieren wollte. Dies führte zu einem Machtkampf, welcher in das kollektive Bewusstsein mit dem Begriff *fitnatu ḫalq al-qurʾān* einging. Diejenigen, die am stärksten in die Opposition gingen, waren jene *ahl al-ḥadīṯ* und an ihrer Spitze: Aḥmad.[36] Neo-Salafīten reagieren bei dem Gefühl des Aufoktroyierens fremder Vorstellungen besonders sensibel, zuweilen auch militant. Oder aber sie nutzen in Zeiten der Krisen den „*miḥna*-Reflex", um den Prozess umzukehren, indem sie den Muslimen eine oppositionelle Haltung nahelegen, die letztlich aus neo-salafītischem Gedankengut besteht.[37] Es gibt daneben auch frappierende inhaltliche Ähnlichkeiten zwischen der Neo-Salafiyya und Aḥmad: Letzterer hatte eine starke Abneigung gegenüber *kalām* (der spekulativen Theologie) und *raʾy* und dafür eine starke Präferenz für die Tradition. Aus diesem Grund hat er z.B. das Schreiben von Büchern als eine religiös unerlaubte Innovation (*bidʿa*) be-

Geschichte hineinprojiziert werden. Dass die Salafiyya nicht mit der Ḥanbaliyya identisch ist und differenziert betrachtet werden muss, deutet sich durch die Konflikte an, die auch zwischen der Ḥanbaliyya und Neo-Salafiyya vorkommen, vgl. auch: Melchert, *Ahmad ibn Hanbal*, S. 98-101.

36 Es kam in der Geschichte des Islams häufiger vor, dass strenggläubige Abwehrbewegungen dann aufkamen, wenn die religiöse Identität als gefährdet angesehen wurde, vgl. John O. Voll, *Islam – Continuity and Change in the Modern World*, New York 1994, Second Edition, S. 12ff.; S. 398.

37 Bei dem Gefühl der Unsicherheit klammert sich der Gläubige an das, was ihm unfehlbar scheint: Koran und Sunna, und um ganz sicher zu gehen: wortwörtlich. Einen Aspekt der Anziehungskraft neo-salafitischer Vorstellungen, besonders bei jüngeren Muslimen, sehe ich im Gefühl der Unsicherheit, während die Neo-Salafiyya geschickt durch einfache Wahrheiten Sicherheit vermittelt. Gründe für den Erfolg einer religiösen Gruppierung sind im Allgemeinen folgend Aspekte: Das Gefühl der Sicherheit in Bezug auf jenseitiges Heil, eine aufnehmende Gemeinschaft und ein gewisses Ansehen, vgl.: M.T. Maloney/Abdulkadir Civan/ Mary Frances Maloney, *"Model of religious schism with application to Islam"*, in: Public Choice, 2010, 142, S. 445.

trachtet, da in einem solchen Buch zwangsläufig immer auch *ra'y* mit einfließt und ein solches die Autorität der Tradition untergraben würde. Tradition bestand für Aḥmad allem voran aus den Überlieferungen über den Propheten, dann aus denen der Rechtgeleiteten Kalifen. Was von diesen überliefert wird, reiche für die Theologie nahezu aus, sodass die Aussagen ihrer Nachfolger (*tābi'ūn*) nicht zu der bindenden Tradition gezählt werden. Diese typische Distanzierung vom autoritativen Gehalt der Anschauungen späterer Muslime finden wir auch bei der Neo-Salafiyya. Nur hätte die Ḥanbaliyya wohl kaum überlebt, wenn sie sich im Laufe der Zeit nicht von ihrem Namensgeber gewissermaßen emanzipiert hätte. Allein das Verbot des Bücherschreibens hätte die Entwicklung hin zu einer Rechtsschule blockiert. Der Grund für diese Abneigung vor der Verschriftlichung lag letztlich aber auch darin – und das im auffallenden Unterschied zu der Neo-Salafiyya – dass Aḥmad seine persönliche Meinung trotz seiner profunden Kenntnis der Tradition nicht für allseits verbindlich erachtet haben wollte:

> To me, the great difference between Ahmad and today's Salafiyah appears to be his substantial acquaintance with hadith and his full appreciation of how vast it is and ultimately how intractable. One would not be surprised to hear a Salafi say, „Forbid the people to pay attention to this book", but it is less easy to imagine one saying, again and again, „„I don't know."[38]

Ibn Taymiyya und die Neo-Salafiyya

Für die Neo-Salafiyya von noch größerer Bedeutung als Aḥmad b. Ḥanbal ist Aḥmad b. Taymiyya (gest. 738/1328), dessen Nennung in diesen Kreisen kaum erfolgt, ohne dass er mit dem zusätzlichen Titel *šayḫ al-islām* (Großgelehrter des Islams) angekündigt wird. Schon unter dessen zeitgenössischen Schülern wurden Parallelen zu Aḥmad b. Ḥanbal gezogen; so habe es nach Aḥmad b. Ḥanbals Bestattung keine andere gegeben, die so zahlreich besucht worden wäre, wie die des Ibn Taymiyya.[39] Und genauso wie zuvor schon Aḥmad wurde auch Ibn Taymiyya wegen seiner Positionen von der Obrigkeit gefangen genommen, und hielt ebenso selbst unter schwierigen Umständen beharrlich an seinen Überzeugungen fest.[40] Analog zur *miḥna* des Aḥmad finden sich daher Ausführungen

---

38 Vgl. Melchert, *Ahmad ibn Hanbal*, S. 81, für die vorherige Beschreibung der Ḥanbaliyya ebd., S. 59-81.

39 Vgl. Caterina Bori, *"Ibn Taymiyya wa-Jamā'atuhu: Authority, Conflict and Consensus in Ibn Taymiyya's Circle"*, in: Yossef Rapoport/Shahab Ahmed (ed.), *Ibn Taymiyya and his Times*, Oxford 2010, S. 41/42.

40 Diese Beharrlichkeit ist ein Merkmal, dessen sich Salafisten im Fall eines starken äußeren Drucks gerne bedienen, um sich damit zu identifizieren und zu motivieren.

zu den *miḥan* des Ibn Taymiyya.[41] Letzterer war zwar formal ein Anhänger der ḥanbalītischen Rechtsschule[42], doch pflegte er zu dieser ein ähnlich ambivalentes Verhältnis wie die Neo-Salafiyya zu der historischen *ahl al-ḥadīṯ*. Daher ist im Zusammenhang mit Ibn Taymiyya und seinen Gefährten des Öfteren von den Neo-Ḥanbalīten die Rede.[43] Ibn Taymiyya trennte sich faktisch immer wieder von den herrschenden Lehren der Rechtsschule, wenn er es für notwendig erachtete. Verbunden fühlte er sich vielmehr dem Geist der Ḥanbaliyya, die unter allen Rechtsschulen immer schon diejenige gewesen sei, die dem Verständnis der *salaf* am nächsten komme. Unter Berufung auf eben diese *salaf* wich er in vielen Punkten von den Lehren der Ḥanābila ab. Mehr noch; er sah sich berufen die ḥanbalītische Rechtsschule regelrecht zu reformieren und zur eigentlich wahren Tradition Aḥmads zurück zu führen.[44] Anders ausgedrückt: In den Augen Ibn Taymiyyas ist die Rechtsschule im Laufe der sechs Jahrhunderte zwischen ihm und Aḥmad b. Ḥanbal von dessen Lehre abgewichen. Die zeitgenössischen Lehren aller Rechtsschulen dürfe man nicht einfach unhinterfragt

---

Gleichzeitig rückt dieser Aspekt des Ausharrens in Gefangenschaft in einem friedlicheren Kontext wiederum in den Hintergrund, vgl. Anabelle Böttcher, *"Ibn Taymiyya and Ibn Qayyim al-Jawziyya as Changing Salafi Icons"*, in: Birgit Krawietz/Georges Tamer, *Islamic Theology, Philosophy and Law. Debating Ibn Taymiyya and Ibn Qayyim al-Jawziyya*, Berlin/Boston 2013, S. 461-492.

41 Vgl. ʿAbdurraḥmān b. Aḥmad b. Rağab, *Ḏayl ʿalā ṭabaqāt al-ḥanābila*, ed. ʿAburraḥmān b. Sulaymān al-ʿUṯaymīn, Riad 2005, Bd. 4, S. 510-520. Hier auf S. 519 mit der von Ibn al-Qayyim überlieferten, viel zitierten Aussage Ibn Taymiyyas: „Was können meine Feinde mir schon antun? Mein Paradies und meinen Garten trage ich in meiner Brust bei mir, wo immer ich auch hingehe, sie bleiben bei mir und verlassen mich nicht. Das Gefängnis ist meine Askese und mich umzubringen ist mein Martyrium. Mich aus meinem Heimatland zu vertreiben ist bloß ein Ausflug."

42 Sein Zeitgenosse Ibn Baṭṭūṭa, der ihn in Damaskus getroffen haben will, bezeichnet Ibn Taymiyya als einen „Juristen der hanbalitischen Rechtsschule [...] kundig in vielen Wissenschaften – wenn auch etwas mit seinem Verstand etwas merkwürdig war", Ralf Elger, *Ibn Battuta. Die Wunder des Morgenlandes*, München 2010, S. 33/34.

43 So bspw. der Titel des Workshops in Berlin im Jahr 2007: *"Neo-Hanbalism Reconsidered: The Impact of Ibn Taymiyya and Ibn Qayyim al-Jawziyya"*, aus dem der anderslautende Band von Krawietz/Tamer hervorgegangen ist.

44 Vgl. Abdul Hakim Al-Matroudi I., *The Ḥanbalī School of Law and Ibn Taymiyyah. Conflict or conciliation*, London/New York 2006. S. 129ff. Intensiver noch als Ibn Taymiyya strebte sein Schüler Ibn al-Qayyim nach einer Rückbindung an Aḥmad b.Ḥanbal. Vgl. Christopher Melchert, *"The Relation of Ibn Taymiyya and Ibn Qayyim al-Jawziyya to the Ḥanbalī School of Law"*, in: Birgit Krawietz/Georges Tamer, *Islamic Theology, Philosophy and Law. Debating Ibn Taymiyya and Ibn Qayyim al-Jawziyya*, Berlin/Boston 2013, S. 146-163, dazu auf S. 156: „In avoiding the complexity of the tradition, he is similar to today's Salafi primitivists".

übernehmen, womit der *taqlīd* verworfen wird, zumal Ibn Taymiyya sich als *muǧtahid* verstand. Die sukzessive Abwendung von der ḥanbalītischen Schule jedoch hat ihm schon zu Lebzeiten herbe Kritik, sowohl aus dem eigenen Schülerkreis als auch unter Anhängern der *ahl al-ḥadīṯ* und der Ḥanābila eingebracht.[45]

Tatsächlich gelangte er zu einigen sehr originellen und oftmals ausgesprochen egalitären Ansichten, weswegen er bis heute weit über den Kreis der Neo-Salafiyya attraktiv geblieben ist. Im Bereich des Scheidungs-, Zeugen- und Handelsrecht brachten seine Lehren erhebliche Erleichterungen für die Menschen mit sich.[46] Genauso konnte er aber mit nonkonformen Positionen anstoßen. An Ibn Taymiyya scheiden sich noch heute die Geister: Entweder wird er als Puritaner verdammt, respektive als frommer Gelehrter verehrt oder er wird als Pragmatiker geachtet, respektive als Abweichler verpönt. Jedenfalls dient er oftmals als Gallionsfigur und Projektionsfläche für fundamentalistische beziehungsweise liberalistische Reformvorhaben. Allen gemeinsam ist der reformatorische Gehalt: Die Rückkehr zu den Quellen und die Abwendung des *taqlīd*, und Ibn Taymiyya bietet hierzu sowohl in historischer Hinsicht als auch durch seine inhaltliche Herangehensweise den besten Anknüpfungspunkt. Darüber hinaus können jedoch die Bezüge zu Ibn Taymiyya höchst unterschiedlich ausfallen.[47]

Entstehung und Einfluss der Wahhābiyya

Die deutlich radikalste Anlehnung hat Muḥammad b. ʿAbdulwahhāb (gest. 1206/1787) genommen. Auch er wird in Kreisen der Neo-Salafiyya wegen seiner Verdienste mit dem Titel *šayḫ al-islām* geehrt. Seine Leistung bestand vornehmlich auf dem Feld der Glaubenslehre (*ʿaqīda*), wobei dies weitreichende Auswirkungen auf die religiöse Praxis haben sollte. Das wahhābītische Projekt bestand darin, alle religionsfremden Neuerungen zuerst auf der Arabischen Halbinsel zu eliminieren. Dabei machte sich Ibn ʿAbdulwahhāb mehrere Elemente der Lehre Ibn Taymiyyas zunutze. Eine folgeschwere Aneignung bestand in dem Kategoriensystem des Monotheismus (*tawḥīd*). Dieses besagt, dass der Eingottglaube sich auf drei Feldern verwirklichen muss, um als tatsächlich

45 Vgl. Caterina Bori, *„Ibn Taymiyya wa-Jamāʿatuhu"*.

46 Yossef Rapoport, *"Ibn Taymiyya's Radical Legal Thought: Rationalism, Pluralism and the Primacy of Intention"*, in: Yossef Rapoport/Shahab Ahmed (ed.), *Ibn Taymiyya and his Times*, Oxford 2010, S. 191-226.

47 Vgl. zu den gegensätzlichen Bezugnahmen: Yahya Michot, *Ibn Taymiyya. Against Extremisms*, Paris 2012; Daniel Lav, *Radical Islam and the Revival of Medieval Theology*, Cambridge 2012.

islamisch gelten zu können. Diese drei Felder umfassten die Göttlichkeit (*ulūhiyya*), die Herrschaft (*rubūbiyya*) und die Namen und Eigenschaften Gottes (*asmā' wa-ṣ-ṣīfāt*). Also genüge es nicht nur, die Göttlichkeit anzuerkennen, sie müsse vielmehr ihren Ausdruck in der Absolutheit der göttlichen Herrschaft finden und in der Folge zwingend in der absoluten Dienerschaft des Menschen münden. Diese totale Dialektik von göttlicher Herrschaft und menschlicher Dienerschaft drohte vieles zu erfassen, was zuvor außerhalb dessen stand: Jedwede Verehrung anderer Menschen, insbesondere die der Toten in Form des Gräberkultes, ja selbst das Besuchen der Gräber oder ihre bloße Erkennbarkeit fiel unter das Urteil der Götzenverehrung und Beigesellung Gottes (*širk*). So wurden im Zuge der wahhābītischen Bewegung präventiv auch *potentielle Gefahren* aus dem Weg geräumt. Bräuche und Bauten, die suspekt erschienen, sollten vorsorglich abgeschafft werden. Seinen Erfolg hatte Ibn ʿAbdulwahhāb allerdings nicht allein der Resonanz zu verdanken, die seinen Ideen gezollt wurde, sondern auch einem politischen Bündnis, das bis heute anhält.

Ähnlichkeit der Neo-Salafiyya zur Ahl-i Hadith

Die islamische Welt war im 18. Jahrhundert insgesamt stark von Erneuerungs- und Reformbewegungen geprägt. Art und Maß der konkreten gegenseitigen Einflussnahme räumlich getrennter Reformbewegungen wurden in der Forschung viel diskutiert.[48] In Indien trat Šāh Walīyullāh ad-Dihlāwī (gest. 1176/1762) gegen Ende des Mogulreichs in Erscheinung. Dieser war nicht so renitent wie sein Zeitgenosse Ibn ʿAbdulwahhāb,[49] doch ähnlich wie bei Ibn

48 Ob es sich um ein globalgeschichtliches Phänomen handelt, das zu Aufbruchstimmung in unterschiedlichen und voneinander unabhängigen Regionen geführt hat, deren Vertreter dann miteinander in Kontakt traten und sich in ihrem konkreten Vorstellungen gegenseitig beeinflussten, oder ob es ein Netzwerk von Einzelpersonen war, die diesen Trend initiierten, wird vielleicht nie endgültig geklärt werden können. Vorläufer im 17. Jahrhundert jedenfalls könnten außerdem die Kadizadeli-Bewegung mit ihrer anti-elitären Spitze sowie den gleichen inhaltlichen Anprangerungen gleich denen der Neo-Salafiyya, die sich jedoch unter osmanischen Bedingungen nicht durchsetzen konnte, vgl: Madeline C. Zilfi, *"The Kadizadelis: Discordant Revivalism in Seventeenth-Century Istanbul"*, in: Journal of Near Eastern Studies, Vol. 45, No. 4, Oct. 1986, S. 251-269. Sie berief sich auch Mehmed Brigivi (gest. 1573), der sich wiederum auf Ibn Taymiyya stützte.

49 Im Gegensatz zu Ibn ʿAbdulwahhāb war ad-Dihlāwī nicht kategorisch Sufi-feindlich. Nach seinem Aufenthalt in Mekka, nachdem er mit Gelehrten der Salafiyya aus dem Jemen in Kontakt kam, entwickelte sich seine *taqlīd*-kritische Haltung. Aber er war nicht *taqlīd*-feindlich, so zählt er sich selbst zumindest formal zur Ḥanafiyya und sein ausdifferenziertes *iǧtihād*-System macht deutlich, dass er *taqlīd* nicht per se verdammte, vgl.

Taymiyya nehmen unterschiedliche, teils gegensätzliche Reformbewegungen auf ad-Dihlāwī Bezug und sehen in ihm ihren jeweiligen Vorkämpfer. Eine dieser Bewegungen ist die Mitte des 19. Jahrhunderts in Indien entstandene *Ahl-i Hadith* Bewegung. Ihre Entstehung und mehr noch ihre weitere Entwicklung hängen mit einem Netzwerk von Salafīten außerhalb Indiens (vor allem aus dem Jemen) und saudischen Wahhābīten zusammen.[50] Diese *Ahl-i Hadith* gleichen in ihrer Lehre den religiösen Vorstellungen, wie wir sie in den Ausführungen Āl-Salmāns vorfinden, und das, nicht nur aufgrund der gemeinsamen Denomination. Doch auch dies war ein Prozess. Durch die wechselseitigen Beziehungen und Beeinflussungen kam es im Laufe des 19. und 20. Jahrhunderts zu einer Angleichung. Diese führte allerdings nicht zu einer einheitlichen neo-salafītischen Bewegung, sondern zu einem ganzen Spektrum an Bewegungen, deren gemeinsame Merkmale in den genannten Elementen bestehen, wenngleich ihre konkreten Ausformungen unterschiedliche Züge annehmen. Trotz dieser differenzierten Ausformungen gibt es allerdings innerhalb des Spektrums die Tendenz, diese Bewegung als eine einheitliche zu betrachten und frühere Reformatoren zu den ihren zu zählen.[51]

Irritationen um die richtige Bezeichnung

Das Einverleiben der „Ahl al-Hadith", der „Ahl as-Sunna" oder der „Muslime" par excellence korrespondiert hin und wieder mit der Abwehr, sich selbst als Salafī zu bezeichnen. Deutlicher noch verhält es sich mit dem Begriff Wahhābiyya. Er wird als diskreditierende Zuschreibung empfunden. Aber nicht nur aus diesem Grund nennen sich einige Neo-Salafīten lieber „Muslime" oder „Muwaḥḥidūn" (Monotheisten), eventuell noch mit dem Zusatz, „deren Islamverständnis der Methode der Salaf folgt". Schließlich handle es sich um nichts anderes als um die eigentliche, reine, ursprüngliche Wesensart des Muslims. Bin Bāz (gest. 1999) reagiert auf diese Namensgebung wie folgt:

> Sprich: Ja, ich bin ein „Wahhābī" und ein „Muḥammadī" und ich rufe euch zum Gehorsam gegenüber Allah und seiner Scharia auf. Ich rufe euch auf zum Tawḥīd. Und wenn jemand, der zum Tawḥīd ruft, ein „Wahhābī" ist, dann bin ich ein „Wahhābī", wenn jemand, der zum Tawḥīd ruft, ein „Nāṣibī" ist, dann bin ich ein

---

Marcia Hermansen, Shāh *Walī Allāh's Treatises on Islamic Law*, Loiusville 2010, S. 77-134 (*'Iqd al-ğīd fī aḥkām al-iğtihād wa-t-taqlīd)*.

50 Einflüsse aus Syrien und anderen Gegenden können nicht ausgeschlossen werden.

51 Für eine offensichtlich erfundene Vereinnahmung Šāh Waliyullāhs siehe: Basheer, M. Nafi, *"A Teacher of Ibn 'Abd al-Wahhāb: Muḥammad Ḥayāt al-Sindī and the Revival of Aṣḥāb al-Ḥadīth's Methodology"*, in: Islamic Law and Society, Vol. 13, Nr. 2, 2006, S. 212.

„Nāṣibī", und wenn jemand, der zum Tawḥīd ruft, ein „Schiite" ist, dann bin ich ein „Schiite".[52]

Sicherlich gibt es eine Reihe von Fremdbezeichnungen für das Phänomen der Neo-Salafiyya. Aber es finden sich auch solche Bezeichnungen, die Untergruppen der Salafiyya betreffen und innerhalb des salafītischen Spektrums untereinander aufgrund einer konkreten politischen Einstellung, meist in Bezug auf das saudische Königshaus, vergeben werden: „Madḫalīs", „Quṭbīs", „Ṣaumīs" oder „Salaṭīs" u.a. Eine weitere Selbstbezeichnung der Neo-Salafiyya ist die der „Daʿwa an-Naǧdiyya" (Die Mission aus Nadschd), in pejorativer Fremdbezeichnung dann oft: „Ḫāriǧīten" (eine frühislamische Splittergruppe, die dazu neigte anderen Muslimen den Glauben abzusprechen) oder auch „Takfīrīs" (Exkommunikation Aussprechende). Sie sieht sich beauftragt, den Rest der islamischen Welt zum vernachlässigten Monotheismus aufzurufen, den diese über die Jahrhunderte haben schwinden lassen. Das bloße Aussprechen des Glaubensbezeugnisses (*šahāda*) reiche hier nicht mehr aus; es gelte eine Reihe von Glaubensartikeln zu berücksichtigen, die bei Nichterfüllung das Muslim-Sein einer Person aufheben (*nawāqiḍ al-islām*).

Die Neo-Salafiyya im „Erbe" deutscher und islamischer Reformer?

Der bekannte deutsche neo-salafītische Prediger Pierre Vogel veranschaulicht die Salafiyya indem er sich mit der Reformation und der Entstehung des Protestantismus vergleicht.[53] Die Sufis (als Widersacher der Salafīten) setzt er mit dem Katholizismus gleich. Jeder könne den Koran interpretieren, wenn er

---

52 Vgl. ʿAbdulʿazīz b. ʿAbdullāh b. Bāz, *Ittihām man yadʿū ilā t-tawḥīd bi-l-Wahhābiyya*, URL: http://www.binbaz.org.sa/mat/10225 (letzter Zugriff: 25.1.2013).

53 Vermeintliche Parallelen, die auch in der Forschung besprochen werden, vgl. Martin Riexinger, *"Ibn Taymiyya's Worldview and the Challenge of Modernity. A Conflict Among the Ahl-i Ḥadīth in British India"*, in: Birgit Krawietz/Georges Tamer, *Islamic Theology, Philosophy and Law. Debating Ibn Taymiyya and Ibn Qayyim al-Jawziyya*, Berlin/Boston 2013, S. 493-494, dort mit dem Hinweis, dass Sir Sayyid Aḥmad Khan (gest. 1989), ein pro-britischer modernistischer Reformer, diesen Vergleich mit der indischen Ahl-i Ḥadīth herstellte; Rudolph Peters, *„Erneuerungsbewegungen im Islam vom 18. Bis zum 20. Jahrhundert und die Rolle des Islams in der neueren Geschichte: Antikolonialismus und Nationalismus"*, in: Ende/Steinbach, *Der Islam in der Gegenwart*, München, 5. aktualisierte und erweiterte Auflage 2005, S. 91-96. Die fundamentalistische Reform, deren Merkmale Peters ausführt, werden von Pierre Vogel ausdrücklich bestätigt in einer „fundamentalistischen Antwort", vgl. Pierre Vogel, *Braucht der Islam eine Reformation?*, URL: http://www.youtube.com/watch?v=tDj-yVWX42g (letzter Zugriff: 24.9.2013).

die Voraussetzungen erfülle. Nicht erlaubt sei lediglich der Widerspruch zum Verständnis der *salaf*. In der Bewegung „zurück zu den Quellen" sieht er eine Nähe zwischen Martin Luther und der Salafiyya, mit dem einzigen Unterschied, dass Martin Luther zu einer gefälschten Quelle zurückgegangen sei und die Salafiyya zum unverfälschten Koran zurückkehre. „Ähnlichkeiten" sieht er auch zwischen der Vorgehensweise Martin Luthers und der heutigen neo-salafitischen Bewegung: Aufsehen erregen und das Brechen von Tabus, wodurch man in der Öffentlichkeit Aufmerksamkeit auf sich ziehe. Auch die wörtliche Auslegung gleiche der salafitischen Bewegung. Aḥmad b. Ḥanbal, Ibn Taymiyya und Muḥammad b. ʿAbdulwahhāb gleichen – so Pierre Vogel – in dieser Hinsicht Martin Luther.[54]

Das Historisieren und Kontextualisieren wird bei der Salafiyya tendenziell als eine Anwendung des *raʾy* verstanden und damit abgelehnt. Die Quellen sind weniger im Kontext der Geschichte oder Gegenwart zu verstehen, vielmehr seien Geschichte und Gegenwart ausschließlich im Sinne der Quellen zu verstehen. Originelle Gedanken gehören nicht gerade zum typischen Bildungsparadigma der Neo-Salafiyya, eher sind das repetitive Aufzählen, Erinnern und Verinnerlichen des schon Gesagten und Gewussten Markenzeichen salafitischer Predigten. Innovationen werden daher meist in den Bereich der unerlaubten Neuerungen (*bidʿa*) verbannt. Die Angebote der Neo-Salafiyya können sich auf Dauer nur dadurch erhalten, dass die Anhänger diese ständig exportieren, d.h. also missionieren, auch innerislamisch. Entsprechend wird versucht den Großteil der Traditionen, und damit auch die Mehrheit der Muslime, zu vereinnahmen und unter dem Dach der Neo-Salafiyya zu vereinheitlichen.[55] Die in nahezu allen Bereichen geglaubte Eindeutigkeit schafft zugleich klar voneinander abgetrennte Zuordnungen von Gut und Böse, nicht nur zwischen Muslimen und Nichtmuslimen (*dār al-islām – dār al-kufr/dār al-ḥarb*), sondern auch innerhalb der muslimischen Gemeinschaft selbst (*ahl al-ḥaqq– ahl ad-bidʿa/ahl aḍ-ḍalāl*).

Der Hauptstrom der Salafiyya sieht sich selbst jedenfalls in der Tradition der *ahl al-ḥadīṯ* und der *aṯāriyya* (Traditionalisten), die ein Erbe mit sich tragen, welches das Islamverständnis der Altvorderen (*salaf*) beinhalte, von Imam Ahmad b. Ḥanbal in einer Rechtsschule aufgegriffen sei, von Ibn Taymiyya erneuert, seinen Schülern wie Ibn al-Qayyim und aḏ-Ḏahabī (gest. 748/1348) erläutert und ergänzt sei, in der nachmongolischen Zeit dann doch in Vergessenheit geraten, vereinzelt zwar hin und wieder aufschien, in Gänze aber erst durch

54 Pierre Vogel, *Martin Luther und der Salafismus*, URL: salaf.de/manhadsch/manhadsch_allgemein.html; Abul Hussain, *Die richtige Reform*, URL: http://salaf.de/manhadsch/manhadsch_allgemein.html (für beides letzter Zugriff: 24.9.2013).

55 Vgl. Bauer, *Kultur der Ambiguität*, S. 157-191.

Muhammad b. ʿAbdulwahhāb im Bereich der Theologie und al-Albānī (gest. 1999) im Bereich des Rechts wieder in den Vordergrund gestellt wurde. Das sind Autoritäten, an denen sich alle neo-salafītischen Prediger in Deutschland orientieren.

Während sie Lehren mit egalitärer Ausrichtung vorgeben, die Mehrheit der Muslime jedoch nicht dem neo-salafītischen Credo folgt, entwickeln Fürsprecher der Neo-Salafiyya elitäre Züge, die sie von diesen abhebt. Die Neo-Salafiyya gilt als die Erwählte Gruppe der Geretteten (*al-firqa an-nāǧiya*). In Deutschland, wo der Neo-Salafismus definitiv in der Minderheit unter den hiesigen Muslimen ist, wird je nach Zusammenhang entweder der innerislamisch inklusivistische oder exklusivisitsche Aspekt betont.

Fremdsicht auf den Neo-Salafismus und die Stellung zum Mehrheitsislam

Die Neo-Salafiyya konkurriert mit ihren Ansprüchen weniger mit anderen islamischen Minderheitskonfessionen als mit der großen, etwa 90% der Muslime umfassenden Mehrheitsströmung der Sunniten: Also der *ahl as-sunna wa-l-ǧamāʿa* in Form der vier Rechtsschulen, der drei Glaubensschulen und der zahlreichen Verästelungen sufischer Orden (*ṭuruq*, sg. *ṭarīqa*), die sich auf einige wenige Stammorden zurückführen lassen. Es gilt im Folgenden, die Positionen einiger ausgewählter, exponierter Vertreter dieser Einheiten gegenüber dem Neo-Salafismus darzustellen. In einem gleichen sich alle Positionen gegenüber der Neo-Salafiyya: Sie gehen von einer Verteidigungshaltung in eine Offensive über.

Wie bereits dargelegt, dürfe es laut den Ausführungen Āl Salmāns eigentlich keine Rechtschulen, sondern nur eine einzige Rechtschule geben. Für Ibn ʿAbdulwahhāb bildete der *fiqh* seiner Zeit sogar den institutionalisierten *širk*.[56] Da sich die anderen Rechtsschulen damit vor die Wahl gestellt sahen, sich in den Neo-Salafismus einzugliedern oder ihrem Anspruch auf Existenz abzuschwören, haben Vertreter der klassischen Rechtsschulen – und diese sind wohl die mächtigsten Institutionen, die sich in der islamischen Geistesgeschichte entwickelt haben – auf diese Angriffe mit scharfer Kritik reagiert. Bereits zu Lebzeiten Ibn ʿAbdulwahhābs bemängelte sein Zeitgenosse Sulaymān b. Suhaym, den Versuch der Vereinheitlichung als den Bruch mit dem „vom Konsens der ʿulamāʾ anerkannten Pluralismus“[57] der vier Rechtsschulen.

---

56 Esther Peskes, *Muḥammad b. ʿAbdulwahhāb (1703-92) im Widerstreit. Untersuchungen zur Rekonstruktion der Frühgeschichte der Wahhābīya*, Beirut 1993, S. 41.

57 Ebd., S. 107.

Nachdem in Mekka die vier Kanzeln, die jeweils eine Rechtschule repräsentierten, abgeschafft und die ihnen zugeordneten Lehrer verwiesen wurden, dauerte es nicht lange, bis selbst die ḥanbalītische Rechtschule, die von ihrem Ursprung her stark traditionszentriert gewesen war, angefochten wurde. Trotz der rechtsschulfeindlichen Haltung Ibn ʿAbdulwahhābs muss die flächendeckende Entkoppelung von einer Rechtsschule ein längerer Prozess gewesen sein.[58] Einen entscheidenden Impuls zur Abkoppelung von der Rechtsschule hat al-Albāni beigetragen, der wie niemand zuvor in Rechtsfragen von der ḥanbalītischen Lehre abwich[59] und anderen, die ihm bei punktuellen Fragen darin nicht nachkamen, immer wieder vorwarf, nicht dem *maḏhab* der *salaf* zu folgen.[60]

Ramaḍān al-Būṭī (gest. 2013), einer der führenden syrischen Gelehrten, schrieb in den 1990er Jahren eine vielbeachtete Anklageschrift an die Adresse der Neo-Salafiyya, in der er sie selbst als die bedrohlichste Abweichung (*bidʿa*) vom Islam beschreibt.[61] Das Werk ist eine Auseinandersetzung mit den neo-salafiitischen Lehren und ihren Verfechtern, allen voran mit dem rechtsschulfeindlichen Muḥammad Ṣulṭān al-Ḫuǧandī (gest. 1297/1880) und al-Albānī. Zur Verteidigung der Rechtsschulen argumentiert auch Tim Winter alias Abdal Hakim Murad in seiner kurzen „Unterstandig the four Madhhabs“ genannten Abhandlung.[62] Darin geht er zwar nicht explizit auf Neo-Salafīten ein – er erwähnt die genannte Abhandlung al-Būṭīs nur beiläufig –, erläutert aber den Sinn der

58 Siddīq Ḥasan Ḫān, eine Leitfigur der indischen Ahl-i Ḥadīṯ, wies Ende des 19. Jahrhunderts den Vorwurf, dass er ein Wahhābī sei, mit dem Argument zurück, dass er nicht zu diesen gehören könne, da die Ahl-i Ḥadīṯ keinen *taqlīd* betreibe im Gegensatz zu der ḥanbalītischen Wahhābiyya, vgl. Claudia Preckel, *"Screening Ḥasan Khān's Legacy"*, in: Birgit Krawietz/Georg Tamer, *Islamic Theology, Philosophy and Law. Debating Ibn Taymiyya and Ibn Qayyim al-Jawziyya*, 2013 Berlin/Bosten, S. 201.

59 Teil der neo-salafitischen und traditionalistischen Kontroverse war die Zugehörigkeit zur ḥanbalītischen Rechtsschule. Während die Neo-Salafiyya sich in ihre Tradition stellt, wurde dieser Anspruch von einigen traditionalistischen Ḥanābila abgelehnt, vgl. David Commins, *"Traditional Anti-Wahhabi Hanbalism in Nineteenth-Century Arabia"*, in: *Ottoman Reform and Muslim Regeneration. Studies in Honor of Butrus Abu-Manneh*, London/New York 2005, S. 81-96.

60 Vgl. Lutz Berger, *Islamische Theologie*, Wien 2010, S. 148; Roel Meijer, *Global Salafism*, S. 9.

61 In mehrfacher, erweiterter Auflage erschienen, zuletzt: Ramaḍān al-Būṭī, *al-Lāmaḏhabiyya aḫṭar bidʿa tuhaddidu aš-šarīʿa al-islāmiyya*, Damaskus 2009.

62 Abdal Hakim Murad, *Understanding the four Madhhabs*, Cambridge 1999. Zu Autor und Argumentation siehe Mark Chalil Bodenstein, *„Abdal-Hakim Murad: Vielfältige Tradition statt einfältiger Reform“*, in: Katajun Amirpur/Ludwig Ammann, *Der Islam am Wendepunkt. Liberale und konservative Reformer einer Weltreligion*, Freiburg 2006.

vier Rechtsschulen im impliziten Gegensatz zur neo-salafītischen Position.[63] Letztere sei nämlich im Begriff, jene Mechanismen zu zerstören, welche von den Rechtsschulen entwickelt wurden, um Differenzen unter Muslimen auf ein gesundes Maß zu bändigen:

> Instead of four madhhabs in harmony, we will have a billion madhhabs in bitter and self-righteous conflict. No more brilliant scheme for the destruction of Islam could ever have been devised.[64]

Angesichts des in Saudi-Arabien entfachten „Fatwa-Chaos" erscheint diese Formulierung nur all zu verständlich. Hier sah sich der Staat nach dem Aufkommen abstruser Rechtsgutachten gezwungen, zu intervenieren und das Erlassen von Rechtsurteilen allein ausgewählten Gremien zu überlassen.[65] Daher erstaunt es kaum, dass in der praktischen Handhabung diese Gremien von gängigen Vorstellungen der Neo-Salafiyya abweichen: Die legitime Ausübung des *iğtihād* wird auf qualifizierte (im Zweifelsfall vom König autorisierte) Gelehrte eingegrenzt. Diese Gelehrten wiederum befürworten den *taqlīd* für diejenigen, die seiner bedürfen. Auch hier dürften die Kriterien zur Bestimmung derjenigen, die des *taqlīds* bedürfen breiter aufgestellt sein, als es das neo-salafītische Ideal vorsieht.[66] Außerdem identifizieren die autorisierten Gelehrten das Gemeinwohl (*maṣlaḥa*) mit den Zweckbestimmungen (*maqāṣid*) der Scharia, wodurch sie sich zwar einerseits erlauben können, flexibler und pragmatischer zu agieren[67], sich andererseits aber dem Vorwurf des eklektizistischen *iğtihads* innerhalb der *maḏāhib* aussetzen, womit dem Opportunismus einer mit dem Monopol der Auslegung betrauten religiösen Elite alle Tore geöffnet sind. Dieser Widerspruch zum egalitären Ethos der Neo-Salafiyya lässt dessen

---

63 Eine Strategie, die Ramaḍān al-Būṭī ebenfalls in einer weiteren und umfassenderen Kritik der Neo-Salafiyya verfolgt hat, wobei al-Būṭī nicht umhin kommt, die Salafiyya beim Vergleich mit den Qualitäten der ahl as-sunna wa-l-ǧamāʿa namentlich mehrmals zu erwähnen, vgl. al-Būṭī, *as-Salafiyya marḥala zamaniyya mubāraka lā maḏhab islāmī*, Damaskus 1998.

64 Murad, *Understanding the four Madhhabs*, S. 15.

65 Vgl. Abdel-Hakim Ourghi: *„‚Chaos der Fatwas' in Saudi-Arabien. Ein königlicher Kodifizierungsversuch"*, in: Zeitschrift für Islamische Studien, Nr. 5, 2014. S. 5-17. Solche Schwierigkeiten waren schon vor Jahren absehbar, vgl. Aharon Layish, *"Saudi Arabian Legal Reform as a Mechanism to Moderate Wahhābī Doctrine",*, in: J*ournal of the American Oriental Society*, Vol. 107, No. 2 Apr. - Jun. 1987, S. 279-292.

66 Vgl. Muhammad al-Atawneh, *"Wahhābī Legal Theory as Reflected in Modern Official Saudi Fatwās: Ijtihād, Taqlīd, Sources, and Methodology"*, in: Islamic Law and Society 18, 2911, S. 327-335.

67 Elizabeth Sirriyeh, *Wahhābīs, Unbelievers and the Proplems of Eclusivism*, Bulletin (British Society for Middle Eastern Studies), Vol. 16, Nr. 2, 1989, S. 123-132.

Generalkritik an den Rechtsschulen als ausgesprochen unglaubwürdig erscheinen.

Meinungsvielfalt auch in Glaubensfragen

Im Bereich der Glaubenslehre (*ʿaqīda*) gibt es vielleicht einen noch heftigeren Angriff auf die Lehrmeinungen des Mehrheitsislams, besonders den der Ašʿarīten, eine auf den Theologen al-Ašʿarī im 10. Jahrhundert zurückgehende und von al-Baqillānī (gest. 403/1013) weiter entwickelte Schule. Die Reaktionen ihrer Anhänger sind ebenso zahlreich und intensiv, wie die Verteidigungsschriften im Bereich des *fiqh*. Beachtenswert ist die Reaktion einer ganzen Reihe namhafter ašʿarītischer Gelehrter (von al-Qaraḍāwī bis ʿAlī Ǧifrī): Sie alle trugen längere Vorworte zu einer Schrift bei, die letztlich erklärt, dass es bei den mehrdeutigen Versen (*mutašābihāt*) mit anthropomorpher Aussagemöglichkeit wie z.B. „yad" (wörtl. Hand) zulässig sei, verschiedene Auffassungen zu vertreten, sofern sich diese auf den *tafwīḍ* (vorbehaltlose Akzeptanz des offenbarten Wortlautes, ohne ihm eine konkrete Bedeutung abzuringen) und *den taʾwīl* (eine allegorische Deutung dieser Ausdrücke) beschränken.[68] Es entzünden sich in der Tat an diesen Themen hartnäckige Zirkeldiskussionen zwischen den Angehörigen der Neo-Salafiyya und den anderen Glaubensschulen. Die erwähnte Gruppe von Gelehrten sprach sich nun in dieser Schrift[69] dafür aus, die ahl al-ḥadīṯ (in deren Tradition sich die Neo-Salafiyya sieht) mit der Matūridiyya und den der Ašʿarīyya gemeinsam zu der Ahl as-sunna wa'l-ǧamāʿa zu zählen. Ein Kernargument hierbei lautet, dass auch wenn sie unterschiedliche Auffassungen haben, sich alle auf vorhandene Traditionsstränge berufen, die allesamt legitim seien. Außerdem seien nicht alle Meinungsunterschiede innerhalb der Glaubensschule (*ʿaqīda*) illegitim, sodass eine der divergierenden Lehrmeinungen als Unglaube oder Häresie abgetan werden dürfe. Schließlich habe es selbst unter den *salaf* in sekundären Bereichen Meinungsverschiedenheiten in der *ʿaqīda* gegeben, ohne dass es zu Verbannungen gekommen sei. Damit wurde zugleich

---

68 Zu den Begriffen und dem theologischen Problemkomplex, Mohammad Gharaibeh: *„‚Die Herzen der Diener zwischen zwei Fingern des Allerbarmes?' Zum Umgang mit anthropomorphen Wendungen im Qurʾān und der Sunna im Kontext islamischer, deutschsprachiger Theologie"*, in: *Jahrbuch für Islamische Theologie und Religionspädagogik, 2012*, Nr. 1, S. 99-123. Die Übersetzungen von tafwīḍ und taʿwīl sind wörtlich diesem Artikel entnommen. Zur Problematik insgesamt siehe ebenfalls Gharaibeh, *Zur Attributenlehre der Wahhābiya unter besonderer Berücksichtigung der Schriften Ibn ʿUṯaymīns* (1929-2001), Berlin 2012.

69 Ḥamada as-Sinān/Fawzī al-ʿAnǧarī, *Ahl as-sunna al-ašāʿira. Šahādatu ʿulamāʾ al-umma wa adillatuhum*, Kuweit 2006.

gesagt, dass die Antwort auf die beliebte neo-salafītische Frage „Wo ist Gott?“, eben nicht von der Zugehörigkeit zu den Sunniten ausschließt, solange diese einer Lehrmeinung der drei Glaubensschulen entnommen ist.[70] Der Grund aller Diskussionen sei ja gerade, dass man keine letztgültige Gewissheit in diesen Fallfragen erreichen könne und daher Toleranz nur von jenen nicht ertragen würde, die nicht zur *ahl as-sunna* gehörten.[71] *Salaf* (Altvordere) und *ḫalaf* (Nachzügler) hätten innerhalb dieses zu tolerierenden Meinungsspektrums tatsächlich mit unterschiedlicher Gewichtung mal die eine Form der Deutung und mal die andere favorisiert,[72] wobei allen gewisse Qualitäten zugutegehalten werden müssten: „Maḏhab as-salaf aslam wa maḏhab al-ḫalaf aʿlam“ (Die Schule der Altvorderen ist reiner, die der Nachzügler wissender).[73]

Das Geschichtsbild der Neo-Salafiyya im Gegensatz zum Mehrheitsislam

Mit dieser Aussage zeichnet sich auch das Geschichtsbild des Mehrheitsislams gegenüber der Neo-Salafiyya ab, die spätestens seit dem 4./10. Jahrhundert die Muslime nur noch in Degeneration und in einem Rückfall in die vorislamische Zeit der Unwissenheit (*ǧāhiliyya*) sieht. Der traditionelle Mehrheitsislam würdigt die ersten Generationen der Muslime über alle anderen hinaus, doch sieht er in den nachfolgenden Generationen keinen stetigen Verfall und Niedergang. Vielmehr habe man mit ihrem Erbe und im Sinne dieser eine Tradition aufgebaut. So sei allen eine gewisse Leistung zu verdanken.

Jedenfalls war die Reaktion auf das Angebot dieser ašʿarītischen Gelehrten zum Teil doch sehr rigoros: Die Zugehörigkeit der *ašʿariyya* und der *māturīdiyya* zur *ahl as-sunna wa-l-ǧamāʿa* wurde abgelehnt, ob subtil oder offen, da letztere auch in anderen, wichtigen Bereichen der *ʿaqīda* wie dem Wesen

70 Ebd., S. 141.

71 Ebd., S. 120-143.

72 Vgl. Sayf b. Alī al-ʿAṣrī, *al-Qawl at-tamām bi-iṯbāt at-tafwīḍ maḏhaban li-s-salaf al-kirām*, Amman 2010.

73 So al-Qaraḍāwī im Vorwort des *al-Qawl at-tamām*, S. 10. Diese Einschätzung lässt sich am Beispiel der Rechtslehre bestätigen: “It is our common, but rather inaccurate, belief that during the first three centuries of Islam, the highest and final stage of legal thought had been reached. It may be astonishing, therefore, to realize that the sophistication of technical legal thought was in fact achieved after these centuries, particularly during the fifth/eleventh and sixth/twelfth centuries”, siehe: Wael Hallaq, *"Was the Gate of Ijtihad Closed?"*, in: International Journal of Middle East Studies, Bd. 16, Nr. 1 (Mär., 1984), S. 19.

des Glaubens (*imān*) zu falschen Auffassungen neigten.[74] Außerdem stimme es nicht, dass es bei den *salaf* unterschiedliche Auffassungen gegeben habe in ihrem Verständnis der Namen und Eigenschaften Gottes.[75] Noch schärfer sind die Konfrontationen zwischen Neo-Salafiyya und den Sufis[76], die meist selbst der *aš'ariyya* oder der *māturīdiyya* angehören, da die Differenzierung zwischen Sufis und den genannten Glaubensschulen zuweilen disziplinarischer Natur ist. Die Konflikte betreffen bei den Sufis jedenfalls nicht allein Glaubensinhalte, sondern auch Praktiken (wobei beides wie demonstriert zusammenhängt) wie dem feierlichen gemeinschaftlichen Gedenken der Geburt des Propheten (*mawlid*).[77] Verbittert sind die Sufis zudem durch den brachialen Angriff auf das von ihnen religiös aufgewertete Kulturgut. Deutlich spürbar wird dies durch die Zerstörung von Gräbern[78] hoch angesehener Persönlichkeiten und historisch bedeutsamer Bauten. Yūsuf b. Sa'īd Hāšim ar-Rifā'ī beklagt solcherlei Anfeindungen mit folgenden Worten:

> Eure tiefsitzende Krankheit hat sich schon bis in die Länder Amerikas und Europas verbreitet, so dass Zwistigkeiten in deren Moscheen und Schulen der Muslime entbrannt sind; der eine folgt Bin Bāz und 'Uthaymin und erklärt die Sufis und diejenigen, die Dhikr (Gottesgedenken) praktizieren, zu Ungläubigen, und jener die Imāme Asch'arī und Maturidī, ein anderer die Deobandīs oder Barelwīs usw. Jeder bekämpft den anderen, verbietet das Gebet hinter den anderen und ebenso die Heirat oder freundschaftliche Kontakte; und die religiöse Verbindung untereinander wird abgeschnitten.[79]

---

74 Safr b. 'Abdurraḥmān al-Ḥūwālī, *Manhaǧ al-ašā'ira fī l-'aqīda. ar-Radd 'alā maqālāt aṣ-Ṣābūnī*, o.D. o.O, beziehbar unter: http://www.saaid.net/book/open.php?cat=89&book=4322

75 Fayṣal b. Qazzār al-Ǧāsim, *al-Aša'ira fi mizan ahl as-sunna: naqd lī kitāb ahl as-sunna al-ašā'ira. Šahādat al-'ulamā' al-umma wa adillatuhum*, Kuweit 2007.

76 In der Thematisierung sufifeindlicher Einstellungen der Neo-Salafiyya anhand zweier Beispiele sieht Knysh ein typisches Muster solcher Konflikte: "The rift between the Salafis/Wahhabis and the Sufis is not unique to the Caucasus. It is found in practically every Muslim country today (as well as the Muslim diasporic communities of the West).", Alexander Knysh, *Contextualizing the Salafi-Sufi conflict*, S. 507.

77 Vgl. Marion Holmes Katz, *The Birth of the Prophet Muḥammad. Devotional piety in Sunni Islam*, New York 2007, S. 169-207.

78 Ondrej Beranek/ Pavel Tupek, *From Visiting Graves to Their Destruction. The Question of Ziyara through the Eyes of Salafis*, Crown Papers (Brandeis) 2009 (letzter Zugriff: 2.10.2013).

79 Yūsuf b. Sa'īd Hāšim ar-Rifā'ī, *Aufrichtiger guter Rat an unsere Brüder, die Gelehrten von Najd*, Kandern im Schwarzwald 2001, S. 54

Zwischenbilanz

Aus dem Gesagten wird ersichtlich, warum die Neo-Salafiyya oftmals als Spaltung vom Mehrheitsislam angesehen wird. Da einige ihrer Vertreter in Geschichte und Gegenwart zur Gewalt gegen diejenigen neigten, die sie als Abtrünnige ansahen, wurden sie oftmals als Ḫawāriǧ bezeichnet.[80] Damit wird bewusst die Verbindung zu einer Abspaltung aus dem Mehrheitsislam in der Frühzeit der tatsächlichen *salaf* gezogen. Da sich die Neo-Salafiyya als die eigentlichen Erben dieser *salaf* begreift, andererseits aber eine Minderheit darstellt, spielt dieses Mengenverhältnis bei der jeweiligen Diskrepanz zwischen Fremd- und Selbstverortung eine erhebliche Rolle. Denn bei der Frage, wer sich von wem abgespalten hat, ist es aus historischer wie sunnitischer Perspektive definitiv eine Minderheit gewesen, die sich von der Mehrheit abgespalten hat. Die Neo-Salafiyya steht hier unter einem Rechtfertigungsdruck und in einem Dilemma: Wenn sie die wahren Erben der *salaf* sind, warum bilden sie nicht wie diese auch eine Mehrheit? Und wenn sie sich heute von der Mehrheit der Muslime absondern, stehen sie dann nicht zu Recht in der Folge der Ḫawāriǧ? Haben wir es bei der Neo-Salafiyya mit einer Strömung oder einer Sekte zu tun?

Eine religionswissenschaftliche Perspektive

Der exklusive Anspruch einer Gruppierung auf das jenseitige Heil ist aus religionswissenschaftlicher Perspektive ausschlaggebend in der Frage, ob eine religiöse Bewegung innerhalb einer Religionsgemeinschaft als Spaltung oder Strömung anzusehen ist.[81] Ein Schisma liegt dann vor, wenn entweder:

1. jenseitige Heilserfahrung der anderen Gruppierungen aus der gleichen Religionsgemeinschaft nicht erfolgen sollen, wobei die Härte der Strafe die Schwere des Abweichens kennzeichnet. Hier wäre beispielsweise zu prüfen,

80 Vgl. Itzchak Weismann, *"Law and Sufism on the Eve of Reform: The Views of Ibn 'Abidin"*, in: *Ottoman Reform and Muslim Regeneration. Studies in Honor of Butrus Abu-Manneh*, London/New York 2005, S. 72; diese Wahrnehmung hängt stark mit den Erfahrungen einer kämpferischen Wahhabiyya zusammen, vgl. Elizabeth Sirriyeh, *"Wahhabis, Unbelievers and the Problems of Exclusivism"*, in: Bulletin (British Society for Middle Eastern Studies), Vol. 16, No. 2, 1989, S. 123-132. Selbst aš-Šawkānī, ein heute in Reihen der Neo-Salafiyya angesehener Gelehrter verglich sie mit den Ḫawāriǧ, vgl. Bernard Haykel, *Revival and Reform in Islam. The Legacy of Muhammad al-Shawkānī*, Cambridge 2003, S. 128.

81 Vgl. M.T. Maloney/Abdulkadir Civan/Mary Frances Maloney, *"Model of religious schism with application to Islam"*, in: Public Choice, 2010, 142, S. 445.

ob die aus neo-salafitischer Sicht verübten Irrlehren etwa der *Aš'arīten* zu einem Nachteil im Jenseits führen.
2. und/oder wenn geglaubt wird, dass die Religionsgemeinschaft der ursprünglichen Lehre nicht mehr treu ist, sodass beispielsweise auch Riten nicht mit ihnen gemeinsam vollzogen werden dürfen. Eine Frage könnte lauten: Erachten es Neo-Salafis für erlaubt hinter *Aš'arīten* das Gebet zu verrichten?
3. und/oder wenn es Potential für zivile Spannungen gibt. Wenn diese zu einem Dauerphänomen werden, kann von einer Spaltung ausgegangen werden. Hier wäre zu fragen: Gab und/oder gibt es dauerhafte zivile Spannungen zwischen Neo-Salafiten und dem Mehrheitsislam?

Da nach Wissensstand des Autors zu den oben formulierten Kriterien keine empirischen Untersuchungen zum Neo-Salafismus vorliegen, sind hier nur kursorische Anmerkungen möglich. Bei der Frage, ob aus Sicht der Neo-Salafiyya die Lehrüberzeugungen der *Aš'arīten* negative Folgen für das Jenseits mit sich bringen, fällt die Antwort hierauf zunächst weitestgehend negativ aus. Selbst im Internet, wo nahezu alle möglichen Ansichten gefunden werden, habe ich nach längeren Recherchen nichts Entsprechendes finden können. Nirgends waren Stellungnahmen auffindbar, die besagen, dass die *Aš'arīten* im Jenseits bestraft würden. Das mag daran liegen, dass eine Strafe hier nicht speziell für die *Aš'arīten*, sondern allgemeiner für Abweichler (*mubtadi'a*) erwartet wird. Die Recherche zu eben dieser allgemeiner formulierten Position weist auf merklich deutlichere Hinweise einer solchen Vorstellung hin. In den entsprechenden Foren lassen sich dazu längere Diskussionen verfolgen, was auf eine gewisse Unsicherheit hindeuten mag. Denn auf der einen Seite sind selbst die Verletzungen von Normen, die eigentlich zu einer jenseitigen Strafe führen sollten, nicht zwangsläufig: Durch die Barmherzigkeit Gottes sind mehrere Wege der Vergebung offen, beispielsweise durch Reue, durch die Fürsprache des Propheten oder durch andere guten Taten, die diese aufwiegen etc. Auf der anderen Seite ist die vielzitierte und programmatische Vorstellung, dass „jede Neuerung eine Irreleitung, und jede Irreleitung ins Höllenfeuer führt", überaus präsent und nimmt bisweilen exzessive Ausmaße an.

Dass daraus resultierend wesentlich häufiger die Frage aufkommt, ob es erlaubt sei, hinter *Aš'arīten* (respektive Abweichlern) das Gebet zu verrichten, dürfte kaum wundern. Auf einer deutschsprachigen neo-salafitischen Internetseite findet sich eine längere Abhandlung zu dem Problem: „Das Gebet hinter einem Frevler oder Ketzer vollziehen?"[82] Hier wird das obligatorische Ritualge-

82 Vgl: URL: http://at-tanzil.de/politikgesellschaft/das-gebet-hinter-frevler-oder-ketzer-vollziehen-teil-2, derzeit nur noch hier: http://www.ahlu-sunnah.org/t1881-topic (zum zweiten Link letzter Zugriff: 07.10.13).

bet hinter einem frevlerischen oder ketzerischen Imam zwar nicht untersagt, wenn es aber eine Alternative zu diesem gibt, so sei diese vorzuziehen. Im Falle der vorhandenen Alternative seien sich die Gelehrten außerdem uneinig, ob das Gebet hinter dem Frevler und Ketzer überhaupt Gültigkeit besitzt. Differenzen unter den Gelehrten gäbe es weiterhin in der Frage, ob im Falle vorhandener Alternativen das Gebet hinter einem Frevler oder Ketzer überhaupt gültig ist, wobei die Auffassung überwiegt, dass dieses nicht gültig ist. So ist auch hier eine Unsicherheit erkenntbar, wobei hier die Tendenz zur Absonderung besteht. Wieder lassen sich leichter allgemeine Vorschriften finden, wie dem Verbot sich generell mit Abweichlern abzugeben oder ihre Webseiten zu besuchen. [83] Es finden sich aber auch Stimmen, die das Gebet hinter „Ketzern" kategorisch ablehnen.[84]

Hinsichtlich ziviler Spannungen zwischen Mehrheitsmuslimen und Neo-Salafiten gab und gibt es immer wieder ernsthafte Gegnerschaften.[85] Oft sind diese verflochten mit sozialen oder politischen Auseinandersetzungen, sodass es schwerer fällt, zu identifizieren, ob die Konflikte nur religiös aufgeladen werden, oder ob es substanziell religiöse Konflikte sind.[86]

Hier tritt die Frage nach der Verantwortlichkeit auf: Ab wann wäre bspw. ein Prediger für die Handlungen seiner Hörer verantwortlich. Die vorsichtige Einschätzung des Autors ist, dass es dann einen direkten Zusammenhang gibt, wenn die Zuhörer sich bei ihren Handlungen gewöhnlich selbst auf den Prediger bzw. auf bestimmte Lehren (etwa die Maxime Gutes zu gebieten und Schlechtes zu verbieten) berufen, ohne dass Letztere dies unmissverständlich zurückweisen. Als Ibn ʿAbdulwahhāb mit den Bücherverbrennungen des sufistischen Werkes

---

83 Vgl. *Der islamische Rechtspruch über Bidah (Erneuerung im Islam)*, o.O./o.D., diese und ähnliche Absonderungsfragen abrufbar unter: URL: http://www.selefiyyah.de/manhaj/methode-gegen%C3%BCber-den-ahlu-bidah-wal-hisbiyyah/ (letzter Zugriff: 05.03.14).

84 Vgl. http://www.ahlu-sunnah.com/threads/25882-As-Salah/page2 (letzter Zugriff: 05.03.14).

85 Richard Schiffman, *"Sufis under Attack"*, 23.9.2012, URL: http://www.project-syndicate.org/online-commentary/sufi-sufism-iran-libya-divine-by-richard-schiffman (letzter Zugriff:16.10.2013).

86 Vgl. Alexander Knysh, *"Contextualizing the Salafi-Sufi conflict (from the Northern Caucasus to Hadramawt)"*, in: Middle Eastern Studies, 43:4, July 2007, S. 503-530. Dass es nach einem Wechselspiel auch zu einer politisch bedingten Salafi-Sufi-Synthese kommen kann, zeigt Itzchak Weismann, *"The Politics of Popular Religion: Sufis, Salafis, and Muslim Brothers in 20th-Century Hamah"*, in: International Journal of Middle East Studies, Vol. 37. No. 1, Feb. 2005, S. 39-58. Zu den Auseinandersetzungen generell siehe Elizabeth Sirriyeh, *Sufis and Anti-Sufis: The Defence, Rethinking and Rejection of Sufism in the Modern World,* London 1999.

Dalā'il al-ḫayrāt[87] seitens seiner Anhänger konfrontiert wurde, antwortete er, dass er ihnen bloß gesagt habe, dass das Werk unerlaubte Neuerungen gutheiße, er sie aber nicht zur konkreten Bücherverbrennung aufgerufen habe.[88]

Anhand der Beispiele kann erwogen werden, dass solange der Bereich der Unsicherheit nicht einer eindeutigen Verurteilung der Mehrheitsmuslime gewichen ist, es sich weniger um eine Spaltung als um eine Strömung handelt. Die Konturen einer Spaltung allerdings werden umso deutlicher, desto eindeutiger die Grenzmarkierungen auf einem der genannten Felder ausfallen.

Eine theologische Perspektive

Eine Möglichkeit das Verhältnis des Mehrheitsislam und der Neo-Salafiyya aus theologischer Sicht zu bewerten, ist die Diskussion eines Diktums, welches dem Propheten Muhammad zugesprochen wird:

> Die Kinder Israels spalteten sich in 71 Gruppen (*firqa*), die Christen in 72, und meine Gemeinde wird sich in 73 Gruppen spalten, von denen alle mit Ausnahme von einer in das (höllische) Feuer eingehen.[89]

Oft folgt in den Überlieferungen hierauf die Frage, wer diese errettete Gruppe sein würde, wobei die Antwort je nach Überlieferung variiert. In den Antworten ist oft von der Gemeinschaft (*ǧamāʿa*) die Rede. Auf diese apokryphe Überlieferung bezogen sich die in der Wissenschaft der Sektiererei (*ʿilm al-firaq wa-l-milal wa-n-niḥal*) ausformulierten Konzepte von Recht- und Irrglaube. Die im Wechselspiel mit dem Zusatz „ihr müsst zur großen Mehrheit (der Muslime) gehören" (*ʿalaykum bi-s-sawādi l-aʿẓam*)[90] historisch gewachsene Majorität der Sunniten fand ihre Rechtgläubigkeit sowohl durch die faktische Mehrzahl als auch durch diese normierende Überlieferung bestätigt. Daher kommt in der

---

87 *Dalāʾil al-ḫayrāt wa šawāriq al-anwār fī ḏikr aṣ-ṣalāt ʿalā an-nabī al-muḫtār*, ein „Wegweiser zu guten Taten" genannte Schrift des maghrebinischen Ṣūfī Abū ʿAbdallāh al-Ǧazūlī (gest. 1465) zur Preisung des Propheten, die im sog. Volksislam weit über die Grenzen Marokkos hinaus zu großer Beliebtheit gelangte. Ähnliche Auseinandersetzungen gab es um einige Verse aus dem bekannten Mantel-Lobgedicht (*al-burda*) des al-Busayrī, vgl. David Commins, *Why Unayza: Ulama Dissidents and Nonconformists in the Second Saudi State*: URL: http://users.dickinson.edu/~commins/Why%20Unayza.pdf (letzter Zugriff: 05.03.14).

88 Peskes, *Muḥammad b. ʿAbdulwahhāb (1703-92) im Widerstreit*, S. 70.

89 Zitiert nach Josef an Ess, *Der Eine und das Andere: Beobachtungen an islamischen häresiographischen Texten*, Berlin/New York 2011, Bd. 1, S. 8.

90 Zitiert nach Frank Griffel, *Apostasie und Toleranz im Islam: Die Entwicklung zu al-Ġazālīs Urteil gegen die Philosophie und die Reaktionen der Philosophen*, Leiden/Boston/Köln 2000, S. 127.

Theologie dem Begriff der „Gemeinschaft" im Zusammenhang mit dem der „Mehrheit" ein schon fast epistemologischer Wert zu.[91] Der quasi epistemologische Erkenntniswert dieser Mehrheit gilt zwar nicht als absolut,[92] wie etwa beim Konsens, der nicht nur durch ein Prophetendiktum als unfehlbar erachtet wird („Meine Gemeinde wird sich über keinen Irrtum einig sein. Wenn ihr einen *iḫtilāf* bemerkt, so sollt ihr mit der Majorität sein"), doch immerhin gibt es eine an diese Gewissheit grenzende Wahrscheinlichkeit. Da nun einige Rechtsgelehrte das reale Zustandekommen eines absoluten Konsenses für utopisch hielten, z.B. weil nicht jeder einzelne Gelehrte wirklich befragt werden konnte oder weil es immer mindestens einen gibt, der anderer Ansicht ist, schufen manche Rechtstheoretiker den „Konsens der Mehrheit" (*iǧmāʿ al-akṯariyya*)[93], wobei auch hier der erkenntnistheoretische Wert dessen noch als hochgradig erachtet werden dürfte. Sicher ist, dass es in diesem Fall keine absolute Gewissheit gibt, denn auch eine Minderheit oder ein Individuum kann im Recht sein. Beachtlich aber ist, dass in einigen Quellen auch in diesen Fällen Termini aus dem semantischen Spektrum des Mehrheitsprinzips verwendet werden: Im Koran heißt es beispielsweise: *inna Ibrāhīma kāna umma* (Abraham war eine Gemeinschaft [für sich]).[94] Andere Traditionen verwenden den Begriff „*ǧamāʿa*" für einzelne Personen oder kleinere Personengruppen, sodass nach der Frage, wer denn die „*ǧamāʿa*" bilde, auch mal ein einzelner Name wie der des Abū Ḥamza as-Sukkarī gefallen ist.[95] Solcherlei Quellen werden seitens der Neo-Salafiyya vermehrt herangezogen, da sie sich ihrer Minderheit bewusst sind. So wird betont, dass die Wahrheit nicht durch die Quantität der Anhänger, sondern durch die Qualität der Lehre sichtbar wird: „Wahrlich, die Wahrheit wird nicht aufgrund der Menschen erkannt. Kenne die Wahrheit und du wirst schließlich ihre Leute kennen."[96] Beliebt ist auch die Förderung der selbstausgrenzenden Sinn-

91 Vgl. Ermin Sinanovic, *"The Majority Principle in Islamic Legal and Political Thought"*, in: Islam and Christian-Muslim Relations, Vol. 15, No. 2, April 2004, S. 237-256. Religiöse Wahrheiten werden nicht durch den numerischen Wert der Mehrheit angenommen, sondern durch die Richtigkeit des von ihnen beschrittenen Weges der Wahrheitsfindung.

92 Vgl. Ahmad Hasan, *The Doctrine of Ijmāʾ in Islam. A Study of the Juridical Principle on Consensus*, New Delhi 2003, S. 36ff.

93 Aron Zysow, *The Economy of Certainty: An Introduction to the Typology of Islamic Legal Theory*, Cambridge 1984, S. 222.

94 Koran 16:120 (Übersetzung von Paret).

95 Āl Salmān, *The Fiqh Madhhab of Ahl ul-Hadīth*, S. 43.

96 Muhammad Sultan al-Maʿsumi, *Das bilde Befolgen von Rechtsschulen. Die Madhhabs aus der Sicht des Islam*, o.O. 2003, S. 46, URL: http://www.salaf.de/manhadsch/PDF/Blindes%20Folgen/man0001_Das%20blinde%20Befolgen%20von%20Rechtsschulen.pdf (letzter Zugriff: 8.10.2013).

gebung dieser Minderheit als „Fremde" (*ġurabā'*), die sich durch diese Fremdheit die Seligkeit verdienen.[97] Auch wenn die große Masse der Muslime der *Aš'ariyya*, *Māturidiyya* oder einer spezifischen Rechtsschule angehört haben sollte, der Begriff „*ǧamā'a*" gilt der Neo-Salafiyya als für die *ahl al-ḥadīṯ* reserviert. Āl Salmān bezieht sich hierbei auf eine Aussage mehrerer Gelehrter aus den Reihen der *salaf*, die auf die Frage, wer die „*ǧamā'a*" sei, auf die *ahl al-ḥadīṯ* hingewiesen hätten.[98] Āl Salmān wendet hier eins zu eins diese Aussage auf die Neo-Salafiyya von heute an und legitimiert diese damit zum alleinigen Träger der „*ǧamā'a*".

Also wird das bloße Majoritätsprinzip als Legitimierung nicht ausreichen. In Kombination aber mit dem Mehrheitsprinzip scheint mir eine andere Herangehensweise als aussichtsreichere Perspektive: Der aus dem Meinungsunterschied (*al-iḫtilāf*) erwachsene Pluralismus. Während die Neo-Salafiyya weitere Abspaltungen in ihrer „*ǧamā'a*" kaum im Griff hat, ist es der *ahl as-sunna wa l-ǧamā'a* gelungen um die Sunna herum eine Gemeinschaft aufzubauen, die unterschiedliche Auffassungen vertritt, sich aber nicht von einem bestimmten Kern distanziert. Während die Neo-Salafiyya bestrebt ist, ausschließlich zu vereinheitlichen, schafft es die *ahl as-sunna* sowohl zu vereinheitlichen als auch Unterschiedliches in sich zu sammeln. Es ist bezeichnend, dass in einer deutschsprachigen Übersetzung eines verschrifteten Vortrags Muḥammad Ibn Ṣāliḥ Ibn al-'Uṯaymīns mit dem Titel „*Ilā matā hāḏā l-ḫilāf*"[99] („Wie lange noch soll diese Meinungsverschiedenheit noch andauern") der Begriff „*ḫilāf*" statt mit „Meinungsverschiedenheit" mit „Uneinigkeit" übersetzt wurde. Die deutsche Übersetzung des gesamten Titels lautet entsprechend: „Immer diese Uneinigkeit. Wie lange noch?". Thomas Bauer hat in seiner *Kultur der Ambiguität*[100] anhand einer Schrift Ibn al-'Uṯaymīns mit dem Titel „*Die Meinungsverschiedenheit zwischen den Gelehrten: ihre Ursachen und unser Standpunkt ihr gegenüber*" gezeigt, dass nach neo-salafītischer Sicht Meinungsunterschiede per se immer Fehlerhaftigkeit bedeuteten, sodass diese zugunsten einer im wahrsten Sinne des Wortes einfältigen Wahrheit ausgeräumt werden müssten. In der genannten Abhandlung Ibn al-'Uṯaymīns lässt sich dieses Bestreben aber nicht konsequent durchhalten: Bei den Differenzen hinsichtlich der Golf-Krise und des Afghanistan-Krieges plädiert er für Verständnis für die jeweils gegensätzliche Mei-

97 Vgl. Dziri, *Chancen muslimischer Jugendarbeit*, S. 173-175.

98 Āl Salmān, *The Fiqh Madhhab of Ahl ul-Hadīth*, S. 43.

99 Als Audiodatei unter: URL:http://audio.islamweb.net/AUDIO/index.php?page=audioinfo&audioid=87538 (letzter Zugriff: 05.03.14).

100 Bauer, *Kultur der Ambiguität*, S. 126-128.

nung.[101] Unter diesen Vorverständnissen von Wahrheit ist die Tendenz zum gegenseitigen Aufreiben und letztlich Auflösen wie bei den Ḫāriǧīten in der Tat gegeben.

Auf die Frage einer Zuhörerin, die den Gesichtsschleier (*niqāb*) tragen wolle, obwohl ihre Eltern es ihr verböten, da es ihrer Meinung nach keine Pflicht sei, antwortete Pierre Vogel, dass man im Fall eines solchen Meinungsunterschieds den Eltern gehorchen solle.[102] Darüber hinaus sollten die Meinungsverschiedenheiten „großer Gelehrter", so Vogel, toleriert werden. Dies zu betonen schien ihm erforderlich, da bereits bei anderen Fragen im Bereich des Rechts, und er nannte das banale Beispiel, ob bei der Niederwerfung im Gebet zunächst die Knie oder die Hände den Boden berühren sollten, die Differenzen zu schwerwiegenden Auseinandersetzungen führten. Vogel beklagt sich hierüber mit den Worten:

> „Das ist sowieso etwas sehr Wichtiges, was Meinungsverschiedenheiten von großen Gelehrten angeht, ja, man soll keinem etwas aufzwingen, man soll argumentieren ... Weil ich sehe, manchmal gibt es Leute ..., ja, die unterhalten sich über eine Meinungsverschiedenheit unter Gelehrten und die gehen auseinander und ... Du siehst die haben Hass aufeinander".[103]

Ganz ähnlich beschreibt Ibn al-ʿUṯaymīn in seinem Vortrag diese Feindseligkeit bei scheinbar unwesentlichen Einzelheiten in Bezug auf das Gebet:

> So meinen einige, dass das Sitzen eine Sunnah ist, und hassen diejenigen, die nicht sitzen. Das ist jedoch falsch. [...] Diese Thematik gibt es des Öfteren unter Jugendlichen, unter denen Probleme daraus entstehen können.[104]

Die einfach gehaltene Losung der Neo-Salafiyya zur Toleranz von Meinungsunterschieden, wonach „Jeder *iḫtilāf* außer dem *iḫtilāf* der *salaf*"[105] abgelehnt werde, genügt offenbar nicht. Eine Differenz wird dann zur Abspaltung, wenn politische Interessen oder Konkurrenz und Abwehrmechanismen über diese Differenzen ausgebaut werden. Ein enormes Fragmentierungspotential ist bei allen neo-salafītischen Strömungen gegeben, und sie werden gravierender, wenn die Meinungsunterschiede die Fragen des Rituals verlassen und in die politische

---

101 Muḥammad Ibn Ṣāliḥ al-ʿUṯaymīn, *Immer diese Uneinigkeit. Wie lange noch?*, o.O. 2011, S. 26ff.

102 *Pierre Vogel F&A Möchte Niqab tragen aber es wird gesagt es sein keine Pflicht*, URLhttp://www.youtube.com/watch?v=7OhcaH7_QXY (letzter Zugriff: 05.03.14).

103 Min 2:58-3:14.

104 Ibn al-ʿUṯaymīn, *Immer diese Uneinigkeit*, S. 57.

105 Muḥammad Ḥussayn Yaʿqūb, *Iʿdām al-iḫtilāf*, URL: http://www.startimes.com/?t=31253529 (letzter Zugriff: 18.11.2013).

Sphäre übergreifen.[106] Eine Steigerung dieser Selbstzersetzungen vollzieht sich im *takfīr*-Diskurs, der innerhalb der neo-salafītischen Szene deshalb virulent ist, weil es hier nicht minder zu vorschnellen Urteilen kommt. Damit setzt sich eine polarisierende Logik frei, die entweder in ein exkommunizierendes oder ein exkommuniziertes Lager drängt.

Ausblick – Neo-Salafiyya: Quo Vadis?

Vor die Alternative gestellt, sich letztlich selbst aufzulösen oder sich deutlich zur *ahl as-sunna wa-l-ǧamāʿa* samt ihrem Pluralismus zu bekennen, ist die Neo-Salafiyya gut beraten, wenn seine Anhänger den Rechtsschulpluralismus in seiner klassischen Form akzeptieren und ihn nicht durch die aufgeführte „Rechtsschule der Ahl al-Hadith" zu vereinheitlichen suchen. Die ḥanbalītische Rechtsschule wäre durchaus eine Alternative, um gewisse Elemente zu bewahren, ohne aber exklusivistisch ausgerichtet sein zu müssen.[107] Daneben empfiehlt es sich die Ašʿariyya und Māturidiyya *neben* der *ahl al-ḥadīṯ* (bzw. der *aṯariyya*) als unterschiedliche Glaubensschulen der *ahl as-sunna wa-l-ǧamāʿa* gelten zu lassen, selbst wenn die jeweiligen Schulen von ihrer eigenen Auffassung überzeugt sein mögen. Ob sich die Neo-Salafiyya als Teil der *ahl as-sunna wa-l-ǧamāʿa* betrachten kann, hängt vom Grad ihrer inhaltlichen Versöhnung mit dem Mehrheitsislam ab.[108] Sicher kann die Toleranz asymmetrisch bleiben bzw. ausfallen, sodass die Neo-Salafiyya die Ašʿariyya und Māturidiyya nicht als Teil der *ahl as-sunna* ansieht, während die Ašʿarīten ihrerseits in den Lehrmeinungen

---

106 Vgl. Maloney/Civan/Maloney, *"Model of religious schism"*; Roel Meijer, *Global Salafism*, S. 12.

107 Die Hanbaliyya hat sich selbst von einer extremen Auslegung verabschiedet und wurde erst dann im vierten Jahrhundert gänzlich in das Sunnitentum eingegliedert, allerdings ohne dass sie einige ihrer Eigenarten aufgeben musste, vgl. Wael Hallaq, *"Was the Gate of Ijtihad closed?"*, S. 9/10. John Voll sieht in der Ḥanbaliyya des 18. Jahrhunderts in Syrien gar eine generell nachahmenswerte Einstellung: "They were neither blind zealots demanding an impossible turning back of the centuries nor people who abandoned their tradition for whatever new thing came along. On the long run, this may be the most effective means for the survival of tradition and distinctive identity. People in the modern world may have something to learn from this group of quiet scholars and teachers", John Voll, *"The Non-Wahhabi Hanbalis of Eighteenth Century Syria"*, in: Der Islam 49, 2, Nov. 1972, S. 277-291.

108 Vgl. M.T. Maloney/Abdulkadir Civan/Mary Frances Maloney, *"Model of religious schism with application to Islam"*, in: Public Choice (2010) 142: S441-460. Anstöße gab es bereits seitens der saudischen Regierung, vgl. Muhammad Al-Atawneh, *"Wahhabi Self-Examination Post-9/11: Rethinking the 'Other', 'Otherness' and Tolerance", in: Middle Eastern Studies*, Vol. 47, No. 2, March 2011, S. 255-271.

der Glaubensschule der Neo-Salafiya Positionen einer klassischen *ahl al-ḥadīṯ* erkennen will. Verhält sich die Neo-Salafiyya aber auf Dauer exklusivistisch, stellt sie sich dadurch zunehmend ins Abseits und riskiert die Gefahr sich hierdurch selbst zu exkludieren.

Als Präventionsmaßnahme scheint mir im *fiqh al-iḫtilāf* eine pädagogische Funktion gegeben, die bei dem Versuch, Ideen zu verabsolutieren als Fluchtpunkt dienen kann. Lohnenswert erscheint mir z.B. der Versuch, den *iḫtilāf* innerhalb der Neo-Salafiyya selbst nachzuzeichnen und ausführlich zu dokumentieren, sodass der Anspruch einer einfachen und eindeutigen Lehre durch bloße Bezugnahme auf die *salaf* durch die gegensätzliche Interpretationen all jener, die sich auf diese berufen, konterkariert wird. Schließlich werden die schärfsten Auseinandersetzungen zwischen den neo-salafītischen und anderen islamistischen Lagern selbst ausgetragen. Um bei dem Versuch einer innerislamischen Verhältnisbestimmung nicht eine Klinge unter vielen zu sein, und um gleichzeitig den exklusivistischen Stachel der Neo-Salafiyya zu entschärfen, bedarf es eines kritischen Diskurses, der sowohl gesunde Pluralität als auch Traditions- und Gemeinschaftssinn bewahren und aushalten kann.

Literatur

Abu Rumman, Mohammad/Abu Hanieh, Hassan, *Conservative Salafism: A Strategy for the „Islamization of Society" and an Ambiguous Relationship with the State*, Amman 2010.

ʿAṣrī Sayf b. Alī al-, *al-Qawl at-tamām bi-iṯbāt at-tafwīḍ maḏhaban li-s-salaf al-kirām*, Amman 2010.

Atawneh, Muhammad al-, *"Wahhābī Legal Theory as Reflected in Modern Official Saudi Fatwās: Ijtihād, Taqlīd, Sources, and Methodology"*, in: Islamic Law and Society 18, 2011, S. 273-255.

Atawneh, Muhammad al-, *"Wahhabi Self-Examination Post-9/11: Rethinking the 'Other', 'Otherness' and Tolerance"*, in: Middle Eastern Studies, Vol. 47, No. 2, March 2011, S. 255-271.

Āl Salmān, Mashhūr bin Hasan, *The Fiqh Madhhab of Ahl ul-Hadīṯh*, London 2011.

Basheer, M. Nafi, *"A Teacher of Ibn ʿAbd al-Wahhāb: Muḥammad Ḥayāt al-Sindī and the Revival of Aṣḥāb al-Ḥadīth's Methodology"*, in: Islamic Law and Society, Vol. 13, Nr. 2, 2006, S. 208-241.

Bauer, Thomas, *Die Kultur der Ambiguität*, Berlin 2011.

Berger, Lutz, *Islamische Theologie*, Wien 2010.

Bin Bāz, Abdulʿazīz b. ʿAbdullāh, *Ittihām man yadʿū ilā t-Tawḥīd bi-l-Wahhābiyya*, URL: http://www.binbaz.org.sa/mat/10225 (letzter Zugriff 05.03.14).

Bodenstein, Mark Chalil, *„Abdal-Hakim Murad: Vielfältige Tradition statt einfältiger Reform"*, in: Katajun Amirpur/Ludwig Ammann, *Der Islam am Wendepunkt. Liberale und konservative Reformer einer Weltreligion*, Freiburg 2006.

Bori/Caterina, Ibn Taymiyya wa-Jamāʿatuhu, *"Authority, Conflict and Consensus in Ibn Taymiyya's Circle"*, in: Yossef Rapoport/Shahab Ahmed (eds.), *Ibn Taymiyya and his Times*, Oxford 2010, S. 23-52.

Bötcher, Anabelle, *"Ibn Taymiyya and Ibn Qayyim al-Jawziyya as Changing Salafi Icons"*, in: Birgit Krawietz/Georges Tamer, *Islamic Theology, Philosophy and Law. Debating Ibn Taymiyya and Ibn Qayyim al-Jawziyya*, Berlin/Boston 2013, S. 461-492.

Būṭī, Ramaḍān al-, al-Lāmaḏhabiyya aḫṭar bidʿa tuhaddidu aš-šarīʿa al-islāmiyya, Damaskus 2005.

Būṭī, Ramaḍān al-, *as-Salafiyya marḥala zamaniyya mubāraka lā maḏhab islāmī*, Damaskus 1998.

Ceylan, Rauf/Kiefer, Michael, *Salafismus. Fundamentalistische Strömungen und Radikalisierungsprävention*, Wiesbaden 2013.

Commins, David, *"Traditional Anti-Wahhabi Hanbalism in Nineteenth-Century Arabia"*, in: *Ottoman Reform and Muslim Regeneration. Studies in Honor of Butrus Abu-Manneh*, London/New York 2005, S. 81-96

Cook, Michael, *"Origins of Wahhābism"*, in: Journal of the Royal Asiatic Society, Third Series, Vol. 2, jul. 1992, S. 191-202.

Duderija, Adis, *"Islamic Groups and their World-views and Identities: Neo-Traditional Salafis and Progressive Muslims"*, in: Arab Law Quarterly 21, 2007.

Dziri, Bacem, *„Chancen muslimischer Jugendarbeit gegen Radikalisierung"*, in: Michael Borchard/Rauf Ceylan (Hg.), *Imame und Frauen in Moscheen im Integrationsprozess.* Gemeindepädagogische Perspektiven, Osnabrück 2011.

Elger, Ralf, Ibn Battuta. Die Wunder des Morgenlandes, München 2010.

Ǧāsim, Fayṣal b. Qazzār al-, *al-Ašāʿira fī mizān ahl as-sunna: naqd lī kitāb ahl as-sunna al-ašāʿira. Šahādatu ʿulamāʾi l-ummati wa adillatuhum*, Kuweit 2007.

Gharaibeh, Mohammad, *„‚Die Herzen der Diener zwischen zwei Fingern des Allerbarmes?' Zum Umgang mit anthropomorphen Wendungen im Qurʾān und der Sunna im Kontext islamischer, deutschsprachiger Theologie"*, in: *Jahrbuch für Islamische Theologie und Religionspädagogik, 2012*, Nr. 1, S. 99-123.

Ders., *Zur Attributenlehre der Wahhābiya unter besonderer Berücksichtigung der Schriften Ibn ʿUṯaymīns (1929-2001)*, Berlin 2012.

Griffel, Frank, *Apostasie und Toleranz im Islam: Die Entwicklung zu al-Ġazālīs Urteil gegen die Philosophie und die Reaktionen der Philosophen*, Leiden/Boston/Köln 2000.

Haddad, Gibril Foad, *Albani and his Friends: A Concise Guide to the Salafi Movement*, Birmingham 2009.

Hallaq, Hallaq, *"Was the Gate of Ijtihad Closed?"*, in: International Journal of Middle East Studies, Bd. 16, Nr. 1, Mär. 1984, S. 3-41.

Haug, Sonja/Müssig, Stephanie/Stichs, Anja, *Muslimisches Leben in Deutschland*, Nürnberg: Bundesamt für Migration und Flüchtlinge 2009.

Haykel, Bernard, *Revival and Reform in Islam. The Legacy of Muhammad al-Shawkānī*, Cambridge 2003.

Haykel, Bernard, *"On the Nature of Salafi Thought and Action"*, in: Roel Meijer: *Global Salafism. Islam's New Religious Movement*, New York 2009, S. 33-57?.

Hasan, Ahmad, *The Doctrine of Ijmāʾ in Islam. A Study of the Juridical Principle on Consensus*, New Delhi 2003.

Hermansen, Marcia, *Shāh Walī Allāh's Treatises on Islamic Law*, Louisville 2010.

Ḥūwālī, Safr b. ʿAbdurraḥmān al-, *Manhağ al-ašāʿira fi al-ʿaqīda. ar-Radd ʿalā maqālāt aṣ-Ṣābūnī*, o.O., o.J.

Ibn Rağab, Abdurraḥmān b. Aḥmad, *Ḏayl ʿalā ṭabaqāt al-Ḥanābila*, ed. ʿAburraḥmān b. Sulaymān al-ʿUṯaymīn, Riad 2005.

Katz, Marion Holmes, *The Birth of the Prophet Muḥammad. Devotional piety in Sunni Islam*, New York 2007.

Knysh, Alexander, *"A Clear and Present Danger: 'Wahhabism' as a Rhetorical Foil"*, in: Die Welt des Islams, New Series, Vol. 44: 1, 2004, pp. 3-26.

Knysh, Alexander, *"Contextualizing the Salafi-Sufi conflict (from the Northern Caucasus to Hadramawt)"*, in: Middle Eastern Studies, 43:4, July 2007, pp. 503-530.

Lauzière, Henri, *"The Construction of Salafiyya: Reconsidering Salafism from the Perspective of Conceptual History"*, in: J. Middle East Studies, Nr. 42 (2010), 369-89.

Lav, Daniel, *Radical Islam and the Revival of Medieval Theology*, Cambridge 2012.

Layish, Aharon, *"Saudi Arabian Legal Reform as a Mechanism to Moderate Wahhābī Doctrine"*, in: Journal of the American Oriental Society, Vol. 107, No. 2, Apr. - Jun. 1987, S. 279-292.

Lucas, Scott C., *"The Legal Principles of Muḥammad b. Ismāʿīl al-Buḫārī and their Relationship to Classical Islam"*, in: Islamic Law and Society 13, 2006, S. 289-324.

Makdisi, George, *The Rise of Colleges: Institutions of Learning in Islam and the West*, Edinburgh 1981.

Ders., *"Sunni Schools of Law in Islamic Religious History"*, in: International Journal of Middle East Studies, Vl. 10, No. 1, Feb. 1979, S. 1-8.

Maloney, Michael T./Civan, Abdulkadir/Maloney, Mary Frances, *"Model of religious schism with application to Islam"*, in: Public Choice (2010) 142, S. 441-460.

Matroudi, Abdul Hakim I. Al-, *The Ḥanbalī School of Law and Ibn Taymiyyah. Conflict or conciliation*, London/New York 2006.

Maʿsumi, Muhammad Sultan al-, *Das bilde Befolgen von Rechtsschulen. Die Madhhabs aus der Sicht des Islam*, o.O. 2003, URL: http://www.salaf.de/manhadsch/PDF/Blindes%20Folgen/man0001_Das%20blinde%20Befolgen%20von%20Rechtsschulen.pdf (letzter Zugriff: 05.03.14).

Melchert, Christopher, *Ahmad ibn Hanbal*, Oxford 2006.

Ders., *"Traditionist-Jurisprudents and the Framing of Islamic Law"*, in: Islamic Law and Society, Vol. 8, No. 3, Hadith and Fiqh, 2001, S. 383-406.

Michot, Yahya, *Ibn Taymiyya. Against Extremisms*, Paris 2012.

Murad, Abdal Hakim, *Understanding the four Madhhabs*, Cambridge 1999.

Ondrej Beranek/Pavel Tupek, *From Visiting Graves to Their Destruction. The Question of Ziyara through the Eyes of Salafis*, Crown Papers (Brandeis) 2009. Abrufbar unter: URL: http://www.brandeis.edu/crown/publications/cp/CP2.pdf (letzter Zugriff: 05.03.14).

Peters, Rudolph, *„Erneuerungsbewegungen im Islam vom 18. Bis zum 20. Jahrhundert und die Rolle des Islams in der neueren Geschichte: Antikolonialismus und Nationalismus"*, in: Ende/Steinbach, *Der Islam in der Gegenwart*, München, 5. aktualisierte und erweiterte Auflage 2005.

Peskes, Esther, *Muḥammad b. ʿAbdulwahhāb (1703-92) im Widerstreit. Untersuchungen zur Rekonstruktion der Frühgeschichte der Wahhābīya*, Beirut 1993.

Preckel, Claudia, *Islamische Bildungsnetzwerke und Gelehrtenkultur im Indien des 19. Jahrhunderts: Muhammad Siddīq Hasan Hān (gest. 1890) und die Entstehung der Ahl-e hadīt-Bewegung in Bhopal*, Diss. Uni Bochum 2005.
Dies., *"Screening Ḥasan Lhān's Legacy"*, in: Birgit Krawietz/Georg Tamer, *Islamic Theology, Philosophy and Law. Debating Ibn Taymiyya and Ibn Qayyim al-Jawziyya*, 2013 Berlin/Bosten, S. 162-219.
Rapoport, Yossef, *"Ibn Taymiyya's Radical Legal Thought: Rationalism, Pluralism and the Primacy of Intention"*, in: Yossef Rapoport/Shahab Ahmed (eds.), *Ibn Taymiyya and his Times*, Oxford 2010, S. 191-226.
Rifāʿī, Yūsuf b. Saʿīd Hāšim ar-, *Aufrichtiger guter Rat an unsere Bruder die Gelehrten von Najd*, Kandern im Schwarzwald 2001.
Riexinger, Martin, *"Ibn Taymiyya's Worldview and the Challenge of Modernity. A Conflict Among the Ahl-i Ḥadīth in British India"*, in: Birgit Krawietz/Georges Tamer, *Islamic Theology, Philosophy and Law. Debating Ibn Taymiyya and Ibn Qayyim al-Jawziyya*, Berlin/Boston 2013.
Schacht, Joseph, *„Zur wahhabitischen Literatur"*, in: Zeitschrift für Semitistik 6 (1928), S. 200-212
Schiffman, Richard, *Sufis under Attack*, 23.9.2012, URL: http://www.project-syndicate.org/online-commentary/sufi-sufism-iran-libya-divine-by-richard-schiffman (letzter Zugriff: 16.10.13).
Sinān, Ḥamada as-/ʿAnǧarī, Fawzī al-, *Ahl as-sunna al-ašāʿira. Šahādat ʿulamāʾ al-umma wa adillatuhum*, Kuweit 2006.
Sinanovic, Ermin, *"The Majority Principle in Islamic Legal and Political Thought"*, in: Islam and Christian-Muslim Relations, Vol. 15, No. 2, April 2004, S. 237-256.
Sirriyeh, Elizabeth, *"Wahhābīs, Unbelievers and the Proplems of Eclusivism"*, in: Bulletin (British Society for Middle Eastern Studies), Vol. 16, Nr. 2, 1989.
Skovgaard-Petersen. Jakob, *"Portrait of the Intellectual as a Young Man: Rashid Rida's Muhawarat al-muslih wa-al-muqallid (1906)"*, in: Islam and Christian-Muslim Relations 12 (1), 2001, S. 93-104.
Steinberg, Guido, *„Wer sind die Salafisten? Zum Umgang mit einer schnell wachsenden und sich politisierenden Bewegung"*, in: SWP-Aktuell 28, Berlin Mai 2012.
Ders., *"Jihadi-Salafism and the Shi'is. Remarks about the Intellectual Roots of anti-Shi'ism"*, in: Roel Meijer, *Global Salafism*, New York 2009.
ʿUṯaymīn, Muḥammad Ibn Ṣāliḥ al-, *Immer diese Uneinigkeit. Wie lange noch?*, o.O. 2011.
Van Ess, Josef, *Der Eine und das Andere: Beobachtungen an islamischen häresiographischen Texten*, Berlin/New York 2011.
Vogel, Pierre, *Martin Luther und der Salafismus*, URL: salaf.de/manhadsch/manhadsch_allgemein.html (letzter Zugriff: 05.03.14).
Voll, John O., *"The Non-Wahhabi Hanbalis of Eighteenth Century Syria"*, in: Der Islam 49, 2 (Nov. 1972), S. 277-291.
Ders., *Islam – Continuity and change in the Modern World*, Second Edition, New York 1994.
Weismann, Itzchak, *"The Politics of Popular Religion: Sufis, Salafis, and Muslim Brothers in 20th-Century Hamah"*, in: International Journal of Middle East Studies, Vol. 37. No. 1, Feb. 2005, S. 39-58.

Ders., *"Law and Sufism on the Eve of Reform: The Views of Ibn ʿAbidin"*, in: *Ottoman Reform and Muslim Regeneration. Studies in Honor of Butrus Abu-Manneh*, London/New York 2005, S. 69-80.

Ders., *"Modernity from Within: Islamic Fundamentalism and Sufism"*, in: Der Islam, Bd. 86, Heft 1, Okt. 2011, S. 142-170.

Yaʿqūb Muḥammad Ḥussayn, *Iʿdām al-iḫtilāf*, URL: http://www.startimes.com/?t=31253529 (letzter Zugriff: 05.03.14).

Zarqā, Muṣṭafa Aḥmad az-, *Al-Fiqh al-Islāmī wa Madārisuhu*, Beirut 1995.

Zysow, Aron, The Economy of Certainty: An Introduction to the Typology of Islamic Legal Theory, Cambridge 1984.

Zu konzeptuellem Gehalt und medialen Dimensionen des dschihadistischen Märtyrerkults des 20. und 21. Jahrhunderts: Das Erbe ʿAbdullāh ʿAzzāms

Silvia Horsch

Einleitung

Wenn es um die Analyse des Phänomens des Selbstmordattentates geht, wird trotz wichtiger Forschungsarbeiten, die Funktion und Geschichte dieser Taktik untersucht haben,[1] häufig auf eine vermeintlich wesensmäßige Militanz des Islams verwiesen. Dies ist nicht nur in weiten Teilen der Öffentlichkeit der Fall, die Tendenz (macht-)politische Faktoren gegenüber religiösen und kulturellen Erklärungsansätzen zu vernachlässigen, findet sich auch im wissenschaftlichen Diskurs.[2] Die dschihadistische Rhetorik vom Selbstmordattentäter als Märtyrer liefert dann den willkommenen Beleg dafür, dass es sich bei dieser Taktik um eine „islamische" handelt und legitimiert die Beschränkung der Ursachensuche für dieses komplexe Phänomen auf Vorstellungen vom Paradies als Lohn für den Märtyrertod. Die essentialisierende Mutmaßung, dass alles was Muslime tun, aus dem Islam heraus erklärt werden könne, liegt implizit oder explizit auch solchen Arbeiten zugrunde, die nach „Vorläufern" für dschihadistische Praktiken in der islamischen (Früh-) Geschichte suchen.[3] Es liegt auf der Hand, dass bei einem solchen Zugang (vermeintliche) Ähnlichkeiten überbewertet und „Vorläufer" außerhalb des Islams gar nicht erst ins Blickfeld geraten können.

Die dschihadistische Rhetorik muss vielmehr selbst zum Gegenstand der Untersuchung gemacht werden.[4] Den gegenwärtigen Märtyrerkult wird man

1 Z.B. Robert Pape, *Dying to Win: The strategic logic of Suicide Terrorism*, New York 2005 und Joseph Croitoru, *Der Märtyrer als Waffe. Die historischen Wurzeln des Selbstmordattentats*, München 2003.

2 Brunner identifiziert verschiedene Modi der okzidentalen Selbstversicherung in der Konstruktion des epistemischen Objekts „Selbstmordattentat". Diese sind Historisierung (z.B. durch Verweis auf die Assassinen), Pathologisierung, Irrationalisierung und Sexualisierung, vgl. Claudia Brunner, *Wissensobjekt Selbstmordattentat. Epistemische Gewalt und okzidentalistische Selbstvergewisserung in der Terrorismusforschung*, Wiesbaden 2011, S. 220-340.

3 Stellvertretend für zahlreiche andere Titel: Shaul Shai, *The Shahids: Islam and Suicide Attacks*, Rutgers 2004 oder Hans-Peter Raddatz, *Von Allah zum Terror*, München 2002.

4 Der Begriff „Dschihadismus" ist kontrovers, weil er den Begriff „Dschihad" beinhaltet, welcher ein wichtiges Konzept des Islams darstellt und eine weitere Bedeutung hat als ausschließlich militärischer Kampf. Nach Jarret Brachman bezeichnet der Begriff "the peripheral current of extremist Islamic thought whose adherents demand the use of vio-

nicht verstehen, wenn man Überlieferungen des Propheten zum Märtyrertum in den Hadith-Sammlungen nachliest – auch wenn diese nach dschihadistischer Lesart eine direkte Inspiration zum Selbstmordattentat, bzw. zur „Märtyrer-Operation" darstellen. Vielmehr müssen Entstehung und Entwicklung dieser Rhetorik in den historischen, politischen und kulturellen Kontext ihrer Zeit gestellt werden. Koranverse und Hadithe sind nicht Ursache dieses Kultes, sondern Teil des Materials, mit dem er gespeist wird. Die Art und Weise, wie dieses Material verwendet wird, hängt jedoch von anderen Faktoren ab, und es gibt darüber hinaus noch andere Diskurse, aus denen der Märtyrerkult Bilder, Ideen und Argumente bezieht. Diese Annahme ist leitend für die folgende Untersuchung des Märtyrerkonzepts ʿAbdallah ʿAzzāms, das sich für die Entwicklung des dschihadistischen Märtyrerkultes als wegweisend erweisen sollte – sowohl was den konzeptuellen Gehalt, als auch was die mediale Ausgestaltung und Verbreitung betrifft. Nach einer kurzen Biographie ʿAzzāms wird im zweiten Teil seine Rezeption der klassischen sunnitischen Figur des „Märtyrers auf dem Schlachtfeld" einerseits und der modernen säkular-nationalen Figur des *fidāʾī* andererseits untersucht. Dabei wird deutlich, das ʿAzzām aus Elementen der islamischen Überlieferung und Tradition eine Märtyrerfigur formt, deren konkrete Ausgestaltung maßgeblich durch die Konkurrenz zu zeitgenössischen säkularen Märtyrerfiguren bestimmt ist. Der zweite Teil beschäftigt sich mit der Frage, wie dieses Märtyrerkonzept in der dschihadistischen Medienproduktion in Ton und (bewegte) Bilder überführt wird.

I. ʿAbdullāh ʿAzzām (1941-1989)

Der Religionsgelehrte ʿAbdullāh ʿAzzām, der von seinen Bewunderern den Beinamen „Imam des Dschihads" erhielt, wurde 1941 in einem Dorf in der Westbank im damaligen Mandatsgebiet Palästina geboren.[5] 1967 erlebte er die Besetzung der Westbank und den Sechs-Tage-Krieg, bevor er mit seiner Familie nach Jordanien emigrierte. Die Erfahrung der Niederlage und der Besatzung

lence in order to oust non-Islamic influence from traditionally Muslims lands en route to establishing true Islamic governance in accordance with Sharia, or God's law." Jarret Brachman, *Global Jihadism. Theory and Praxis*, New York 2009, S. 4. Diese Definition umfasst immer noch eine sehr heterogene Gruppe. Es ist offensichtlich, dass zwischen lokalen Widerstandsgruppen wie Hamas und Hizbullah und global agierenden Gruppen wie al-Qaida unterschieden werden muss. Für die Weiterentwicklung von ʿAzzāms Märtyrerkonzept bezieht sich dieser Artikel auf Letztere.

5 Für die biographischen Angaben zu ʿAzzām vgl. Thomas Hegghammer, *„Abdullah Azzam, der Imam des Dschihads"*, in: *Al-Qaida. Texte des Terrors*, hrsg. u. komm. v. Gilles Kepel/Jean-Pierre Milelli, München 2006, S. 145-173.

spielt für seine spätere Theorie des Dschihads eine wichtige Rolle: „Wenn die Muslime in Palästina gekämpft hätten, wäre Palästina nicht verloren gegangen"[6] schrieb er später in seiner einflussreichen Fatwa „Die Verteidigung der muslimischen Gebiete ist die oberste Pflicht des Einzelnen" (1984) und er wird mit dem kompromisslosen Wahlspruch zitiert: „Nur Dschihad und das Gewehr, keine Verhandlungen, keine Konferenzen und kein Dialog!"

Seine religiöse Ausbildung erhielt er in Damaskus und später in Kairo an der renommierten al-Azhar Universität. Dort schloss er 1973 seine Studien mit einer Doktorarbeit im Bereich *uṣūl al-fiqh* (Prinzipien- und Methodenlehre des islamischen Rechts) ab. Seine formale Ausbildung als *ʿālim* (Religionsgelehrter) trägt zu seinem Ansehen ebenso bei wie sein militärischer Aktivismus und seine rege Publikations- und Vortragstätigkeit. Innerhalb des Islams steht er durch seine Ausbildung einerseits in der gelehrten Tradition des klassischen Islams – von der er allerdings an entscheidenden Stellen abweicht – andererseits war er Mitglied der Muslimbrüder und betrachtete sich selbst als Salafī.[7] Diese Anschlussfähigkeit an verschiedene islamische Strömungen entspricht auch seinem pan-islamischen Ansatz und dem Anliegen, die Umma für gemeinsame globale Ziele zu gewinnen.

Während seiner Zeit in Ägypten hatte er engen Kontakt zur Familie des wenige Jahre zuvor hingerichteten Saiyid Quṭb (1906-1966). Ab 1975 war er Mitglied des Führungsgremiums (*maǧlis aš-šūrah*) der jordanischen Muslimbrüder, bis er von diesen im Jahr 1984 aufgrund einer Kontroverse um die o.g. *fatwā* ausgeschlossen wurde. In den 1960er Jahren war er für eineinhalb Jahre im damals von der PLO dominierten palästinensischen Widerstand aktiv, entschied sich dann aber wieder für die religiöse Lehre – eine Entscheidung, die

---

6 ʿAzzām, ad-Difāʿ ʿan arāḍī l-muslimīn ahammu furūḍ al-aʿyān, für eine vollständige englische Übersetzung siehe "The Defence of the Muslim Lands", URL: http://www.religioscope.com/info/doc/jihad/azzam_defence_1_table.htm (letzter Zugriff: 11.02.2014).
Verschiedene dschihadistische Internetseiten bieten ʿAzzāms Schriften zum Download an, z.B.; http://www.tawhed.ws/a?a=a82qriko (letzter Zugriff: 24.02.2012). Die Seite bietet 58 Bücher und Artikel sowie verschiedene Audio-Dateien. Zitate aus ʿAzzām's Schriften in diesem Artikel stammen von dieser Seite soweit nicht anders angegeben, die Übersetzung stammt von der Autorin.

7 Vgl. ʿAzzāms Zusammenfassung der *ʿaqīdah* der *salaf* in *al-ʿAqīdah wa aṯaruhā fī bināʾ al-ǧīl* („Die Glaubenslehre und ihr Einfluss im Aufbau der Generation") o.O., o.S. Mit dem Bezug auf die *salaf* ist hier die Abgrenzung von den *ḫalaf* (den Späteren) gemeint, die im Umgang mit den Quellen stärker auf Interpretation (*taʾwīl*) setzten (vgl. ebd.). Eine Ablehnung der Rechtsschulen, die in der Salafīyah vorherrschend ist, ist damit nicht verbunden, verschiedene prominente Gelehrte aller Rechtsschulen zitiert er ausführlich in seinen *fatāwah*.

auch davon beeinflusst war, dass der palästinensische Widerstand unter der PLO säkular und nationalistisch ausgerichtet war. Nach einer Zwischenstation in Saudi-Arabien ging er 1981 nach Islamabad, wo er an der Internationalen Islamischen Universität unterrichtete, und schließlich nach Peschawar an der Grenze zu Afghanistan. Dort organisierte er ab 1984 über das „Dienstleistungsbüro" (*maktab al-ḫadamāt*) den Einsatz arabischer Freiwilliger, der *muǧāhidīn*, im Kampf gegen die sowjetische Besatzung in Afghanistan und arbeitete dabei auch mit Usama bin Laden zusammen. Er kam schließlich 1989 in Pakistan bei einem Autobombenattentat ums Leben, dessen Urheberschaft bis heute nicht geklärt ist,[8] und gilt daher selbst als Märtyrer – was die Wirkung seiner Schriften und Vorträge, ähnlich wie bei Saiyid Quṭb, noch einmal gesteigert hat.

II. Das Märtyrerkonzept ʿAzzām ʿAzzāms

Obwohl das Konzept des Märtyrers bereits bei islamistischen und militant-islamistischen Autoren vor ihm (etwa in den Schriften Ḥasan al-Bannās und Saiyid Quṭbs) eine gewisse Bedeutung hat, war es ʿAzzām, der die konzeptuellen Grundlagen für den islamistischen Märtyrerkult des 20. Jh. gelegt hat.[9] Die Forschung hat sich bisher vor allem mit ʿAzzāms Konzept des Dschihad und seiner Rolle im Aufbau des Netzwerks der *muǧāhidīn* beschäftigt, welches später teilweise in al-Qaida aufgegangen ist.[10] ʿAzzāms Märtyrerkonzept er-

---

8 2009 bestätigte der al-Qaida-treue jordanische Doppel-Agent Humām Ḫalīl Muḥammad Abū Mulāl al-Balawī alias Abū Duǧānah al-Ḫurasānī in einem Interview mit as-Sahab vor seinem Selbstmordattentat auf einem CIA Stützpunkt in Afghanistan, den schon länger bestehenden Verdacht, dass die CIA mit Hilfe des jordanischen Geheimdienstes für das Attentat verantwortlich sei. Vgl. *"An Interview with the Shaheed Abu Dujaanah al-Khorasani,"* January 2010, URL: http://www.scribd.com/doc/27777898/CIA-Base-Bomber-s-Last-Statement-The-Raid-of-the-Shaheed-Baytullah-Mehsud (letzter Zugriff: 07.03.2014).

9 So auch Thomas Hegghammer: „In der Nachfolge von Azzam ist der Märtyrer zu einem zentralen Konzept des radikal-islamischen Schrifttums geworden." Hegghammer, *„Abdullah Azzam, der Imam des Dschihads"*, S. 169.

10 In den letzten Jahren sind einige Artikel zu ʿAzzāms Konzept des Dschihads, welches hier nicht behandelt wird, veröffentlicht worden: Sebastian Schnelle, *"Abdullah Azzam, Ideologue of Jihad: Freedom Fighter or Terrorist?"*, in: *Journal of Church and State*, Jan. 4, 2012, S. 1-23; John C. M. Calvert, *"The Striving Shaykh: Abdullah Azzam and the Revival of Jihad,"* in: *Journal of Religion and Society*, Supplement Series 2 (2007), S. 83-102; Andrew McGregor, *"'Jihad and the Rifle Alone': Abdullah Azzam and the Islamist Revolution"* , in: *Journal for Conflict Studies* 23 (2003), S. 92-113. Sein Märtyrerkonzept hat bisher noch wenig Aufmerksamkeit erfahren: Maliach behandelt es im Zusammenhang mit ʿAzzāms Verbindungen zu den Organisationen der Hamas und al-Qaida, vgl. Asaf Maliach, *"Abdullah Azzam, al-Qaeda, and Hamas: Concepts of Jihad*

scheint auf den ersten Blick fest in der islamischen Tradition verwurzelt zu sein, bei näherem Hinsehen erweist es sich jedoch als ein Konzept, das aus der Auseinandersetzung mit den Diskursen seiner Zeit erwächst.

1. Anschluss an die sunnitische Tradition

a) Der „Märtyrer auf dem Schlachtfeld" (šahīd al-maʿrakah)

Zentral für ʿAzzāms Konzept des Märtyrers ist zunächst der Rückgriff auf die Figur des *šahīd al-maʿrakah*. Diese kriegerische Märtyrerfigur ist nicht die einzige und auch nicht die erste in der sunnitischen Tradition,[11] welche zu den Märtyrern alle Muslime zählt, die eines vorzeitigen Todes unter gewaltsamen oder katastrophischen Umständen sterben. Dies geht hervor aus verschiedenen Hadithen, nach denen u.a. auch die Ertrunkenen, die von Trümmern Erschlagenen, die Verbrannten und die Frauen die im Kindbett sterben, als Märtyrer angesehen werden.[12] Die Funktion des Märtyrerstatus, mit dem eine erhöhte Stellung im Jenseits einhergeht, liegt demnach in der Kompensation des plötzlichen und gewaltsamen Todes – eine Funktion, die auch für den Märtyrer auf dem Schlachtfeld gilt, also denjenigen, der in der militärischen Konfrontation mit den Feinden auf dem Schlachtfeld ums Leben gekommen ist.[13] In der islamwissenschaftlichen Forschung wird im Anschluss an Goldziher zumeist die These vertreten, dass der Schlachtfeldmärtyrer die ursprüngliche Form darstelle und das Märtyrerkonzept erst später um durch Krankheiten und Unfälle ums Leben ge-

---

and Istishhad," in: *Military and Strategic Affairs*, 2, no. 2 (2010), S. 79-93; vgl. auch Asaf Maliach, *"Bin Ladin, Palestine and al-Qaʿida's Operational Strategy"* , in: *Middle Eastern Studies*, 44 (2008), S. 353-375. Einige Seiten zu ʿAzzām finden sich auch in *Martyrdom in Islam* von David Cook, New York 2007, S. 58f.

11 Zum Konzept des Schlachtfeldmärtyrers siehe Silvia Horsch-Al Saad, *Tod im Kampf. Figurationen des Märtyrers in frühen sunnitischen Schriften*, Würzburg 2011.

12 Vgl. z.B. al-Buḫārī, *Le Recueil des Traditions Mahométanes* [*al-Ǧāmiʿ aṣ-ṣaḥīḥ*] Bd. II, hrsg. v. Krehl, Ludolf von/Juynboll, Theodoor Willem, Leiden 1862-1908, S. 209 und Muslim, *Ṣaḥīḥ Muslim bi-šarḥ an-Nawawī*, Bd. XIII, Beirut ca. 1983, S. 62.

13 Der Märtyrer, der auf dem Schlachtfeld stirbt, wird von den anderen durch Abweichungen in den Begräbnisriten unterschieden. aš-Šāfiʿī (gest. 820) definiert die Märtyrer, für die bei der Beerdigung kein Totengebet gesprochen wird und vor deren Beerdigung keine Leichenwaschung stattfindet, als „diejenigen, die von einem Trupp Polytheisten im Speziellen auf dem Schlachtfeld getötet wurden". aš-Šāfiʿī, *Kitāb al-Umm*, Bd. I, Kairo 1903, S. 236. Diese Abweichungen gehen auf überlieferte Präzedenzfälle bei der Schlacht von Uḥud zurück. Alle anderen Märtyrer werden mit Waschung und Totengebet beerdigt. Zu den verschiedenen Märtyrertypen siehe auch Etan Kohlberg Art. *„Shahīd"*, in: *Encyclopaedia of Islam*^{2} Bd. IX 1997, S. 203-207.

kommene Personen erweitert worden sei.[14] Die unterschiedlichen Märtyrertypen finden sich jedoch in den gleichen Hadith-Sammlungen, und die Aufteilung in ein „ursprünglich kriegerisches" und ein „späteres ziviles" Märtyrerkonzept entsteht nur aufgrund der Vorannahme eines „kriegerischen Wesens" des Islams.[15]

Die Konzentration auf den Krieg findet sich auch bei ʿAzzām: Während die islamische Tradition verschiedenen Gruppen von Muslimen den Märtyrertod zugesteht, etabliert ʿAzzām eine exklusive Verbindung zwischen Märtyrertum und Dschihad, wobei Dschihad ausschließlich im militärischen Sinne verstanden wird.[16] Um seinem Märtyrerkonzept Legitimation zu verleihen, kann er auf zahlreiche Hadithe zurückgreifen, die sich in den Hadith-Sammlungen in den Kapiteln zu Dschihad und Märtyrertum (*šahādah*) finden. Aufschlussreich ist jedoch nicht nur, welche Hadithe ʿAzzām zitiert, sondern auch welche er *nicht* zitiert: Alle Kapitel zu Märtyrertum in den bekannten Hadith-Sammlungen enthalten Versionen der o.g. Überlieferungen, die auch die nicht-militärischen Märtyrer aufzählen. ʿAzzām zitiert davon nur eine in seiner Hadith-Sammlung *Itḥāf al-ʿibād bi-faḍāʾil al-ǧihād* („Das Geschenk der Vorzüge des Dschihads an die Diener"), einer Sammlung von Hadithen zum Dschihad. Die gewählte Überlieferung ermöglicht es aufgrund ihrer speziellen Formulierung, die aufgezählten Todesarten als solche zu identifizieren, die im Zusammenhang mit dem Dschihad stattgefunden haben:

> Wer *auf dem Wege Allāhs* getötet wurde, ist ein Märtyrer, wer *auf dem Wege Allāhs* ertrunken ist, ist ein Märtyrer, wer *auf dem Wege Allāhs* an einer Bauchkrankheit gestorben ist, ist ein Märtyrer, *wer auf dem Wege Allāhs* an der Pest gestorben ist, ist ein Märtyrer, und die Frau die *auf dem Wege Allāhs* im Kindbett verstorben ist, ist eine Märtyrerin. [Hervorhebung S.H.][17]

Die Formulierung „auf dem Wege Allāhs" (*fī sabīli l-lāh*) kommt im Koran sowohl im Zusammenhang mit militärischem Kampf vor als auch in nicht-militärischen Kontexten.[18] ʿAzzām erklärt mit Verweis auf den Hadithgelehrten al-ʿAsqalānī (gest. 1449) den Ausdruck *fī sabīli l-lāh* an dieser Stelle als Synonym für „im [militärischen] Dschihad". Durch diesen selektiven Umgang

14 Ignaz Goldziher, *Muhammedanische Studien* II, 2 Bde. in 1 Bd., Hildesheim 2004, S. 388f.

15 Siehe dazu Horsch-Al Saad, *Tod im Kampf*, S. 210-223.

16 Dschihad ist ein umfassenderes Konzept als militärischer Kampf, zu den verschiedenen Bedeutungen von Dschihad im Koran siehe ebd. S. 96.

17 Ein solcher Hadith findet sich bei an-Nasāʾī/as-Suyūṭī, *Sunan an-Nasāʾī bi-šarḥ Ǧalāl ad-Dīn as-Suyūṭī*, Bd. III/6, Beirut 1980, S. 51f.

18 Zu den unterschiedlichen Deutungen dieser Verse siehe Asma Afsaruddin, *Striving in the Path of God. Jihad and Martyrdom in Islam,* Oxford 2013, S. 10ff.

mit Hadithen ist es ihm möglich, eine exklusive Verbindung zwischen Märtyrertod und (militärischem) Dschihad herzustellen.

b) Anschluss an traditionelle Formen der islamischen Literatur

Die erwähnte Hadith-Sammlung ʿAzzāms ist ein Beispiel für seinen Rückgriff auf traditionelle Gattungen der islamischen Literatur, mit denen er seinem Märtyrerkonzept symbolisches Kapital verleiht. Die wichtigste Rolle spielt dabei das Genre Hadith, auf das sich das sunnitische Konzept des Märtyrers vornehmlich stützt. Mit *Itḥāf al-ʿibād bi-faḍāʾil al-ǧihād* folgt er dem Beispiel des Hadith-Gelehrten, Asketen und *muǧāhid* ʿAbdullāh b. al-Mubārak (gest. 797), der die erste Hadith-Sammlung zusammenstellte, die ausschließlich dem Dschihad gewidmet ist (*Kitāb al-ǧihād*). Ibn al-Mubāraks Sammlung enthält nicht nur Hadithe des Propheten, sondern überliefert auch Erlebnisse der muslimischen Kämpfer an der Grenze zu Byzanz. ʿAzzām seinerseits schließt an verschiedene Hadithe Kommentare an, in denen er vergleichbare Erlebnisse der arabischen *muǧāhidīn* berichtet.[19] Ein weiteres Buch ʿAzzāms, das an das Genre der Hadith-Sammlung anschließt, ist *Ayāt ar-Raḥmān fī ǧihād al-afǧān* („Zeichen des Barmherzigen im Dschihad der Afghanen"), das zunächst Hadithe über Wunder der Propheten (*muʿǧizāt*) und der *auliyāʾ* (*karamāt*) anführt, und dann von zahlreichen Wundern berichtet, die die arabischen *muǧāhidīn* in Afghanistan erlebten. Zu den *auliyāʾ* (wörtl. Gottesfreunde, häufig übersetzt mit "Heilige") zählt ʿAzzām alle Muslime, „die glauben und gottesfürchtig sind"[20] und setzt damit der Heiligenverehrung des Ṣūfismus' eine egalitäre Gemeinschaft von Gläubigen entgegen, in der jeder zum Heiligen werden kann. Von den berichteten Wundern stehen zahlreiche im Zusammenhang mit dem Märtyrertod, insbesondere der Moschusgeruch des Märtyrerblutes wird häufig erwähnt. Das Buch, ursprünglich eine Sammlung von Artikeln ʿAzzāms, wurde so erfolgreich,

---

19 Ein Beispiel ist der Bericht über einen Kämpfer aus Medina, Khālid al-Kurdī, dem ʿAzzām das Prophetenwort hinzufügt, dass der Märtyrer den Tod nur als Stich einer Mücke empfinde: Dieser Kämpfer fühlte trotz schwerster Verletzungen durch eine Mine keine Schmerzen. *Itḥāf al-ʿibād*, o.S.

20 Ayāt ar-Raḥmān, o.S.
David Cook schreibt: "Although radical Islam overall is hostile to Sufi mysticism, ʿAzzām essentially adopted its cult of holy men but changed it into a cult of martyrs." David Cook et al., *Understanding and Addressing Suicide Attacks. The Faith and Politics of Martyrdom Operations*, Westport 2007, S. 48.

dass es in zehn Jahren zehn Auflagen erreichte und auch ins Englische übersetzt wurde.[21]

Seine umfangreiche Sammlung von Märtyrerbiografien *'Uššāq al-ḥūr* („Liebhaber der Paradiesjungfrauen") ist einerseits ein weiteres Beispiel für den Anschluss an etablierte Gattungen der islamischen Literatur, lässt gleichzeitig aber noch deutlicher werden, wo 'Azzām über die Tradition hinausgeht. Im Titel findet sich zunächst eine Anspielung auf ein bekanntes Werk zum Dschihad *Mašāri' al-ašwāq ilā maṣāri' al-uššāq* („Brunnen der Sehnsüchte, die zu den Schlachtfeldern der Liebhaber führen") von Ibn Naḥḥās (gest. 1411),[22] ein Text, der im dschihadistischen Diskurs häufig zitiert wird. Es handelt sich dabei um eine Mischung aus einer rechtlichen Abhandlung über den Dschihad und Anleitung zum rechten Verhalten des Kämpfers, das ebenfalls zahlreiche Hadithe anführt. Es wurde von Ibn Naḥḥās unter dem Eindruck der anhaltenden Kämpfe mit den auf Zypern ansässigen späten Kreuzfahrern geschrieben und bezieht aus diesem Kontext seinen propagandistischen Charakter.[23]

Darüber hinaus schließt 'Azzām mit dieser Biographien-Sammlung an die Gattung der biografischen Lexika an (*kutub aṭ-ṭabaqāt*, bzw. *kutub at-tarāǧim*). In der sunnitischen Literatur gibt es jedoch im Unterschied zur schiitischen Tradition nur wenige solcher Sammlungen, die sich ausschließlich oder vor allem Märtyrern widmen.[24] Aufnahme in die biografischen Lexika fanden vielmehr Persönlichkeiten, deren Leistungen für den Islam und die muslimische Gemeinschaft festgehalten werden sollten, etwa als Prophetengefährten, Gelehrte oder Sufis.[25] In *'Uššāq al-ḥūr* sind die meisten Personen hingegen völlig unbekannt

21 Vgl. Thomas Hegghammer, *Jihad in Saudi Arabia: Violence and Pan-Islamism since 1979*, New York 2010, S. 41. Die englische Übersetzung, *The Signs of Ar-Rahmaan in the Jihad of Afghanistan*, Birmingham o.D., kursiert auch im Internet.

22 Aḥmad b. Ibrāhīm Ibn Naḥḥās, *Mašāri' al-ašwāq ilā maṣāri' al-uššāq*, Beirut 2002.

23 Ibn Naḥḥās kam selbst bei einem Angriff der Kreuzfahrer auf die ägyptische Küste ums Leben. Zu Ibn Naḥḥās vgl. David Cook, *Martyrdom in Islam*, Cambridge 2007, S. 40f.

24 Es handelt sich um die *maqātil*-Literatur (die Getöteten). Der Begriff Märtyrer (*šahīd*) wird nicht verwendet, da es sich vornehmlich um Opfer innermuslimischer Auseinandersetzungen handelt, auf die die Definition des *šahīd al-ma'rakah* nicht zutrifft. Beispiele sind *Maqātil al-fursān* von Abū Ubaidah (st. 211/827-7) und das *Kitāb al-miḥan* von Muḥammad b. Aḥmad at-Tamīmī (333/944-4), siehe dazu M. J. Kister, *"The ,Kitāb al-miḥan', A book on Muslim Martyrology"*, in: *Journal of Semitic Studies* 20 (1975), S. 210-218. Das Genre ist jedoch in der sunnitischen Literatur nicht von durchgehendem Interesse: "Sunnism is somewhat lacking in a consistent martyrology spanning the entire length of Islamic history." David Cook, *Martyrdom in Islam*, S. 52.

25 Zum Genre siehe Wadad al-Qadi, *"Biographical Dictionaries: Inner Structure and Cultural Significance"*, in: *The Book in the Islamic World. The Written Word and Communication in the Middle East*, hrsg. v. George N. Atiyeh, New York 1995, S. 93-122.

und erlangen „Berühmtheit“ allein durch ihren Tod – von den prominenteren Mitstreitern ʿAzzāms abgesehen. Hierin zeigt sich die Bedeutung, die dem Märtyrertod – im Sinne eines Opfertodes, wie noch zu zeigen sein wird – für die Umma und den Islam zugeschrieben wird. Aufschlussreich ist in dieser Hinsicht der Kommentar eines Bewunderers ʿAzzāms, der *ʿUššāq al-ḥūr* mit dem bekannten biografischen Lexikon *Siyar aʿlām an-nubalāʾ* („Das Leben der bekanntesten Edlen“) von aḏ-Ḏahabī (gest. 1348) vergleicht und festhält, dass die von ʿAzzām beschriebenen Personen aḏ-Ḏahabīs historische Persönlichkeiten „in Vorzüglichkeit und Ehre“ bei weitem überträfen.[26] Gelehrsamkeit ist in dieser Sicht, welche Tat (*ʿamal*) im beschränkten Sinn von militärischer Aktion über Wissen (*ʿilm*) stellt, von weitaus geringerer Bedeutung als der Märtyrertod – so insignifikant die als Märtyrer gestorbenen Personen in ihrem Leben auch gewesen sein mögen.

Auch in *ʿUššāq al-Ḥūr* finden sich eine Reihe von Motiven, die aus dem *Kitāb al-ǧihād* von Ibn al-Mubārak bekannt sind, wie etwa dem Märtyrertod vorangehende Träume, der in der Aussicht auf das Martyrium stattfindende Abschied von den Brüdern und Kampfgenossen oder die Niederschrift eines Testaments. Solche Praktiken verbinden die Taten der Kämpfer in Afghanistan mit denen der Helden aus Kriegen und Schlachten der islamischen Vergangenheit.

Ein weiteres von ʿAzzām aufgegriffenes Genre der klassischen islamischen Literatur ist die *fatwā* (Rechtsgutachten). Dieses wird hier nicht ausführlich behandelt, weil der Märtyrer in diesem – vergleichsweise nüchternen – Genre keine bedeutende Rolle spielt. In einem als *fatwā* gestalteten Text mit dem Titel *Ilḥaq bi-l-qāfilah* („Schließ Dich der Karawane an!“) rangiert die Hoffnung auf das Märtyrertum auf Platz acht der Gründe, die für die Teilnahme am Dschihad angegeben werden – nach dem Schutz der Unterdrückten.[27] Martyrium ist kein, bzw. nur ein untergeordnetes Thema in den rechtlich argumentierenden Texten ʿAzzāms, es steht hingegen im Vordergrund in zahlreichen seiner Reden, die er vor potenziellen Rekruten für den Dschihad in Afghanistan hielt. Martyrium ist demnach kein Thema der rechtlichen oder theologischen Reflektion, sondern der aktivistischen Propaganda.

---

26 Ḥusain b. Maḥmūd, *Itḥāf ahl al-Islām bi-turāṯ aš-šaih ʿAzzām*, („Das Geschenk des Erbes ʿAbdallāh ʿAzzāms an die Leute des Islams“) o.O. 2003, S. 8. Bei Ḥusain b. Maḥmūd handelt es sich wahrscheinlich um eine Führungsfigur von al-Qaida, die dieses Pseudonym benutzt.

27 Auch dieser Text wurde ins Englische übersetzt, siehe *"Join the Caravan"*, URL: http://www.religioscope.com/info/doc/jihad/azzam_caravan_1_foreword.htm (letzter Zugriff: 11.02.2014).

2. Der zeitgenössische Kontext: Konkurrenz zu säkularen Märtyrerfiguren

Über der Indienstnahme der islamischen Überlieferung können die zeitgenössischen Quellen des Märtyrerkonzepts ʿAzzāms leicht übersehen werden.[28] Diese finden sich nicht in ausgewiesenen Zitaten, sondern in der Rhetorik und insbesondere in dem Opfergedanken, der sich durch alle Texte und Reden ʿAzzāms zum Märtyrer zieht. Um die Auseinandersetzung ʿAzzāms mit den zeitgenössischen säkularen Diskursen der arabischen Gesellschaft, d.h. dem Nationalismus und dem Sozialismus/Kommunismus,[29] nachzuvollziehen, muss man sich vergegenwärtigen, dass säkulare und religiöse Diskurse nicht voneinander zu trennen sind. Islamisten (und Dschihadisten) argumentieren nicht in einem eigenen Universum, das von den geistigen Strömungen der Zeit völlig abgeschottet ist, vielmehr ist Islamismus als Phänomen der Moderne untrennbar mit den säkularen Strömungen der Zeit verbunden. Die intensive Auseinandersetzung ʿAzzāms mit diesen Konzepten ist in seinen Schriften belegt: So verurteilte er z.B. den Nationalismus in seiner Schrift *al-Qaumīya* („Nationalismus") und den Kommunismus in *aṣ-Ṣaraṭān al-aḥmar* („Der rote Krebs"). In der Abgrenzung von den säkularen Ideologien kommt es jedoch bei ʿAzzām – wie im Islamismus allgemein – zur Entwicklung von strukturell ähnlichen Mythen und Ideologemen. Für ʿAzzām gilt mithin das Gleiche wie für Saiyid Quṭb, von dem er gerade in dieser Hinsicht stark beeinflusst ist ("Qutb's project is deeply engaged with and also shaped by the very categories and ideas he

28 Dies ist z.B. der Fall im Buch *Martyrdom in Islam* von David Cook: ʿAzzām "preached a powerful salvivic version of *jihad* that sought to combine traditional Islamic teachings together with folk beliefs about the miracles associated with fighters and radical Islamic messianic theology prophesying the rebirth of the caliphate and the future worldwide triumph of Islam." (S. 159) Durch die Konzentration auf „islamische" Traditionen (wie der Buchtitel schon vorgibt) kommen die zeitgenössischen säkularen Diskurse über Opfer und Märtyrertum nicht in den Blick. Vgl. auch die Einschätzung von Calvert: "Azzam's notion of martyrdom, like his understanding of jihad, is well rooted in the Islamic tradition.", *"The Striving Shaykh: Abdullah Azzam and the Revival of Jihad"*, in: *Journal of Religion and Society*, Supplement Series 2 (2007), S. 83-102.

29 Sozialismus/Kommunismus und Nationalismus sind für die arabische Welt nicht klar zu trennen. Der arabische Sozialismus hat eine starke nationalistische Komponente, die auch der kolonialen Vorgeschichte geschuldet ist. Er unterscheidet sich auch darin vom europäischen Sozialismus, dass er nicht atheistisch ist und den Islam zu integrieren versucht. Der marxistische Sozialismus wurde zumeist abgelehnt, weil dieser den Nationalismus theoretisch ablehnte, siehe P. J. Vatikiotis: Art. "Ishtirakiyya, 2. The Arab lands", in: *Encyclopedia of Islam*^{2}, IV, S. 125-126.

explicitly rejects."[30]), und Maudūdī, von dem seine Bewunderin und Schülerin Maryam Jameelah später schrieb: "The tragic paradox of the life and thought of Maulana Sayyid Abul Ala Mawdoodi was his subconscious acceptance of the very same Western ideas he dedicated his entire life to struggling against."[31]

a) Der palästinensische fidāʾī: Blut und Opfer

Für ʿAzzāms Märtyrerkonzept ist insbesondere die palästinensische nationalistische Figuration des *fidāʾī* (wörtl.: der sich selbst zum Lösegeld Machende) von Bedeutung. Diese Märtyrerfigur war für die palästinensische Nationalbewegung schon in den Jahrzehnten vor der israelischen Staatsgründung zentral und wurde in den Jahren danach durch den Dichter Maḥmūd Darwīš zu einem modernen Mythos, der „Märtyrerhochzeit" (*ʿurs aš-šahīd*), weiter ausgestaltet.[32] In diesem Mythos wird der Tod des Märtyrers als dessen Hochzeit mit der als weiblich imaginierten Heimat gefeiert und auf diese Weise Verlust in Triumph und Hoffnung konvertiert. Wie bei einem realen Bräutigam garantiert die „Hochzeit" des Kämpfers den Fortbestand der Gesellschaft – jedoch nicht durch aus dieser Verbindung hervorgehende Nachkommen, sondern durch die Aufrechterhaltung der kollektiven Identität und Ehre. Diese in einem nationalen, linksrevolutionären Kontext entstandene Konstruktion greift, wie Angelika Neuwirth gezeigt hat, auf eine Reihe von Traditionen zurück, zu denen neben islamischen und christlichen Motiven auch die mystische Liebesdichtung, das *ġazal*, und die altorientalischen Mythen der Wiederbelebung des Landes durch einen sterbenden Gott gehören.[33] Der Mythos der Märtyrerhochzeit spielt für die nach der *nakbah* (der „Katastrophe" der mit der israelischen Staatsgründung verbundenen Vertreibungen) aufgewachsene Generation – die Generation ʿAzzāms – eine „beherrschende Rolle [...] für die Bewußtseinsbildung".[34]

---

30 Roxanne L. Euben, *Enemy in the Mirror: Islamic Fundamentalism and the Limits of Modern Rationalism*, Princeton 1999, S. 165.

31 Maryam Jameelah, *"An Appraisal of Some Aspects of the Life and Thought of Maulana Sayyid Abul Ala Maududi"*, in: *Islamic Quarterly* xxxi (1407-1987), S. 116-130, 130.

32 Vgl. Birgit Embaló/Angelika Neuwirth/Friederike Pannewick, *Kulturelle Selbstbehauptung der Palästinenser. Survey der modernen palästinensischen Dichtung*, Würzburg 2001, S. 16.

33 S. Angelika Neuwirth, *„Jüdischer Kanon, arabisch gelesen. Mahmud Darwishs palästinensisches Transkript der biblischen Bücher Genesis, Exodus und Hohes Lied"*, in: *Das Nachleben der Religionen. Kulturwissenschaftliche Untersuchungen zur Dialektik der Säkularisierung,* hrsg. v. Martin Treml und Daniel Weidner, München 2007, S. 163ff.

34 Embaló/Neuwirth/Pannewick, *Kulturelle Selbstbehauptung der Palästinenser*, S. 16.

Die im *fidā'ī* enthaltene Idee des Opfers zur Erlösung des Landes oder der Nation hat eine längere Geschichte, die auch nach Europa führt. Bereits in der romantischen Dichtung des 19. Jahrhunderts – zur gleichen Zeit, als man in säkularen Kontexten anfing, von „Heiligen Kriegen" zu sprechen – wurde das Ideal der Opferbereitschaft gepriesen.[35] Im wissenschaftlichen Bereich entwickelten die Religionswissenschaften und die Anthropologie ein intensives Interesse am Opfer, welches sich ab dem späten 19. Jahrhundert in zahlreichen Opfertheorien niederschlug.[36] In diesem Zusammenhang wurden auch die altorientalischen und hellenistischen Mythen der sterbenden und auferstehenden Götter (z.B. Attis, Adonis, bzw. Tammūz) neu erschlossen. *The Golden Bough* von James G. Frazer, welcher Opferkult als eine der erhaltenden Kräfte aller Religionskulturen verstand, wurden in Teilen ins Arabische übersetzt.[37] Durch die europäische Vermittlung wurden so die altorientalischen Mythen im Orient wieder bekannt und dienten zahlreichen Dichtern der 1950er Jahre als Inspiration. Die Re-Lektüre des altorientalischen Mythos vom sterbenden Gott, der mit seinem Blut die Erde neu belebt, wurde in den Dienst ihrer Kulturkritik und der Forderung nach einer Erneuerung der Gesellschaft nach dem Ende der Kolonialzeit und der nationalen Unabhängigkeit gestellt. Dabei sahen sich zuweilen die Dichter auch selbst als Erlösung verheißende Helden, von denen einige auch ihren eigenen Tod als Märtyrertod für die Nation antizipierten.[38] In Palästina spielt Tammūz als sterbender und mit seinem Tod Erlösung verheißender Gott, wie erwähnt, eine besondere Rolle als Inspiration für die Figuration des

35 Etwa in der Dichtung Ernst Moritz Arndts und Theodor Körners. Dieser Kult um das Opfer für das Vaterland hat eine lange Vorgeschichte, die in der antiken Heroenverehrung ihren Ausgang nahm und zur Zeit der Kreuzzüge auf die Soldaten Christi übertragen wurde, siehe dazu Brunotte: Ulrike Brunotte, *„Martyrium, Vaterland und der Kult der toten Krieger. Männlichkeit und Soteriologie im Krieg"*, in: *Eurozine* 2007, URL: http://www.eurozine.com/articles/2007-08-21-brunotte-de.html (letzter Zugriff: 28.01.2014). Zur Problematik der Bezeichnung des Dschihads als „Heiliger Krieg" siehe Silvia Horsch-Al Saad, *Tod im Kampf*, S. 47-53.

36 Zur Faszination des Opfers für die Wissenschaften siehe Thomas Macho, *„Zum Bedeutungswandel der Begriffe des Opfers und des Opfertodes im 20. Jahrhundert"*, in: *Nachleben der Religionen*, S. 225-135.

37 Die Übersetzung des palästinensischen Dichters *Ǧabra Ibrāhīm Ǧabra* erschien 1954 in einem Bagdader Magazin, siehe Terri DeYoung, *Placing the poet: Badr Shaki al-Sayyab and Postcolonial Iraq*, Albany 1998, S. 73.

38 Siehe dazu Friederike Pannewick, *„Pathos und Passion, Antworten arabischer Autoren auf Krieg, Gewalt und Tod"*, in: Silvia Horsch/Martin Treml, *Grenzgänger der Religionskulturen. Kulturwissenschaftliche Beiträge zu Gegenwart und Geschichte der Märtyrer*, München 2001, S. 191-212.

Kämpfers (*fidā'ī*). Erlösung ist in diesem säkular-nationalen Mythos jedoch nicht länger auf ein Jenseits bezogen. Der Niederschlag dieses Mythos findet sich bei ʿAzzām vor allem in der Bedeutung, die das Blut des Märtyrers erhält. Ein Zitat, das die Art und Weise aufzeigt, in der ʿAzzām die islamische Überlieferung mit den alten neuen Mythen zusammenführt, stammt aus *ʿUššāq al-ḥūr*:

> Noch mehr Opferbereitschaft (*taḍḥīyah*), noch mehr reines, aufrichtiges Blut, noch mehr Märtyrer für dich, oh kämpfende Erde (*al-ʿarḍ al-muğāhidah*). Sie sind es, [die *muğāhidūn*], die zu dir aus allen Richtungen eilen, die Mobilmachung formt ihre Gesichtszüge, sie steigen aus den Flugzeugen der Abreise und der Auswanderung, ihren Platz im Inneren der grünen Vögel im Paradies erwartend.

Blutopfer für die Erde: Dies ist das aus dem Tammūz-Mythos und der Figur des *fidā'ī* bekannte Motiv, doch ist das Ziel der Reise der Märtyrer gerade nicht wie dort die Vereinigung mit der Erde, sondern das jenseitige Paradies. Der Rekurs auf zwei unterschiedliche Register, das national-säkulare und das islamische, bringt konkurrierende Bilder hervor, die sich nicht miteinander versöhnen lassen.

Blut findet sich zwar als Motiv auch in einigen Hadithen, die über den Märtyrer überliefert werden: Nach einer Überlieferung duftet das Blut der im Kampf Verwundeten (nicht nur der Märtyrer!) am Jüngsten Tag nach Moschus.[39] Nach einer anderen werden dem Märtyrer im Moment des ersten Blutstroms die Sünden vergeben.[40] Während jedoch diese Hadithe den Status des Märtyrers im *Jenseits* betreffen, schreibt ʿAzzām dem Blut auch eine erlösende Funktion für das *Diesseits* zu: Der Märtyrer erlöst nicht nur sich selbst von seinen Sünden, sein vergossenes Blut ist darüber hinaus auch die Grundlage für die im Diesseits zu verteidigende Erde und die zu erhaltende oder zu errichtende Gemeinschaft. In einem viel zitierten und auf Englisch im Internet verbreiteten Text, dessen Überschrift, *Martyrs: The Building Blocks of Nations*, diesem Gedanken bereits Ausdruck gibt, heißt es:

---

39 Vgl. den Hadith in der Sammlung von Ibn Māğa: „Niemand zieht sich eine Verwundung auf dem Wege Gottes zu, – und Gott weiß am besten, wer auf Seinem Weg verwundet wurde – ohne dass er am Jüngsten Tag hervortritt und seine Wunde so aussieht, wie am Tag seiner Verwundung. Die Farbe ist die des Blutes und der Geruch ist der von Moschus." Ibn Māğa, *Sunan*, hrsg. v. Muḥammad Fuʾād ʿAbd al-Bāqī, Bd II, Kairo 1975-1987, Nr. 2795.

40 Ibn Māğa, *Sunan*, Bd. II, Nr. 2799, siehe auch at-Tirmiḏī, *Sunan at-Tirmiḏī. al-Ğāmiʿ aṣ-ṣaḥīḥ*, hrsg. v. Ḫalīl Maʾmūn Šīḥā, Beirut 2002, Nr. 1663.

> As for the Muslim Ummah, it does continue to exist in the course of history of humankind, except by a divine ideology (sic!) and the blood which flows as a result of spreading this divine ideology and implanting it into the real World.[41]

Die Märtyrer werden durch den Einsatz ihrer Körper und ihres Blutes schließlich zu Garanten der Existenz der Religion selbst:

> Diese Märtyrer sind die Gestalter der Geschichte [...] ihre Schädel sind ein Bauwerk der Ehre, ihre Körper ein Gebäude der Würde und ihr Blut ist das Wasser des Lebens für diese Religion (*dīn*).[42]

Opfer und Blut – so ʿAzzām – sind notwendig, um Veränderung zum Guten in Geschichte und Gesellschaft zu bewirken und in diesem Zusammenhang sei sogar ein grundlegendes Prinzip des Islams zu sehen:

> Indeed those who think that they can change reality, or change societies, without blood, sacrifices and invalids, without pure, innocent souls, then they do not understand the essence of this Deen [religion].[43]

Ein solcher Opfermythos ist der islamischen Tradition fremd. Zwar finden sich in einigen wenigen Hadithen zum Märtyrer Anspielungen auf das rituelle Tieropfer. Ein Beispiel, das ʿAzzām auch in seiner Hadithsammlung zitiert, ist ein Hadith, demzufolge ein *muǧāhid*, der bei einer Schiffsreise seekrank wird, „wie ein geschlachtetes (oder geopfertes) Tier in seinem Blut" sei.[44] Diese wenigen Hadithe bleiben jedoch auf der Ebene von Andeutungen und es wurde daraus bis in die Moderne keine Theologie oder Mythos des Opfers entwickelt. Der Koran steht vielmehr dem Opfer kritisch gegenüber und negiert im Hinblick auf das Tieropfer jede entsühnende Funktion von Opferblut (vgl. Koran 22:37):

---

41 ʿAzzām, *"Martyrs: The Building Blocks of Nations"*, ursprünglich von azzam.com, aufrufbar unter Religioscope.com: http://www.religioscope.com/info/doc/jihad/azzam_martyrs.htm (letzter Zugriff: 28.01.2014). Nach den Angaben auf der Internetseite ist der Text eine Zusammenstellung der Vorträge *"Will of the Shaheed"* und *"A Message from the Shaheed Sheikh to the Scholars"*, für die keine arabischen Titel angegeben werden. In weiten Teilen handelt es sich um eine Übersetzung des arabischen Texts "*Midād al-ʿulamāʾ wa dimāʾ aš- šuhadāʾ*" [Die Tinte der Gelehrten und das Blut der Märtyrer], aufrufbar z.B. hier: URL: http://aljoufreev.com/vb/showthread.php?t=9689 (letzter Zugriff: 28.01.2014).

42 ʿAzzām; „Midād al-ʿulamāʾ wa dimāʾ aš- šuhadāʾ", o.S.

43 ʿAzzām, "Martyrs: The Building Blocks of Nations".

44 ʿAzzam, *Itḥāf al-ʿibad bi-faḍāʾil al-ǧihād.* Das Wort *al-mutašaḥḥaṭ* wird erklärt als *al-maḏbūḥ*, was sowohl das geschlachtete als auch das geopferte Tier bezeichnet. ʿAzzām gibt keine Quelle an, aber der Hadith findet sich mit einer leicht abweichenden Formulierung in der Sammlung von Ibn Māǧa, *Sunan*, Bd. II, Nr. 2777.

„Weder ihr Fleisch noch ihr Blut werden Allāh erreichen, aber Ihn erreicht die Gottesfurcht von euch. So hat Er sie [die Opfertiere] euch dienstbar gemacht, damit ihr Allāh als den Größten preist, dass Er euch rechtgeleitet hat. [...]“).

Während die auf das Diesseits bezogene Idee der kollektiven Erlösung durch Märtyrertum eine moderne Entwicklung darstellt, die von ʿAzzām zu einem essenziellen Prinzip des Islams erklärt wird, hat die persönliche Erlösung des Märtyrers im Jenseits, d.h. die Vergebung seiner Sünden, eine solide Grundlage in der Überlieferung. Doch auch hier geht ʿAzzām über das hinaus, was er in dieser vorfindet. In seinen propagandistischen, vor potenziellen Rekruten und Spendern gehaltenen Reden, wird das Martyrium zum einzigen Weg der Erlösung:

> „O' youths! O' sons of Islam! What will cleanse our sins? What will purify our mistakes? And what will clean our dirt? It will not be washed except with the blood of martyrdom, and know that there is no path except this Path.”[45]

Durch die Isolierung des Verses 111 der 9. Sure („Allah hat von den Gläubigen ihre eigene Person und ihren Besitz dafür erkauft, dass ihnen der Paradiesgarten gehört: Sie kämpfen auf Allahs Weg, und so töten sie und werden getötet. [Das ist] ein für Ihn bindendes Versprechen in Wahrheit“ aus seinem Kontext,[46] präsentiert er die Hingabe des Lebens im Dschihad als den einzig möglichen Preis für das Paradies und fordert die Zuhörer auf, ein entsprechendes Opfer zu bringen:

> “[...] do not be miserly with your blood as regards this Deen. If you really are serious and sincere, *then place your blood and souls before the Lord of the Worlds* who granted them to you in the first place and then purchased them from you [es folgt Vers 9:111, Hervorhebungen S.H.].”[47]

ʿAzzām verbindet in seinen Schriften und Reden auf kreative Weise die Überlieferungen zum Märtyrer auf dem Schlachtfeld mit der Blut- und Opferrhetorik, die unter dem Eindruck des Verlusts der Heimat u.a. in der palästinensischen Dichtung entwickelt wurde. Bewusst oder unbewusst hat ʿAzzām damit einen konkurrierenden „islamischen“ Mythos entworfen, der die gleiche integrative Kraft und motivierende Funktion für die internationale Bewegung der *muǧahī-*

45 ʿAzzām, *“Martyrs. The Building Blocks of Nations”*, o.S.

46 In der Koranexegese wird dieser Vers zumeist mit dem folgenden zusammen gelesen, der weitere Gruppen von Gläubigen nennt, die jenseitiges Heil erlangen: „Die sich Bekehrenden, die (Allah) Dienenden, die Lobpreisenden, die Fastenden, die sich Beugenden, die sich Niederwerfenden, die das Rechte Gebietenden und das Unrechte Verbietenden, die Allahs Gebote Beachtenden... verkünde den Gläubigen Heil!“ (9:112) Vgl. z.B. die Auslegung von aṭ-Ṭabarī (gest. 923), *Tafsīr*, 9:111f.

47 ʿAzzām, *“Martyrs. The Building Blocks of Nations”*, o.S.

dīn spielen sollte, wie der *fidāʾī*-Mythos für die palästinensische Nationalbewegung.

b) Märtyrer als Elite

Ein weiterer Aspekt, in dem sich der Niederschlag der zeitgenössischen Ideologien zeigt, ist sein Verständnis der Märtyrer als Elite der Gesellschaft. Abū l-Aʿlā Maudūdī war wahrscheinlich der Erste, der das leninistische Konzept der Avantgarde der Arbeiterklasse aufnahm und im Kontext der islamistischen Bewegung umformte.[48] Nach ihm übernahmen Quṭb und von diesem militante Islamisten die Idee. Auch ʿAzzām spricht davon: „Jeder Glaube (*ʿaqīdah*), sei er irdisch oder himmlisch, braucht eine solche Avantgarde (*ṭalīʿah*), die alles in ihrer Macht stehende unternimmt, um ihren Glauben zu unterstützen."[49] Allerdings fasst er diese Avantgarde auf eine andere Weise auf, als die ägyptischen militanten Islamisten, nach deren Vorstellung die Avantgarde durch einen Staatsstreich die Voraussetzungen für die Errichtung eines islamischen Staates schaffen sollte. ʿAzzām, für den äußere Feinde als Besatzungsmächte im Vordergrund stehen und nicht die korrupten Regierungen der muslimischen Länder, spricht stattdessen von einer militärischen Vorhut, die von einer festen Basis (*Al-qāʿidah aṣ-ṣulbah*) aus operieren sollte, so der Titel eines seiner Artikel. Die Beschreibung dieser Vorhut ähnelt der Avantgarde, die Quṭb im Sinn hatte, eine „organisierte und aktive Gruppe".[50] ʿAzzām betont, dass diese Gruppe nicht nur ein gründliches militärisches Training, sondern vor allem eine solide islamische Erziehung erhalten müsse, da aus ihren Rängen die Führungsfiguren der zukünftigen Gesellschaft hervorgingen. Während er in diesem Zusammenhang nicht von Märtyrern spricht,[51] erscheinen in anderen Texten die Märtyrer als eine andere Art der Elite, eine Elite mit einer mythischen Funktion. Häufiger noch als *ṭalīʿah* (Avantgarde, Vorhut), den Begriff den auch Quṭb verwendet, benutzt er im Zusammenhang mit Märtyrern den Begriff *ṣafwā* (Auslese, Elite). Die Märtyrer, d.h. diejenigen, „die ihre Seelen und ihr Blut darbieten, um den Prinzipien und Werten [des Islams] zum Sieg zu verhelfen", werden als „Auslese der Auslese der Auslese" (wörtlich: „wenige von wenigen dieser Auslese")

---

48 Zu Maudūdī siehe Nasr, *The Vanguard of the Islamic Revolution*, S. 13ff.

49 ʿAzzām, *"al-Qāʿidah aṣ-ṣulbah"*, in: *al-Ǧihād*, April 1988 (41).

50 *"taǧammuʿ ʿaḍawī ḥarakī"*, Saiyid Quṭb, *Maʿālim fī t-tarīq*, Beirut 1979, S. 48.

51 Maliach identifiziert diese Gruppe mit den Märtyrern, die ʿAzzām in anderen Texten als Elite beschreibt. (Maliach, *"Abdullah Azzam, al-Qaeda"* S. 81.) Die in diesem Text (*Al-qāʿidah aṣ-ṣulbah*) angesprochene Elite kann ihre Funktionen (Führen und Lehren) jedoch nur im Leben erfüllen, nicht im Tod. Dass ʿAzzām in diesem Text von Märtyrern nicht spricht, ist daher nicht zufällig.

bezeichnet.[52] Für diese Auslese sind Reinheit und Frömmigkeit von zentraler Bedeutung: ʿAzzām nennt sie „fromme Auslese" (*aṣ-ṣafwah aṣ-ṣāliḥah*), beschreibt sie als „unschuldige Seelen" (*arwāḥ abriyāʾ*) und spricht von „unschuldigem" oder „reinem" (*zakī*) Blut und reinen (*ṭāhir*) Körpern. Nur die Opferung solcher reinen und unschuldigen Seelen kann die Geschichte verändern. Diese Rhetorik erinnert frappierend an pagane Opferkulte, in denen die Reinheit des Opfers eine wesentliche Voraussetzung für ein korrekt vollzogenes Opfer ist.

Die Beziehung zwischen den Märtyrern und ihrer Gesellschaft (*ummah*) ist dabei ambivalent: Einerseits bilden sie die Grundlage der Gesellschaft, die ohne das Opfer der Märtyrer nicht erhalten werden kann, andererseits sind sie ihrer Gesellschaft fremd: „Diese Personen sind ihren Gesellschaften gegenüber Fremde (*ġurabāʾ*), während sie zur gleichen Zeit ihren Erhalt sichern und sie [die Gesellschaften] durch ihr Beispiel siegreich sein lassen und sie versorgen."[53] Der Begriff *ġurabāʾ*, der auf einen Hadith zurückgeht, bietet zugleich eine willkommene Erklärung dafür, warum sich die muslimischen Massen dieser Elite nicht anschließen: Sie sind dem wahren Islam entfremdet.

3. Die Weiterentwicklung zum Märtyrer als Selbstmordattentäter

Das synkretistische Märtyrerkonzept ʿAzzāms gewinnt einerseits durch den Verweis auf islamische Überlieferung Legitimität und Dignität und kann andererseits durch die Integration der Blut- und Opfer-Rhetorik in Konkurrenz treten zur etablierten säkular-nationalen Märtyrerfigur. Auf dieses wirkmächtige Konzept bezogen sich in der Folge sowohl die internationale *muǧāhidūn*-Bewegung, die er begründete, und die nach seinem Tod zu einem großen Teil im sich in den 1990er Jahren entwickelnden dschihadistischen Salafismus aufging, als auch die lokalen palästinensischen Widerstandsbewegungen, vor allem die Hamas.[54] Beide haben die Opferlogik, die dem Märtyrerkonzept ʿAzzāms zugrunde liegt, konsequent zu Ende geführt und den Selbstmordattentäter als Märtyrer figuriert.

52 *Midād al-ʿulamāʾ wa dimāʾ aš-šuhadāʾ*, o.S. In der englischen Übersetzung: "A small group: they are the ones who carry convictions and ambitions. And an even smaller group from this small group, are the ones who flee from the worldly life in order to spread and act upon these ambitions. And an even smaller group from this elite group, are the ones who sacrifice their souls and their blood in order to bring victory to these ambitions and principles. So, they are the cream of the cream of the cream. It is not possible to reach glory except by traversing this Path. It is not possible for the structures of this Deen to be established, nor for its banner to be raised, nor for its vessel to be launched, except by traversing this Path." (*"Martyrs. The Building Blocks of Nations"*).

53 *ʿUššāq al-ḥūr*, o.S.

54 Vgl. Asaf Maliach, *"Abdullah Azzam, al-Qaeda"*. Der palästinensische Märtyrerkult, der wie gesehen älter als ʿAzzāms Märtyrerfigur ist, wird in diesem Artikel nicht erwähnt.

Während ʿAzzām die *Rhetorik* der säkularen Opferfiguren übernommen hatte, übernahmen sie die *Praxis* des Selbstmordattentates, die zunächst von säkularen und dann von schiitischen Gruppen im Libanon eingesetzt worden war.[55] Während Selbstmordangriffe und -attentate von säkularen Gruppen als „Selbstmordkommando" (*maǧmūʿah intiḥārīyah*) bezeichnet wurden, entwickelten islamistische Gruppierungen den Begriff der „Märtyreroperation" (*ʿamalīyat istišhādīyah*), um das islamische Selbstmordverbot zu umgehen.[56]

Obwohl ʿAzzām Selbstmordattentate selbst nicht befürwortete, ist es daher nicht verwunderlich, dass z.B. al-Qaida für die Rechtfertigung dieses Mittels auch auf Argumentationsfiguren ʿAzzāms zurückgreift. In einer Videoreihe, die al-Qaidas Medienagentur al-Sahab produzierte, werden Ausschnitte von Videotestamenten der 19 mutmaßlichen Attentäter vom 11. September 2011 gezeigt.[57] Einer der Männer, ʿAbd al ʿAzīz al-ʿUmarī, der als junger, aktivistischer Religionsgelehrter vorgestellt wird, sagt darin etwa: "Sacrifice (*taḍḥīyah*) is necessary, (because) faith is linked with deeds; that is the toll of reform and the price of the Garden is high […]."[58] Die Opfervorstellungen nehmen bisweilen Züge eines heidnischen Blutopfers an, wobei Gott als blutdürstige Gottheit erscheint, wie in den Worten Aḥmad al-Ḥaznāwīs: "We parted from our families to send a message in blood that will reach the whole world. It reads: O Lord take

55 Zur Geschichte des Selbstmordattentates vgl. Joseph Croitoru, *Der Märtyrer als Waffe*. Der erste Selbstmordangriff im Jahr 1972 auf den Flughafen in Tel Aviv war eine gemeinschaftliche Aktion der Japanischen Rote Armee Fraktion und der Volksfront für die Befreiung Palästinas (PFLP). Auch die mediale Inszenierung solcher Angriffe mit Hilfe von Fotos und Testamenten wurde von säkularen Gruppen bereits gepflegt – eine Praxis, die bereits die Kamikaze-Flieger im Zweiten Weltkrieg einsetzten, vgl. das Beispiel der PFLP, ebd. S. 42. Der Einfluss des schiitischen Märtyrerkultes, der in den Jahrzehnten vor der islamischen Revolution politisiert wurde, ist schwer zu bestimmen. Bernard K. Freamon vertritt die Meinung, "current justifications for self-annihilatory violence are […] the result of a major reinterpretation of the theology and religious law on martyrdom and the military jihad advanced by Shi'ite theologians and jurists in Iraq and Iran between the mid-1960s and the late-1970s." Freamon, Bernard, "Martyrdom, Suicide, and the Islamic Law of War: A short Legal History", in: *Fordham International Law Journal*, 27 (2003), S. 297. Diese Re-Interpretation wurde maßgeblich bestimmt von den Ideen ʿAlī Šarīʿatīs, der den Islam als revolutionäre Ideologie verstand und ihn damit seinerseits in Auseinandersetzung mit den modernen säkularen Strömungen umformte.

56 Der Begriff wurde von der Hizbullah während des Libanonkriegs geprägt, vgl. Reuter, *Mein Leben ist eine Waffe. Selbstmordattentäter. Psychogramm eines Phänomens*, München 2002, S. 107.

57 Im Folgenden wird die englische Übersetzung, mit denen die Videos untertitelt sind und die von al-Sahab selbst erstellt wurde, verwendet.

58 Video: *"The Wills of the New York and Washington Battle Martyrs – al-ʿUmarī"*, veröffentlicht im Herbst 2002, in Teilen ausgestrahlt vom Fernsehsender al-Jazeera.

from our blood today until you are satisfied."[59] Auch dieser Gedanke ist bei ʿAzzām vorgeprägt (s.o. " place your blood and souls before the Lord of the Worlds"). Ganz in Übereinstimmung mit der Vorstellung der diesseitigen Erlösung der Gemeinschaft durch das Opfer der Märtyrer betet al-Ḥaznāwī: "Allah, include us among those by whose deaths an entire nation [ummah] is brought to life."[60]

Dschihad und Märtyrertum werden in Übereinstimmung mit den Gedanken ʿAzzāms als alternativlose Wege sowohl zur eigenen jenseitigen, als auch zur kollektiven diesseitigen Erlösung dargestellt. Es ist nicht verwunderlich, dass die Opferlogik in Konstellationen an Bedeutung gewinnt, in denen eine Seite der anderen Seite technisch weit unterlegen ist. Wenn ein realer Sieg immer unwahrscheinlicher erscheint, kann die Hoffnung auf die mythische Macht der Märtyrer die Siegesgewissheit erhalten und der Märtyrerkult reale Niederlagen in symbolische Siege verwandeln.

III Medialer Märtyrerkult

1. ʿAzzām als Medienpionier

ʿAzzāms Rolle als Wegbereiter des Märtyrerkultes islamistischer und dschihadistischer Gruppierungen des 20. und 21. Jahrhunderts erstreckt sich nicht nur auf das Konzept selbst, sondern auch auf dessen mediale Verbreitung. Bereits zu einem frühen Zeitpunkt machten er und seine Mitstreiter intensiv Gebrauch von moderner Medientechnik: Neben den gedruckten Propagandaorganen, den Zeitschriften *al-Ǧihād* und *Lahīb al-Maʿrakah* („Flamme des Schlachtfelds"), ließ ʿAzzām seine Vorträge und Predigten auf Audio- und Videokassetten aufnehmen und vertreiben.

Der Afghanistankrieg (1979-1989) stellt somit die erste von vier Phasen der dschihadistischen Mediennutzung dar, die Asiem El Defraoui beschrieben hat.[61] Die *muǧāhidūn* wurden von Kameraleuten begleitet, die sowohl Kämpfe als auch die Gefallenen filmten.[62] Zu dieser Zeit wurden vergleichsweise wenige Videos im VHS-Format produziert, Bilder von Märtyrern spielten jedoch bereits eine wichtige Rolle für die Propaganda.

---

59 Video: *"The Wills of the New York and Washington Battle Martyrs – Aḥmad al-Ḥaznāwī"*, in Teilen ausgestrahlt vom Fernsehsender al-Jazeera am 16. April 2002.

60 Ebd.

61 Asiem El-Defraoui, *jihad.de. Jihadistische Online-Propaganda: Empfehlungen für Gegenmaßnahmen in Deutschland.* SWP-Studie, Berlin 2012, URL: http://www.swp-berlin.org/fileadmin/contents/products/studien/2012_S05_dfr.pdf (letzter Zugriff: 28.01.2014)

62 ʿAzzām beschreibt in *ʿUššāq al-ḥūr* wie ein Kameramann, Yāsīn al-Ǧazāʾirī, selbst zum Märtyrer wurde, ebd. o.S.

Auch in den Phasen, die ʿAzzāms Tod folgen, bleibt sein Name omnipräsent: Die zweite Phase (1990-2001) hatte ihr Zentrum in London („Londonistan“) und ein Hauptorgan war die Internetseite *azzam.com*, die die Aktivitäten der *muǧāhidīn* in Bosnien, Tschetschenien und Afghanistan (jetzt die Taliban) medial begleitete. Über diese Internetseite konnte man auf Texte von ʿAzzām zugreifen und hier wurden die ersten professionellen Märtyrer-Videos vertrieben. Die Seite wurde 2001 nach den Anschlägen vom 11. September geschlossen.

Die dritte Phase ist die „Globalisierung des Cyberjihads“ (2001-2006) und beginnt mit dem US-geführten Einmarsch in Afghanistan und später in den Irak.[63] In dieser Phase entwickeln sich dschihadistische „Medienagenturen“, die mehr oder weniger unabhängig von den dschihadistischen Organisationen agieren. Gleichzeitig nimmt die Video-Produktion aufgrund der technischen Entwicklung massiv zu,[64] und Internetforen etablieren sich. Auf fast allen diesen Seiten steht Material von ʿAzzām in Audio-, Video- oder Textform zur Verfügung. Viele Videos, die in dieser Zeit produziert werden, enthalten Ausschnitte aus seinen Auftritten, wie z.B. die Videos, mit denen al-Sahab, al-Qaidas „Medienagentur“, die 19 mutmaßlichen Attentäter vom 11. September 2001 feiert.

Die vierte und bisher andauernde Phase wurde durch die Entwicklung des Web 2.0 initiiert. Sie ist durch die Nutzung von sozialen Medien bis hin zu Smart Phones gekennzeichnet. Das alte Material, darunter viele Videos von ʿAzzām, wird dabei weiterverarbeitet und häufig in fragmentarischer Form präsentiert. So kann man sich kurze Ausschnitte von längeren Produktionen auf *Facebook*, *YouTube* und anderswo ansehen. Eine einfache Suchanfrage mit dem Namen „Abdallah Azzam“ bei *YouTube* ergibt bereits 14.400 Ergebnisse.[65]

a) Bilder: Propagandawert sticht Bilderverbot

Der intensive Medieneinsatz und insbesondere die Verwendung von Bildern ist nicht selbstverständlich, berücksichtigt man die religiösen Strömungen, aus denen die Dschihadisten hervorgegangen sind. Sie haben ihre Wurzeln in zwei Reformbewegungen des 19. Jahrhundert, der modernistischen Salafīyah und der

---

63 Asiem El-Defraoui, *jihad.de*, S. 11.

64 Für einen Überblick über Inhalte und Produzenten solcher Videos, vgl. Cecilie Finsnes, *What is audio-visual jihadi propaganda? An overview of the content of FFI's jihadi video database*, Norwegian Defense Research establishment (FFI), March 2012, URL: http://rapporter.ffi.no/rapporter/2010/00960.pdf (letzter Zugriff: 20.10.2012).

65 Abfrage vom 28.01.2014.

Wahhābīyah.[66] Gemeinsam ist beiden Bewegungen eine kritische Haltung gegenüber den traditionellen *ʿulamāʾ* und das Ziel einer Reform des Islams durch den Rückgriff auf die ersten Generationen des Islams (*as-salaf*). Während jedoch die Salafīyah mit der technologischen und zivilisatorischen Entwicklung des Westens Schritt halten wollte, betrachtete die Wahhābīyah diese Entwicklungen mit Argwohn. Dieser Argwohn richtete sich auch gegen die Technologien der Fotographie und des Fernsehens: Der Großmufti Saudiarabiens, ʿAbd alʿAzīz Bin Bāz (1912-1999), erklärte in einer *fatwā*, dass es sowohl verboten sei, Fotografien herzustellen, als auch sich auf ihnen ablichten zu lassen. Das Fernsehen wurde in den 1960er Jahren in Saudi-Arabien gegen den massiven Widerstand der wahhābitischen Gelehrten eingeführt, der sogar in gewaltsamen Demonstrationen seinen Ausdruck fand. Erst 2006 wurde das Verbot des Fotografierens in der Öffentlichkeit aufgehoben.[67]

Ein Grund für die ablehnende Haltung gegenüber (bewegten) Bildern ist die Ansicht, dass mit der Herstellung von Bildern der Mensch einen Schöpfungsakt unternimmt, welcher nur Gott zusteht. Auch unter den *muǧāhidīn* in Afghanistan waren solche Vorbehalte verbreitet: ʿAbdullāh Anas, algerischer Mitbegründer des *maktab al-ḫadamāt* in Peschawar und Schwiegersohn ʿAzzāms, berichtet, dass zahlreiche *muǧāhidūn* sich aufgrund von religiösen Bedenken nicht fotografieren oder filmen lassen wollten.[68] Solche Bedenken waren offenbar für ʿAzzām und viele seiner Anhänger nicht gültig. Dem Propagandawert der Bilder wird Vorrang gegeben vor religiös begründeten Vorbehalten gegen ihre Verwendung und die Haltung gegenüber Bildern ist vor allem durch den von ihnen erwarteten Nutzen bestimmt.

Das Argument der Nützlichkeit kann man zurückverfolgen bis zu den beiden wichtigsten Protagonisten der modernistischen Salafīyah, Muḥammad ʿAbduh und Rašīd Riḍā, die (noch vor dem Siegeszug der visuellen Massenmedien) über Bilder nachdachten. Während Muḥammad ʿAbduh Bilder auch aus ästhetischen Gründen erlaubte, band sein strengerer Schüler Riḍā ihre Verwendung an ihre Nützlichkeit, so erlaubte er Fotographien im Bereich der Naturwissenschaften und der Medizin, ebenso wie der Waffentechnik und Spionage.[69] Im Medieneinsatz der Dschihadisten werden beide Aspekte sichtbar: Es wird eine bestimmte Ästhetik erzeugt, in der zugleich ein Nutzen für die Propaganda liegt. Wie der

---

66 Während es sich dabei historisch um zwei voneinander stark unterschiedene Bewegungen handelt, werden die Begriffe *Salafī* and *Wahhābī* gegenwärtig nahezu synonym verwendet.

67 Vgl. Silvia Naef, *Bilder und Bilderverbot im Islam*, München 2007, S. 120-122.

68 Interview mit ʿAbdullāh Anas im Film *The Al Qaeda Code* by Abdelasiem El Difraoui, Deutschland/Kanada 2008.

69 Vgl. Silvia Naef, *Bilder und Bilderverbot im Islam*, S. 113-115.

Anstieg der Videoproduktionen in den letzten Jahren gezeigt hat, erachten Dschihadisten den Einsatz von Videos als unersetzlich für den Kampf um Geld und Rekruten. Jarret Brachmann zitiert einen anonymen Internetaktivisten mit den Worten: "What if the Mujaahideen had never carried a camera with them to the battlefield? [...] What if the Mujaahideen never had the appropriate program to make their videos look nice?"[70]

Ein erheblicher Teil dieser Videoproduktion befasst sich mit Märtyrern und hier könnte der Kontrast zum überlieferten prophetischen Umgang mit Gefallenen kaum größer sein: Von den Schlachten, die der Prophet geführt hat, wird berichtet, dass die Gefallenen mit Kleidern oder Tüchern zugedeckt und so den Blicken entzogen wurden – auch ohne die Gefahr, dass jemand Bilder für die Nachwelt festhielt.[71] Die gefallenen Dschihadisten werden hingegen nicht nur fotografiert und gefilmt, sondern ihre Bilder durch das Internet der Weltöffentlichkeit zugänglich gemacht. Diese Bilder dienen nicht nur der Dokumentation, sondern einer visuellen Argumentation für die Sache der Dschihadisten und in dieser Bildpropaganda lassen sich wiederum die Konzepte und die Rhetorik ʿAzzāms identifizieren.

2. Individuelle und kollektive Erlösung in Ton und Bild

Wie gesehen war ʿAzzām selbst Vorreiter im Medieneinsatz für die Sache der *muǧāhidīn* in Afghanistan. In den Jahren nach seinem Tod wurden die Produktionen sowohl technisch als auch inhaltlich weiterentwickelt. Nach dem Ende der sowjetischen Besetzung in Afghanistan stand in den 90er Jahren zunächst Bosnien im Zentrum der Bestrebungen der *muǧāhidīn.* Zwei längere Produktionen aus dieser Zeit, die über die Internetseite azzam.com zu beziehen waren, stammen aus dieser Phase. Bei der ersten handelt es sich um eine Tonbandkassette mit dem Titel "*In the hearts of the green birds*", die als ein „Klassiker" der dschihadistischen Medienproduktion gilt. Der Titel nimmt wie schon ʿAzzāms Martyrologium („Liebhaber der Paradiesjungfrauen") ein Motiv aus den Hadithen zum Märtyrer auf: Entsprechend eines bekannten Hadiths befinden sich die Seelen der Märtyrer im Jenseits im Inneren von grünen Vögeln.[72] Auf

70 Jarret Brachman, *Global Jihadism*, S. 107.

71 Vgl. z.B. die Überlieferung über den Tod des Prophetenonkels Ḥamza bei der Schlacht von Uḥud: Es wurde kein Gewand gefunden, das groß genug war, um die Leiche von Kopf bis Fuß zu bedecken, woraufhin der Prophet anordnete, den Kopf zu bedecken. Ibn Saʿd, *Kitāb aṭ-Ṭabaqāt* Bd. 3 III, Kairo 2001, S. 9.

72 Dieser Hadith erscheint in zahlreichen Versionen in verschiedenen Sammlungen. Ein Beispiel ist die folgende: „Wir fragten ʿAbdullāh nach dem Vers ‚Und haltet die auf Gottes Weg Gefallenen nicht für tot, sondern für lebend, bei ihrem Herrn, gut versorgt.'

dem Band erzählt ein Sprecher in englischer Sprache die Geschichten der Märtyrer unter den *muǧāhidīn* im Bosnienkrieg, in denen es große Ähnlichkeiten zu den Geschichten in ʿAzzāms Martyrologium gibt. Die Erzählungen werden von Liedern (*našīd*) unterbrochen, die von einem Afghanistan-Veteranen stammen, der 1992 in Bosnien fiel. Es gibt Aufnahmen von Kampfgeräuschen und auch die Märtyrer selbst sind teilweise zu hören. Die Kassette war sehr erfolgreich, ein Transskript wurde in Buchform veröffentlicht.[73]

Die beiden Dimensionen der Erlösung – individuell im Jenseits und kollektiv im Diesseits – werden auch in dieser Kassette angesprochen: Während für die erste Dimension der bekannte Hadith zitiert wird, der sieben Belohnungen der Märtyrer im Jenseits aufzählt, wird für die zweite Dimension ʿAbdullāh ʿAzzām zitiert:

> Sheikh Abdullah Azzam rehmatullah'alaih [Gott sei ihm gnädig] said that Islamic history is not written, except with the blood of the Shuhada' and except with the stories of the Shuhada'.[74]

Während die Kassette sich vor allem mit den individuellen Geschichten der Märtyrer befasst, unternimmt es eine längere Videoproduktion aus dieser Zeit (*The Martyrs of Bosnia*, 1997) die kollektive Dimension der Erlösung ins Bild zu setzen. Die narrative Bildstrategie macht die Opferlogik deutlich, die dem dschihadistischen Märtyrerkonzept zugrunde liegt: Zunächst wird in einem etwa 20-minütigen Abschnitt zu Beginn des Videos das Leid der Muslime auf der Welt gezeigt, die – nach der Lesart, die nahegelegt wird – Ziel einer konzertierten Aktion des Westens sind, um den Islam zu zerstören. Lange Einstellungen aus Palästina, Tschetschenien, Afghanistan, Tadschikistan, Kaschmir sowie Bosnien zeigen verwundete Zivilisten, lange Reihen von Kinderleichen und Übergriffe von Soldaten auf die Zivilbevölkerung. Den Höhepunkt bilden Aufnahmen, die wohl auf dem Markale-Markt in Sarajevo nach den serbischen Mörserangriffen gemacht wurden, und die in quälenden close-ups Menschen

---

(3:169) Er sagte: ‚Wir fragten [den Propheten] nach der Bedeutung des Verses und er sagte: ‚Die Seelen der Märtyrer befinden sich im Inneren von grünen Vögeln, die ihre Nester in Laternen haben, die vom Thron des Allmächtigen herabhängen. Sie essen die Früchte des Paradieses, von wo immer sie möchten und ziehen sich dann in den Laternen zurück […].'" Muslim, *Ṣaḥīḥ Muslim bi-šarḥ an-Nawawī*, Beirut ca. 1983, Bd. XIII, S. 30-32.

73 Das Transskript wurde ebenfalls von Azzam Publications veröffentlicht, URL: http://www.militantislammonitor.org/article/id/258 (letzter Zugriff: 2.11.2012). Zitate im Folgenden stammen aus dem Transskript, die Umschrift arabischer Wörter wurde belassen.

74 Azzam Publications, *In the Hearts of Green Birds*, 1996.

zeigen, die mit dem Tod ringen.[75] Diese Bilder sind mit einem Lied unterlegt, dessen Refrain nach der Armee der Muslime ruft (*aina ğundu l-muslimīn*?).

Dieser Anfangssequenz folgt eine lange Reihe von Märtyrerbildern: Mehr als 140 Männer werden gezeigt – entweder auf Fotos von Ausweisen und Führerscheinen oder auf Bildern, die von den Gefallenen gemacht wurden – welche zum Teil erheblich verletzt oder sogar bis zur Unkenntlichkeit zerfetzt sind. Die Funktion der Märtyrer wird hier besonders deutlich: Sie konvertieren Ohnmacht in Macht. An die Stelle ohnmächtiger Opfer (im Sinne von *victima*) treten machtvolle Opfer (im Sinne von *sacrificium*), durch deren Kraft die Gemeinschaft der Muslime überleben und siegreich sein soll.

Während in diesem Beispiel das Augenmerk auf die große Anzahl der Märtyrer gelenkt wird, konzentrieren sich andere Videos auf individuelle Märtyrer. In einigen Fällen ist es den die *muğāhidīn* begleitenden Kameramännern gelungen, den Tod eines Märtyrers zu filmen. Ein Beispiel dafür ist ein Ausschnitt aus einer längeren Produktion aus dem Jahr 2000, die in Tschetschenien aufgenommen wurde (*Russian Hell*). Durch dieses Video wurde ein Märtyrer berühmt, über den man nicht mehr in Erfahrung bringen kann, als dass er in Tschetschenien gekämpft hat und gestorben ist: Abū Saʿīd al-Qurtašāʾī.[76] Er wurde bei einem Gefecht verletzt und seine letzten Minuten gefilmt. Eine Sequenz von zwei Minuten zeigt sein Sterben, und die für das Video ausgewählten Aufnahmen verweisen auf bekannte Motive der Hadith-Überlieferung: Die Kamera folgt zunächst seinem Blut, das aus einer Wunde an seinem Bein fließt – im Moment des ersten Blutflusses werden dem Märtyrer nach einem Hadith die Sünden vergeben. Gegen Ende scheint sie den letzten Atemzug des Mannes eingefangen zu haben, dessen Gesichtszüge sich schließlich entspannen – der Märtyrer empfindet die Schmerzen des Todes einem Hadith zufolge nur als Stich einer Mücke. Dazwischen schwenkt sie über den ganzen Körper, der zahlreiche Verletzungen aufweist, und auch diese verweisen auf Überlieferungen: Über die Gefallenen unter den Prophetengefährten finden sich zahlreiche Be-

---

75 Es gab zwei Bombardierungen des Markale Markts durch Soldaten der bosnischen Serben, die erste am 5. Februar 1994 mit 68 Toten und 144 Verwundeten, die zweite am 28. August 1995 mit 37 Toten und 90 Verwundeten. Zwei Tage danach begann die NATO Operation Deliberate Force. Bilder der Massaker wurden damals auch im westlichen Fernsehen häufig gezeigt, um die Akzeptanz der Operation in der Bevölkerung zu erhöhen.

76 Es ist m.W. nicht bekannt, woher der Mann kommt und ob der Name Abū Saʿīd al-Qurtashāʾī der echte Name ist oder ein *nom de guerre*. Die Videos *Chechnya from the Ashes* und *Russian Hell* aus dem Jahr 2000 konnten als CD-ROM von Azzam Publications für zwanzig Dollar erworben werden, siehe Paul Murphy, *Allah's Angels: Chechen women in War*, Annapolis 2012, S. 142.

richte, welche die Zahl ihrer Verwundungen angeben. Die große Zahl der Wunden und Narben (50, 60 oder mehr) verweist auf großen Einsatz im Kampf und ihren Mut.[77] Mit den Entwicklungen der modernen Waffentechnik sind Gefechte jedoch nicht länger ritterliche Kämpfe Mann gegen Mann, sondern der Feind bleibt in den meisten Fällen unsichtbar, in Hubschraubern und anderen Gefährten der modernen Kriegstechnik verborgen. Verletzungen können dementsprechend kein Ausweis der Kampfkraft mehr sein, sie werden stattdessen mit erlösenden Funktionen für die Gemeinschaft versehen. Das Interesse des Kameramannes am Blut und den Verletzungen Abū Saʿīd al-Qurtašāʾīs erinnert damit nicht nur an die Überlieferungen des Propheten, sondern eben auch an die zeitgenössische Opferrhetorik ʿAzzāms:

> History does not write its lines except with blood. Glory does not build its loft edifice except with skulls, Honour and respect cannot be established except on a foundation of cripples and corpses.[78]

Das Beispiel Abū Saʿīd al-Qurtašāʾīs verdeutlicht noch einen anderen Aspekt des dschihadistischen Märtyrerkultes, der auch in ʿAzzāms Martyrologium sichtbar wird: Das Martyrium ist ein Weg zu Ruhm und Anerkennung – wenigstens posthum und zumindest im kleinen Kreis der Dschihadisten – und zwar völlig unabhängig von irgendwelchen Lebensleistungen. Wie Abdal Hakim Murad für die Heldenfiguren des Dschihadismus beobachtet hat, gibt es in diesem Punkt – nämlich dass ein "everyman" zum Helden werden kann – eine Parallele zum amerikanischen "monomyth", dessen Inhalt folgendermaßen beschrieben werden kann: „a community threatened by evil is redeemed through superheroism".[79] Figuren, die dieser Mythos hervorgebracht hat und die durch Comics und Filme globale Verbreitung gefunden haben, sind z.B. Captain America, Superman und Spiderman. Die Attraktivität dieser Figuren mag auch teilweise die Sympathien für dschihadistische „Helden" erklären: "[...] the popularity of magically vanishing Bin Laden figures, who emerge from undistin-

---

77 Vgl. z.B. Berichte über den Tod von Ǧaʿfar, dem Cousin des Propheten und zweiten Anführer bei der Schlacht von Muʾta, in dessen Körper man nach seinem Tod nach unterschiedlichen Überlieferungen 50, bzw. mehr als 90 durch Stiche oder Hiebe verursachte Wunden vorfand. al-Buḫārī, *Ṣaḥīḥ*, Bd. III, S. 135.

78 ʿAzzām, *"Building Blocks of Nations"*, o.S.

79 John Shelton Lawrence and Robert Jewett, *The American Monomyth*, Garden City 1977, S. 249. Die Analyse dieses Mythos hat ergeben, dass er eine wichtige Funktion dabei erfüllt, die Akzeptanz von Kriegseinsätzen in der amerikanischen Öffentlichkeit zu erhöhen.

guished lives to break conventional laws in order to save the world, offers another suggestion of how deeply Westernised Arab culture has become."[80]

Die Aufnahmen von Abū Saʿīd al-Qurtašāʾī wurden vielfach in anderen Videos wiederverwendet und gehören zum Standard-Bildrepertoire dschihadistischer Video-Produktionen. Tatsächlich geht mit dieser weiteren Verbreitung und vermeintlich noch größeren Bekanntheit jedoch nur eine noch größere Ent-Individualisierung einher: Während im ursprünglichen Video zumindest noch der Name genannt wird und der Zuschauer erfährt, wo und (ungefähr) wann der Mann gestorben ist, erscheint in den zusammengeschnittenen Videos nur noch sein Bild in einer Reihe mit Bildern anderer Märtyrer aus anderen Konflikten in anderen Ländern, ohne dass man erfährt, um wen es sich handelt.

Mit der digitalen Bildbearbeitung haben sich noch weitere Möglichkeiten ergeben, das dschihadistische Märtyrerkonzept zu visualisieren, z.B. indem mentale oder sprachliche Bilder in visuelle überführt werden. Ein Beispiel findet sich in der Serie *Winds of Paradise* der Medienagentur al-Sahab.[81] In der Eingangssequenz dieser Videos wird das oben erwähnte Bild des Märtyrerblutes, das den Baum des Islams wässert, in Form einer Animation dargestellt: Gezeigt wird zunächst eine ausgetrocknete Landschaft mit verdorrten Bäumen, in die eine Videoaufnahme ʿAzzāms eingefügt ist, der sagt: "Our words remain dead, like waxen dolls, unmoving and frozen, until when we die for them, they rise up, alive, to live among the living." Dann ziehen die Namen der sieben Märtyrer, von denen das Video handelt, in goldenen Lettern ins Bild, woraufhin die Bäume ausschlagen und die Erde wieder grün wird. Wie dieses Beispiel bereits deutlich macht, überschreitet eine solche direkte Umsetzung sprachlicher in visuelle Bilder schnell die Grenze zum Kitsch. Auch hier geraten Bilder aus unterschiedlichen Registern in Konflikt: Während einerseits die zum Leben erweckte Landschaft an den Tammūz-Mythos erinnert, steht der grüne Garten gleichzeitig für das Paradies, in das die Märtyrer (visualisiert in den Namen aus goldenen Buchstaben) eingehen.

---

80 Abdal Hakim Murad, *Bombing without moonlight. The Origins of Suicidal Terrorism*, Bristol 2008, zuvor im Internet veröffentlicht (2004). URL: http://www.masud.co.uk/ISLAM/ahm/moonlight.htm#_ednref64 (letzter Zugriff: 07.03.2014).

81 Diese Serie besteht aus fünf Teilen, der erste wurde 2007 veröffentlicht und der letzte im Oktober 2012. Im Internet findet man die Videos z.B. in archive.org. Wie es der anonyme Nutzer, der das Video auf archive.org hochgeladen hat, beschreibt, folgt diese Reihe dem Modell von *In the Hearts of Green Birds* und entwickelt es weiter: "'The Winds of Paradise' series is the same thing, but takes on a much more personal approach as you actually get to see these Mujahideen and how they lived their lives as pious warriors." http://archive.org/details/winds-of-heaven-3 (letzter Zugriff: 5.11.2012). Auch diese Videos sind mit englischen Untertiteln versehen, die hier zitiert werden.

Animierte Bilder werden auch eingesetzt, um den jenseitigen Status des al-Qaida Anführers Abū Laiṯ al-Lībī zu visualisieren, der im Jahr 2008 von einer amerikanischen Drohne getötet wurde. In seinem Fall erscheinen nicht nur goldene Lettern am Himmel, sondern es wird eine Art animierter goldener Schrein für ihn errichtet, der auf vier quadratischen Elementen verschiedene Aufnahmen aus al-Lībīs Leben zeigt. Solche unverhüllten Formen der Märtyrerverehrung erstaunen vor dem Hintergrund, dass Wahhābiten und Salafiten jede Form der Verehrung von Ṣūfī-Heiligen auf das Schärfste kritisieren: Während real existierende Mausoleen am besten vernichtet werden, werden für die eigenen Märtyrer virtuelle Schreine errichtet.

Auch die Integration hagiographischer Elemente geht auf ʿAzzām zurück, für den die *karamāt* (Wunder) der *auliyāʾ* (s.o.) eine wichtige Rolle spielen. Die Wunder gelten als Belege dafür, dass das Martyrium der betreffenden Person von Gott angenommen wurde. Auch hier findet eine Verlagerung ins Diesseits statt, denn der angenehme Duft des Blutes der Märtyrer ist in den Hadithen nur in Bezug auf das Jenseits zu finden. Die Heilsgewissheit wird mithilfe der Bilder und Videos noch weiter gesteigert: Die Märtyrer sind bereits in das Paradies eingegangen, das als grüner Garten gezeigt wird, oder sie schweben über den Wolken, wie eine Werbegrafik für ein anderes Märtyrervideo im Stil eines Hollywood-Filmposters eine Gruppe von Märtyrern zeigt (Bild 1). Im Fall von *Winds of Paradise* erinnern die goldenen Buchstaben an die goldenen Laternen, in denen sich nach einem Hadith, die grünen Vögel zurückziehen, in deren Innerem sich die Seelen der Märtyrer befinden (s.o.). Dazu singt die Stimme des Märtyrers aus dem Jenseits und berichtet von seinem Leben im Paradies, indem er auf den Koranvers 3:169 anspielt, nach dem die im Kampf Gefallenen bei ihrem Herrn leben:

> I am in the Garden of Eternity, I did not die/ I have become a new creation in the Gardens
>
> So I am here, still alive, by my Lord/ And living happily in the care of God.

Während jedoch die Dimension der individuellen Erlösung im Jenseits in Bild und Ton sichtbar und hörbar gemacht wird, bleibt die kollektive Dimension der Erlösung unbestimmt und wird nur für die Zukunft versprochen. (Animierte) Bilder von befreiten muslimischen Massen zu zeigen, die al-Qaida für ihren Einsatz danken, ist wohl selbst für dschihadistische Medienagenturen eine zu unglaubwürdige Strategie. So bleibt nur das individuelle Heil der Märtyrer, welches die bisher ausbleibende kollektive Erlösung kompensieren muss.

Bild 1: Werbegraphik für das Video *And he may take martyrs from you* (Malahem), Inspire, Herbst 1431/2010, S. 69.

Zusammenfassung

Der Märtyrerkult ist „vermutlich der besorgniserregendste Erfolg von über dreißig Jahren dschihadistischer Propaganda, welche die Deutungshoheit über zahlreiche islamische Symbole und Vorstellungen errungen hat."[82] ʿAzzām hat an diesem Prozess erheblichen Anteil: Der dschihadistische Märtyrerkult basiert maßgeblich auf dem von ʿAzzām adaptierten modernen säkularen Opfermythos, der nur durch erhebliche Umdeutung und selektive Verwendung der islamischen Quellen sein „islamisches" Gewand erhalten konnte.

„Islamisierung" bedeutet in diesem Zusammenhang also nicht einfach die Rückkehr zu etwas Altem. Vielmehr haben sich die Diskurse des Nationalismus und des Kommunismus, von denen ʿAzzām sich abgrenzen will, in seine Märtyrerfigur eingeschrieben. Dies zeigt sich am deutlichsten in der Erwartung einer diesseitigen Erlösung der muslimischen *ummah* durch die Opfer der Märtyrer. ʿAzzām hat es verstanden, den modernen Mythos durch Bezugnahme auf die sunnitische Figur des Schlachtfeldmärtyrers zu „islamisieren" und mit dieser synkretistischen Märtyrerfigur eine wichtige Waffe der Propaganda geschaffen. Gleichzeitig hat er die Bedeutung der Medien und insbesondere der Bilder erkannt und bereits zu einem frühen Zeitpunkt intensiv genutzt. Damit hat er sowohl den konzeptuellen Gehalt geprägt als auch Weichen für die mediale Vermittlung dieser Märtyrerfigur gestellt. Als Märtyrer ist er schließlich selbst Teil des Materials dieses Kultes geworden.

82 El-Defraoui, *jihad.de,* S. 16.

ʿAzzām hat Selbstmordattentate nicht befürwortet, dennoch rechtfertigen militante Gruppen Selbstmordattentate als Mittel des Kampfes unter Rückgriff auf Argumentationsfiguren ʿAzzāms. Dies zeigt auch, wie schwierig es ist, die Dynamik der Opferlogik zu kontrollieren, wenn sie einmal in Gang gesetzt wurde. In der Analyse der Herkunft der dem gegenwärtigen dschihadistischen Märtyrerkult zugrundeliegenden Opferlogik, die sich weder auf die islamischen Quellen, noch auf die islamische Geschichte berufen kann,[83] liegt jedoch möglicherweise einer der Ansätze, ihr wieder Herr zu werden. Für die Dschihadisten ist es von essentieller Bedeutung, ihr Tun nicht nur als Islam-konform, sondern als Ausdruck des wahren Wesens des Islams zu verstehen und zu präsentieren. Tatsächlich sind sie jedoch in allen Bereichen von der westlichen Moderne inspiriert: in der Technik, den Ideen und den Bildern. Wie Slavoj Zizek es ausgedrückt hat:

> Jihad and McWorld are the two sides ot the same coin, Jihad is already McJihad."[84] Deutlichster Ausdruck dessen ist das oben gezeigte Filmposter im Stile Hollywoods, das für die Sprache der Dschihadisten – in Bildern und Taten – typisch ist: "From spectacular attacks to sundry communiqués and beheadings, the jihad's world of reference is far more connected to the dreams and nightmares of the media, than it is to any traditional school of Islamic jurisprudence or political thought.[85]

Beim Dschihadismus, einem "by-product of globalisation"[86] handelt es sich um eine Deformierung des Islams. Die Offenlegung der Wege dieser Deformierung ist ein Mittel im geistigen Kampf (Dschihad) gegen den Dschihadismus – neben der Hervorhebung der traditionellen rechtlichen und ethischen Einwände des Islams gegen die Anwendung exzessiver Gewalt und Selbstvernichtung sowie der theologischen und spirituellen Antworten auf grundlegende dschihadistische

83 Vgl. die Untersuchung Seidenstickers, der sich nach den Anschlägen vom 11. September 2001 auf die Suche nach Präzedenzfällen in der islamischen Geschichte macht und feststellt, dass Angriffe, die den Verlust des eigenen Lebens in Kauf nehmen, die Ausnahme und nicht die Regel darstellen, Tilman Seidensticker *„Der religiöse und historische Hintergrund des Selbstmordattentates"* in: *Terror im Dienste Gottes. Die „Geistliche Anleitung" der Attentäter des 11. September 2001*, hrsg. v. Hans G. Kippenberg/Tilman Seidensticker, Frankfurt/New York 2004, S. 107-116.

84 Slavoj Zizek, *Welcome to the Desert of the Real*, London/New York 2002, S. 146.

85 Faisal Devji, Landscapes of the Jihad. Militancy, Morality, Modernity, London 2007, S. 90.

86 John Gray, *Al-Qaeda and What it Means to be Modern*, London 2003, 1-2. Den modernen Ursprüngen des Selbstmordattentates geht auch Navid Kermani nach: *Dynamit des Geistes. Martyrium, Islam und Nihilismus*, Göttingen 2002.

Ideen und Haltungen wie Selbstgerechtigkeit, Antisemitismus, Verschwörungstheorien, u.a.[87]

Literatur

Afsaruddin, Asma, *Striving in the Path of God. Jihad and Martyrdom in Islam*, Oxford 2013.

Al-Sahab, *"The Wills of the New York and Washington Battle Martyrs – al-ʿUmarī"* (Video) 2002.

Ders., *"The Wills of the New York and Washington Battle Martyrs – Aḥmad al-Ḥaznāwī"* (Video) 2002.

Ders., *"Winds of Paradise"* (Videoreihe) 2007-2009.

Azzam Publications, *In the Hearts of Green Birds*, [Transkript] 1996.

ʿAzzām, ʿAbdallāh, *al-ʿAqīdah wa aṯaruha fī bināʾ al-ǧīl* [Die Glaubenslehre und ihr Einfluss im Aufbau der Generation], o.O., o.J.

Ders.: *Ayāt ar-Raḥmān fī ǧihād al-afġān* [Zeichen des Barmherzigen im Dschihad der Afghanen], o.O., o.J.

Ders., *"Martyrs: The Building Blocks of Nations"*, URL: Religioscope.com: http://www.religioscope.com/info/doc/jihad/azzam_martyrs.htm (letzter Zugriff: 28.01.2014).

Ders., *"The Defence of the Muslim Lands"* [Ad-Difāʿ ʿan arāḍī l-muslimīn aḥammu furūḍ al-aʿyān, engl.], URL: http://www.religioscope.com/info/doc/jihad/azzam_defence_1_table.htm (letzter Zugriff: 11.02.2014).

Ders., *Itḥāf al-ʿibād bi-faḍāʾil al-ǧihād*, [Das Geschenk der Vorzüge des Dschihads an die Diener, arab.], o.O., o.J.

Ders., *"Join the Caravan"*, URL: http://www.religioscope.com/info/doc/jihad/azzam_caravan_1_foreword.htm (letzter Zugriff: 11.02.2014).

Ders., *"Midād al-ʿulamāʾ wa dimāʾ aš- šuhadāʾ"* URL: http://aljoufreev.com/vb/showthread.php?t=9689 (letzter Zugriff: 28.01.2014).

Ders., *"al-Qāʿidah aṣ-ṣulbah"*, in: al-Ǧihād, April 1988 (41).

Ders., *ʿUššāq al-ḥūr* [Liebhaber der Paradiesjungfrauen, arab.], o.O., o.J.

Brachman, Jarret, *Global Jihadism. Theory and Praxis*, New York 2009.

Brunner, Claudia, *Wissensobjekt Selbstmordattentat. Epistemische Gewalt und okzidentalistische Selbstvergewisserung in der Terrorismusforschung*, Wiesbaden 2011.

Brunotte, Ulrike, *„Martyrium, Vaterland und der Kult der toten Krieger. Männlichkeit und Soteriologie im Krieg"*, in: Eurozine 2007, URL: http://www.eurozine.com/articles/2007-08-21-brunotte-de.html (letzter Zugriff: 28.01.2014).

87 Publikationen, die diesen Weg verfolgen, sind z.B. Joseph Lumbard (Hg.), *Islam, Fundamentalism, and the Betrayal of Tradition: Essays by Western Muslim Scholars*, Bloomington 2009 sowie Abdal Hakim Murad, *Bombing without moonlight. The Origins of Suicidal Terrorism*, Bristol 2008, zuvor im Internet veröffentlicht (2004). URL: http://www.masud.co.uk/ISLAM/ahm/moonlight.htm#_ednref64 (letzter Zugriff: 07.03.2014) Murad hebt hervor, dass die sunnitischen Gelehrten in dieser Hinsicht bisher nicht genug getan haben.

al-Buḫārī, *Le Recueil des Traditions Mahométanes* [al-Ǧāmiʿ aṣ-ṣaḥīḥ] Bd. II, hrsg. v. Krehl, Ludolf von/Juynboll, Theodoor Willem, Leiden 1862-1908.

Calvert, John C. M., *"The Striving Shaykh: Abdullah Azzam and the Revival of Jihad"*, in: Journal of Religion and Society, Supplement Series 2 (2007), S. 83-102.

Cook, David, *Martyrdom in Islam*, New York 2007.

Ders./Allison, Olivia, *Understanding and Addressing Suicide Attacks. The Faith and Politics of Martyrdom Operations*, Westport 2007.

Croitoru, Joseph, *Der Märtyrer als Waffe. Die historischen Wurzeln des Selbstmordattentats*, München 2003.

El-Defraoui, Asiem, *jihad.de. Jihadistische Online-Propaganda: Empfehlungen für Gegenmaßnahmen in Deutschland.* SWP-Studie, Berlin 2012, URL: URL: http://www.swp-berlin.org/fileadmin/contents/products/studien/2012_S05_dfr.pdf (letzter Zugriff: 28.01.2014)

Devji, Faisal, *Landscapes of the Jihad. Militancy, Morality, Modernity*, London 2007.

Embaló, Birgit/Neuwirth, Angelika/Pannewick, Friederike, *Kulturelle Selbstbehauptung der Palästinenser. Survey der modernen palästinensischen Dichtung*, Würzburg 2001.

Euben, Roxanne L., *Enemy in the Mirror: Islamic Fundamentalism and the Limits of Modern Rationalism*, Princeton 1999.

Finsnes, Cecilie, *What is audio-visual jihadi propaganda? An overview of the content of FFI's jihadi video database*, Norwegian Defense Research establishment (FFI), March 2012, URL: http://rapporter.ffi.no/rapporter/2010/00960.pdf (letzter Zugriff: 20.10.2012).

Freamon, K. Bernard, "*Martyrdom, Suicide, and the Islamic Law of War: A short Legal History"*, in: Fordham International Law Journal, 27 (2003).

Goldziher, Ignaz, *Muhammedanische Studien II*, 2 Bde. in 1 Bd., Hildesheim 2004.

Gray, John, *Al-Qaeda and What it Means to be Modern*, London 2003.

Hegghammer, Thomas, *„Abdullah Azzam, der Imam des Dschihads"*, in: *Al-Qaida. Texte des Terrors*, hrsg. u. komm. v. Gilles Kepel/Jean-Pierre Milelli, München 2006, S. 145-173.

Ders., *Jihad in Saudi Arabia: Violence and Pan-Islamism since 1979*, New York 2010.

Horsch-Al Saad, Silvia, *Tod im Kampf. Figurationen des Märtyrers in frühen sunnitischen Schriften*, Würzburg 2011.

The Al Qaeda Code, Film directed by Abdelasiem El Difraoui and Mark Johnston, Deutschland/Kanada 2008.

Jameelah, Maryam, *"An Appraisal of Some Aspects of the Life and Thought of Maulana Sayyid Abul Ala Maududi"*, in: Islamic Quarterly xxxi (1407-1987), S. 116-130.

Kermani, Navid, *Dynamit des Geistes. Martyrium, Islam und Nihilismus*, Göttingen 2002.

Kister, M. J., *"The ‚Kitāb al-Miḥan', A book on Muslim Martyrology"*, in: Journal of Semitic Studies 20 (1975), S. 210-218.

Kohlberg, Etan, *„Shahīd"*, in: Encyclopaedia of Islam Bd. IX ^{2}1997, S. 203-207.

Lawrence, John Shelton/Jewett Robert, *The American Monomyth*, Garden City 1977.

Lumbard, Joseph (Hg.), *Islam, Fundamentalism, and the Betrayal of Tradition: Essays by Western Muslim Scholars*, Bloomington 2009.

Macho, Thomas, *„Zum Bedeutungswandel der Begriffe des Opfers und des Opfertodes im 20. Jahrhundert"*, in: Nachleben der Religionen, S. 225-135.

Ibn Māǧa, Sunan, hrsg. v. Muḥammad Fuʾād ʿAbd al-Bāqī, Kairo 1975-1987.

Maḥmūd, Ḥusain b., *Itḥāf ahl al-Islām bi-turāṯ aš-šaih ʿAzzām*, („Das Geschenk des Erbes ʿAbdallāh ʿAzzāms an die Leute des Islams") o.O. 2003.

Malahem, *Inspire*, Herbst 1431/2010.

Maliach, Asaf, *"Abdullah Azzam, al-Qaeda, and Hamas: Concepts of Jihad and Istishhad,"* in: Military and Strategic Affairs, 2, no. 2 (2010), S. 79-93.

Ders., *"Bin Ladin, Palestine and al-Qa'ida's Operational Strategy"* , in: Middle Eastern Studies, 44 (2008), S. 353-375.

McGregor, Andrew, *"'Jihad and the Rifle Alone': Abdullah Azzam and the Islamist Revolution"*, in: Journal for Conflict Studies 23 (2003), S. 92-113.

Murad, Abdal Hakim, *Bombing without moonlight. The Origins of Suicidal Terrorism*, Bristol 2008, zuvor im Internet veröffentlicht (2004). URL: http://www.masud.co.uk/ISLAM/ahm/moonlight.htm#_ednref64 (letzter Zugriff: 07.03.2014).

Murphy, Paul, *Allah's Angels: Chechen women in War*, Annapolis 2012.

Muslim, *Ṣaḥīḥ Muslim bi-šarḥ an-Nawawī*, Beirut ca. 1983.

Ibn Naḥḥās, Aḥmad b. Ibrāhīm, *Mašāri' al-ašwāq ilā maṣāri' al-uššāq*, Beirut 2002.

An-Nasā'ī/as-Suyūṭī, *Sunan an-Nasā'ī bi-šarḥ Ǧalāl ad-Dīn as-Suyūṭī*, Beirut 1980.

Naef, Silvia, *Bilder und Bilderverbot im Islam*, München 2007.

Nasr, Sayyid Vali Reza, *The Vanguard of the Islamic Revolution*, Berkeley 1994..

Neuwirth, Angelika, *„Jüdischer Kanon, arabisch gelesen. Mahmud Darwishs palästinensisches Transkript der biblischen Bücher Genesis, Exodus und Hohes Lied"*, in: *Das Nachleben der Religionen. Kulturwissenschaftliche Untersuchungen zur Dialektik der Säkularisierung*, hrsg. v. Martin Treml und Daniel Weidner, München 2007, S. 163ff.

Pannewick, Friederike, *„Pathos und Passion, Antworten arabischer Autoren auf Krieg, Gewalt und Tod"*, in: Silvia Horsch/Martin Treml, *Grenzgänger der Religionskulturen. Kulturwissenschaftliche Beiträge zu Gegenwart und Geschichte der Märtyrer*, München 2001, S. 191-212.

Pape, Robert, *Dying to Win: The strategic logic of Suicide Terrorism*, New York 2005.

al-Qadi, Wadad, *"Biographical Dictionaries: Inner Structure and Cultural Significance"*, in: *The Book in the Islamic World. The Written Word and Communication in the Middle East*, hrsg. v. George N. Atiyeh, New York 1995, S. 93-122.

Quṭb, Saiyid, *Ma'alim fī t-tarīq*, Beirut 1979.

Raddatz, Hans-Peter, *Von Allah zum Terror*, München 2002.

Reuter, Christoph, *Mein Leben ist eine Waffe. Selbstmordattentäter. Psychogramm eines Phänomens*, München 2002.

Aš-Šāfi'ī, *Kitāb al-Umm*, Kairo 1903.

Ibn Sa'd, *Kitāb aṭ-Ṭabaqāt*, Kairo 2001.

Schnelle, Sebastian, *"Abdullah Azzam, Ideologue of Jihad: Freedom Fighter or Terrorist?"*, in: Journal of Church and State, Jan. 4, 2012, S. 1-23.

Seidensticker, Tilman, *„Der religiöse und historische Hintergrund des Selbstmordattentates"* in: *Terror im Dienste Gottes. Die „Geistliche Anleitung" der Attentäter des 11. September 2001*, hrsg. v. Hans G. Kippenberg/Tilman Seidensticker, Frankfurt/New York 2004, S. 107-116.

Shai, Shaul, *The Shahids: Islam and Suicide Attacks*, Rutgers 2004.

at-Tirmiḏī, *Sunan at-Tirmiḏī. al-Ǧami' aṣ-ṣaḥīḥ*, hrsg. v. Ḫalīl Ma'mūn Šīḥā, Beirut 2002.

Vatikiotis, P. J., *"Ishtirakiyya, 2. The Arab lands"*, in: *Encyclopedia of Islam²*, IV, S. 125-126.

DeYoung, Terri, *Placing the poet: Badr Shaki al-Sayyab and Postcolonial Iraq*, Albany 1998.
Zizek, Slavoj, *Welcome to the Desert of the Real*, London/New York 2002.
"An Interview with the Shaheed Abu Dujaanah al-Khorasani," January 2010, URL: http://www.scribd.com/doc/27777898/CIA-Base-Bomber-s-Last-Statement-The-Raid-of-the-Shaheed-Baytullah-Mehsud (letzter Zugriff: 07.03.2014).

Salafismus, Zelotismus und politischer Exklusivismus[1]

Moussa Al-Hassan Diaw

Das Phänomen „Salafismus“ ist seit einiger Zeit zu einem dominierenden Thema in der Medienberichterstattung geworden. Aber auch bei den berufsbedingt damit beschäftigten Sozialarbeitern[2], Pädagogen, Richtern und Staatsanwälten, Polizeikräften und dem Verfassungs- und Staatsschutz setzt man sich mit diesen Sondergemeinschaften innerhalb der muslimischen Communities auseinander.

Schon seit den 1990iger Jahren waren salafitische Gruppen im deutschsprachigen Raum präsent. Auch im Internet konnten sie über eigene Webseiten[3] und Diskussionsforen[4] vor allem jüngere Muslime ansprechen und beeinflussen.[5] Landläufig entsteht der Eindruck, dass es sich hierbei um eine weltanschaulich homogene Gemeinschaft von ähnlich gekleideten, langbärtigen Muslimen mit einer einheitlichen Weltanschauung handeln würde.

Salafiyya: Verschiedene Strömungen

Gemeinsam ist ihnen in erster Linie aber die Berufung auf die „rechtschaffenen Altvorderen“ (*as-salaf aṣ-ṣāliḥ*), gemeint sind die Gefährten des Propheten Muhammads und die nachfolgenden zwei Generationen. Ibn Taimiyya (1223-1328) – eine wichtige Bezugsperson für die diversen salafitischen Strömungen – hob die Bedeutung derselben hervor:

> “His approach towards religion and law was fundamentalist, in the sense that he emphasized that the example of the pious ancestors (*as-Salaf aṣ-Ṣāliḥ*) was the highest authority.” [6]

---

1 Dieser Fachbeitrag ist gänzlich eine Vorveröffentlichung eines Teils des Promotionsvorhabens des Autors und wurde in der „Zeitschrift für Jugendkriminalrecht und Jugendhilfe“, Jahrgang 24, 1/13 bereits veröffentlicht.

2 Berufsbezeichnungen umfassen Personen beiderlei Geschlechts, wegen der Lesbarkeit wird aber teilweise auf die weibliche Form verzichtet.

3 Vgl. Dawa News, URL: http://www.dawa-news.net (letzter Zugriff: 20.01.2013).

4 Vgl. Ahlu-Sunnah.com. *Islam nach Quran und Sunnah und dem Verständnis der Salaf As-Salih*, URL: http://www.ahlu-sunnah.com (letzter Zugriff: 30.01.2013).

5 Vgl. Bundesamt für Verfassungsschutz und Landesbehörde für Verfassungsschutz (Hg.), *Salafistische Bestrebungen in Deutschland*, Köln 2012, S. 15; Bundesamt für Verfassungsschutz, URL: http://www.verfassungsschutz.de/download/SHOW/broschuere_1204_salafistische_bestrebungen.pdf (letzter Zugriff: 29.01.2014), S. 15.

6 Rudolf Peters, *Jihad in Classical and Modern Islam*, Marcus Wiener Publishers, Princeton ^{2}2009, S. 43.

Damit wollten sie sich von der „islamischen Orthodoxie“ als Erneuerungsbewegung absetzen[7] und zu einem – aus ihrer Sicht – von falschen Vorstellungen und Irrlehren „gereinigten“ Islamverständnis der „Altvorderen“ zurückkehren und die aus ihrer Sicht unreflektierte Nachahmung (*taqlīd*) der Gelehrten, beziehungsweise der Vertreter der Orthodoxie beenden.[8]

Vormoderne *salafiyya* und Schriftfundamentalismus

Die vormoderne *salafiyya*, welche sich unter anderem auf den Gelehrten Ibn Taimiyya berief, lehnte im Rahmen des theologischen Diskurses eine Exegese des Korans ab, die zum Beispiel zu einer metaphorischer Deutung göttlicher Eigenschaften führte, da sie sich sehr genau am geschriebenen Text orientierte. Auch im Bereich der Rechtsfindung bestand sie auf den Beleg in den zwei Hauptquellen (Koran und Sunna) und lehnte die Nebenquellen zur Rechtsfindung – im Gegenteil zur islamischen Tradition der „orthodoxen Gelehrten“ (*ḫalaf*) – ab. Vereinfacht gesagt kann man von einem Literalismus sprechen, welcher die Lehre Ibn Taimiyya kennzeichnete.[9] Diese literalistische Strömung bezeichnet man als Ahl al-Ḥadīṯ,[10] im Gegenteil zu den Ahl ar-Ra'y.[11]

Politik und Exklusivismus

Auch im Bereich des Politischen positionierte sich Ibn Taymiyya in einer Fatwa (*fatwā*) gegen die tartarischen (bzw. mongolischen), muslimischen Herrscher, weil diese neben islamischen Gesetzen auch Teile ihrer vorislamischen Rechtstradition zur Anwendung brachten.[12] Hier knüpfte dann später auch die „politische *salafiyya*“ an, welche die Religion zu einer politischen, utopistischen Ideologie formen sollte.

Die im 18. Jahrhundert auf der Arabischen Halbinsel entstandene „wahabitische“ Bewegung, welche heute Saudi Arabiens Königshaus und die Gesellschaft prägt, beruft sich auf die Lehren Ibn Taymiyyas. Der Begriff "*al-*

---

7 Vgl. F. Büttner, *„Islamische Reform“,* in: ders. (Hg.), *Reform und Revolution in der islamischen Welt. Von der osmanischen Imperialdoktrin zum arabischen Sozialismus*, S. 51, List Verlag, München 1971.

8 Vgl. ebd., S. 79.

9 Dies wird unter anderem ausführlich behandelt bei: Yossef Rapoport/Ahmed Shahab, *Ibn Taymiyya and His Times*, Studies in Islamic Philosophy, Volume IV, Oxford University Press, Oxford 2010.

10 *Ahl*: Leute; *Ḥadīṯ*: Geschichte, Überlieferung; *Ra'y*: Begründung.

11 Vgl. R. Lohlker, *Islam. Eine Ideengeschichte*, Facultas Verlag, Wien 2008, S. 60-65.

12 Vgl. Emmanuel Sivan, *Radical Islam. Medieval Theology and Modern Politics*, Enlarged Edition, Yale University Press, New Haven and London 1990, S. 94-100.

wahhābiyya" wird als Fremdbezeichnung abgelehnt. Es handelt sich hierbei also um eine Fremdbezeichnung.[13] Als Gegner innerhalb des Islams sahen die „Wahabiten" die islamische Orthodoxie, mystische Sufi-Bruderschaften und die Schiiten. Das führte auch zu bewaffneten Auseinandersetzungen mit dem Osmanischen Reich und den Schiiten im Südirak.[14] Diese salafitische Strömung nahm somit eine gegen die islamische Lehrtradition gerichtete Haltung ein und betrachtete sich selbst als exklusive, wahre islamische Gemeinschaft, welche den Monotheismus aufrechterhielt, im Gegensatz zu der aus ihrer Sicht „irregeleiteten" muslimischen Mehrheit, welche weiterhin der islamischen (orthodoxen) Lehrtradition folgte. Dementsprechend nannten sie sich selbst *muwahidun* (*al-muwaḥḥidūn*: „Bekenner des Monotheismus").[15]

Prägend und so äußerlich wahrnehmbar waren der Formalismus und die exakte Einhaltung der Verhaltensweisen und des Aussehens entsprechend einem schriftfundamentalistischen Verständnis der zwei Hauptquellen des Islam. So tragen sie gemäß der Überlieferungen Bärte, die nach Möglichkeit nicht kürzer als eine Faustlänge sein sollten, und Hosen oder Übergewänder, welche nicht über die Knöchel reichen dürfen. Frauen tragen meist einen *niqāb* (Gesichtsschleier). Sie richten sich gegen „Neuerungen" (*bidʿa*) im Islam, Tabakkonsum, das Rasieren des Bartes oder die Verehrung von Grabstätten, welche sie oft zerstörten, wenn diese zu hoch errichtet waren.[16] Letzteres konnte man in Mali wieder erleben, wo die Repräsentanten des politischen Salafismus jahrhundertealte, muslimische Kulturdenkmäler und Bücher zerstörten.[17]

Moderne *salafiyya*

Zur modernistischen salafitischen Strömung (oder „Reform-*salafiyya*") gehört unter anderem die durch Dschamal ad-Din Al-Afghani (Ǧamāl ad-Dīn al-Afġānī), Muhammad Abduh (Muḥammad ʿAbduh) und Raschid Rida (Rašīd Riḍā) geprägte Weltanschauung, welche eine Wiederbelebung der muslimischen Ge-

---

13 Vgl. Dietmar Rothermund (Hg.), *Abneigung und Selbstbehauptung: Antworten auf die europäische Expansion*, Oldenbourg Verlag, München 1999, S. 171.

14 Vgl. Werner Ende/Udo Steinbach (Hg.), *Islam in the World Today: A Handbook of Politics, Religion, Culture and Society*, Cornell University Press, Cornell 2010, S. 521.

15 Vgl. R. Lohlker, *Islam. Eine Ideengeschichte*, Facultas Verlag, Wien 2008, S. 90-91.

16 Vgl. Agnes von Gardane, Tagebuch einer Reise durch die asiatische Türkei und Persien, und wieder zurück nach Frankreich, Weimar1807-1808, S. 87.

17 Zeit Online vom 28.01.2013, *„Unesco-Welterbe – Islamisten zerstören in Mali Bibliothek von unschätzbarem Wert"*, URL: http://www.zeit.de/kultur/2013-01/timbuktu-mali-unesco-welterbe-zerstoerung (letzter Zugriff: 30.01.2013).

sellschaft und „geistige Reinigung“ und Erneuerung derselben im Sinne hatte, indem man zum rechten Islamverständnis der Altvorderen zurückkehren sollte.

Gerade aber Al-Afghani meinte damit auch die Miteinbeziehung von Wissenschaft, Philosophie, strukturellen Reformen, den erstarrten, orthodoxen islamischen Gelehrten das Bildungsmonopol zu entziehen und sich nicht nur auf religiöse Erziehung zu beschränken. Politisch sehnte er sich nach einer Überwindung von „Stammesgegensätzen“ und war Vordenker einer panislamischen Gesellschaft. Er kritisierte auch den Sultan von Istanbul oder den Schah von Persien, die er zu politischen Reformen bewegen wollte. Der Schah von Persien hatte ihn selbst als Berater zu sich gerufen, überwarf sich aber mit Al-Afghani, als er dem Schah eine „moderne Verfassung“ präsentierte und ihn aufforderte, dem Volk ein Mitbestimmungsrecht zu geben.[18] Für die traditionelle, vormoderne *salafiyya* wäre dieser Gedanke wiederum ein Widerspruch zum Islam.

Während Abduh sich auf Ägypten konzentrierte und den Gedanken des Panislamismus nicht weiterverfolgte, beeinflusste Rida wiederum einen anderen für diese Bewegung wichtigen Ägypter: Ḥassan al-Banna, den Gründer der Muslimbruderschaft, welcher antikolonialistisch und gezielt gesellschaftspolitisch agierte und zum Beispiel teilweise auch mit den von den „Wahhabiten“ abgelehnten Traditionen des Sufismus keine Berührungsängste kannte.[19]

Die vormoderne und die moderne *salafiyya* sind also unterschiedliche weltanschauliche Strömungen, die sich teilweise ablehnend gegenüber stehen.[20] Dementsprechend finden sich zum Beispiel auf deutschsprachigen salafitischen Webseiten Vorwürfe gegen die Muslimbruderschaft. Dieser wird dann dort vonseiten der vormodernen *salafiyya* der Vorwurf gemacht, nicht eine religiöse Gruppe, dafür aber eine politische Partei zu sein und sogar vom Islam abgefallen zu sein.[21]

---

18 Vgl. Hani Srour, *Die Staats- und Gesellschaftstheorie bei Sayyid Gamaaladdiin „Al Afghaani“ als Beitrag zur Reform der islamischen Gesellschaft in der zweiten Hälfte des 19. Jahrhunderts*, Islamkundliche Untersuchungen – Band 41, Klaus Schwarz Verlag, Freiburg 1977, S. 80-81.

19 Vgl. Annemarie Schimmel, *Sufismus: Eine Einführung in die islamische Mystik*, C.H. Beck Verlag, München [3]2005, S. 100.

20 Vgl. Internetpräsenz der Muslimbruderschaft und ihre Kritik an „Hard-Line-Salafis“: *“Differences Between the Muslim Brotherhood and Hard-Line Salafi Groups”*, IkhwanWeb, URL: http://www.ikhwanweb.com/article.php?id=27723&ref=search.php (letzter Zugriff: 15.01.2013).

21 Vgl. Ahlu-sunnah.com, Thema: *„Mursi neuer Präsident von Ägypten“*, URL: http://www.ahlu-sunnah.com/threads/46033-Mursi-neuer-Pr%C3%A4sident-von-%C3%84gypten?highlight=muslimbruderschaft (letzter Zugriff: 29.01.2013).

Politische *salafiyya* und ihr politscher Utopismus

Die sogenannte Strömung der „politischen *salafiyya*" entwickelte sich im 20. Jahrhundert. Hierbei handelt es sich vorrangig um eine religiös verbrämte, politisch-ideologische, utopistische Weltanschauung, welche durch unterschiedliche Gruppen Verbreitung fand. Verkürzt dargestellt lässt sich hier bei allen ein gemeinsamer Nenner finden: Jede Regierungsform, welche nicht ausschließlich durch den Islam konstituiert werde, also nicht einen „islamischen Staat" darstelle, jede Form von Gesetzgebung, die von Menschen gemacht sei, obwohl sie göttlichen Ursprungs sein solle, sei abzulehnen. Zu nennen seien in der Frühzeit ihrer Entstehung Gruppen wie Ḥizb at-Taḥrīr, oder die ägyptischen Gruppierungen: al-Dschamat al-Islamiya, al-Dschihad oder die Gruppe, welche in den ägyptischen Medien „Takfir wal Hidschra" genannt wurde (al-ǧamāʿa al-islāmiyya, al-Ǧihād, at-Takfīr wa l-Hiǧra).[22]

Politische *salafiyya* und die Normen des demokratischen Verfassungsstaates

Da von dieser Strömung von „Menschen gemachte Gesetze" und deren Institutionen und Verfahrensweisen grundsätzlich abgelehnt werden, Demokratie von diesen politischen Utopisten zu einer eigenen dem Islam feindlich gesinnten „Religion"[23] umdefiniert wird, ergibt sich eine entsprechend ablehnende Haltung gegenüber demokratischen Verfassungsstaaten. Das alleine würde erklären, warum auch diese politisch-ideologischen Gruppen konsequenterweise vom Verfassungs- und Staatsschutz beobachtet werden, genauso wie links- oder rechtsextremistische Gruppierungen. Ein weiteres Problem ist, dass bestimmte verschiedene Gruppierungen der politischen *salafiyya* auch zu gewalttätigen Aktionen bereit sind oder sein könnten. Dementsprechend wird deren Vertretern die Möglichkeit zur Predigt in den meisten Moscheevereinen verboten.

Als Vordenker dieser Strömung wären Sayid Abul Ala Maududi (Saiyid Abu l-Aʿlā Mawdūdī), und Sayid Qutb (Saiyid Quṭb) zu nennen und deren Konzepte der von den Regenten gestohlenen „Herrschaftsgewalt Gottes" (*Ḥākimiyya*

---

22 Ausführlich abgehandelt bei Gilles Kepel, *Schwarzbuch des Dschihad. Aufstieg und Niedergang des Islamismus*, Piper Verlag, München 2002, S. 103-123; ders., *Der Prophet und der Pharao. Das Beispiel Ägypten: Die Entwicklung des muslimischen Extremismus*, Piper Verlag, München 1995.

23 Vgl. Gilles Kepel/Jean-Pierre Milelli (Hg.), *Al-Qaida. Texte. des Terrors*, Piper Verlag, München 2005, S. 329.

li-llāh).[24] Ihre Schriften beeinflussten eine Reihe von Aktivisten, welche zur Entstehung diverser extremistischer Organisationen führte.

Die hauptsächlich in Ägypten entstandenen Gruppierungen richteten sich gegen die Regenten – also den inneren Feind – und rechtfertigten Gewalt gegen den Staat und auch gegen Zivilisten als „vernachlässigte Pflicht" bis zu dem Zeitpunkt, wo nur noch das „islamische Gesetz" zur Anwendung käme. Faradsch (Farağ), der ägyptische Autor des Werkes „Die vernachlässigte Pflicht"[25] berief sich dabei ebenfalls auf Ibn Taimiyya. Aus Ägypten kommt auch einer der Protagonisten dieser Strömung: Aiman Az-Zawahiri (Aiman aẓ-Ẓawāhirī), Mastermind hinter Usama bin Ladin (Usāma b. Lādin) und nun dessen Nachfolger bei Al-Qaida. Ein anderer Ideologe wäre Al-Maqdisi (al-Maqdisī*)* [26], der in einem Gefängnis einsitzend seine Schriften über eine Webseite veröffentlichte und einen der brutalsten, inzwischen verstorbenen Terroristen, Az-Zarqawi, anfänglich inspirierte. Dieser wurde unter anderem durch brutale Enthauptungen von Geiseln und Terroranschläge auf Schiiten und deren Prozessionen und Moscheen bekannt.

Verbreitung, Indoktrination, wechselnde Bündnisse und ideologische Auseinandersetzungen via Internet

Diese militanten Gruppierungen können auch im deutschsprachigen Raum muslimische Menschen erreichen. Es gibt deutsche Übersetzungen ihrer Bücher und Pamphlete, welche in PDF-Form auf Internetseiten abrufbar sind. Darüber hinaus wird dieses Gedankengut durch Prediger und ihre Videos auf entsprechenden Plattformen im Internet verbreitet.[27] Gerade die Videoplattformen haben salafitischen Predigern unterschiedlichster Couleur zu Popularität verholfen. Auf der einen Seite gibt es exklusivistische, salafitische, dezidiert Gewalt ablehnende Prediger, welche teilweise in Auseinandersetzungen mit gewalt-

---

24 Vgl. John Calvert, *Sayyid Qutb and the Origins of Radical Islamism*, Columbia University Press, Indien 2010, S. 276.

25 Das Buch ist in englischer Übersetzung abrufbar: *Translation of Muḥammad ʿAbd as-Salām Faraj 's Text Entitled AlFaridah al-Ghaiibah. The Neglected Duty*, URL: http://www.juergensmeyer.com/files/Faraj_The_Neglected_Duty.pdf (letzter Zugriff: 29.01.2013).

26 Vgl. Roel Meijer, *Global Salafism: Islam's New Religious Movement*, Columbia University Press, New York 2009, S. 81-106.

27 Abu Usama al-Gharib antwortet auf die Kritik Abul-Hussain Al-Dabaghs, welcher die Gewaltaufrufe verurteilt hatte: *„Abu Usama Al-Gharib - Die erste Antwort auf Abul Hussain"*, URL: http://www.youtube.com/watch?v=Wfb5bVGPDC4 (letzter Zugriff: 15.01.2013).

bejahenden und gewaltfordernden Predigern treten, wie zum Beispiel Abul Hussain Al-Dabaghs Kritik: „Eine Warnung vor dem irreführenden Unheilstifter- Abu Usama (al Gharib)".[28] Da aber die Grenzen fließend sind und sich ständig ändernde Konstellationen und Bündnisse ergeben, ist die Szene für den Laien sehr unübersichtlich.

Das verdeutlicht auch folgendes Beispiel: Pierre Vogel hat einst mit dem durch die Koran-Verteilungsaktion bekannt gewordenen Abou Nagie[29] zusammengearbeitet („die wahre Religion"), sich dann im Streit von ihm getrennt, woraufhin Abou Nagie deutlich machte, dass er *takfir* (*takfīr*: einem Muslim den Islam absprechen) ausübe und „die von Menschen gemachten Gesetze" als Abfall vom Islam verurteile sowie den Regenten das Muslimsein abspreche.[30] Dies wurde wiederum von anderen salafitischen Predigern – unter anderem Pierre Vogel – zurückgewiesen.[31] Inzwischen haben sich aber Abou Nagie und Vogel versöhnt. Das führte nun dazu, dass sich ein alter Weggefährte Vogels, Abu Enes (Muhammad Ciftci), von Pierre Vogel lossagte.[32]

Andere, wie der Österreicher Muhammad Mahmoud (alias Abu Usama al-Gharib), äußerten sich in den von ihnen veröffentlichten Videos so militant, dass dies auch strafrechtliche Konsequenzen zur Folge hatte. Mahmoud wurde bereits in der Vergangenheit als Vertreter der GIMF (Global Islamic Media Front) in Österreich zu einer vierjährigen Haftstrafe verurteilt, nachdem er Mitglieder der

---

28 Vgl. die Kritik am dschihadistisch-salafitischen Prediger Abu Usama al-Gharib durch den salafitischen Prediger Abul Hussain Al-Dabagh: *„Eine Warnung vor dem irreführenden Unheilstifter – Abu Usama (al Gharib)"*, veröffentlicht 20.05.2012, URL: http://www.youtube.com/watch?v=0Gi9YYg8F4Q (letzter Zugriff: 15.01.2013).

29 Abou Nagie, Webauftritt: *„Die wahre Religion"*, URL: http://www.diewahrereligion.de/jwplayer/index.html (letzter Zugriff: 29.01.2013).

30 Vgl. Abu Dujana/Ibrahim Abu Nagie, – *Kufr bit Taghut wa'l Imanu-Billah*, veröffentlicht 12.01.2012, URL: http://www.youtube.com/watch?v=6S8fbQ0ZzHk (letzter Zugriff: 30.01.2013).

31 Vgl. Pierre Vogel, *Detaillierte Widerlegung der Takfiris (Sind alle Herrscher Kuffar?)*, URL: http://www.youtube.com/watch?v=oGHN6zEqYG0 (letzter Zugriff: 15.01.2013).

32 „Salamu aleikum. Wichtige Nachricht: Hiermit gebe ich – euer Bruder Abu Anas – bekannt, mich ab sofort und ganz offiziell von Pierre Vogel und seiner Arbeit loszusagen, da er wieder mit dem Takfiri Ibrahim Abu Nagie etc. zusammenarbeitet und auch sonst seine Methodik stark verschlechtert hat und immer politischer wird. Möge Allah uns vom Geraden Weg nicht ableiten. Euer Bruder im Islam Muhamed Seyfudin Ciftci Abu Anas. Bitte weiterleiten" Ahlu-Sunna.com, *„Abu Anas sagt sich los von Pierre Vogel"* (21.06.2011), URL: http://www.ahlu-sunnah.com/threads/38227-Abu-Anas-sagt-sich-los-von-Pierre-Vogel (letzter Zugriff: 15.01.2013).

österreichischen Bundesregierung bedrohte. Er lebte für kurze Zeit in Deutschland, musste dann aber ausreisen, da ihm die Ausweisung drohte.[33]

Genau von dieser militant-politischen Haltung distanziert sich auch hier wieder der salafitische Prediger Ciftci via Presseaussendung:

> „Ich stelle ein für alle mal klar, dass ich nicht der politischen oder gar einer radikal-militanten Strömung des salafitischen Islam folge. Ich distanziere mich nach wie vor ausdrücklich von Gewalt, Radikalismus und jeglicher Form des Terrorismus und lehne dies als unislamisch ab. Mein Ziel war und ist zu keinem Zeitpunkt, die verfassungsmäßige, freiheitlich-demokratische Ordnung in Deutschland zu gefährden oder gar zu beseitigen."[34]

Problem und mögliche Lösung

Die verschiedenen salafitischen Strömungen sind also sehr heterogen, bekämpfen einander teilweise, haben aber meist gemeinsam, dass sie sich von der „Mehrheitsgesellschaft" und den bestehenden Moscheegemeinden abgrenzen und zurückziehen. Ein Teil bekennt sich dezidiert dazu, Gegner eines demokratischen Verfassungsstaates oder eines Staates zu sein, in dem mit „von Menschen gemachten Gesetzen" regiert wird. Ein weiterer Teil ist bereit, diesen Staat zu bekämpfen, auch bei Inkaufnahme von zivilen Opfern. Diese exklusivistischen Gruppen sind durch ihre deutschsprachigen Webauftritte einer großen Zahl von jungen Muslimen bekannt. Sie stellen inzwischen auch ein Problem für die traditionellen Moscheevereinigungen dar. Die Internetprediger werden zu einer Art virtuellen und leicht zu findenden alternativen Moscheegemeinde, die durch die Verwendung der deutschen Sprache viele unterschiedliche Menschen erreichen können, welche sich außerhalb der Moscheegemeinden nicht begegnen würden.

Imame berichteten bei der Imam-Weiterbildung an der Universität Osnabrück von dieser virtuellen Konkurrenz, die sich zudem gegen die traditionellen Lehrinhalte der Moscheegemeinden richte und Unfrieden stifte. Abgesehen davon besteht die Gefahr des Abdriftens in besonders militante Gruppierungen, welche im Ausland Krieg führen wollen oder zu Anschlägen bereit wären, wie dies in Madrid und London geschehen ist.

---

33 Vgl. Spiegel Online (2012), *„Österreichischer Islamist: Hessen schiebt Salafistenprediger ab"*, URL: http://www.spiegel.de/politik/deutschland/hessen-schiebt-salafist-mohamed-mahmoud-nach-oesterreich-ab-a-829998.html (letzter Zugriff: 29.01.2013).

34 *„Pressemitteilung von Muhamed Ciftci"*, veröffentlicht auf ahlu-sunna.com, am 01.07.2011. URL: http://www.ahlu-sunnah.com/threads/38430-Pressemitteilung-von-Muhamed-Ciftci (letzter Zugriff: 15.01.2013).

Die Lösung wäre darin zu sehen, dass präventive und deradikalisierende Maßnahmen ergriffen werden, welche in gezielten Gesprächen mit radikalisierten Muslimen bestehen könnten, die in den Bannkreis dieser Ideologen und deren Ideologie geraten sein könnten. Hilfreich wäre auch ein für junge Muslime attraktives deutschsprachiges und nicht gesellschaftsfeindliches Angebot im Internet, durch entsprechende Initiativen oder auch durch bestehende Moscheegemeinden, um den Internetpredigern Konkurrenz zu machen. Das Gleiche gilt für die Jugendarbeit, welche auch von Moscheegmeinden attraktiver gestaltet werden müsste und interreligiöse Konzepte enthalten sollte. Zudem sollte der (gegenseitige) Respekt gegenüber Andersdenkenden zugunsten eines Meinungspluralismus gefördert werden. Letztendlich können auch die Ausbildung von islamischen Religionspädagogen und Pädagoginnen und der islamische Religionsunterricht an öffentlichen Schulen zu einer Lösung oder Prävention der oben beschriebenen Probleme führen.

Literatur

„Abu Anas sagt sich los von Pierre Vogel“ (21.06.2011), URL: http://www.ahlu-sunnah.com/threads/38227-Abu-Anas-sagt-sich-los-von-Pierre-Vogel (letzter Zugriff: 15.01.2013).

„Abu Usama Al-Gharib - Die erste Antwort auf Abul Hussain“, URL: http://www.youtube.com/watch?v=Wfb5bVGPDC4 (letzter Zugriff: 15.01.2013).

Ahlu-sunnah.com, *Islam nach Quran und Sunnah und dem Verständnis der Salaf As-Salih*, URL: http://www.ahlu-sunnah.com (letzter Zugriff: 30.01.2013).

Ders., Thema: *„Mursi neuer Präsident von Ägypten“*, URL: http://www.ahlu-sunnah.com/threads/46033-Mursi-neuer-Pr%C3%A4sident-von-%C3%84gypten?highlight=muslimbruderschaft (letzter Zugriff: 29.01.2013).

Bundesamt für Verfassungsschutz und Landesbehörde für Verfassungsschutz (Hg.), *Salafistische Bestrebungen in Deutschland*, Köln 2012, URL: http://www.verfassungsschutz.de/download/SHOW/broschuere_1204_salafistische_bestrebungen.pdf (Zugriff: 29.01.2014).

Büttner, F., *„Islamische Reform“*, in: ders. (Hg.), *Reform und Revolution in der islamischen Welt. Von der osmanischen Imperialdoktrin zum arabischen Sozialismus*, S. 51, List Verlag, München 1971.

Calvert, John, *Sayyid Qutb and the Origins of Radical Islamism*, Columbia University Press, Indien 2010.

Dawa News, URL: http://www.dawa-news.net (letzter Zugriff: 20.01.2013).

Dujana, Abu/Nagie, Ibrahim Abu, – *Kufr bit Taghut wa'l Imanu-Billah*, veröffentlicht 12.01.2012, URL: http://www.youtube.com/watch?v=6S8fbQ0ZzHk (letzter Zugriff: 30.01.2013).

„Eine Warnung vor dem irreführenden Unheilstifter- Abu Usama (al Gharib)“, veröffentlicht 20.05.2012, URL: http://www.youtube.com/watch?v=0Gi9YYg8F4Q (letzter Zugriff: 15.01.2013).

Ende, Werner/Steinbach, Udo (Hg.), *Islam in the World Today: A Handbook of Politics, Religion, Culture and Society*, Cornell University Press, Cornell 2010.

Gardane, Agnes von, *Tagebuch einer Reise durch die asiatische Türkei und Persien, und wieder zurück nach Frankreich*, Weimar1807-1808.

Kepel, Gilles, *Der Prophet und der Pharao. Das Beispiel Ägypten: Die Entwicklung des muslimischen Extremismus*, Piper Verlag, München 1995.

Kepel, Gilles, *Schwarzbuch des Dschihad. Aufstieg und Niedergang des Islamismus*, Piper Verlag, München 2002.

Ders./Milelli, Jean-Pierre (Hg.), *Al-Qaida. Texte. des Terrors*, Piper Verlag, München 2005.

Lohlker, R., *Islam. Eine Ideengeschichte*, Facultas Verlag, Wien2008.

Meijer, Roel, *Global Salafism: Islam's New Religious Movement*, Columbia University Press, New York 2009.

Muslimbruderschaft, *"Differences Between the Muslim Brotherhood and Hard-Line Salafi Groups"*, IkhwanWeb, URL: http://www.ikhwanweb.com/article.php?id=27723&ref=search.php (letzter Zugriff: 15.01.2013).

Nagie, Abou, Webauftritt: *„Die wahre Religion"*, URL: http://www.diewahrereligion.de/jwplayer/index.html (letzter Zugriff: 29.01.2013).

Peters, Rudolf, *Jihad in Classical and Modern Islam*, Marcus Wiener Publishers, Princeton ^{2}2009.

„Pressemitteilung von Muhamed Ciftci", veröffentlicht auf ahlu-sunna.com, am 01.07.2011. URL: http://www.ahlu-sunnah.com/threads/38430-Pressemitteilung-von-Muhamed-Ciftci (letzter Zugriff: 15.01.2013).

Rapoport, Yossef/Shahab, Ahmed, *Ibn Taymiyya and His Times*, Studies in Islamic Philosophy, Volume IV, Oxford University Press, Oxford 2010.

Rothermund, Dietmar (Hg.), *Abneigung und Selbstbehauptung: Antworten auf die europäische Expansion*, Oldenbourg Verlag, München 1999.

Schimmel, Annemarie, *Sufismus: Eine Einführung in die islamische Mystik*, C.H. Beck Verlag, München ^{3}2005.

Sivan, Emmanuel, *Radical Islam. Medieval Theology and Modern Politics*, Enlarged Edition, Yale University Press, New Haven and London 1990.

Spiegel Online (2012), *„Österreichischer Islamist: Hessen schiebt Salafistenprediger ab"*, URL: http://www.spiegel.de/politik/deutschland/hessen-schiebt-salafist-mohamed-mahmoud-nach-oesterreich-ab-a-829998.html (letzter Zugriff: 29.01.2013).

Srour, Hani, *Die Staats- und Gesellschaftstheorie bei Sayyid Gamaaladdiin „Al Afghaani" als Beitrag zur Reform der islamischen Gesellschaft in der zweiten Hälfte des 19. Jahrhunderts*, Islamkundliche Untersuchungen – Band 41, Klaus Schwarz Verlag, Freiburg 1977.

Translation of Muḥammad ʿAbd as-Salām Faraj 's Text Entitled AlFaridah al-Ghaiibah. The Neglected Duty, URL: http://www.juergensmeyer.com/files/Faraj_The_Neglected_Duty.pdf (letzter Zugriff: 29.01.2013).

Vogel, Pierre, *Detaillierte Widerlegung der Takfiris (Sind alle Herrscher Kuffar?)*, URL: http://www.youtube.com/watch?v=oGHN6zEqYG0 (letzter Zugriff: 15.01.2013).

Zeit Online vom 28.01.2013, *„Unesco-Welterbe – Islamisten zerstören in Mali Bibliothek von unschätzbarem Wert"*, URL: http://www.zeit.de/kultur/2013-01/timbuktu-mali-unesco-welterbe-zerstoerung (letzter Zugriff: 30.01.2013).

Das gezielte Töten von Zivilisten und Nichtkombattanten im *salafitisch-ğihādistischen* Diskurs

Elhakam Sukhni

Einleitung

Die jüngsten Debatten um den Salafismus sind nicht zu trennen von einer den Diskurs bestimmenden, allgegenwärtigen Angst, radikale Islamisten könnten auch in Deutschland dazu übergehen, ihre Bestrebungen mit Gewalt umzusetzen und Terroranschläge auf Zivilisten zu verüben. Diese Angst hindert zum einen mögliche Akteure an einer sachlichen Auseinandersetzung mit dem Salafismus bzw. Neo-Salafismus[1] und stellt zum anderen alle politisch *auffälligen* Muslime unter Generalverdacht. Der Neo-Salafismus in Deutschland muss jedoch zunächst als religiöse Bewegung verstanden werden, die zwar einen starken Sendungsdrang hat und möglicherweise nicht gesellschaftsfähig ist, von welcher jedoch grundsätzlich keine Gewaltakte gegen die Bevölkerung zu befürchten sind. Der Neo-Salafismus, wie er im aktuellen Diskurs definiert wird, repräsentiert eine Minderheit innerhalb der islamischen Welt. In dieser Minderheit findet sich schließlich eine weitere Minderheit, die bereit ist, Gewalt als Mittel zur Umsetzung ihrer Ziele anzuwenden. Im vorliegenden Beitrag soll nun dieser Minderheit innerhalb der Minderheit Aufmerksamkeit geschenkt werden, da sie trotz (verhältnismäßig) geringer Anhängerschaft, dennoch die größte Aufmerksamkeit in der Diskussion um den Islam genießt. Dabei soll das Augenmerk auf die Gefahr gelenkt werden, die diese Form des Salafismus für die Muslime selbst bedeutet. Global agierende Terrornetzwerke, wie die al-Qāʿida, oder solche, die ihr ideologisch nahe stehen, bedrohen nämlich nicht nur die westliche Welt, die spätestens seit den spektakulären Anschlägen auf die USA, Madrid und London eine reale und unmittelbare Gefahr in ihnen sieht. Es ist hauptsächlich die islamische Welt, die am stärksten unter dem Terror dieser sog. *salafitisch-ğihādistischen* (*salafiyya ğihādiyya*) Gruppierungen zu leiden hat. Zu diesem Ergebnis kommt auch eine Studie des *Combating Terrorism Center at West Point*:[2]

---

1 Im weiteren Verlauf sprechen wir von Neo-Salafismus, um keine Verwechslung mit dem reformistischen Salafismus von Ğamāl ad-Dīn al-Afġānī (1839-97), Muḥammad ʿAbduh (1849-1905) und Rāšid Riḍa (1865-1935) zu erzeugen.

2 Wissenschaftliche Einrichtung an der United States Military Academy (USMA) in West Point, New York, die in den Bereichen Terrorismus, Terrorismusbekämpfung und innere Sicherheit Fortbildungen, Forschung und politische Studien anbietet.

> "The results show that non-Westerners are much more likely to be killed in an al-Qa'ida attack. From 2004 to 2008, only 15% of the 3,010 victims were Western. During the most recent period studied the numbers skew even further. From 2006 to 2008, only 2% (12 of 661 victims) are from the West, and the remaining 98% are inhabitants of countries with Muslim majorities. During this period, a person of non-Western origin was 54 times more likely to die in an al-Qāʿida attack than an individual from the West. The overwhelming majority of al-Qāʿida victims are Muslims living in Muslim countries."[3]

Laut dieser Studie aus dem Jahr 2009 verzeichnet besonders der Irak die meisten Todesopfer der neo-salafitisch geprägten al-Qāʿida. Der im Zuge des sog. „Arabischen Frühlings" ausgebrochene syrische Bürgerkrieg, in dem sowohl Kampfverbände der al-Qāʿida als auch unabhängige *salafitisch-ǧihādistische* Gruppen beteiligt sind, die sich nicht nur einen erbitterten Kampf mit den Truppen des Regimes, sondern auch untereinander und mit anderen Widerstandsgruppen liefern, würde dieses Ergebnis noch weiter in die Höhe treiben.

Zu Recht könnte nun die Frage aufgeworfen werden, warum wir diese ǧihādistischen Gruppen als salafitisch bezeichnen. Ob nun der puristische, der *missionarisch-politische* oder eben *ǧihādistische Salafismus,* sie alle enthalten gemeinsame Merkmale, die diese Strömungen ausmachen. In der salafitischen Lebenspraxis ist eine starke Intoleranz, sowohl gegenüber fremden Religionen, als auch gegenüber der innerislamischen theologischen Interpretationsvielfalt zu beobachten, die sich besonders in der Ablehnung der Ašʿariyya und Māturidiyya äußert. Außerdem tut sich der Salafismus in der grundsätzlichen Ablehnung demokratischer Staatsformen bzw. positiver Gesetzgebungen hervor und zeichnet sich insbesondere durch das Bekenntnis zu den politisch-theologischen Positionen Ibn Taymiyyas (gest. 1328) und Muḥammad Ibn ʿAbdalwahhābs (gest. 1792) aus, die mit der absoluten Ablehnung des Sufismus, sowie einer intoleranten Haltung gegenüber lokalen Kulten einhergehen.[4] Von dieser gemeinsamen Basis unter den salafitischen Gruppierungen gehen nun unterschiedliche Auslegungen und Umsetzungsmethoden aus, die sich am deutlichsten insbesondere in ihrer Beziehung zu Politik und *takfīr*[5] äußern. Natürlich können diese einzelnen Positionen partiell auch von anderen islamischen Schulen und Gruppierungen vertreten werden, jedoch ist das „Gesamtpaket" typisch für die

---

3 Helfstein/Abdullah/Al-Obaidi, *Deadly Vanguards: A Study of al-Qa'ida's Violence Against Muslims*, New York 2009, S. 2.

4 Die extremste Form der Ablehnung lokaler Kulte äußerte sich in der Zerstörung jahrhundertealter Kulturdenkmäler, wie es mit den Buddha-Statuen von Bamiyan in Afghanistan am 12. März 2001 und den antiken Mausoleen in Mali im Juni 2012 geschehen ist.

5 *Takfīr* bedeutet, anderen Muslimen den Glauben abzusprechen, d.h. sie zu *kuffār* (Ungläubige; „Verleugner der wahren Botschaft") zu erklären.

salafitischen Strömungen.⁶ Dabei ist nicht auszuschließen, dass aus strategischen Überlegungen auch hin und wieder die eine oder andere Position gelockert oder ausgesetzt werden kann, wie im Fall der Teilnahme salafitischer Gruppen an der ägyptischen Parlamentswahl nach dem Sturz Husni Mubaraks. Die Intoleranz gegenüber einer innerislamischen Ambiguität zeigt sich selbst innersalafitisch und reicht von der bloßen Aberkennung, den wahren Salafismus zu vertreten, über die Verweigerung des Friedensgrußes, bis hin zum Absprechen des Glaubens.⁷

Dass die Auseinandersetzung mit *ğihādistischen* Gruppen nun auch im Rahmen der Untersuchung salafitischer Strömungen in Deutschland relevant ist, zeigt exemplarisch die Entwicklung des als Deso Dogg bekannten Ex-Rappers Denis Cuspert, der nach seinem Ausstieg aus dem Gangsterrap und dem dazu gehörigen Image zum Islam fand und über den Salafismus, geprägt von Deutschlands prominentesten Predigern dieser Szene, schließlich in ğihādistische Kreise hineingeriet. Nachdem der heute als Abu Talha al-Almani bekannte Denis Cuspert selbst zum Prediger der salafitischen Szene aufstieg, reiste er Anfang 2013 nach Syrien, um sich dort dem *ğihād* anzuschließen, wobei er seine „Fans" per Videobotschaften auf dem Laufenden hält. Noch bevor seine Radikalisierung offensichtlich wurde, verwendete Cuspert für sein Facebook Profil das Bild von Anwar al-Awlakī, einem der wichtigsten Theoretiker der al-Qāʿida, dessen Schriften im Laufe des vorliegenden Beitrags noch von Bedeutung sein werden. Denis Cuspert soll hier nicht unterstellt werden, dass er mit allen Positionen al-Awlakīs übereinstimmt, jedoch ist das offene Sympathisieren mit Persönlichkeiten der al-Qāʿida, die als heroische Kämpfer gegen einen islamfeindlichen US-Imperialismus hochstilisiert werden, besonders bei

---

6 Die in fast allen arabischen Ländern vertretene Muslimbruderschaft wird von Salafiten trotz ideologischer Überschneidungen kritisiert und abgelehnt. Die Teilnahme an demokratischen Wahlen, die politische Nähe zu schiitischen Gruppen, eine zu tolerante Dialogbereitschaft mit Christen und Juden, Unkenntnisse in den Glaubensgrundlagen, sowie Opportunismus auf Kosten der Religion gehören zur Hauptkritik gegen die Muslimbruderschaft. Die palästinensische Hamas ist trotz ihres religiös motivierten Kampfes von dieser Kritik und Ablehnung nicht ausgenommen. In ğihādistischen Kreisen wird Ḥālid Mišʿal vorgeworfen, er und seine Hamas seien das Hintertürchen der Iraner zur Verbreitung der Šīʿa in Palästina, siehe *aṭ-Ṭarṭūsīs Position zu Mišʿals Besuch im Iran*, URL: http://www.tawhed.ws/r?i=ctb0xsye (letzter Zugriff: 09.03.14).

7 Während der missionarisch-politische Salafismus relativ flexibel mit der Heranziehung von islamischen Gelehrten und Denkern agiert, kritisieren puristisch-wahhābitische Salafiten die Nähe mancher Salafiten zu Ideologen wie Sayyid Quṭb oder al-Maudūdī, während im *ğihādistischen* Salafismus Gelehrte des saudischen Religionsapparates als Palastgelehrte und Heuchler bezeichnet werden, die wiederum für puristisch-wahabitische Salafiten als Autoritäten gelten.

jungen Muslimen mit Hang zum Salafismus auffällig. Oder, was zum gleichen Ergebnis führt, junge Muslime, die in diesen *ǧihādistischen* Personen Helden sehen, fühlen sich im Salafismus diesen Akteuren am nächsten. Dies sei erwähnt, um zu verdeutlichen, dass der vorliegende Beitrag die *salafitisch-ǧihādistische* Ideologie und Rhetorik der al-Qāʿida behandelt, die nicht zu verwechseln ist mit anderen *ǧihādistischen* Gruppen, die einen Kampf in lokalen Befreiungskriegen leisten und sich deutlich von der al-Qāʿida distanzieren.[8]

Potentielle Terrorziele

Die Theoretiker der al-Qāʿida machen in ihren Texten kein Geheimnis daraus, dass sie mit ihren terroristischen Operationen den US-Amerikanern und ihren Verbündeten weltweit „so viele menschliche und materielle Verluste wie möglich" zufügen wollen, um ihnen das Gefühl zu geben, „dass sich der Widerstand zu einem Volksaufstand gegen sie" entwickelt hat.[9] Abū Muṣʿab al-Sūrī, der als wichtigster Stratege des modernen *ǧihāds* bezeichnet wird,[10] erstellt zur Umsetzung dieser Operationen eine Liste von potentiellen Zielen, die von der al-Qāʿida auf der Arabischen Halbinsel (*al-Qāʿida fī ǧazīrat al-ʿarab*)[11] in ihrer englischsprachigen Zeitschrift *Inspire* veröffentlicht wurde. Die neun wichtigsten Ziele seien folgende:

> „1. Entscheidende politische Persönlichkeiten, die den Kampf gegen die Muslime anführen, wie Staatschefs, Minister, Militär-und Sicherheitsführungen.
> 2. Ziele von hoher wirtschaftlicher Bedeutung, wie: Aktienbörsen, Energie-und Ölanlagen, Flughäfen, Häfen, Eisenbahnverkehr, Brücken und Autobahnkreuzungen, Autobahntunnel, U-Bahnsysteme, Touristenziele... und so weiter; gezielte Angriffe auf für die Wirtschaft entscheidende Ressourcen und Quellen.
> 3. Militärbasen und Kasernen [...], insbesondere die US-Militärbasen in Europa .

---

8 Am deutlichsten zeigt sich diese Differenz im syrischen Bürgerkrieg, wo al-Qāʿida Gruppen und andere islamisch motivierte Rebellengruppen sich gegenseitig bekämpfen. Auch die palästinensische Hamas wird von al-Qāʿida nahen salafitisch-ǧihādistischen Bewegungen abgelehnt, wobei Usama bin Ladin betont, dass den aufrichtigen Kämpfern der Hamas, die ihren Anführern widersprechen, „die Hand gegeben" werden kann, vgl. Usama bin Ladin, *"Until we taste what Hamza bin Abd Al-Muttalib tastet"*; in: Inspire-Magazin, Ausgabe 2, S. 10.

9 Abū Muṣʿab al-Sūrī, *"The Jihadi Experiences: The most important enemy targets aimed at by the individual Jihad"*, in: Inspire-Zeitschrift, S. 23, Ausgabe 9, 2012.

10 Malise Ruthven, *Encounters with Islam, On Religion, Politics and Modernity*, New York 2012, S. 74.

11 Bekannt als AQAP: al-Qāʿida in the Arabian Peninsula.

4. Persönlichkeiten der Medien, die den Krieg gegen die Muslime mitanführen, bzw. die Angriffe auf sie rechtfertigen und zu den zionistischen oder zionismusfreundlichen Kreuzzügler-Mediengruppen gehören.
5. Zentrale Informations-und Rechenzentren, die für die Verbindung der verschiedenen Institutionen im Inland zuständig sind, da dies sämtliche Aktivitäten des Staates vollständig zum Erliegen bringt.
6. Orte, an denen Juden versammelt sind und sich ihre führenden Persönlichkeiten oder Institutionen in Europa befinden. Ausgenommen sind Orte des Gottesdienstes und Synagogen!
7. Amtsstellen von Regierungsinstitutionen der Länder, die Krieg führen. [Ziele sind dabei Einrichtungen] sowohl des Staates, als auch [Einrichtungen von] politischen und militärischen Bündnissen, wenn diese an den Aggressionen teilhaben. Dazu zählen z.B. die Büros der NATO und der Europäischen Union. Dies erfordert Entscheidungen, die aufgrund gründlicher Betrachtungen der politischen Lage getroffen werden.
8. Gebäude der Geheimdienste in den Hauptstädten Amerikas und der alliierten westlichen Staaten.
9. *Zivilisten im Allgemeinen*, um sie abzuschrecken oder zur Vergeltung (dabei sind Anschläge auf Frauen und Kinder zu vermeiden, wenn sie sich von Männern getrennt an Orten aufhalten, die speziell für sie bestimmt sind, wie Schulen und Ähnliches).“[12]

Besonders der letzte Punkt spricht direkt von Angriffen auf Zivilisten. Die Anmerkung in den Klammern signalisiert dabei, dass die al-Qāʿida sich im Rahmen des islamischen Kriegsrechts befindet, jedoch sind Kinder und Frauen hinnehmbare Kollateralschäden, wenn sie sich unter den Männern befinden, denen der Angriff eigentlich gilt.

Die al-Qāʿida setzt in ihrem internationalen Kampf gegen „die Feinde des Islam“ auf die Unterstützung einzelner Sympathisanten durch den sogenannten „Individual Terrorism Ǧihād“ (*ǧihād al-irhāb al-fardi*). Dafür richtete die Redaktion der im Internet zugänglichen Zeitschrift *Inspire* eine eigene Rubrik mit dem Titel “Open Source Jihad” ein und bietet nun in jeder Ausgabe detaillierte Anleitungen an, die z.B. den Bombenbau inklusive Fernzündung, den Umgang mit Waffen, Guerillataktiken und andere Ideen für die Umsetzung von Terror beinhalten. Sehr professionell und durch bunte Bilder illustriert, wird dem einsamen Kämpfer erklärt, wie er Brandsätze baut, um riesige Waldbrände in den Ländern der Feinde zu entfachen,[13] wie einfach es ist Gebäude zu

12 Abū Muṣʿab al-Sūrī, *“The Jihadi Experiences: The most important enemy targets aimed at by the individual Jihad”*, in: Inspire-Zeitschrift, Ausgabe 9, 2012, S. 23-24, aus dem Englischen vom Autor.

13 Ausgabe 9.

sprengen,[14] oder seinen "lone Jihad" durch das Verursachen von Massenkarambolagen auf der Autobahn umzusetzen.[15] "Make a bomb in the kitchen of your mom" heißt der erste Beitrag dieser Reihe und erklärt auf äußerst simple Weise den Bau einer einfachen Rohrbombe.[16] Erschreckend kaltblütig ist der einfache Vorschlag, mit einem „Pickup Truck", an dessen Frontgitter scharfe Metallklingen geschweißt werden, in eine Menschenmenge hinein zu rasen und im Anschluss an diese Tat den Angriff mit einer Schusswaffe fortzuführen, bis man schließlich selbst erschossen wird und den Märtyrertod stirbt. Die idealen Orte für eine solche Operation seien belebte Stadtzentren, wo eine maximale Anzahl von Fußgängern und eine geringe Zahl von im Weg stehenden Fahrzeugen gewährleistet seien. Diese Operation könne man in feindlichen Ländern ausführen, wie

> "Israel, the U.S., Britain, Canada, Australia, France, Germany, Denmark, Holland and other countries where the government and public sentiment is in support of the Israeli occupation of Palestine, the American invasion of Afghanistan and Iraq or countries that had a prominent role in the defamation of Muhammad!"

Der Tod von Zivilisten ist hier direkt beabsichtigt, denn

> „in such countries we may strike at the public at large. As long as they target our noncombatants, we will target theirs."[17]

Die Inspire Zeitschrift ist in diversen *ǧihādistischen* und auch nicht-*ǧihādistischen* Internetforen frei zugänglich. Das Potential, das von durch Internetpropaganda selbstradikalisierten Tätern ausgeht, ist real und nicht zu unterschätzen, wie es der Fall des Amoklaufs mit 13 Toten und 30 Verletzten durch den Psychiater und Major in der US-Armee Nidal Malik Hasan auf dem Militärstützpunkt Fort Hood im November 2009, der Selbstsprengungsanschlag im Dezember 2010 auf einer belebten Stockholmer Straße durch einen 28-jährigen irakisch stämmigen Schweden, bei dem nur er selbst starb,[18] der tödliche Anschlag auf US-Soldaten auf dem Frankfurter Flughafen durch einen 21-jährigen Kosovostämmigen am 2. März 2011, die Anschlagserie von Toulouse im März 2012,[19] oder der Mordanschlag auf einen britischen Soldaten auf offener Straße in London am 22. Mai 2013 gezeigt haben. Die Sorge, irgendwo könne ein von

14 Ausgabe 4.

15 Ausgabe 10.

16 Ausgabe 1.

17 Yahya Ibrahim, *"The ultimate mowing machine"*, in: Inspire-Zeitschrift, S. 54, Ausgabe 2; 2010.

18 Vgl. Christina Hellmich, *al-Qaida, Vom globalen Netzwerk zum Franchise-Terrorismus*, Darmstadt 2012, S.139f.

19 Vgl. ebd.

der Ungerechtigkeit der Welt frustrierter Jugendlicher sich für den *"Individual Terrorism Ǧihād"* begeistern lassen, ist also durchaus berechtigt, denn die al-Qāʿida bietet nicht nur die Taktiken und Kampfanleitungen, sie liefert auch die theologische Grundlage für die Legitimation von Terrorismus gleich mit.

Die Rechtfertigung des Tötens von Nichtkombattanten bzw. Zivilisten

Die algerische *Groupe Islamique Armé* (GIA) verübte mit einer Serie von Bombenanschlägen auf französische Ziele als erste *ǧihādistische* Bewegung Anschläge auf Zivilisten in einem westlichen Land. Im Juli 1995 detonierte eine Bombe in der Pariser U-Bahnstation St. Michel, tötete 10 Menschen und verletzte 86 weitere. Ein Bombenanschlag im August am Arc de Triomphe hinterließ 17 Schwerverletzte und in einem TGV-Zug bei Lyon fand man eine nicht gezündete Bombe.[20] Fast 20 Jahre später wird Terror gegen Zivilisten immer noch als Druckmittel gegen feindliche Staaten genutzt: Am 21. September 2013 stürmen bewaffnete Kämpfer der somalischen *aš-šabāb* Miliz ein Einkaufszentrum in der kenianischen Hauptstadt Nairobi und halten das Gebäude mitsamt der Besucher besetzt, bis Sicherheitskräfte das Einkaufszentrum am 24. September stürmen und das Drama blutig beenden. 67 Menschen wurden bei diesem Überfall getötet, wobei die Angreifer gezielt nichtmuslimische Besucher des Einkaufszentrums ausfindig machten und hinrichteten. Unter den Opfern, die aus 13 verschiedenen Ländern stammen, waren alte Menschen, Kinder und Schwangere.[21] Die Aktionen der *aš-šabāb* erregen aufgrund ihrer Skrupellosigkeit und der gezielten Angriffe auf Zivilisten bereits seit Jahren weltweit Entsetzen und stellen die betroffenen afrikanischen Länder aufgrund dieser asymmetrischen Kriegsführung vor ein großes Sicherheitsproblem. Am 2. Februar 2010 schwört der „Amir" der *ḥarakat aš-šabāb al-muǧāhidīn* (kurz: *aš-šabāb*), Mohamed Abdi Godane, öffentlich, er wolle „den *ǧihād* des Horns von Afrika mit dem der al-Qāʿida und deren Šayḫ Usāma bin Ladin verbinden."[22] Was bis dato bereits deutlich war, wird nun offiziell, nämlich die Einreihung der Miliz in das ideologische Spektrum der al-Qāʿida.

Ermittlungen des Landeskriminalamtes NRW deuten darauf hin, dass die *šabāb* Beziehungen nach Deutschland, insbesondere in die Bonner *ǧihādisten-*

---

20 Abdel Bari Atwan, *After bin Laden, al-Qa'ida, The Next Generation*, London 2012, S. 171.

21 Vgl. New York City Police Department, *Analysis Of Al-Shabaab's Attack At The Westgate Mall In Nairobi, Kenya*, New York 2013, S. 4.

22 Stig Jarle Hansen, *Al-Shabaab in Somalia, The history and ideology of a militant islamic group 2005-2012*, London 2013, S. 95.

Szene pflegen. Spätestens seit der Festnahme des zum Islam konvertierten ehemaligen Unteroffiziers der Bundeswehr Sascha B. im September 2010 in Kenia, dürfte eine konkrete Verbindung deutscher Muslime zur *aš-šabāb* Miliz nachzuweisen sein. Der junge Konvertit wollte über Nairobi nach Somalia reisen, um sich dort dem Kampf der Milizen anzuschließen.[23] Laut Pressemitteilungen habe Saschas Mutter die deutsche Polizei kontaktiert, nachdem ihr Sohn in einer Abschiedsbotschaft erklärt hatte, „er werde nie wieder in die Bundesrepublik zurückkehren".[24] Auch der zum Islam konvertierte Andreas „Ahmed Khaled" Müller steht im Verdacht, ein Mitglied der *aš-šabāb* zu sein. Müller soll am 29. April 2012 an einem Anschlag auf eine Kirche in Ngara bei Nairobi beteiligt und einer der Hauptdrahtzieher des Angriffs auf das Einkaufszentrum am 21. September 2013 gewesen sein.[25]

Islamisch gerechtfertigte Anschläge gegen Zivilisten der „Feindländer" wiederholen sich seit den Operationen der GIA in Frankreich weltweit immer wieder und werden auch weiterhin eine Bedrohung sein. Usāma bin Ladin, der am 2. Mai 2011 in Pakistan von einer Spezialeinheit des US-Militärs getötet wurde, äußert sich bzgl. der Angriffe auf Zivilisten feindlicher Staaten in seiner *„Erklärung der Internationalen Islamischen Front für den ǧihād gegen die Juden und Kreuzritter"* sehr deutlich:

> „Die Amerikaner und ihre Verbündeten zu töten, *ob Zivilisten oder Soldaten*, ist eine Pflicht für jeden Muslim, der es tun kann, in jedem Land, wo er sich befindet, bis die al-Aqsa-Moschee und die große Moschee in Mekka von ihnen befreit sind, bis ihre Armeen alle muslimischen Gebiete verlassen […]."[26]

Seinen Aufruf stützt er mit einigen Koranversen, u.a. mit den Worten:

> „Und bekämpft die Götzendiener[27] allesamt, wie sie euch allesamt bekämpfen; und wisset, dass Allah mit denjenigen ist, die Ihn fürchten."[28]

---

23 Dirk Baehr, *„Die somalischen Shabaab-Milizen und ihre jihadistischen Netzwerke im Westen"*, in: KAS-Auslandsinformationen 08/2011, Berlin 2011, S. 22-39, hier S. 37.

24 Florian Flade, *„Somalia ist die neue Keimzelle des Terrors"*, URL: http://www.welt.de/politik/ausland/article10095155/Somalia-ist-die-neue-Keimzelle-des-Terrors.html (letzter Zugriff: 15.01.2014).

25 *„Planten Deutsche das Blutbad von Kenia?"*, URL: http://www.focus.de/politik/ausland/ueberfall-auf-einkaufsmall-mit-72-toten-planten-deutsche-das-blutbad-von-kenia_aid_1114869.html (letzter Zugriff: 03.03.2014).

26 Zit. nach Omar Saghi, *„Osama Bin Laden, Volkstribun im Medienzeitalter"*, in: Gilles Kepel/Jean-Pierre Milelli (Hg.), *Al-Qaida – Texte des Terrors*, München 2006, S. 25-52, hier S. 87.

27 Juden und Christen genießen im Islam als sogenannte *ahl al-kitāb* eine Sonderstellung und werden im Koran von den *mušrikīn* (Polytheisten) unterschieden. So wie die al-Qāʿida jedoch den *takfīr* leichtfertig gegen Muslime ausspricht und diese damit zu

Zu den wichtigsten al-Qāʿida Ideologen zählt der 2003 durch Kugeln saudischer Sicherheitskräfte ebenfalls getötete Yusuf al-ʿAiyīrī. Der ehemalige Chef der „al-Qāʿida auf der arabischen Halbinsel" (AQAP) vertritt eine ähnlich klare und harte Linie wie Usāma bin Ladin. Die kontroversen Diskussionen unter Muslimen um die Anschläge auf die Bürger der USA am 11. September 2011 veranlassten al-ʿAiyīrī, eine Schrift mit dem Titel *ḥaqīqat al-ḥarb aṣ-ṣalibīyya al-ǧadīda* (Die Wahrheit des neuen Kreuzzugs) zu veröffentlichen, worin er sich darum bemüht, das Töten unschuldiger Zivilisten unter gewissen Umständen zu rechtfertigen.

So nennt der Autor eine Reihe von Bestimmungen, die das Töten von Zivilisten, wie Kinder, Frauen und Greise erlauben.[29] Wenn der Feind die Kinder, Frauen und Greise der Muslime tötet, dann ist, so al-ʿAiyīrī, mit gleichem Maße darauf zu reagieren. Dies bestätige der koranische Vers:

> „Wer nun gegen euch gewalttätig handelt, gegen den handelt in gleichem Maße gewalttätig, wie er gegen euch gewalttätig war."[30]

Eine weitere Ausnahme sei, wenn Zivilisten mit Kämpfern vermischt seien und dadurch unbeabsichtigt Frauen und Kinder getötet würden. Dafür zieht al-ʿAiyīrī eine Überlieferung heran die besagt:

> „Der Prophet, Gottes Frieden und Segen sei auf ihm, wurde nach einem nächtlichen Angriff auf die Feinde nach den Frauen und Kindern gefragt, die dabei zu Tode kamen, worauf er sagte: Sie gehören zu ihnen."[31]

Demnach sei das unvermeidliche Töten der Kinder und Frauen erlaubt, wenn sie sich unter den Feinden befinden. Als die früheren Muslime den Feind mit schweren Belagerungsmaschinen beschossen haben, war auch nicht absehbar, ob Zivilisten oder nur Kombattanten getroffen werden. So habe es der Prophet gegen die verbarrikadierte Stadt Ṭāʾif getan, als er diese mit Katapulten beschießen ließ, ohne zu wissen, wer hinter den Mauern getroffen wird. Yusuf al-

---

legitimen Zielen macht, sprechen Ideologen wie Usāma bin Ladin den christlich dominierten Ländern des Westens den Status der ahl al-kitāb einfach ab, indem sie Verse aus dem Koran heranziehen, die sich eigentlich auf die *mušrikīn* beziehen, vgl. hierzu auch den Kommentar zu Vers 2:191 (...und tötet sie, wo immer ihr auf sie trefft...) David Dakake, *"The Myth of a Militant Islam"*, in: Ghazi Bin Muhammad/Ibrahim Kalin/Mohammad Hashim Kamali (Hg.), *War and Peace in Islam – The Uses and Abuses of Jihad*, Cambridge 2013, S. 99-131, hier: S. 106ff.

28 Koran 9:36.

29 S. Yūsuf al-ʿAiyīrī, *ḥaqīqat al-ḥarb aṣ-ṣalibīyya al-ǧadīda*, o.O. 2002, S. 7.

30 Koran, 2:194.

31 Ṣaḥīḥ Muslim, Nr. 4647.

ʿAiyīrī legt noch weitere Rechtfertigungsgründe vor[32] und führt seine Theorien auf knapp 113 Seiten sehr ausführlich aus. Für al-ʿAiyīrī ist jedoch bereits der erste Punkt ein ausreichendes Argument für das Töten der Zivilisten feindlicher Länder und liefert mit dieser Aussage eine uneingeschränkte Erlaubnis, Zivilisten gezielt anzugreifen und zu terrorisieren. Damit schließt er sich Bin Ladin an, der in einer Drohung gegen „die Verbündeten der USA" betonte:

> „[...]Ihr tötet, also werdet ihr getötet werden. Ihr bombardiert, also werden auch euch Bomben treffen".[33]

al-Qāʿida Funktionär ʿĀdil al-ʿAbbāb (getötet durch eine US-Drohne im Yemen am 4. Oktober 2012)[34] wendet ein, dass dem Islam die Aufteilung der Ungläubigen in Zivilisten und Kombattanten eigentlich fremd sei und daher nicht auf dieser Basis die Frage behandelt werden dürfe, ob das Attackieren von westlichen Zivilisten erlaubt sei.[35] Ungläubige sind laut al-ʿAbbāb kollektiv in zwei Gruppen einzuteilen: Die erste Gruppe steht im allgemeinen Kriegszustand (*muḥāribūn*) mit den Muslimen und bekämpft sie. Ihr Leben ist daher nicht geschützt (Frauen und Kinder ausgenommen, wenn sie alleine unter sich sind). Die zweite Gruppe steht in keinem Kriegszustand zu den Muslimen und bekämpft sie auch nicht (*musālimūn*). Das Leben sowie das Eigentum dieser zweiten Gruppe sind geschützt, da sie aufgrund von Verträgen mit den Muslimen einen Ausnahmestatus genießen. Dabei kann es sich um Schutzbefohlene (*ahl aḏ-ḏimma*) handeln, also um Nichtmuslime, die unter den Muslimen leben, eine bestimmte Kopfsteuer (*ǧizya*) an das System zahlen und sich an die Ordnung des islamischen Landes halten. Ausgenommen sind auch Nichtmuslime, die aufgrund eines Friedensvertrags zwischen ihrem Herkunftsland und dem islamischen Land Schutz genießen, oder auch solche, die sich als Reisende oder Händler im Land der Muslime aufhalten und den Schutz durch die Autorität des islamischen Landes explizit zugesprochen bekamen (*mustaʾmin*).[36] „Wer auch immer", so zitiert al-ʿAbbāb den Propheten Muḥammad, „eine Person des Ver-

---

32 Vgl. ausführliche Übersetzung seiner Bestimmungen in: Elhakam Sukhni, *Die ‚Märtyreroperation' im Dschihad, Ursprung und innerislamischer Diskurs*, München 2011, S. 61-62.

33 Usama bin Ladin, *„Nachricht an die Verbündeten der USA"*, 12. November 2002; zit. nach: Marwan Abou-Taam/Ruth Bigalke (Hg.), *Die Reden des Osama bin Laden*, München 2006, S. 131.

34 Anlässlich seines Todes veröffentlichte die al-Qāʿda ihm zu Ehren eine 13-seitige Gedenkschrift mit dem Titel: *Fī riṯāʾ aš-šayḫ ʿĀdil al-ʿAbbāb.*

35 *"Q&A with Shaykh ʿĀdil al-ʿAbbāb on targeting nom-Muslim civilians and Yemeni soldiers"*, S. 20; in: Inspire-Zeitschrift, Ausgabe 4, 2010.

36 Vgl. auch: Mathias Rohe, *Das islamische Recht, Geschichte und Gegenwart*, München 2011, S. 149-158.

trags tötet, wird den Duft des Paradieses nicht riechen, obwohl der Geruch des Paradieses auf einer Distanz von 40 Jahren (Fußweg) noch zu riechen ist!“[37]

Länder, mit denen die Muslime jedoch keine Friedensabkommen geschlossen haben, zählen grundsätzlich zu Feindgebieten (*dār al-ḥarb*) und dürfen bekämpft werden. Ohne genaue Kontextualisierung zitiert ʿĀdil al-ʿAbbāb aus der Sure *at-tauba* den Vers:

> „Und wenn die heiligen Monate abgelaufen sind, dann tötet die Götzendiener, wo immer ihr sie findet […]“[38],

woraus er ableitet, dass das Töten der Ungläubigen grundsätzlich aufgrund ihres Unglaubens geschehe. Eingeschränkt wird dieses Prinzip eben nur durch einen vereinbarten Waffenstillstand oder Friedensvertrag.[39] Ein weiterer Beweis dafür, dass sie aufgrund ihres Unglaubens (und nicht nur ihrer Feindschaft) getötet werden dürfen, sei ein weiterer Vers aus der Sure *at-tauba*:

> „O ihr, die ihr glaubt, kämpft gegen jene, die euch nahe sind unter den Ungläubigen! Sie sollen in euch Härte vorfinden […].“[40]

Zur Untermauerung seiner Position greift er schließlich auf Aussagen des Propheten zurück. Nach al-Buḫārī und Muslim wird berichtet, so al-ʿAbbāb, dass der Prophet sagte:

> „Mir wurde der Befehl erteilt, die Menschen solange zu bekämpfen, bis sie die Worte sprechen: Es gibt nichts anbetungswürdigeres als Allah. Wer also (*lā ilāha illal-lāh*) sagt, der nimmt sein Vermögen und sich selbst in Schutz vor mir, es sei denn, es läge ein Verstoß gegen das Recht vor, und Seine Rechenschaft ist Allah überlassen.“[41]

Eine weitere entscheidende Aussage sei ein Hadith, wonach der Prophet sagte: „Kämpft auf dem Wege Allahs, bekämpft jene, die Allah verleugnen.“ Als dritte Instanz greift al-ʿAbbāb nun auf die Aussagen klassischer Gelehrter zurück und zitiert ohne genaue Quellenangabe Ibn Ḥağar al-ʿAsqalānī und Ibn Qudāma al-Maqdisī. Laut Ibn Ḥağar sei es „erlaubt einen Ungläubigen zu töten, den die Botschaft des Islams erreichte, jedoch sich weigerte, ihr zu folgen.“ Außerdem können muslimische

---

37 *“Q&A with Shaykh ʿĀdil al-ʿAbbāb on targeting nom-Muslim civilians and Yemeni soldiers”*, S. 20; in: Inspire-Zeitschrift, Ausgabe 4, 2010.

38 Koran 9:5.

39 Vgl. *“Q&A with Shaykh ʿĀdil l al-ʿAbbāb on targeting nom-Muslim civilians and Yemeni soldiers”*.

40 Koran 9:123.

41 *“Q&A with Shaykh ʿĀdil al-ʿAbbāb on targeting nom-Muslim civilians and Yemeni soldiers”*, S. 20.

> „Soldaten in die Länder der Ungläubigen entsandt werden, wo sie gefangen nehmen dürfen, wen auch immer sie dort finden. Den Soldaten steht es dann frei zu entscheiden, ob sie den Gefangenen hinrichten oder laufen lassen." Ibn Qudāma zufolge ist „das Blut der Ungläubigen, die zu den Leuten des Krieges gehören, erlaubt und ihnen steht kein Schutz zu."[42]

Die USA und ihre Verbündeten stünden, so al-ʿAbbāb, eindeutig im Kriegszustand mit der islamischen Welt. Afghanistan, Irak und Palästina seien dafür ausreichende Beweise. Die Bevölkerung dieser Staaten mache sich als Wähler der feindlichen Regierungen mitschuldig und hat dafür die Konsequenzen selbst zu verantworten. All diese Gründe „legitimieren, die Menschen im Westen zum Ziel zu nehmen und", so al-ʿAbbāb weiter „über diese Legitimationen hegen wir keinerlei Zweifel!" Sie anzugreifen sei daher aus zwei Gründen erlaubt: weil sie Ungläubige sind und weil sie die Muslime bekämpfen.[43] Anwar al-Awlakī erklärt aus den gleichen Gründen, die bereits al-Ayiri und auch al-ʿAbbāb anführten, dass es den *muǧāhidūn*, angelehnt an die Anwendung der Katapulte durch die ersten Muslime, erlaubt sei, mit Sprengstoff, Schnellfeuerwaffen und sogar chemischen oder biologischen Waffen gegen die Bevölkerung des Feindes vorzugehen. Diese Erklärung stützt er u.a. mit Positionen aš-Šawkānīs (gest. 1834), den er mit folgenden Worten zitiert:

> "Allah has commanded us to kill the disbelievers without specifying the methods of doing so. Allah did not command us to do this or not do that. Therefore there is no preventing from killing them with every means of killing whether it is shooting, stabbing, flooding, demolishing buildings on them or throwing them from heights."[44]

In einem anderen Beitrag, bei dem al-Awlakī die Frage behandelt, ob es den Muslimen erlaubt sei, im Westen das Eigentum der Nichtmuslime zu entwenden, legitimiert er den Kampf gegen die Bevölkerung mit einem weiteren Grund. Neben der bereits genannten Begründung, dass diese Länder Kriege gegen die Muslime führen, sei außerdem keiner der völkerrechtlich relevanten Verträge mit den Feindstaaten für die Muslime bindend bzw. gültig, da es keine legitime Vertretung für die Muslime gibt. Die Regierungen der islamischen Welt haben diese Legitimation verloren, da sie nicht nach Gottes Gesetz regieren, sich die Ungläubigen zu Verbündeten genommen haben und gegen die Verteidiger

---

42 Ebd., S. 21.

43 Ebd.

44 Zit. nach Anwar al-Awlaki, *"Targeting the populations of countries that are at war with the Muslims"*, in: Inspire-Zeitschrift, Ausgabe 8, 2011, S. 46-47.

Gottes kämpfen.[45] Die Präsidenten und Könige der islamischen Welt bezeichnet al-Awlakī daher als Apostaten.[46]

Nach den Terroranschläge auf den öffentlichen Nahverkehr Londons am 7. Juli 2005 verurteilte einer der führenden Ideologen der *ǧihādistischen* Szene, der Syrer Abū Baṣīr aṭ-Ṭarṭūsī, die gezielten Angriffe auf westliche Zivilisten deutlich und bezeichnete sie als „schändliche und beschämende Tat". Als Feind des syrischen Regimes lebte er selbst in London und kritisierte, dass solche Anschläge die muslimischen Oppositionellen im Westen schwächen, wenn darauf folgend die islamischen Gemeinden unter Generalverdacht gestellt werden. Grundsätzlich sei das gezielte Töten von Zivilisten nicht vereinbar mit dem islamischen Recht und würde darüber hinaus die rechtspolitischen Parteien der betroffenen Länder stärken, woran schließlich die Muslime im Westen selbst zu leiden hätten. Weiterhin betont aṭ-Ṭarṭūsī, dass die in den westlichen Ländern lebenden Muslime durch Verträge, die sich in Form der Aufenthaltsgenehmigung oder Staatsangehörigkeit äußern, an die Ordnung des Landes gebunden sind. Außerdem dürfe nicht verkannt werden, dass möglicherweise viele der getöteten Zivilisten, solidarisierend mit den Muslimen, dagegen kritisch und ablehnend gegenüber der Kriegspolitik ihres Landes gestanden haben.[47]

Al-Awlakī interessiert die Solidarität der westlichen Bevölkerung nicht und er entgegnet dem Argument, man würde das Bild der Muslime durch Terroranschläge verschlechtern, mit dem koranischen Vers:

> „Mit dir werden weder die Juden noch die Christen zufrieden sein, bis du ihrem Bekenntnis gefolgt bist. Sprich: ‚Die Rechtleitung Allahs ist doch die wahre Rechtleitung.' Und wenn du ihrem Ansinnen folgst, nachdem zu dir das Wissen gekommen ist, so wirst du vor Allah weder Freund noch Helfer haben."[48]

Muslime, die bei Terroranschlägen sterben, werden als Märtyrer fallen, so al-Awlakī. Außerdem stünden Muslime im Westen ohnehin vor nur zwei Möglichkeiten:

> "either hijra (Auswanderung) or jihād. You either leave or you fight. You leave and live among Muslims or you stay behind and fight with your hand, your wealth and

45 Anwar al-Awlaki, *"The Ruling on Dispossessing the Disbelievers wealth in Dar al-Harb"*, in: Inspire-Zeitschrift, Ausgabe 4, 2010, S. 56.

46 Anwar al-Awlaki, *"Targeting the populations of countries that are at war with the Muslims"*, S. 45.

47 Mariella Ourghi, *Muslimische Positionen zur Berechtigung von Gewalt, Einzelstimmen, Revisionen, Kontroversen*, Würzburg 2010, S. 117.

48 Koran 2:120.

your word. I specifically invite the youth to either fight in the West or join their brothers in the fronts of jihād: Afghanistan, Iraq, and Somalia."[49]

Ideologen der al-Qā'ida rechtfertigen ebenfalls Anschläge auf westliche Touristen in islamischen Gebieten, wie bereits im November 1997 die ägyptische Gruppe *al-Ǧamā'ah al-Islāmiyyah* bei einem Angriff auf hauptsächlich europäische Touristen in Luxor mit 62 Toten die Welt spüren ließ. Die Gründe dafür sind die bereits genannten. Es existieren keine gültigen Abkommen oder Verträge mit den westlichen Staaten, daher gilt für deren Reisende kein besonderer Schutz. Im Gegenteil: als Mitglieder der Feindstaaten (*ahl al-ḥarb*) dürfen sie getötet und enteignet werden.[50] Das am 11. Mai 2004 im Internet und in den Medien verbreitete Video der Enthauptung des US-amerikanischen Geschäftsmanns Nicholas Berg im Irak durch Abū Muṣ'ab az-Zarqāwīs Gruppe zeigt, wie konsequent die als Rache proklamierte Ermordung westlicher Zivilisten umgesetzt wird.[51]

Gezielte Anschläge auf Muslime

Muslime, die bei Terrorakten oder anderen militärischen Auseinandersetzungen mit dem „Feind" sterben, werden schlicht als Kollateralschäden bezeichnet. Ayman aẓ-Ẓawāhirī erklärt, dass keine Unschuldigen getötet wurden,

> „weder in Bagdad, noch in Marokko, Algerien oder irgendwo sonst. Sollte es irgendeinen Unschuldigen gegeben haben, der während einer Operation der *muǧāhidīn* getötet wurde, so handelt es sich dabei um ein unbeabsichtigtes Versehen, oder um eine Notwendigkeit, wie sie im Fall des *tatarrus*[52] gegeben ist."[53]

---

49 Anwar al-Awlaki, *"Shaykh Anwar's Message to the American People and Muslims in the West"*, in: Inspire-Zeitschrift, Ausgabe 1, 2010, S. 58.

50 Vgl. Abi Umar al-Faruq, *„ḥukm istihdāf al-suyyāḥ"*, in: ṣaḍa al-malāḥim, Ausgabe 9, S. 10-13.

51 Vgl. Jean-Pierre Milelli, „Abu Mus'ab al-Zarqawi, Der Dschihad in Mesopotamien",in: Kepel/Milelli (Hg.), *Al-Qaida, Texte des Terrors*, München 2006, S. 441-457, hier: S. 448.

52 D.h. wenn Muslime vom Feind als „Schutzschilde" benutzt (*tatarrus*), oder an die Front gestellt werden. Unschuldige Muslime können im Krieg geopfert werden, wenn dadurch eine größere Gruppe von Muslimen geschützt werden kann, also eine große Notwendigkeit (*ḍarūra*) besteht. Laut Ibn Taymīya werden diese geopferten Muslime als Märtyrer im Jenseits belohnt. Eine ausführliche Auseinandersetzung mit dieser Thematik liefert Nawāf Hāyil at-Takrūrī, *„al-'Amalīyāt al-istišhādīya fī al-mīzān al-fiqhī"*, Damaskus 1997, S. 79ff. Vgl. auch al-'Aiyīrī, Yūsuf, *The Islamic Ruling on the Permissibility of Martyrdom Operations*, S. 41, o.O. 2000.

53 Vgl. Jarret Brachman/Brian Fishman/Joseph Felter (Hg.), *The Power of Truth, Questions for Ayman Al-Zawahiri*, New York 2008, S. 6.

Ayman aẓ-Ẓawāhirī sieht sich aufgrund der immensen Anzahl von Todesopfern unter irakischen Muslimen gezwungen ein solches Statement abzugeben, da auch ihm nicht entgangen ist, dass der Terror gegen Muslime der Propaganda und der damit verbundenen Unterstützung der al-Qāʿida geschadet hat. Die am 9. November 2005 unter der Leitung von Abū Muṣʿab az-Zarqāwī verübten Bombenanschläge auf Ammans Oberklassehotels (Radisson, Hyatt und Days Inn) zählen zu den Anfängen eines rapiden Sympathieverlustes für die al-Qāʿida, die bis dato auch von vielen Jordaniern als einzige ernstzunehmende Widerstandsgruppe im Irak wahrgenommen wurde.[54] Die vier aus dem Irak eingereisten Selbstsprengungsattentäter (unter ihnen eine Frau[55]) verteilten sich auf die drei Hotels der jordanischen Hauptstadt und hinterließen 57 Tote, sowie 120 Schwerverletzte, hauptsächlich jordanisch-muslimische Gäste verschiedener Hochzeitsgesellschaften.[56] Nicht nur Ayman aẓ-Ẓawāhirī, sondern auch Abū Muṣʿab az-Zarqāwīs Mentor und prominenter Theoretiker der salafitisch-ǧihādistischen Szene, Abū Muḥammad al-Maqdisī, kritisierten dieses extreme Vorgehen gegen muslimische Zivilisten[57] und äußerten sich öffentlich auch gegen az-Zarqāwīs harte Linie im Irak[58]. Nach der Tötung Abū Muṣʿab az-Zarqāwīs im Irak durch Einheiten der US-Armee im Juni 2006 folgte trotz aller Kritik weiterhin eine Reihe spektakulärer Anschläge auf muslimische Zivilisten durch al-Qāʿida nahe Gruppen, die sich über verschiedene Länder der islamischen Welt erstrecken und voraussichtlich auch weiterhin aktiv sein werden.

Muslime, deren Besitz und Leben nach islamischem Recht unantastbar (*maʿṣūm*) sind, können diesen Schutz verlieren, wenn sie z.B. Verrat an der

---

54 Mohammad Abu Rumman/Hassan Abu Hanieh, *The Jihadi Salafist Movement in Jordan after Zarqawi: Identity, Leadership Crisis and Obscured Vision*, Islamic Politics in Jordan – Volume III, Amman 2009, S. 55 – vor den Anschlägen (2004) betrachtete 67% der jordanischen Bevölkerung Bin Ladins al-Qāʿida als „eine Organisation des legitimen Widerstands". Diese Meinung sank um 20%, wobei der Gruppe um az-Zarqāwī im Irak nur noch 6,2% zusprachen, eine legitime Widerstandsgruppe zu sein.

55 Sajida Atrous al-Rishawi schaffte es nicht, den Sprengstoffgürtel zu zünden. Sie wurde verhaftet und später zum Tode verurteilt, Vgl. Abu Rumman/Abu Hanieh, *The Jihadi Salafist Movement in Jordan after Zarqawi*, S 50.

56 David Cook/Olivia, Allison, *Understanding and Addressing Suicide Attacks – The Faith and Politics of Martyrdom Operations*, Westport 2007, S. 72.

57 Zu den Opfern der Anschläge zählt u.a. der syrische Regisseur Muṣṭafā al-ʿAqqād und seine Tochter Rima, die sich zur Tatzeit im Hyatt-Hotel aufhielten. al-ʿAqqāds Verfilmungen des libyschen Freiheitskämpfers Umar al-Mukhtar (Lion of the Desert) sowie das Leben des Propheten Muhammads (The Message) verliehen ihm eine große Popularität in der islamischen Welt, so dass die Nachricht von seinem Tod eine zusätzliche Welle der Empörung und Ablehnung der al-Qāʿida Taktiken auslöste.

58 Vgl. Cook/Allison, *Understanding and Addressing Suicide Attacks*, S. 79.

muslimischen Gemeinde (*ummah*) begehen und sich der Kollaboration mit dem Feind schuldig machen. Besonders den Herrschern der islamischen Länder werden eben diese Vorwürfe gemacht, die darüber hinaus zu Abtrünnigen erklärt werden, weil sie nicht „nach dem regieren, was Gott offenbarte".

Ausschlaggebend ist insbesondere der Vers:

> „Und wer nicht nach dem richtet, was Allah herabgesandt hat – das sind die Ungläubigen."[59]

Demnach existiere kein rechtmäßiger islamischer Staat, sodass die Muslime keiner legitimen Führung unterstehen und daher selbst den *ǧihād* gegen den Feind ausrufen können.[60] Die nahen Feinde müssen jedoch zuerst beseitigt werden und diese sind, aufgrund ihres Verrats, die lokalen Herrscher selbst. Ayman aẓ-Ẓawāhirī nimmt daher hauptsächlich die Herrscher der islamischen Welt ins Visier und erklärt:

> „Eine der wichtigsten Formen des *ǧihāds* heute ist der Krieg gegen die abgefallenen Herrscher, die das geoffenbarte Gesetzt verhöhnen und sich mit den Juden und Christen verbünden."[61]

Auch Abū Muḥammad al-Maqdisī unterstützt das Prinzip, zuerst den nahen Feind zu bekämpfen, weil seine direkte Gefahr und das Unheil größer sind. So habe auch bereits der Prophet nicht mit den Persern oder Römern begonnen, sonst erst gegen die nahen Feinde gekämpft.[62] Die Muslime hätten, so al-Maqdisī, die Worte Gottes richtig verstehen müssen:

> „O ihr, die ihr glaubt, kämpft gegen jene, die euch nahe sind unter den Ungläubigen! Sie sollen in euch Härte vorfinden. Und wisset, dass Allah mit den Gottesfürchtigen ist!"[63]

In seinem in der *ǧihādistischen* Szene weitverbreiteten Traktat „*Milatu Ibrāhīm*" wendet er sich in einer „Lossagung" (noch vor der Einleitung) von den abtrünnigen Herrschern ab sowie von ihren „irreführenden Gelehrten, ihren Unterstützern, Armeen, Polizisten, Geheimdiensten und Wachen."[64] An diese Gruppen richtet er die Worte des Korans:

---

59 Koran 5:44.

60 Anwar al-Awlaki, *"Targeting the populations of countries that are at war with the Muslims"*, S. 45.

61 Zit. nach Stéphane Lacroix, *„Ayman al-Zawahiri"*, in: Gilles/Milelli (Hg.), Al-*Qaida, Texte des Terrors*, S. 399.

62 Al-Maqdisī, *Milatu Ibrāhīm, wa da'wat al anbīyā' wal mursalīn*, S. 67.

63 Koran 9:123.

64 Al-Maqdisī, *Milatu Ibrāhīm, wa da'wat al anbīyā' wal mursalīn*, S. 1.

> „[...] Wir sagen uns los von euch und von dem, was ihr anstatt Allah anbetet [...] Wir verleugnen euch, und zwischen uns und euch haben sich Feindschaft und Hass auf immer offenkundig gezeigt, bis ihr an Allah allein glaubt."[65]

Zu den unverzichtbaren Hauptschriften des modernen *ǧihāds* und als ideologische Grundlage für das Attentat auf Anwar as-Sadāt 1981 zählt die von ʿAbdessalām Faraǧ verfasste Schrift *„al-farīḍa al-ġāʾiba"* (Die abwesende Pflicht).[66] Darin macht er deutlich, dass der Kampf gegen den nahen Feind Vorrang gegenüber dem fernen Feind hat.

> „In den islamischen Ländern ist der Feind vor Ort, er erteilt sogar die Befehle. Er wird verkörpert von jenen Regierenden, die die Macht über die Muslime ergriffen haben, und deshalb ist der *ǧihād* eine Pflicht, die jedem einzelnen obliegt (*farḍ ʿayn*)."[67]

Nicht nur die Herrscher müssten zu Ungläubigen erklärt werden, sondern ebenso alle Muslime, die mit dem ungläubigen Staat zusammenarbeiten, ihn nicht ablehnen und nur eines der koranischen Gebote verletzen.[68]

Besonders die algerische GIA (Groupe Islamique Armé) erklärte öffentlich, dass das gesamte algerische Volk vom Glauben abgefallen sei, da es sich nicht am *ǧihād* gegen die „ungläubige" Regierung beteiligt. Mit diesem Urteil rechtfertigte die GIA eine Reihe von gezielten Bombenanschlägen auf algerische Zivilisten.[69] Unter der Führung von ʿAntar Zūwābrī geht die GIA sogar soweit, jeden, der nicht der salafitischen Doktrin der Gruppe folgt, als Abtrünnigen und Kollaborateur zu verurteilen.[70] Wähler und Unterstützer anderer Gruppen werden zur Zielscheibe von Angriffen. Den Höhepunkt dieser *takfīr*-Ideologie erlebte das algerische Volk im Ramadan am 1. Januar 1998, als 412 Menschen (darunter auch Babys, Kinder, Frauen und Greise) in der Provinz Reliziane bei einem Massaker, das der GIA zugeschrieben wird, ermordet wurden.[71] Mit Ver-

---

65 Koran 60:4.

66 Vgl. Sabine Damir-Geilsdorf, *Herrschaft und Gesellschaft – Der islamistische Wegbereiter Sayyid Qutb und seine Rezeption*, (Mitteilungen zur Sozial- und Kulturgeschichte der islamischen Welt),Würzburg 2003, S. 257.

67 Zit. nach Gilles Kepel, *Der Prophet und der Pharao, Das Beispiel Ägypten: Die Entwicklung des muslimischen Extremismus*, München 1995, S. 220.

68 Damir-Geilsdorf, *Herrschaft und Gesellschaft*, S. 257.

69 Kepel, *Der Prophet und der Pharao*, S. 328f.

70 Atwan, *After bin Laden*, S. 171.

71 Laut Souaïdia, ehemaliger Offizier einer algerischen Antiterroreinheit, sei die GIA systematisch von algerischen Agents Provocateurs infiltriert gewesen sein, sodass an zahlreichen Massakern an der Zivilbevölkerung Militärangehörige mitbeteiligt waren. Vom algerischen Geheimdienst initiierte Anschläge wurden öffentlich der GIA angehängt, um ein massives Vorgehen gegen letztere zu rechtfertigen, Souaïdia,: vgl. Habib

weis auf die traumatischen Ereignisse für das algerische Volk wandte sich ein hohes Mitglied der al-Qāʿida, ʿAṭṭīya al-Ǧazāʾirī (der Algerier), an Abū Muṣʿab az-Zarqāwī und warnt ihn davor, im Irak den gleichen Fehler zu begehen wie einst die GIA. In einem Schreiben betont er, dass in

> "Algeria between 1994 and 1995 when (the GIA) was [...] on the verge of taking over the government [...] they destroyed themselves with their own hands with their lack of reason, delusions, ignoring the people, their alienation of them through oppression, deviance and severity [...]."[72]

Abū Muṣʿab az-Zarqāwī, bekennender Drahtzieher der Anschläge auf Amman und selbst Jordanier (in al-Zarqa geboren), bezeichnet sein Heimatland als „Sicherheitsventil und [...] Schutzwall Israels."[73] Dabei fährt er einen gnadenlosen Kurs gegen alle Muslime, die er der Kollaboration mit den Feinden bezichtigt und spricht ihnen den Glauben ab, allen voran den Schiiten im Irak. Exemplarisch sei hier ein Bombenanschlag am 28. Februar 2005 erwähnt, bei dem in der Nähe eines Rekrutierungsbüros der irakischen Polizei rund 100 Zivilisten auf einem Markt zu Tode kamen. Aber auch vor schiitisch-religiösen Feierlichkeiten, wie etwa bei einem Anschlag auf ein ʿAšūra-Fest im März 2004 und Februar 2005, sowie vor Mordanschlägen auf schiitische Würdenträger schreckte die Gruppe um az-Zarqāwī nicht zurück.[74] Während Anschläge auf hohe Persönlichkeiten der Schia, wie im Fall Muḥammad Bāqir al-Ḥākim, noch politische Motive hatten, ging es bei den ʿAšūra-Anschlägen nur darum, so viele Schiiten zu töten wie nur möglich, eben weil sie Schiiten sind.[75]

Grundsätzlich gilt für die al-Qāʿida jeder Soldat, jeder Beamte, jeder Richter, jeder einfache Pförtner und sogar islamische Gelehrte als Feind des Islams, sobald sie die „abtrünnigen Systeme" und Feindstaaten direkt oder indirekt unterstützen und schützen. Durch das Bewachen staatlicher Einrichtungen, wie Konsulate, Botschaften und Parlamente, das Schützen der feindlichen Diplomaten und Politiker, oder, wie im Fall der Gelehrten, die Unterstützung der Politik durch Rechtsgutachten (*fatāwā*), aber auch einfach nur durch Anwenden des positiven Rechts vor Gericht (hier Richter) würden sich die Muslime der Kollaboration schuldig machen. Dazu zählen auch Türsteher, die Diskotheken, Kneipen und andere „Orte der Sünde" beschützen.[76] In der arabischen Ausgabe

---

Souaïdia, *Schmutziger Krieg in Algerien, Bericht eines Ex-Offiziers der Spezialkräfte der Armee (1992–2000)*, Zürich 2001, S. 113; vgl. auch Atwan, *After bin Laden*, S. 172.

72 Zit. nach Atwan, *After bin Laden*, S. 171-172

73 Milelli, *„Abu Mus'ab al-Zarqawi, Der Dschihad in Mesopotamien"*, S. 442.

74 Ebd. S. 449

75 Patrick Cockburn, *Muqtada al-Sadr and the Fall of Iraq*, London 2008, S. 179-180.

76 ʿAbdullāh al-Anṣārī, *„Ǧunūd wa anṣār farāʿn al-ʿaṣr (I)"*, in: ṣadā l-malāḥim; Ausgabe 6, S. 6.

der al-Qāʿida Zeitschrift bekräftigt ʿAbdullāh al-Anṣārī, dass sowohl „die Pharaonen unserer Zeit" als auch ihre Soldaten und ihre Helfer allesamt Abtrünnige (*murtaddūn*), Ungläubige (*kuffār*) sind.[77] Um seine Position zu belegen, verweist al-Ansari auf die Sunna des Propheten und nennt einige Stellen aus dem Koran, u.a. Vers 28 der Sure Āl-ʿImrān:

> „Die Gläubigen sollen die Ungläubigen nicht statt der Gläubigen zu Beschützern nehmen. Wer solches tut, der hat nichts mehr mit Allāh [gemeinsam] [...]."

„Hat nichts mehr mit Allāh gemeinsam" bedeutet für ʿAbdullāh al-Anṣārī, dass die Person aus dem Islam ausgetreten ist.[78] Die äußerlichen Merkmale lassen darauf schließen, dass diese Personen abtrünnig geworden sind, so wie es die *šarīʿa* definiere. In diesem Punkt verkehre man mit ihnen, wie mit den Heuchlern:

> „So wie wir den Heuchler nach seinem Äußeren beurteilen - d.h., wenn er seinen Unglauben nicht offenkundig zeigt, sondern nach außen als Muslim erscheint und wir ihn im Diesseits als Muslim beurteilen, wobei wir das wahre Urteil über ihn [im Jenseits] Gott überlassen – so beurteilen wir jeden, der in die Reihen der *kuffār* überläuft oder sich ihnen verpflichtet und sie mit Tat oder Wort offensichtlich unterstützt, sei er Soldat, Mufti oder ein Journalist, als einen von ihnen [d.h. kāfir/ Ungläubigen] und das wahre Urteil über ihn liegt bei Gott."[79]

Schlussbetrachtung

Das Zielen auf westliche bzw. nichtmuslimische Zivilisten wird wohl eines der Merkmale der al-Qāʿida-Taktiken bleiben. Das absichtliche Töten von muslimischen Zivilisten dagegen wird zwar in den Führungskreisen und unter den Hauptideologen der al-Qāʿida streng abgelehnt, jedoch bietet ihre Methodik des *takfīr* (das Absprechen des Glaubens) einen weiten Ermessensspielraum dafür, wer überhaupt noch Muslim ist und welche Ziele für Terroranschläge doch legitim sein können. Mit dem Tod Abu Musʿab az-Zarqāwīs, der eine massive Offensive gegen muslimische „Abtrünnige" startete, endet seine Methodik nicht. Sogenannte „Neo-Zarqāwīs"[80] führen sein Werk fort und inspirieren mit ihren extremen Positionen gegen Christen, Schiiten und andersdenkende sunnitische

77 ʿAbdullāh al-Anṣārī, *„Ǧunūd wa anṣār farāʿn al-ʿaṣr (II)"*, in: ṣadā l-malāḥim; Ausgabe 7, S. 8.

78 Ebd., S. 9.

79 Ebd.

80 Murad Batal Al-Shishani, *"The Dangerous Ideas of the Neo-Zarqawist Movement"*, in: CTC Sentinel, Vol. 2, Issue 9, September 2009, S. 18.

Gruppen die al-Qāʿida Ableger in Syrien, die den dort wütenden Bürgerkrieg in einen Konfessionskrieg zu lenken versuchen.[81]

Innerhalb der ǧihādistisch-salafitischen Bewegung bestehen in vielen Fragen Meinungsverschiedenheiten. Abū Muḥammad al-Maqdisī z.B. betont in einem öffentlich an az-Zarqāwī gerichteten Schreiben[82] bzgl. der Schiiten:

> „ungeachtet ihrer Geschichte, ihrer feindseligen Haltung gegenüber den Sunniten und allem Bösen, was sie diesen angetan haben, darf man das einfache Volk und dessen Rädelsführer nicht über einen Kamm scheren, [...] man darf nicht gegen diejenigen vorgehen, die nicht aktiv am Kampf beteiligt sind, auch wenn es sich um Ungläubige oder Christen handelt. Auch deren Kirchen und Kultstätten darf man nicht überfallen."[83]

Viel bedeutender als Muḥammad al-Maqdisī ist der besonders im Salafismus hoch angesehene ḥanbalitische Gelehrte Ibn Taymiyya (gest. 1328), der es ablehnt, Nichtmuslime nur aufgrund ihres Unglaubens (*kaunahum kuffār)* zu töten.[84] Dabei verweist er auf die koranische Aussage:

> „Es gibt keinen Zwang im Glauben. Der richtige Weg ist nun klar erkennbar geworden gegenüber dem unrichtigen."[85]

Diese Stelle kommentiert Ibn Taymiyya mit der Ansicht, dass niemand zum Islam gezwungen werden kann, denn

> „[...] wenn der Ungläubige bekämpft werden dürfte, bis er den Islām annimmt, wäre dies die größte Form von Zwang im Glauben."[86]

Ibn Taymiyya lehnt die Position ab, Muslime stünden grundsätzlich im Kriegszustand mit anderen (nichtmuslimischen) Ländern, wenn kein ausdrücklicher Friedensvertrag bestünde. Es existiere unter einigen Gelehrten zwar eine solche Ansicht, die Mehrheit (*al-ǧumhūr*) der Rechtsgelehrten wie Mālik, Aḥmad b. Ḥanbal, Abū Ḥanīfa legitimieren den *ǧihād* jedoch nur zur Selbstverteidigung und dies sei laut Ibn Taymiyya die richtige Position.[87]

---

81 Besonders die Gruppe ISIL-"Islamischer Staat im Irak und der Levante" (*ad-Dawla al-Islāmīya fī al-ʿIrāq wa š-Šām*, bekannt als *Dāʿiš*), die als Ableger der irakischen Gruppe um az-Zarqāwī gilt, liefert sich erbitterte Kämpfe gegen andere sunnitische Rebellen und salafitisch-*ǧihādistische* Gruppen, wobei selbst innerhalb dieser Konfliktparteien der *takfīr* angewandt wird.

82 az-Zarqāwī, *"munāṣara wa munāṣaḥa"*, abrufbar auf URL: www.tawhed.ws/r?i=dtwiam56 (letzter Zugriff:09.03.2014).

83 Zit. nach Milelli, *„Abu Musʿab al-Zarqawi, Der Dschihad in Mesopotamien"*, S. 450

84 Vgl. Muḥammad Abu Zahra, *Ibn Taymiyya: ḥayātuh wa ʿaṣruh – arāʾuh wa fiqhuh*, Kairo 2000, S. 304ff.

85 Koran, 2:256.

86 Vgl. Abu Zahra, *Ibn Taymiyya: Ḥayātuh wa ʿaṣruh – arāʾuh wa fiqhuh*, S. 306.

87 Vgl. Ebd. S. 304f.

Der ehemalige saudische Großmufti ʿAbd al-ʿAzīz bin Bāz (gest. 1999) verurteilt die Angriffe auf westliche Gäste bzw. Touristen auf islamischem Boden scharf und verweist auf ihren Status als *mustaʾminūn*, d.h. solche, denen eine Schutzgarantie (*amān*) versprochen wurde. Es sei verboten, Pakte zu brechen, auf welche sich die Vertragspartner verlassen haben. Bei bestimmten Vergehen seien nur die islamischen Gerichte des Landes zuständig. Eine Abwesenheit solcher Gerichte erlaube es dem Individuum aber immer noch nicht eigenständig mit Gewalt zu handeln, da die Exekutive nur dem Staat zustehe.[88] Außer dem rechtmäßigen Herrscher (*walī al-amr*) stehe es niemandem zu, gegen die *kuffār* in ihren eigenen Ländern den *ǧihād* auszurufen.[89]

Jene, die sich vom Staat abkehren und gezielte Attentate auf Sicherheitskräfte und Staatsbedienstete verüben, setzt das saudische Mitglied des ständigen Komitees für Rechtsfragen Ṣāliḥ al-Fauzān mit den *ḫawāriǧ* gleich, die sich aus politisch-theologischen Gründen vom vierten Kalifen ʿAlī ibn Abī Ṭālib abgespalten hatten und ihn bei einem Attentat töteten.[90] Auch die *ḫawāriǧ* warfen ʿAlī vor, er sei abtrünnig geworden, da er nicht nach dem Gesetz Allāhs regiere und erklärten seine Unterstützer ebenfalls zu Abtrünnigen. Der amtierende Großmufti Saudi-Arabiens ʿAbd al-ʿAzīz Āl aš-Šayḫ erinnert in dieser Frage an einen Vers im Qurʾān, der besagt:[91]

> „Und wer einen Gläubigen vorsätzlich tötet, dessen Lohn ist die Hölle, worin er auf ewig bleibt. Allah wird ihm zürnen und ihn von Sich weisen und ihm eine schwere Strafe bereiten."[92]

Die Positionierungen dieser saudischen Gelehrten sind jedoch wertlos für die Anhänger des internationalen *ǧihādismus*, da insbesondere diese Gelehrten, sogenannte Palastgelehrte (oder wie in den meisten *ǧihādistischen* Internetforen als *talafis*[93] bezeichnet), abgelehnt und wie bereits behandelt aufgrund ihrer Kollaboration mit den abtrünnigen Herrschern selbst zu Abtrünnigen erklärt werden.

Eine Diskussion kann also selbst auf theologischer Basis nutzlos sein, wenn man es mit Gesprächspartnern zu tun hat, die sich bereits tief in der *ǧihādisti-*

---

88 Muḥammad b. Fahd Al-Ḥaṣīn (Hg.), *al-Fatāwā al-šarʿīya fī al-qaḍāya alʿaṣrīya*, Kairo 2004, S. 104f.

89 Ebd. S.133.

90 Ebd. 126.

91 Ebd. 124.

92 Koran 4:93.

93 *Talafī* setzt sich aus dem arabischen Verb *talifa* (dt. vernichtet werden; beschädigt, verdorben sein) und dem hier bekannten Begriff *salafī* zusammen. Mit diesem Begriff werden in den meisten Diskussionsforen hauptsächlich saudische „Palastgelehrte" bezeichnet, denen vorgeworfen wird, den *ǧihād* zu behindern und den *takfīr* nicht auszusprechen, wo es von Nöten ist.

schen takfīr-Ideologie bewegen und alle Gelehrtenmeinungen ablehnen, die nicht von Ideologen der eigenen Reihen stammen. Trotzdem muss der theologische Diskurs aufrecht erhalten und ständig weitergeführt werden, um wenigstens jene zu erreichen, die noch nicht vollkommen mit der Gesellschaft gebrochen haben.

Literatur

Abou Taam, Marwan/Bigalke, Ruth (Hg.), *Die Reden des Osama bin Laden*, München 2006.

Abu Rumman, Mohammad/Abu Hanieh, Hassan, *The Jihadi Salafist Movement in Jordan after Zarqawi: Identity, Leadership Crisis and Obscured Vision*, (Islamic Politics in Jordan – Volume III), Amman 2009.

Abu Zahra, Muḥammad, *Ibn Taymiyya: ḥayātuh wa ʿaṣruh – arāʾuh wa fiqhuh*, Kairo 2000.

al-ʿAiyīrī, Yūsuf, *The Islamic Ruling on the Permissibility of Martyrdom Operations*, o.O. 2000.

al-ʿAiyīrī, Yūsuf, *ḥaqīqat al-ḥarb aṣ-ṣalibīyya al-ğadīda*, o.O. 2002.

al-Anṣārī, ʿAbdullāh, *Ğunūd wa anṣār farāʿn al-ʿaṣr* (I), in: *ṣaḍa al-malāḥim*; Ausgabe 6, o.O., S. 6.

Ders.: *Ğunūd wa anṣār farāʿn al-ʿaṣr* (II), in: *ṣaḍa al-malāḥim*; Ausgabe 7, o.O., S. 8.

as-Sūrī, Abū Muṣʿab, *"The Jihadi Experiences: The most important enemy targets aimed at by the individual Jihad"*, in: Inspire-Zeitschrift, S. 23, Ausgabe 9; o.O. 2012.

Atwan, Abdel Bari, *After bin Laden, al-Qa'ida, The Next Generation*, London 2012.

al-Farūq, Abū ʿUmar, *"Ḥukm istihdāf as-suyyāḥ"*, in: *Ṣaḍa al-malāḥim*; Ausgabe 9, o.O., S. 10-13.

al-Awlaki, Anwar, *"Targeting the populations of countries that are at war with the Muslims"*, in: Inspire-Zeitschrift, Ausgabe 8, o.O. 2011, S. 46-47.

Ders., *"The Ruling on Dispossessing the Disbelievers wealth in Dar al-Harb"*, in: Inspire-Zeitschrift, Ausgabe 4, o.O. 2010, S. 56.

Ders., *"Shaykh Anwar's Message to the American People and Muslims in the West"*, in: Inspire-Zeitschrift, Ausgabe 1, o.O. 2010, S. 58.

al-Ḥaṣīn, Muḥammad b. Fahd (Hg.), *"al-Fatāwa aš-šarʿīya fī l-qaḍāya alʿaṣrīya"*, , Kairo 2004.

al-Maqdisī, Abū Muḥammad ʿĀṣim, *Milatu Ibrāhīm, wa daʿwat al anbīyāʾ wal mursalīn*, o.O.

al-Shishani, Murad Batal, *"The Dangerous Ideas of the Neo-Zarqawist Movement"*, in: CTC Sentinel, Vol. 2, Issue 9, o.O. September 2009, S. 18.

az-Zawahiri, Ayman, *„Die Treue und der Bruch"* (Auszüge), in: Kepel, Gilles/Milelli, Jean-Pierre (Hg.), *Al-Qaida, Texte des Terrors*, München 2006, S. 383-437.

Baehr, Dirk, *„Die somalischen Shabaab-Milizen und ihre jihadistischen Netzwerke im Westen"*, in: *KAS-Auslandsinformationen 08/2011*, Berlin 2011, S. 22-39.

Bin Ladin, Usāma, *"Until we taste what Hamza bin Abd Al-Muttalib tastet [sic]"*; in: Inspire-Magazin, Ausgabe 2, o.O.

Brachman, Jarret/ Fishman, Brian/Felter, Joseph (Hg.), *The Power of Truth, Questions for Ayman Al-Zawahiri*, New York 2008.

Cockburn, Patrick, *Muqtada al-Sadr and the Fall of Iraq*, London 2008.

Cook, David/Allison, Olivia, *Understanding and Addressing Suicide Attacks – The Faith and Politics of Martyrdom Operations*, Westport 2007.
Dakake, David, *"The Myth of a Militant Islam"*, in: Bin Muhammad, Ghazi/ Kalin, Ibrahim/ Kamali, Mohammad Hashim (Hg.), *War and Peace in Islam - The Uses and Abuses of Jihad*, Cambridge 2013, S. 99-131.
Damir-Geilsdorf, Sabine, *Herrschaft und Gesellschaft – Der islamistische Wegbereiter Sayyid Qutb und seine Rezeption*, (Mitteilungen zur Sozial- und Kulturgeschichte der islamischen Welt),Würzburg 2003.
Hansen, Stig Jarle, *Al-Shabaab in Somalia, The history and ideology of a militant islamic group 2005-2012*, London 2013.
Helfstein, Scott/Abdullah, Nassir/Al-Obaidi, Muhammad, *Deadly Vanguards: A Study of al-Qa'ida's Violence Against Muslims*, New York 2009.
Hellmich, Christina, *al-Qaida, Vom globalen Netzwerk zum Franchise-Terrorismus*, Darmstadt 2012.
Ibrahim, Yahya, *"The ultimate mowing machine"*, in: Inspire-Zeitschrift, Ausgabe 2; 2010, S. 54.
Kepel, Gilles, *Der Prophet und der Pharao, Das Beispiel Ägypten: Die Entwicklung des muslimischen Extremismus*, München 1995.
Lacroix, Stéphane, *„Ayman al-Zawahiri"*, in: Gilles/Milelli (Hg.), Al-*Qaida, Texte des Terrors*, München 2006, S. 271- 437.
Milelli, Jean-Pierre, *„Abu Mus'ab al-Zarqawi, Der Dschihad in Mesopotamien"*, in: Kepel, Gilles/Milelli, Jean-Pierre (Hg.), *Al-Qaida, Texte des Terrors*, München 2006, S. 441-457.
Nawāf Hāyil at-Takrūrī, *al-ʿAmalīyāt al-istišhādīya fī l-mīzān al-fiqhī*, Damaskus 1997.
New York City Police Department, *Analysis Of Al-Shabaab's Attack At The Westgate Mall In Nairobi, Kenya*, New York 2013.
Ourghi, Mariella, *Muslimische Positionen zur Berechtigung von Gewalt, Einzelstimmen, Revisionen, Kontroversen*, Würzburg 2010.
Rohe, Mathias, *Das islamische Recht, Geschichte und Gegenwart*, München 2011.
Ruthven, Malise, *Encounters with Islam, On Religion, Politics and Modernity*, New York 2012.
Saghi, Omar, *Osama Bin Laden, Volkstribun im Medienzeitalter*, in: Kepel, Gilles/Milelli, Jean-Pierre (Hg.), *Al-Qaida – Texte des Terrors*, München 2006, S. 25-52.
Souaïdia, Habib, *Schmutziger Krieg in Algerien, Bericht eines Ex-Offiziers der Spezialkräfte der Armee (1992–2000)*, Zürich 2001.
Sukhni, Elhakam, *Die ‚Märtyreroperation' im Dschihad, Ursprung und innerislamischer Diskurs*, München 2011.
Q&A with Shaykh ʿĀdil al-ʿAbbāb on targeting nom-Muslim civilians and Yemeni soldiers, in: Inspire-Zeitschrift, Ausgabe 4, o.O. 2010, S. 20.

Salafism and the Arab Revolutions. Analyzing some general trends.

Sami Zemni

The Arab world has witnessed a wave of revolutions, protests and upheavals since Mohamed Bouazizi (Muḥammad 'Ṭāriq' al-Bū ʿAzīzī), a young fruit vendor in the marginalised town of Sīdī Būzīd in Tunisia, set himself on fire as a gesture of protest. The different forms of mass protests against authoritarian and sometimes dictatorial regimes have come as a surprise to many observers. As the seated regimes were seen as well entrenched and mostly backed by foreign (Western) allies, the Arab world was apparently not the place to look for revolutions or massive protest. While most observers of the region were indeed aware of the extreme unpopularity of the Arab leaders and their regimes, no one could really predict the eruption of so much popular discontent.

The originality of the mass protests can be summarized by the rallying cry of the protesters: '*irḥal*!' ('leave'). The Arab peoples of the region did not stage their protests in a call for some ideologically motivated claim such as *Islam* or *Shari'a* (*šarīʿah*), nor did they express opposition to imperialist or Western agendas. In fact, one of the central features of the first wave of protests was the conspicuous absence of political parties and/or specific ideologies be they secular, leftist, liberal or Islam-inspired.

However, in the countries that have witnessed substantial political change – from a revolutionary rupture in Tunisia, a revolution-*cum*-counterrevolution in Egypt, a NATO backed toppling of the Libyan regime or more reform-based changes like in Morocco – it has become clear that political parties and ideologies now play a more crucial role. Islamist political formations have come to power through free elections while different forms of Salafism have emerged as successful challengers. Both Islamists and especially Salafists did not play an important role in most of the Arab uprisings (Syria being a different case). However, to the surprise of many observers, Islamists and Salafists have now moved center stage of the political futures of several countries of the Middle East and North Africa. As it turned out, Islamist political formations have become electoral heavyweights. After decades of opposition and repression under authoritarian rule, Islamists hold now the reins of power in different countries. Salafist movements did not participate in the first free Tunisian elections but in Egypt, to the astonishment of many (and also their own), the al-Nour (*an-Nūr*) party secured almost a quarter of the votes in the parliamentary elections. This rapid emergence of politicised Salafi movements – who for years had mostly shunned direct political action – in the public arena has become an issue of concern.

In this contribution, the author will analyze some general trends of current Salafism. Who are these new Salafi movements? Are they so new or have they changed over time? And how can they be interpreted? After briefly introducing some elements defining what Salafism is, the author focuses on three important trends affecting current Salafism that have particularly come to the fore since the start of the Arab Revolutions. Firstly, I focus on the relationship between Salafism and politics. As Salafi movements have become political players the question on how these movements perceive politics and their societal engagement seems evident. Secondly, the author centers the attention on the complex relationship between Salafi thought and violence. Throughout the Arab world, since the Arab Revolutions, Salafi violence has become particularly visible, targeting as much specific behavior that is seen as deviant or un-Islamic as well as more political goals (the assassination of political leaders or the *jihad* (*ǧihād*) waged in Syria against Bashar al-Assad (Baššār al-Assad). Finally, this article focuses on the issue of sectarianism. Salafism, in its search for moral and religious purity, has always had a difficulty in accepting or tolerating other Islamic or non-Islamic forms of belief. Since 2011 Salafis across the Arab region have stirred the sectarian card by criticizing, pressurizing or even using violence against Muslims following Sufi rites or Shiism, they have attacked and demolished Sufi shrines and attacked Christian minorities and churches. Sectarianism is a constant danger for countries in the region that are composed of different ethnic and/or religious groups and Salafism has influenced the issue thoroughly.

In the three themes mentioned above, the author only superficially introduces and discusses the antecedents in thought and genealogies of action, instead he focuses mostly on the newer emerging trends as the consequence of the political landslide changes that the region is witnessing ever since the start of the Arab Revolutions.

Quid Salafism?

Salafism, as a trend within Islam, looks at the founding period of Islam as the only genuine and authentic form of Islam. Indeed, the Islam of the *salaf al-ṣāliḥ* or the 'pious ancestors', is seen as the Islam that should serve as guidance for living today. Referring to the *salaf* has been a recurrent feature of Islamic jurisprudence for centuries but the modern usage of the reference imbued Salafism with more political notions. The so-called return to a pristine form of Islam, to the early days of the Muslim community stood central in the reforms proposed by Azharī-clerics such as Muḥammad ʿAbduh or Ǧamal ad-Dīn al-Afġānī at the end of the 19th and beginning of the 20th centuries. Together with ideas and creeds conveyed by a reinvigorated Wahhabism (and the creation of the Kingdom of Saudi Arabia) in which the teachings of Ibn Taymiyya (1263-1327) played an influential role, Salafism took its current form. Salafism is not a political ideology nor is it a homogenous theology. It is rather a method of reform, a tool to 'purify' Islam from what is considered as historically contingent forms of belief, or as Bernard Haykel states:

> "Salafis are first and foremost religious and social reformers who are engaged in creating and reproducing particular forms of authority and identity, both personal and communal. Indeed, Salafis are determined to create a distinct Muslim subjectivity, one with profound social and political implications"[1].

Salafism is thus more a method than a uniform or coherent ensemble of religious teachings. Salafis themselves claim to follow a *manhağ* which means path or method. But even though Salafis claim to follow simple and clear rules that are seemingly non-controversial, Salafism is actually changing the classic Islamic system of religious identification. Sunni Islam normally identifies three levels of religious affinity[2]: firstly in terms of theology or *ʿaqīdah*, secondly in terms of jurisprudence or *maḏhab* and, thirdly, in terms of practice or *tarīqah*. Salafism criticises and sometimes even attacks most of these identifications. As Salafism is more a method then an ideology, it is obvious that the trend is not a monolith. While there are definitely some 'family resemblances' to be found between the different groups and movements that define themselves as Salafi, there are as much differences to spot.

Today, three, partly overlapping, trends of Salafism[3] seem to emerge. First of all there is the so-called *salafiyya ʿilmiyya*. Sometimes translated as 'scientific Salafism' but perhaps best interpreted as scripturalist salafism. This trend generally eschews direct political action and focuses instead on theology to create a morally pure community – mostly summarised in the term caliphate – in which God's law or *sharia* stands central. In the main, this trend sees elections and politics as impure and leading away from the advent of the caliphate and reject democracy as a system that puts men's laws above God's Law. The argument is that electing legislators to create new laws, put human beings and their laws be-

1 Bernard Heykal, *"On the Nature of Salafi Thought and Action"*, in: Roel Meijer, *Global Salafism. Islam's New Religious Movement*, Hurst, London 2009, pp. 33-51, here: pp. 34-35.

2 Mneimeh, Hassan, *"The Spring of a New Political Salafism"*, *Current Trends in Islamist* Ideology, Vol. 12, 2011, Available at:
URL: http://www.currenttrends.org/research/detail/the-spring-of-a-new-political-salafism (last access: 13.02.2014).

3 This typology is based on (but adapted from) the work of Bernard Rougier (2008).

sides or even above those of God. Thus, people start worshipping humans next to God and are, consequentially leaving the realm of true monotheism (or *tawḥīd*). Thus those advocating such a system become deviants at best, apostates at the worst. A second trend, that has emerged more publicly since the Arab revolutions, can be described as 'political Salafism', a trend that is very close to the first one in terms of theology and legal positions but has decided that participation in the political realm is necessary to bring about the Islamic State and the rule of *sharia (šarī'ah)*. This trend has a more complex view on the issue of democracy and politics, as will be shown later. A third trend goes even a step further. The *salafiyya jihadiyya*, like the scripturalist trend, rejects politics and democracy as un-Islamic but sees it as its plight to hasten the advent of the rule of *sharia* by following jihad both in its non- as well as violent version[4].

Salafism and the question of politics

Since the 2011 parliamentary elections in Egypt, Salafism has entered the formal political arena. While *salafi* movements have, since the 1970s, mostly refrained from direct political action, their teachings and actions have nevertheless had a political impact. In the context of Saudi Arabia's ascent as a regional power in the 1960s, King Faysal made his country into a sanctuary for religious activism that was being persecuted or downplayed in the region because of Nasserite or other progressive ideologies. The outcome of these debates between Islamic activists "that took shape when the political and cultural aspects of their ideology encountered the religious concepts of Wahhabism is called aṣ-Ṣaḥwa al-Islāmiyya (the Islamic Awakening)"[5]. This *ṣaḥwa* led to heated debates between, on the one hand, members of the Muslim Brotherhood (whether they were Egyptian, Jordanian or Syrian) and, on the other, more Salafi oriented thinkers.

During these days, Muslim Brothers and Salafis both agreed that they strived for the establishment of an Islamic State but they differed over the strategies to implement such a goal. Salafis stressed first and foremost the acceptance of the correct creed as the necessary precondition for the institution of

4 Sami Zemni, *"Islam between Jihadi-threats and Islamist insecurities? Evidence from Belgium and Morocco"*, in: Mediterranean Politics, Vol. 11, No. 2, 2006, pp. 231-253; ders., *"Islamism, Radicalism and Jihad. At Odds with Modernity?"*, in : Christiane Timmerman/Dirk Hutsebaut e.a., *Faith-based Radicalism. Christianity, Islam and Judaism between Constructive Activism and Destructive Fanaticism*, Peter Lang, Brussels 2007, pp. 275-291.

5 Stéphane Lacroix, *"Between Revolution and Apoliticism: Nasir al-Din al-Albani and his impact on the Shaping of Contemporary Salafism"*, in: Roel Meijer, *Global Salafism. Islam's New Religious Movement*, Hurst, London 2009, pp. 58-80, here: pp. 62-63.

an Islamic State while Muslim Brothers had a much more pragmatic and flexible approach to the issue more attuned to local religious and cultural specificities and nationalist agendas[6]. The tension between Salafism and Islamism is thus not new but has been given a new dimension with the advent of the Arab Spring.

During the Egyptian revolution Muslim Brothers were hesitant to join the Tahrir (*Maidān at-Taḥrīr*) protest. As a conservative political force they strived to topple Mubarak but refrained from mass mobilizations. It was the pressure from the youth within the movement that convinced the elder leadership to join Tahrir five days into the protest. Salafis mostly refrained from action and actually criticized this course of action. For them, the Tahrir protests were a form of dangerous *fitnah*, i.e. internal division and dissension that threatens the unity of the Islamic community or *umma*. Salafis in Egypt witnessed a heated internal debate during this Tahrir episode. It was only a couple of days before Mubarak was removed that a majority of the Salafi leadership changed its analysis of the events. The decision to partake in politics was taken because what was first seen as *fitna* was suddenly rebranded as being a *ṯawrah* or revolution. ʿImād ʿAbd al-Ġaffūr and Yāssir al-Būrhāmī, two leading Egyptian Salafi thinkers and activists, argued that because of the change in political context, the Salafi *daʿwah* (predication) movement had to be represented in a political formation with the goal to participate in the establishment of an Islamic political order. Yāssir al-Būrhāmī – who had advised Muslims not to participate in the revolution – shifted his position by stating that "Islam must become involved of all aspects of life, even the political, and the Islamic movement must unite."[7] Thus, the idea to create a Salafi political party became possible. Al-Nour (the party of light) was officially created in June 2011, securing to the surprise of many observers, almost a quarter of the votes in the 2011 legislative elections.

The al-Nour party directly challenged the Islamic credentials of the Muslim Brotherhood. While laying stress on Islamic values and teachings, the party ran on a political platform that wasn't that much different from the other competing parties. The party referred to democracy and seemed to accept the idea – which was a novelty – of democratic institutions and pluralist processes. However, this led to internal debates and tensions, ultimately leading to a split between a more pragmatic and politically oriented group following al-Ġaffūr to create a new par-

6 Sami Zemni/Koen Bogaert, *"The Muslim Brotherhood and competitive politics: paradoxes and opportunities?"*, in: Mohammed Salih, *Islamic Political Parties, Movements, Conflict and Democracy*, Palgrave/McMillan, New York 2009, pp. 149-166.

7 Taken from: URL: http://www.jadaliyya.com/pages/index/3185/yasser-borhami (last access: 14.02.2014).

ty (*Ḥizb al-Waṭanī*) and more conservative militants bringing the al-Nour party again under the control of the Salafi sheikhs of the *daʿwa* movement.[8]

From this succinct overview of debates within the Egyptian Salafi movement, some lessons can be drawn. Salafis, in general, see themselves first and foremost doing infra-politics, i.e. they are occupied mostly with questions of personal piety and reform more than thinking about ruling or creating specific institutions. In this constellation, it is worthy to note that Salafists have not only become empowered by the new political landscapes in the region, but are also challenged by them. The possibility to speak, publish and mobilize in a more open and free environment has triggered the question within the ranks of Islamic activists on how to organize themselves.

Salafis in general still dismiss democracy as a political system but seem more and more inclined to play some role in it. An influential Saudi cleric, Salmān al-ʿAwdah, tweeted last year the following message: "Democracy might not be an ideal system, but it is the least harmful, and it can be developed and adapted to respond to local needs and circumstances"[9]. It is not difficult to hear in this tweet an echo of Britain's prime minister Winston Churchill's much cited maxim "It has been said that democracy is the worst form of government except all the others that have been tried". Salmān al-ʿAwdah's message is significant as he has some popularity within Salafi circles. It is this type of reasoning that has led Salafists to engage in formal politics by creating political parties. These groups are confronting a difficult question: Can one stay true to doctrinal purity and integrate the political game at the same time?

We should then ask the question, as Zelin aptly puts it, what happens when Salafis participate in democratic politics? Participating does not mean that Salafis will turn democratic overnight but there are a number of questions that can be addressed. Is the acceptance of democratic principles only a pragmatic strategy to maximize its mobilisational impact or is it a commitment? Will political participation (like many other radical political parties have learnt worldwide) lead to a gradual liberalization of the movement or will it rather set off a confrontation with Islamist parties in a populist outbidding of who is the most 'authentically Islamic'?

---

8 Stéphane Lacroix, *"Sheikhs, Politicians and Revolutionaries: The Transformations of the Salafi Movement in Post-Revolutionary Egypt"*, in: MESA oral presentation, October 13, New Orleans 2013.

9 Cited in Aaron Zelin, *"Know your Ansar al-Sharia"*, in: Foreign Policy, September 21, 2012,
URL: http://www.foreignpolicy.com/articles/2012/09/21/know_your_ansar_al_sharia (last access: 14.2.2014).

These questions are a challenge to Salafism in the new political environment of the region and have made visible deep cleavages and disagreements between scholars of the trend. After the uprising of Bahrain, for example, leading Saudi Salafi clerics issued *fatwas* in which they stated that demonstrations against an established ruler were forbidden and *ḥarām*. Not much later, prominent Saudi scholars nevertheless backed the Syrian uprising against the regime of Bashar al-Assad[10].

Such *fatwas* also have a clear geopolitical dimension. Many critics of Islamic politics (and thus also of Salafism) are very weary of the position of Islamic politics on the question of international politics and imperialism. Salafism is very strict in denouncing Western cultural influence but seems much more reluctant to question the unjust international political and economic order. While the Arab nationalist movements of the 1950s through the 1970s seemed to criticize the West from a political economy point of view as a hegemonic force exploiting the richness of the region, the Islamists and Salafis seem to take satisfaction with a moral critique. The more than half a century old alliance between the United States and the Kingdom of Saudi Arabia seems at least to hint to the fact that Western economic and thus political hegemony can be sustained through an alliance with one of the most conservative regimes in the region.

Salafism struggles with politics. As it focuses on individual morality and piety, it is not approaching the political head-on, it connects to the political only remotely. Indeed, for Salafis, the political as such, as a separate terrain of human activity, is not endorsed. The reason why the Salafi movements are interacting with the political is only contingently and derives from one of the central problems of present day Salafism. The central problem for Salafis is how to behave Islamically in a world that is utterly political. Problems arise, naturally, when individual moral purity is enacted within a public sphere that also allows for other types of public behavior. The Arab revolutions have opened up possibilities for proselytizing that have a political impact or at least put questions of a political nature on the agenda. With every manifestation, every sit-in, every raid on alcohol selling venues or with every demand for the application of *sharia*, Salafis have not only empowered themselves but have put all other political formations before some difficult questions that touch upon general freedoms and political institutions[11]. The Salafis' position towards other (political) movements

---

10 Hassan Mneimeh, *"The Spring of a New Political Salafism"*, *Current Trends in Islamist Ideology*, Vol. 12, 2011, URL: http://www.currenttrends.org/research/detail/the-spring-of-a-new-political-salafism (last access: 14.02.2014).

11 Stefano M. Torelli/Fabio Merone/Franscesco Cavatorta, "*Salafism in Tunisia: Challenges and Opportunities for Democratization*", in: Middle East Policy, 19, 2012, pp. 140-154.

is not just based on political differences. Their opposition is much more far going, they oppose other movements because they see them as being non-Islamic, as being part of a system that oppresses Muslim subjectivity because they do not strive for a moral just type of governance that can only be based on *sharia*. The critique of Salafism on these groups is couched in their search for doctrinal purity and not in politics for its own sake. While it is obvious that Salafi movements oppose secularized political trends, whether leftist, social democratic or liberal versions of it, because they do not rely religion, the relationship with Islamism is more complex and has, especially since the Arab revolutions, become a salient political and social question in a number of countries, like Tunisia and Egypt.

Salafism and violence/*jihad*

One of the most problematic elements of Salafism is its relation to the question of *jihad* and/or violence. Roel Meijer summarizes very well the tension between mainstream Salafism and its Jihadi form:

> "In contrast to mainstream Salafism, whose creed (*ʿaqīdah*) is based on the principles of Wahhabism (*tawḥīd*, *širk*, etc.), and whose practices and method (*manhaǧ*) is largely related to avoiding reality and separating oneself from that reality and avoiding politics, Jihadi-Salafism concentrates on the analysis of political reality, devising strategies and practices for how to change it, and applying them (*taṭbīq*) to different situations and circumstances"[12].

The original inspiration of jihadi groups comes from the work of the Egyptian Muslim Brotherhood thinker Sayyid Quṭb (1906-1966). His analyses of Arab societies having left the path of Islam to become once again pre-Islamic or *ǧāhiliyya*, thus necessitating the return of the sovereignty of God (*ḥākimiyya*) and his Law (*sharia*) that can only be implemented through the method of jihad. This brought many groups – whether Islamist or Salafi – into the orbit of violent societal action and political bloodshed. Once the use of violence was legitimised, thinkers and movements of the jihad-tendency were confronted with other questions: Against who can we use violence? What kind of violent methods are allowed? To what use violence is perpetrated?

While some groups, like the Egyptian Jihad organization responsible for the killing of president Anwār as-Sādāt in 1981, claimed that a small group of clandestine and dedicated activists should 'kill the Pharaoh' so as to topple the regime and establish an Islamic state from above; other groups claimed that societal action against what is considered as deviant behavior (alcohol, pornography, music, certain wedding rituals, etc.) should prevail in order to purify belief and

12 Roel Meijer, *Global Salafism. Islam's New Religious Movement*, Hurst, London 2009, p. 24.

morality[13]. Many other groups used a strategy of terror by carrying out bomb attacks on public officials, public servants, artists, intellectuals or tourists. Finally, and especially from the 1990s onwards, more transnational groups like al-Qaeda emerged waging a *jihad* not only against the rulers of Islamic countries but mostly against the "Far Enemy", i.e. the West including the US, Europe and Israel[14].

The Arab revolts have undoubtedly re-invigorated Jihadi-Salafi movements. The destabilization of many countries opened up new possibilities for *jihad*. In Tunisia, for example, violent forms of Salafism have become recurrent. Salafi groups in Tunisia have attacked bars and hotels that sell alcohol, they have tried to set the house of a television director aflame because his channel programmed a movie that was branded as being anti-Islamic, they have even burnt down the 1000 year old shrine of Sīdī Bū Saʿīd, ransacked many other holy sufi shrines throughout the country, they have brought down and burnt the Tunisian flag at universities, carried out political murders on leftists politicians, tried twice to use suicide-bombings and have attacked, in September 2012, the US embassy in Tunis in the wake of the worldwide protests against the Islamophobic movie 'The innocence of Islam' ... but not after stealing (as security footage proved) all the ipads and laptops from the American School and burning all the books present, including tens of Qurans. In Tunisia, this trend is epitomized by the group that is called 'Ansar al-Sharia' (Anṣār aš-šarīʿah) under the leadership of longtime radical militant Abū Iyād[15].

This jihadist trend differs from the scripturalist trend in matters of strategy and tactics. This trend eschews politics as such but has nevertheless very political outcomes and effects. Jihadi Salafists argue that Tunisia's corrupt political system should be transformed into a just and pure Islamic government through preaching or *daʿwah*. However, they see *daʿwah* as encompassing much more than classic preaching in mosques or neighborhood gatherings or demanding the separation of girls and boys in the educational system or prohibiting the selling of alcohol. They also think it involves more direct actions to challenge what they consider the godless Tunisian state.

This group has not only a local political agenda but is also linked to other armed Salafi groups. The fall of Muʿammar al-Qaḏḏāfī in Libya arguably

13 Fabio Merone/Franscesco Cavatorta, (2013), "*Salafist movement and sheikh-ism in the Tunisian democratic transition*", in: Middle East Law and Governance, 5, 2013, pp. 308-330.

14 Fawaz Gerges, *The Far Enemy: Why Jihad Went Global*, Cambridge University Press, Cambridge 2005.

15 Monica Marks, "*Youth Politics and Tunisian Salafism: Understanding the Jihadi Current*", in: Mediterranean Politics, 18:1, 2013, pp. 104-111.

changed the geopolitical balance in the region, triggering an upsurge of Salafi militancy in the African Sahel region and especially in Mali. In January 2012 insurgents groups under the leadership of the National Movement for the Liberation of Azawad (MLNA) started a rebellion in the Northern part of Mali against the Malian government to claim independence. The MLNA was, at first, supported and militarily backed by a Salafi inspired group called Anṣār ad-Dīn (The Supporters of Religion). Once the Northern provinces of the country were under their control, these Salafi groups started to impose strict observance of *sharia* law: Muslim sheikhs were asked to use only Islamic jurisprudence in all matters of governance and law, strict separation of men and women was enforced, *ḥudūd* or corporal punishments were introduced and all things that were deemed idolatrous (such as Sufi shrines or even 1000 year old libraries or Mosques) were burnt, ransacked or destroyed. Inevitably, fighting broke out between the MLNA and the Salafi groups and, after a French military force intervened in the conflict, Salafi groups found refuge in the Sahel desert or in Tunisia[16]. Indeed, since April 2013 and continuing until this day, Salafi groups are retrenched in the Chaambi mountains in Tunisia close to the Algerian border. In trying to capture these renegade Salafi jihadi militants, many Tunisian soldiers have been killed and maimed by hidden landmines. The Tunisian Anṣār aš-Šarīʿa movement has warned, at different occasions, the Tunisian Army to refrain from taking back the Chaambi mountains or to face the consequence, i.e. having to deal with attacks in the rest of the country.

The country where Jihadi-Salafism is playing the most notorious role is undoubtedly Syria. Salafi militants from all over the region and also from Europe are flocking to Syria to fight the regime of Bashar al-Assad. There are many complex aspects to the Syrian revolutionary upheaval: geopolitical shifts and interregional competition between states as diverse as Saudi-Arabia, Turkey or Qatar, sectarian strife both between Muslims of different obedience as well as between Muslims and non-Muslims, tens of thousands of refugees and internally displaced persons, etc.

For Salafism, Syria is important for two main reasons: first, the fight is heralded as being a true case of necessary *jihad* in which moral and pure Muslims have to combat a Godless state and, second, the presence of Salafi controlled areas on the ground has become a learning ground for implementing policies and services to the people who live under Salafi rule.

Without any doubt, the Syrian war has attracted radical militants from all over the world. In the Spring of 2013 several European security agencies

---

16 Baz Lecocq, *"Northern Mali: A long and complicated conflict"*, 2013, URL: http://www.uni-bielefeld.de/ZIF/OeV/2013/06-04-Lecocq.html (last access: 14.02.2014).

alarmed public opinions that many Muslim youngsters from Germany, Belgium, Holland and France were travelling to Syria to join the armed resistance. Simultaneously, North African press outlets – and especially in Tunisia – brought the news that hundreds of young Tunisians and Libyans also left for Syria to fight *jihad*. More worrisome for many Tunisians was the news that about twenty young girls joined the armed resistance to serve as 'temporary wives' for fighters in need for sexual relief. Some press outlets, not shunning sensation, explained that these girls would marry and divorce over a hundred times within the space of a weekend. Even though the news was revealed as being nothing more than a hoax, the idea that young girls were giving their bodies to unknown Syrian militants was for many Tunisians so outraging that the Tunisian government was pushed to monitor more closely its borders and thus prohibit youngsters to go to Syria. Still, the idea of fighting for a just cause under the banner of Islam and *jihad* seems a powerful incentive for young Muslims around the globe to engage with the world.

Salafi groups, and especially the Jebhat al-Nusra (Ǧabhat an-Nuṣrah), have gained momentum and strength during the Syrian civil war. Financed by both official as well as private donors from the Gulf region, the Salafi groups knew some important military successes. However, since 2013 their influence seems to falter. States in the region, such as Saudi Arabia, who wish to see Bashar al-Assad disappear are becoming very weary of the radical stances of some of the Salafi groups. Military equipment and financial help are now channeled to more pragmatic groups in the field. This situation has triggered some new debates among the armed Salafi militants.

First of all, by gaining control of certain areas in Syria (e.g. al-Bāb in Aleppo province) Salafis were confronted with administrating the local populations and providing some form of local governance. The need to establish local jurisdictions was felt for two reasons as Thomas Pierret remarks:

> "First, local communities were seeking some protection from the insecurity that resulted from the collapse of state authority, and in particular from exactions by criminal gangs and rogue rebel groups. Second, the rebel groups themselves were in need of an authority that could deal with the war prisoners who had not been summarily executed, and arbitrate among themselves regarding the division of booty. Only later on did some of the newly established judicial authorities start to enforce public morality, a phenomenon that has remained limited and localized until now".[17]

---

17 Thomas Pierret, *"Implementing 'Sharia' in Syria's Liberated Provinces"*, in: *The Foundation for Justice, law and Society*, 07.08.2013,
URL: http://www.fljs.org/content/implementing-%E2%80%98sharia%E2%80%99-syria%E2%80%99s-liberated-provinces (last access: 14.02.2014).

Within this context, fighting seemed a much easier task for the Jihadi-Salafi groups than administrating populations and institution-building. Numerous different judiciary bodies compete with one another to uphold the law. Salafis also turned against each other as different factions started to accuse one another of engaging in non-Islamic acts (whether on the battlefield or in governance). Finally, the most prominent group, the Ǧabhat an-Nuṣrah, collapsed in two with one group preferring to fight as a strictly Syrian group with the aim to establish an Islamic State, the other preferring a union with the 'Islamic State of Iraq'-group, now called the 'Islamic State of Iraq and the Levant'[18].

The rise of groups like Anṣār aš-Šarīʿa in countries as diverse as Tunisia, Libya or Yemen and the growth of the Ǧabhat an-Nuṣrah in Syria are testimony to a new trend within Jihadi-Salafism. While the end goal is still the creation of an Islamic State – preferably from the Antlantic Ocean to Baghdad – strategy has adapted to the new situation. Since 9/11 al-Qaeda and its structurally or ideologically affiliated groups seemed mainly focused on a unipolar global jihad; the current groups are rather waging a multipolar jihad focusing on several different specific terrains of action like in the 1990s. However, as Zelin notes:

> "Jihadi groups are now more ideologically homogenous -- in the 1990s, jihadis thought locally and acted locally, while many now talk globally and act locally. These newer groups are also more interested in providing services and governance to their fellow Muslims"[19] (2012)

Salafism and sectarianism[20]

Prior to the first months of 2011, it was not the optimism and enthusiasm of the Arab Spring, but sectarian rivalry between Sunnites and Shiites that informed most political science accounts on the Middle East. The growing tensions and

---

18 Thomas Pierret, *"En Syrie, des Salafistes en recul"*, in : *Le Monde*, 11.07.2013, URL: http://www.lemonde.fr/idees/article/2013/07/11/en-syrie-des-salafistes-en-recul_3445998_3232.html(last access: 14.02.2014).

19 Aaron Zelin, *"Know your Ansar al-Sharia"*, *Foreign Policy*, September 21, 2012, URL: http://www.foreignpolicy.com/articles/2012/09/21/know_your_ansar_al_sharia (last access: 14.02.2014).

20 This paragraph is based on Maréchal/Zemni, *The Dynamics of Sunni-Shia Relationships. Doctrine, Transnationalism, Intellectuals and the Media*, Hurst, London 2013. It contains parts of: Maréchal/Zemni, *"Evaluating Contemporary Sunnite-Shiite Relations: Changing Identities, Political Projects, Interactions and Theological Discussions"*, in: Maréchal/Zemni, (2013), op.cit. pp. 1-10, Marécham/Zemni, *"Conclusion: Analysing contemporary Sunnite-Shiite relationships"*, in: Maréchal/Zemni (2013), op.cit. 215-242 and Zemni/De Smet, *"A Post-Scriptum. The Arab Spring and the Sectarian Issue"*, in: Maréchal/Zemni (2013), op.cit. 243-251.

sometimes violent clashes between believers of the two main trends of Islam were the major points of attention for political commentators as well as academics. A number of facts accounted for this heightened attention: a series of upheavals within the Shiite sphere of influence had altered the relationship between Shiism and Sunnism over the course of several decades. The Iranian Revolution of 1979 changed the politics of Iranian Shiism, and subsequently impacted on Shiite communities throughout the region; the 2003 Anglo-American invasion of Iraq initiated a new phase of tension in the relations between the two trends and Shiites were suddenly gaining political power that had traditionally been held by the Sunnites. It also became more and more obvious that it was a specific form of Sunnism, namely Salafism, which was primarily responsible for anti-Shiite ideas and actions. The specter of a sectarian war in Iraq, a diplomatic and military offensive against the Lebanese Hezbollah and a potentially nuclear Iran (as well as its support for the Palestinian Hamas) led the Jordanian King Abdallah II to warn the world of an emerging "Shiite Crescent".

In this disordered context, an allegation such as the one made by the sociologist Jean-Paul Charnay at the beginning of the 1970s that "an ecumenical re-centering of beliefs, a softening between old oppositions is emerging within Islam", seems to have been overtaken by events. The same observation can be made regarding the assertion of the late Hamid Enayat, a historian and political scientist, about how progress had been made towards Sunnite-Shiite reconciliation during the twentieth century.

Writing at the beginning of the 1980s, Enayat claimed that "each school has affected the political thinking of the other [...] and the differences between the two have been reduced in the process". On the contrary, today, the differences between the two schools increasingly seem to be emphasized.

Today, anti-Shiite discourses are predominantly supported by Salafis and their most radical fringe, the Jihadi-Salafis, are mainly responsible for the violent actions carried out against Shiites in Iraq, Syria and Pakistan. It is Vali Nasr's much-acclaimed thesis that the changing fortune of the Shiite minority amidst a Sunnite majority is re-igniting the long struggle over the soul of Islam.

> "By liberating and empowering Iraq's Shiite majority, the Bush administration helped launch a broad Shiite revival that will upset the sectarian balance in Iraq and the Middle East for years to come"[21].

Sunnite extremists and radicals are mobilizing against this supposed Shiite preeminence. Especially in the context of the Iraq War, where, since 2005, Shi-

21 Vali Nasr, *"When the Shiites Rise"*, in: *Foreign Affairs*, July/August, Available at: URL: http://www.foreignaffairs.com/articles/61733/vali-nasr/when-the-shiites-rise (last access: 14.02.2014).

ites have regularly been the target of violent actions (ascribed to radical and violent groups rallied around the figure of Abū Muṣʿab az-Zarqāwī and his Salafist ideology), some scholars and politicians have read into it a reemergence of age-old hatreds between different religious understandings of Islam. The idea that there is some deep-seated cultural structure embedded within local histories of an inherent hatred between Sunnism and Shiism is a recurrent theme of political and academic discourse. The tensions, conflicts and violence between the Salafis and Shiites are, however, not so much an expression of a centuries-old essential religious fault line between the two branches of Islam; they are rather the consequence of contemporary political and socio-economic conflicts. Guido Steinberg, convincingly argues that religion is an important factor in these conflicts but that these are not determined by it. It is worth citing him at length:

> "Rather, confessional violence only breaks out when several factors concur: firstly, in most historical cases of anti-Shi'i violence, radical Sunni groups or individuals believe that true Islam is in danger – mostly because of a threat posed by a foreign power – and that Shi'is form a part of this treat. Often, Iran and Shi'ism are identified by Sunnis so that any military threat emanating from Iran might trigger strong anti-Shi'a sentiments among Sunnis especially in Iraq and its neighbouring countries. Secondly, these radical groups need able and ruthless leaders as well as the opportunity to build an infrastructure in order to become a force to be reckoned with. Thirdly, for major conflicts to break out, Shi'i militant actors need to retaliate".[22]

Today's conflicts between Sunnites and Shiites are perhaps best understood as part of a tension between the dream of unity and the reality of internal divisions. These conflicts cannot be downplayed as crude manifestations of recurrent religious or confessional strife, nor can they be seen as 'only' (geo-)political conflicts, cloaked and framed in a familiar religious discourse. Rather, these conflicts are manifestations of complex interactions between different or even divergent understandings and ways of being Muslim (couched in specific memorial histories).

Salafis and Jihadi-Salafis' ideas on Shi'ism hardly differ from the more traditional views of Wahhabism on Shiism. The concepts and arguments used by the protagonists of anti-Shiite propaganda or violence draw heavily on the writings of Muḥammad Ibn ʿAbdalwahhāb, founder of Wahhabism, and some of his followers. Following earlier thinkers such as Aḥmad Ibn Ḥanbal, founder of the Ḥanbalī school of Law (or *maḏhab*) or Ibn Taymiyya (1263-1328), Wahhabi scholars always condemned Shi'ism for two doctrinal reasons: Shiites were accused of venerating Imams who are deemed infallible, something that, to many

22 Guido Steinberg, *"Jihadi-Salafism and the Shi'is: Remarks about the Intellectual Roots of Anti-Shi'ism"*, in: Roel Meijer, *Global Salafism. Islam's New Religious Movement*, Hurst, London 2009, pp. 107-125, p. 108.

Sunnites, is a clear form of *širk*. Secondly, Shiites deny the legitimacy of three of the four Rightly Guided Caliphs and therefore also the Companions of the Prophet and thus seem to undermine the core idea of Wahhabism (i.e. its return to the early period of Islam). Therefore Wahhabis, and Salafis following them, assert that Shiites are in fact heretics and cannot be seen as Muslims. Claiming that Shiites deny the legitimacy of the first three Caliphs, they have strayed from the right path and are thus labeled as *rāfidūn* or rejectionists.

Salafi violence has not only targeted Shiites but also other religious minorities, especially Christians and Sufis, throughout the region. In Egypt, after the ousting of Mubarak, animosity between Salafis and Coptic Christians grew after several sectarian incidents in which Coptic Churches and monasteries were burned and looted. Salafis, advocating what they perceive as 'true Islam', see members of other religious creeds as possible traitors, dividing the Islamic *umma* from within, and thus strive for a subaltern position of these groups. According to their interpretation of *sharia*, Christians should be considered as *dhimmis* (*ḏimmī*), i.e. subjects who can only be tolerated when they pay a special tax, the *ǧizyah*, for protection of their civil and religious rights, while being devoid of full political citizenship (some of these rights only apply to Muslims).

Since the start of the Arab Revolutions the question of the place, role and status of minorities has become a central point of politics. At the heart of inter-religious strife, as Zemni & De Smet[23] argue, lies the issue of the social, cultural and political inclusion of religious minorities in a state and civil society which are both formally and substantively Islamic. Obviously, today, sectarian practices and discourses have penetrated politics in the post-Mubarak era:

> "Formerly apolitical groups such as the Salafis, but also the Copts, the Sufis and the Shiites are forced to participate in the newly opened arena of civil society politics in order to protect their rights and interests. It remains to be seen if the engagement of politico-religious factions with notions of civil and democratic rights and social justice, which have dominated the public narratives since the revolution, either results in an evolution towards a politics of inclusion in the context of a genuine civil state; assimilation of minorities into a singular identity; or the institutionalization of segregated, sectarian subjectivities"[24].

Unfortunately, as Nir Rosen formulates well, more and more Sunnite groups have taken over a more extremist anti-Shiite and anti-Christian discourse and sentiment.

---

23 Sami Zemni/Brecht De Smet, *"A Post-Scriptum. The Arab Spring and the Sectarian Issue"*, in: Maréchal/Zemni, Sami (2013), op.cit. 243-251, pp. 249-250.

24 Ibid.

> "And when the confrontation happens then the intolerant schools of Islam, such as the Salafis and Wahhabis, will dominate and become the universal Sunni vision of Shiites. Sunnis and Shiites alike are thinking of the conflict more and more as a regional one, with national borders meaningless. There is more violence to come".[25]

Let us hope that this grim forecast can be counterbalanced by the more positive, anti-sectarian initiatives that are emerging throughout the region. A (post-)revolutionary solution to the problems of universal citizenship, equal rights, political representation and social stratification may well cut the grass under the feet of the sectarian dynamic.

Some tentative conclusions

In this contribution, the author has shown, succinctly, the ways in which the Arab revolution has influenced the discourse and practices of modern Salafism throughout the region. Today, Salafis seem divided over the question whether they should participate in the creation of new political orders across the region, how they should participate and for what purpose. While all Salafis agree that the establishment of an Islamic State, regulated by *sharia*, is the ultimate goal, they nevertheless are divided over how to achieve this goal. Quietist groups strive for religious reform targeting individual religiosity as well as public morality while more politicized groups argue for the creation of political parties to convey their message to a wider audience. Jihadi-Salafis, turning to different forms of violence (legitimated as being part of an obligatory *jihad*) further their agenda by re-organizing themselves in a context of greater freedoms.

Undoubtedly, as William McCants argues, the Arab Revolution has presented Salafis, and especially the jihadi version of it, with "both promise and peril" .[26] While the Arab Revolution has led to an emergence of democratic, inclusive and pluralist discourses and practices by several actors as well as electoral Islamist victories, Salafis have had to confront these new politics. At the same time, more political freedom and Islamism's ambiguous policies towards Salafi movements have giving them the opportunity to work more openly in mobilizing new constituencies.

Three trends highlight particularly Salafism's current transformation. First, the question of politics, how to think politically and how to behave politically,

25 Nir Rosen, *"Prospects for the sectarian terrain. Part II"*, 2011, *Jadaliyya*, Available at: URL: http://www.jadaliyya.com/pages/index/1268/prospects-for-the-sectarian-terrain-(partii) (last access: 14.02.2014).

26 William McCants, *"A New Salafi Politics"*, 2012, available at: URL: http://mideast.foreignpolicy.com/posts/2012/10/12/a_new_salafi_politics (last access: 14.02.2014).

has become a salient point of discussion between protagonists of the movement. Secondly, the question of violence – both its goal and the issue of its legitimization – is dividing different groups over the course of action to follow. While Salafis share the goal to implement *sharia* they are utterly divided over the question whether violence to achieve this goal can be used. Finally, sectarian discourses and practices are highlighting Salafis difficulty in thinking plurality and societies' divisions. Ultimately, this shows that Salafism is a reactionary movement at odds with the aspirations of the majority of Muslims. The ideals that the Arab peoples conveyed during the Arab Revolution pointed to more inclusive and democratic forms of governance. While these revolutions, revolts and upheavals were not directed against religion, they nevertheless made clear that more civil and inclusive forms of citizenship were claimed instead of the more sectarian subjectivities that Salafis seem to promote. Salafis from whatever trend are, today, involved in a clash with the more open and tolerant forms of politics (be they liberal, leftist, conservative or Islamist) and it is in this confrontation – that will linger on for a few more years – that the future of the Arab countries will become visible.

Bibliography

Charnay, Jean-Paul, *Sociologie religieuse de l'islam (Religious sociology of Islam)*, Hachette, Paris 1994.

Enayat, Hamid, *Modern Islamic Political Thought—The response of the Shi'i and Sunni Muslims to the Twentieth Century*, I.B. Tauris, London/New York 2005 (with foreword by Roy. P. Mottahedeh — first published in 1982 by Macmillan Press Ltd).

Gerges, Fawaz, *The Far Enemy: Why Jihad Went Global*, Cambridge University Press, Cambridge 2005.

Heykal, Beranrd, *"On the Nature of Salafi Thought and Action"*, in: Meijer, Roel, *Global Salafism. Islam's New Religious Movement*, Hurst, London 2009, pp. 33-51.

Lacroix, Stéphane, *"Between Revolution and Apoliticism: Nasir al-Din al-Albani and his impact on the Shaping of Contemporary Salafism"*, in: Meijer, Roel, *Global Salafism. Islam's New Religious Movement*, Hurst, London 2009, pp. 58-80.

Lacroix, Stéphane, *"Sheikhs, Politicians and Revolutionaries: The Transformations of the Salafi Movement in Post-Revolutionary Egypt"*, in: MESA oral presentation, October 13, 2013, New Orleans.

Lecocq, Baz, *"Northern Mali: A long and complicated conflict"*, 2013, URL: http://www.uni-bielefeld.de/ZIF/OeV/2013/06-04-Lecocq.html (last access: 14.02.2014).

Marks, Monica, *"Youth Politics and Tunisian Salafism: Understanding the Jihadi Current"*, in: Mediterranean Politics, 18:1, pp. 104-111.

Maréchal, Brigitte/Zemni, Sami, *"Conclusion: Analysing contemporary Sunnite-Shiite relationships"*, in: Maréchal, Brigitte/Zemni, Sami (2013), op.cit. 215-242.

Maréchal, Brigitte/Zemni, Sami (2013a), *The Dynamics of Sunni-Shia Relationships. Doctrine, Transnationalism, Intellectuals and the Media*, Hurst, London 2013.

Maréchal, Brigitte/Zemni, Sami, *"Evaluating Contemporary Sunnite-Shiite Relations: Changing Identities, Political Projects, Interactions and Theological Discussions"*, in: Maréchal, B./Zemni, S. (2013), op.cit. pp. 1-10

McCants, William, *"A New Salafi Politics"*, 2012, URL: http://mideast.foreignpolicy.com/posts/2012/10/12/a_new_salafi_politics (last access: 14.02.2014).

Merone, Fabio/Cavatorta, Franscesco, *"Salafist movement and sheikh-ism in the Tunisian democratic transition"*, in: Middle East Law and Governance, 5, 2013, pp. 308-330.

Meijer, Roel, *Global Salafism. Islam's New Religious Movement*, Hurst, London 2009.

Mneimeh, Hassan, *"The Spring of a New Political Salafism"*, in: Current Trends in Islamist Ideology, Vol. 12, 2011, URL: http://www.currenttrends.org/research/detail/the-spring-of-a-new-political-salafism (last access: 14.02.2014).

Nasr, Vali, *The Shia Revival: How Conflicts Within Islam will Shape the Future*, W.W. Norton & Company, New York 2006.

Nasr, Vali, *"When the Shiites Rise"*, in: Foreign Affairs, July/August 2006, URL: http://www.foreignaffairs.com/articles/61733/vali-nasr/when-the-shiites-rise (last access: 14.02.2014).

Pierret, Thomas, *"En Syrie, des Salafistes en recul"*, in : Le Monde, 11.07.2013, URL:http://www.lemonde.fr/idees/article/2013/07/11/en-syrie-des-salafistes-en-recul_3445998_3232.html (last access: 14.02.2014).

Pierret, Thomas, *"Implementing 'Sharia' in Syria's Liberated Provinces"*, in: The Foundation for Justice, law and Society, 07.08.2013, URL: http://www.fljs.org/content/implementing-%E2%80%98sharia%E2%80%99-syria%E2%80%99s-liberated-provinces (last access: 14.02.2014).

Rosen, Nir, *"Prospects for the sectarian terrain. Part II"*, in: Jadaliyya, 2011, URL: http://www.jadaliyya.com/pages/index/1268/prospects-for-the-sectarian-terrain-(partii) (last access: 14.02.2014).

Rougier, Bernard, *Qu'est-ce que le salafisme?*, Presses Universitaires de France, Paris 2008.

Steinberg, Guido, *"Jihadi-Salafism and the Shi'is: Remarks about the Intellectual Roots of Anti-Shi'ism"*, in: Meijer, Roel, *Global Salafism. Islam's New Religious Movement*, Hurst, London 2009, pp.107-125.

Torelli, Stefano M./Merone, Fabio/Cavatorta, Franscesco, *"Salafism in Tunisia: Challenges and Opportunities for Democratization"*, in: Middle East Policy, 19, 2012, pp. 140-154.

Zelin, Aaron, *"Know your Ansar al-Sharia"*, Foreign Policy, September 21, 2012, URL: http://www.foreignpolicy.com/articles/2012/09/21/know_your_ansar_al_sharia (last access: 14.02.2014).

Zemni, Sami, "Islam between Jihadi-threats and Islamist insecurities? Evidence from Belgium and Morocco", in: Mediterranean Politics, Vol. 11, No. 2, 2006, pp. 231-253.

Zemni, Sami, *"Islamism, Radicalism and Jihad. At Odds with Modernity?"*, in: Timmerman, Christiane/Hutsebaut, Dirk e.a., *Faith-based Radicalism. Christianity, Islam and Judaism between Constructive Activism and Destructive Fanaticism*, Peter Lang, Brussels 2007, pp. 275-291.

Zemni, Sami/Bogaert, Koen, *"The Muslim Brotherhood and competitive politics: paradoxes and opportunities?"*, in: Salih, Mohammed, *Islamic Political Parties, Movements, Conflict and Democracy*, Palgrave/McMillan, New York 2009, pp. 149-166.

Zemni, Sami/De Smet, Brecht, *"A Post-Scriptum. The Arab Spring and the Sectarian Issue"*, in: Maréchal, Brigitte/Zemni, Sami (2013), op.cit. 243-251.

Zemni, S./Marechal, B. (Eds.), *The dynamics of Sunni-Shia relationships: doctrine, transnationalism,intellectuals and the media*, Hurst & Co, London/UK 2013.

Salafismus zwischen Realität und Fantasie

Rüdiger Lohlker

Das Wort Salafismus bezeichnet vielerlei Dinge. Einmal beinhaltet es den Bezug auf die *as-salaf aṣ-ṣāliḥ*, also auf die „frommen Altvorderen", und damit die frühe islamische Gemeinschaft als selbstverständlichen Bezugspunkt islamischen Denkens. Ein anderes Mal bezieht es sich auf eine einigermaßen bestimmbare islamische Strömung, die manchmal bis in die Reformbewegungen des 17.-19. Jahrhunderts[1] zurückgeführt wird. Noch ein anderes Mal ist damit die Strömung gemeint, die in der arabischen Welt – aber auch in Europa – immer militanter auftritt, ja sogar gewalttätig wird. Und wieder ein anderes Mal scheint damit eine veritable Verkörperung des Bösen gemeint, die alles Mögliche beinhaltet von Terrorismus bis Demokratiefeindlichkeit, Intoleranz u.a.m. Letzteres Fantasieprodukt soll hier als ‚Salafismus' bezeichnet werden, um es von realen Strömungen zu unterscheiden.

Salafismus ist ein modernes religiöses Phänomen, das mancherlei Schwierigkeiten erzeugt, in arabischen noch mehr als in europäischen Gesellschaften. ‚Salafismus' dagegen dient als Container, in dem die eigenen Bedrohungsängste deponiert und damit veräußerlicht und angreifbar werden. Damit eignet sich ein solches Konstrukt hervorragend, um sich selbst angegriffen und diffamiert zu fühlen. Eine solche Konstruktion ist naturgemäß nicht geeignet, um zu einem realen Verständnis religiöser Phänomene beizutragen. Marks charakterisiert die Situation der Forschung über Salafismus recht treffend:

> „Ein hoher Grad an Konfusion über und ein öffentliches Interesse daran, das ‚Salafi-Problem' schnell zu verstehen, haben manichäistische Analysen und Erklärungen, die sich auf nur einen Faktor beschränken, um so attraktiver gemacht. Forscher und Analytiker, von denen die meisten nicht ausreichend Feldforschung mit Salafisten durchgeführt haben, versuchen klar umrissene Ursachen und Wirkungen aus einer fluktuierenden und multivalenten Realität abzuleiten, die durch ganz verschiedene Motivationen und widersprüchliche Formen eines selbst ernannten salafistischen Aktivismus charakterisiert ist."[2]

Häufig wird der Salafismus/‚Salafismus' mit dem Konzept der Radikalisierung verknüpft. Es stellt sich die Frage, ob der Begriff der Radikalisierung überhaupt tauglich ist, um die realen Prozesse in ihrer ganzen Vielfältigkeit zu verstehen,

---

1 Rüdiger Lohlker, *Islam: Eine Ideengeschichte*, Wien 2008, S.173ff.

2 Monica Marks, *"Youth Politics and Tunisian Salafism: Understanding the Jihadi Current"*, in: Mediterranean Politics, 18 (2013), S.104-111, hier S.107 (Übersetzung R.L.)

seien sie individuell oder kollektiv.[3] Er suggeriert eine eindeutige Identifizierbarkeit von Prozessen, die nicht gegeben ist, und führt dadurch lediglich zu Feinddefinitionen, die politisch scheinbar dienlich sein mögen, einen Beitrag zu einer Lösung der realen Probleme aber nicht leisten können, seien sie wiederum individuell oder kollektiv.

Laurent Bonnefoy, einer der wenigen, die eine detaillierte empirische Analyse einer salafistischen Strömung vorgelegt haben, sagt, der Diversität des Salafismus sei noch nicht hinreichend Rechnung getragen worden. Wichtige Unterscheidungsmerkmale seien das Verhältnis zur politischen und zur bewaffneten Aktion.[4]

Es ist also zuerst auf das Verhältnis zum politischen Feld und dann erst zur Gewalt zu schauen, um sinnvolle Unterscheidungen im salafistischen Feld vornehmen zu können, ohne aber zu be- oder verurteilen. Es gilt sich aber davor zu hüten, in der Politik und Gewalt die einzigen Bestimmungsfaktoren salafistischen Denkens und Handelns zu sehen. Wir haben uns zugleich davor zu hüten, das Wort *Salafismus* ohne genaue Qualifizierung und ohne Abgrenzung vom selbstverständlichen Bezug auf die *salaf as-ṣāliḥ* zu verwenden. Trotz alledem muss man um die multivalente und widersprüchliche Realität (Marks) zu ordnen, versuchen, eine Typologie zu bilden – im klaren Bewusstsein der fließenden Grenzen der benutzten Kategorien.

Da hier keine validen Fallstudien[5] von einzelnen Salafisten oder Salafistinnen[6], vorgelegt werden können, wird sich zuerst der kollektiven Dimension

3 Auch in ernst zu nehmender empirischer Forschung zum Salafismus wird der Begriff der Radikalisierung unspezifisch verwendet (vgl. bspw. Samir Amghar, «*Le Salafisme en Europe. La mouvance polymorphe d'une radicalisation*», in: Politique Étrangère 1 (2006), S.65-78).

4 Laurent Bonnefoy, «*Le Salafisme au Yémen: l'antichambre de la violence?*», in: *Transcontinentales* 7 (2009), URL: http://transcontinentales.revues.org/1152 (letzter Zugriff 30.03.2013) (Übersetzung R.L.; auch alle folgenden Übersetzungen).

5 Es gibt wenige brauchbare empirische Studien. Quintan Wiktorowicz, *The Management of Islamic Activism: Salafis, the Muslim Brotherhood and State Power in Jordan*, Albany, NY 2001; Stéphane Lacroix, "*Between Revolution and Apoliticism: Nasir al-Din al-Albani and his Impact on the Shaping of Contemporary Salafism*“, in: Roel Meijer (Hg.) *Global Salafism. Islam's New Religious Movement*, London 2009, S. 58-80; ʿAbdalḥakīm Abu l-Lauz, *al-Ḥarakāt as-salafīya fī l-Maġrib* (1971-2004): *baḥṯ anṯrūbulūǧī susīyūlūǧī*, Beirut 2009 und Samir Amghar, *Le Salafisme d'aujourd'hui. Mouvements sectaires en Occident*, Paris 2011 können genannt werden.

6 In Martijn de Koning, "*Changing Worldviews and Friendships: An Exploration of the Life Stories of Two Female Salafis in the Netherlands*“, in: Roel Meijer (Hg.) *Global Salafism. Islam's New Religious Movement*, London 2009, S. 404-423 finden sich zwei Fallstudien zu Salafistinnen.

zugewendet. Äußerst einflussreich ist in dieser Hinsicht die Unterteilung von Quintan Wiktorowicz. Basierend auf seinen Forschungen in Jordanien[7] entwickelt er eine Dreiteilung der salafistischen Strömung: die Puristen, die Politicos und die Dschihadisten.[8] Puristen würden nicht gewaltsame Methoden der Propaganda, moralischen Reinigung und Erziehung in den Vordergrund rücken. Politik sei eine Verirrung, die zur Abweichung vom Glauben führen könne. Politicos betonten dagegen die politische Aktion als Weg, um ihre Zielsetzungen zu realisieren, während Dschihadis in der gegenwärtigen Situation zu Gewalt und Umsturz aufriefen. Gemeinsam sei allen die Glaubenslehre, verschieden ihre Welterklärungen.[9]

Im Anschluss spricht Wiktorowicz davon, in welcher Weise die so skizzierten Strömungen für die Außenpolitik der USA von Bedeutung seien. Insbesondere der Grad an potentieller Feindseligkeit sei bestimmend. So scheine es angebracht, diese Typologie als außenpolitisches Orientierungsinstrument zu betrachten, nicht als wissenschaftliche Kategorienbildung, und damit für eine unvoreingenommene Analyse nur bedingt tauglich. Madawi Al-Rasheed hat es deutlich formuliert: „Man darf sich in ernsthafter wissenschaftlicher Forschung nicht dieser Agenda unterwerfen.“[10]

Kritisch zur Einteilung von Wiktorowicz äußert sich u.a. Martijn de Koning in seinen empirischen Untersuchungen zum niederländischen Salafismus.[11] Seine Analyse ist für den europäischen Kontext von besonderer Bedeutung, da Ergebnisse aus Untersuchungen im arabischen Raum trotz aller Kontakte zwischen europäischen und arabischen Salafisten nur bedingt in den europäischen Kontext übertragbar sind. De Koning geht davon aus, dass Wiktorowicz' Typologie zwar nützlich sein kann, aber nicht in der Lage ist, Veränderungen innerhalb und zwischen und in den verschiedenen Unterströmungen des Salafismus adäquat zu analysieren. Zudem können die sich verändernden, politisch zu nennenden Beziehungen zwischen salafistischer Strömung und einer sich transformierenden

---

7 Quintan Wiktorowicz, *The Management of Islamic Activism: Salafis, the Muslim Brotherhood and State Power in Jordan*, Albany, NY 2001.

8 Der Autor folgt hier seiner Darstellung in Quintan Wiktorowicz, *"Anatomy of the Salafi Movement"*, in: Studies in Conflict and Terrorism 29 (2006), S. 207-239.

9 Ebd., S. 208.

10 Madawi Al-Rasheed, *Contesting the Saudi State: Islamic Voices from a New Generation*, Cambridge University Press, Cambridge u.a. 2007, S. 302.

11 Zu anderen Sichtweisen dieser Spielarten des Salafismus s. Ineke Roex/Sjef van Stijphout/Jean Tillie, *Salafisme in Nederland: Aard, omvang en dreiging*, Amsterdam 2010 und Nationaal Coördinator Terrorismebestijding, *Salafism in the Netherlands: A passing phenomenon or a persistent factor of significance?* Den Haag 2008, die beide der Wictorowiczschen Typologie verpflichtet sind.

Staatsmacht und der gesellschaftlichen Kräfteverhältnisse kaum angemessen abgebildet werden.[12]

De Koning verweist auf die zentrale Rolle, die die Reform des Lebensstiles, der Identitätsbildung, ja der täglichen Routinen für die salafistischen Netzwerke hat.[13] Wichtig ist für sie die Errichtung einer harmonischen und einheitlichen Gemeinschaft. Dies wird u.a. dadurch erreicht, dass die Mitglieder dieser Netzwerke eine Ausbildung in den salafistischen Lehren erhalten, die das richtige islamische Wissen – in seiner salafistischen Kodierung – in den Anhängern verankern soll. Andere Institutionen können hinzukommen. Diese Lebensstiländerung und Bildung einer eigenen Identität mache die salafistische Strömung für junge Menschen besonders attraktiv.[14] Diese Politik des Lebensstils, die auf die Schaffung einer moralisch reinen Gemeinschaft zielt, können wir auch im Sinne Asef Bayats als „Nicht-Bewegung“ bezeichnen,[15] die politische Effekte zeitigt. Auch im Falle von Strömungen, die Wiktorowicz als puristisch einstufen würde, hat Bonnefoy am jemenitischen Beispiel gezeigt, in welcher Weise solche Strömungen politisch wirken.[16]

Alle salafistischen Strömungen beschäftigen sich zudem in irgendeiner Form mit Distinktionspolitik, mit der Zurückweisung des Druckes einer undifferenziert vorgestellten Kultur der Mehrheitsgesellschaft, die keinen Raum für Diversität lässt.

Diese Zurückweisung kann unterschiedliche Formen annehmen. Es kann zur Nutzung von Aktionsformen kommen, die in den öffentlichen Raum der Mehrheitsgesellschaft hinein wirken, z.B. Petitionen[17], Treffen mit Politikerinnen und Politikern. Andere salafistische Strömungen lehnen dies als unzulässige Vermischung mit der Mehrheitsgesellschaft und Anpassung an sie ab, was die moralische Reinheit der Gemeinschaft kompromittiere.[18] Dies könne nur zu

---

12 Martijn de Koning, “*The 'Other' Political Islam: Understanding Salafi Politics*“, in: Amel Boubekeur/Olivier Roy (Hg.), *Whatever Happened to the Islamists? Salafis, Heavy Metal Muslims and the Lure of Consumerist Islam*, New York Press 2012, S. 153-175, hier S. 161.

13 Hier wendet er sich auch gegen ein in der Forschung zu sozialen Bewegungen verbreitetes Missverständnis, das Kultur und Religion nur als bloße Ressource sieht.

14 Martijn de Koning, "*The 'Other' Political Islam: Understanding Salafi Politics*“,S.163ff.

15 Bayat meint damit die politische Bedeutung alltäglicher diverser und heterogener Praxen und die daraus resultierende kollektive und politische Wirkung nicht kollektiver Akteure (Asef Bayat, *Life as Politics*, Amsterdam 2010, S. 19ff.).

16 Laurent Bonnefoy, *Salafism in Yemen*, London 2012.

17 Martijn de Koning, "*The 'Other' Political Islam: Understanding Salafi Politics*“,S. 168.

18 Ebd., S.169.

einer Form der Parteibildung (*ḥizbīya*) führen,[19] die die Gemeinschaft spalten müsse.[20]

Eine andere Handlungsweise lässt sich als Politik des Widerstands bezeichnen. Dies meint im salafistischen Kontext Aktivitäten, die auf eine Veränderung der als unterdrückerisch vorgestellten Strukturen der Mehrheitsgesellschaft zielt, die die Verwirklichung des wahren Islams im salafistischen Verständnis verhindert. Dies bedeutet in erster Linie das Bestreben, die Gesellschaft im salafistischen Sinne zu islamisieren.[21] Im Rahmen der Politik des Widerstands sind zwei Varianten erkennbar. Die eine zielt auf die Werbung für den salafistisch verstandenen Islam (*da'wa*), die andere auf eine gewaltsame Durchsetzung.

Die Politik des Widerstands kann auch eine indirekte Form annehmen. De Koning erwähnt Ansprachen niederländischer salafistischer Prediger, in denen die USA, Israel oder die UNO kritisiert werden oder die eine Lobpreisung eines palästinensischen Selbstmordattentäters beinhalteten. Diese Ansprachen richteten sich zweifellos nicht direkt gegen die Niederlande, kritisierten sie aber indirekt, da die niederländische Politik sich pro-UN orientiert und üblicherweise die USA oder Israel unterstützt hatte. Die Ansprachen zielten auf die Schaffung einer globalen Gemeinschaft, die als unter ständigen Angriffen leidend begriffen werde.[22] Allerdings seien solche Ansprachen inzwischen aufgegeben worden.[23]

---

19 Ebd.

20 Sehr klar in dieser Hinsicht die Aussage des jemenitischen Gelehrten al-Wādi'ī: „Die Parteien sind eine *fitna*" (Muqbil b. Hādī al-Wādi'ī, *Tuḥfat al-muǧīb 'alā as'ilat al-ḥāḍir wa-l-ġarīb* URL: http://www.muqbel.net/files.php?file_id=5 [letzter Zugriff: 29.03.2013], Downloadversion, Frage 187); hier bezogen auf politische Parteien im Jemen, aber von ihm auch gegen Organisationen gerichtet. So formuliert es auch ein salafistischer Blog: „Organisierte *da'wa* gegen Organisationen!!" *"Organised da'wa against organisations!!"* URL: http://pseudosalafees.blogspot.co.at/2008/01/organised-dawa-against-organisations.html (letzter Zugriff: 30.03.2012).

21 Martijn de Koning, "*The 'Other' Political Islam: Understanding Salafi Politics*", S.170.

22 An anderer Stelle weist de Koning treffend darauf hin, dass die salafistischen Internetpräsenzen elementar für die Schaffung dieser – zumindest virtuellen – globalen Gemeinschaft sind, siehe Martijn de Koning, *Identity in Transition: Connecting Online and Offline Internet Practices of Moroccan-Durch Muslim Youth*, London 2008, URL: http://www.londonmet.ac.uk/iset (letzter Zugriff: 30.03.2013), S. 17. Die tiefer gehende Untersuchung des spezifischen Verhältnisses salafistischer Öffentlichkeit und anderer religiöser Öffentlichkeiten zu den Medien des Internets steht noch aus. Für ein erstes Beispiel siehe Carmen Becker, *"'Gaining Knowledge': Salafi Activism in German and Dutch Online Forums"*, in: Masaryk University Journal of Law and Technology 3 (2009), S. 79-98, weiter ausgearbeitet in der Festschrift Motzki.

23 Martijn de Koning, "*The 'Other' Political Islam: Understanding Salafi Politics*", S. 171.

Diese Konstruktion einer globalen Gemeinschaft, die als Widerstands- und Mobilisierungsressource dient, enthält in ihrer indirekten Form eine höchst politische Botschaft.

Angesichts der letzten Entwicklungen der salafistischen Strömung sollte noch eine weitere Ausdifferenzierung erfolgen. Die Orientierung auf eine insbesondere in Ägypten und Tunesien – aber auch in europäischen Staaten wie Deutschland – anzutreffende Bereitschaft zur gewaltsamen Durchsetzung eines salafistisch kodierten Lebensstils, die auf einer Kombination von Lifestyle-Politik und Distinktionspolitik beruht, lässt sich als eine kollektiv gewaltsame Widerstandspolitik (jenseits des Dschihadismus) kategorisieren. Ein wichtiger Faktor, der zu dieser neuen Entwicklung beigetragen hat, ist im arabischen Raum der Wegfall autoritärer Regime, die neue Räume eröffnet haben, in denen auch Gewalt möglich wird (s.u.). Hier ist darauf hinzuweisen, dass auch zumindest Teile der puristischen bzw. quietistischen Strömung Gewalt nicht prinzipiell ablehnen, sie nur als ineffektiv ansehen. Die Vertiefung in dem Glauben sei um vieles effektiver.[24]

Es ist also sinnvoller, die verschiedenen Politiken der salafistischen Strömung in externer und interner Hinsicht zu analysieren, um ein angemesseneres Verständnis dessen zu erlangen, aus welchen Gründen und in welcher Weise salafistische Netzwerke mit staatlichen, öffentlichen und anderen muslimischen Akteuren interagieren.

Grundsätzlich ist bei allen Typologisierungen einzubeziehen, dass sich die Situation nach den arabischen Revolutionen des Jahres 2011 und den dadurch eröffneten neuen Tätigkeitsfeldern auch für die salafistische Strömung grundlegend geändert und neuerliche Differenzierungen sich herausgebildet bzw. zuvor vorhandene sich deutlicher auskristallisiert haben.[25]

Die kollektiv gewaltsame Widerstandspolitik erzeugt eine Grauzone hin zur dschihadistischen Salafiyya. Die Akzeptanz der Anwendung einer Form von Gewalt in Form extremer, auf die Straße getragener Gewalt kann zur Akzeptanz terroristischer Gewalt führen.[26]

---

24 Muqbil b. Hādī al-Wādiʿī, *Tuḥfat al-muǧīb ʿalā asʾilat al-ḥāḍir wa-l-ġarīb* URL: http://www.muqbel.net/files.php?file_id=5 (letzter Zugriff: 29.03.2013), Downloadversion, S. 164.

25 Damit ist auch aus zeitlichen Gründen die Wiktorowiczsche Unterscheidung nicht mehr adäquat.

26 Im oben angesprochenen Sinne *muss* sie nicht dorthin führen. Vergleichend gesprochen: Nicht jeder Verteidiger europäischer Identität, Gegner der Frauenemanzipation und Muslimhasser muss den Weg Breiviks gehen, nicht jeder linksextreme gewalttätige Demonstrant in Europa wurde zum Mitglied einer linken Terrorgruppe.

Zu dieser scheinbar so bekannten Teilströmung bzw. Subkultur[27] kann hier keine detaillierte Analyse erfolgen.[28] Entscheidend für die Hinwendung zu ihr ist zumeist eine persönliche Krisenerfahrung, Automatismen, die aus einer bestimmten religiösen Lehrmeinung in den dschihadistischen Terrorismus führen *müssen*, sind nicht erkennbar. Zentral ist für diese Subkultur der als militärischer Kampf begriffene Dschihad.

Um dieses Unterscheidungskriterium hat sich eine veritable Subkultur gebildet mit verschiedenen regionalen Konfliktschwerpunkten, die wechseln können (zuletzt Mali und Syrien). Diese Subkultur formiert ihre Vorstellungen mit einer spezifischen Lesart des islamischen Erbes, die auf ein Verständnis zielt, das Gewalt rechtfertigt. Dabei wird das religiöse Erbe emblematisch gefasst und zu Markern der subkulturellen Identität verkürzt.

Ziel ist eine moralische Umkehr der Mitglieder der Subkultur, der dschihadistischen Gemeinschaften und dann der ganzen Welt. Referenzpunkte sind Gelehrte, die sich auch in anderen Bereichen des salafistischen Spektrums genannt finden, ergänzt durch spezifisch dschihadistische Gelehrte.

Es ist inzwischen gängige Münze auf dem Markt der Analysen des Salafismus geworden, eine Herkunft des Salafismus aus der von Muḥammad b. ʿAbdalwahhāb begründeten Strömung zu behaupten, die als Wahhabitentum bezeichnet wird. Betrachten wir die Biographie einer zentralen Gestalt der neuen salafistischen Strömung, Muḥammad Nāṣir ad-Dīn al-Albānī, sehen wir einen wichtigen Einfluss aus dem reformistischen Milieu von Damaskus[29] und auch des älteren Salafismus der Zeitschrift *al-Manār*, die von al-Albānī dann mit einer besonderen Betonung der Hadithkunde extremer gefasst wurden.[30] Diese Distanz wird von manchen Autoren noch stärker betont und die syrisch-jordanische Verbindung hervorgehoben.[31] Im Saudi-Arabien der 1960er Jahre zeich-

---

27 Siehe zu letzterem Begriff Rüdiger Lohlker, *„Religions, Weapons, and Jihadism. Emblematic Discourses“*, in: ders. (Hg.), *Jihadism: Online Discourses and Representations, Göttingen* 2012, S. 65-87.

28 Siehe dazu Rüdiger Lohlker, *Dschihadismus: Materialien*, Wien 2009; ders. (Hg.), *New Approaches to the Analysis of Jihadism: Online and Offline*, Göttingen 2012 und ders, (Hg.), *Jihadism: Online Discourses and Representations*, Göttingen 2012.

29 Vgl. David Dean Commins, *Islamic Reform: Politics and Social Change in Late Ottoman Syria*, New York/Oxford 1990; für die weitere Entwicklung in Syrien vgl. Arnaud Lenfant, «*L'évolution du salafisme en Syrie au XXe siècle*», in: Bernard Rougier (Hg.), *Qu'est-ce que le Salafisme?* Paris 2008, S. 161-178.

30 Stéphane Lacroix, «*L'apport de Muhammad Nasir al-Din al-Albani au salafisme contemporain*», in: Bernard Rougier (Hg.), *Qu'est-ce que le Salafisme?* Paris 2008, S. 45-64, hier S. 48ff. und Stéphane Lacroix, *“Between Revolution and Apoliticism “*,S. 63f.

31 Aḥmad Muṣallalī, *Mausūʿat al-ḥarakāt al-islāmīya fī l-waṭan al-ʿarabī wa-īrān wa't-turkīya,* Beirut 2004, S. 413f.

net sich dann eine – zuweilen widersprüchliche – Verbindung zum wahhabitischen Substrat und manch kursierenden Ideen aus dem Milieu der Muslimbrüder ab.

Bonnefoy verweist ebenfalls deutlich darauf, dass die Beziehung zwischen saudischen, wahhabitischen Gelehrten und der breiteren salafistischen Strömung nicht so eindeutig ist, wie es manch simplifizierende Darstellungen wollen.[32]

Ein großer Einfluss saudischer Gelehrter auf die Theorie, den *manhağ*, der salafistischen Strömung ist unstrittig und leicht nachprüfbar (s.u.).[33] Dies muss nicht, kann aber auf einen direkten saudischen Einfluss insbesondere finanzieller Art hindeuten, in jüngerer Zeit auf einen solchen aus anderen arabischen Golfstaaten.[34] Auch die Unterstützung und die Beteiligung an dschihadistischen Aktivitäten durch Freiwillige, insbesondere des klassischen Dschihadismus im Hegghammerschen Sinne,[35] ist bekannt.

Das Verhältnis der saudischen Religionsgelehrten zur salafistischen Strömung und deren Exponenten war nicht immer ungetrübt. Denken wir an al-Albānīs Auseinandersetzungen während seiner Zeit in Saudi-Arabien etwa um den hanbalitischen Einfluss in den wahhabitischen Lehren, die al-Albānī als im Widerspruch zum Anspruch auf *iğtihād* stehend ansah, seine Kritik an Muḥammad b. ʿAbdalwahhāb und dessen Hadithkenntnissen, da einer seiner Schriften einen notorischen schwachen Hadith enthalte, oder die um seine Argumentation, die den Gesichtsschleier für Frauen ablehnte, was schließlich zu seiner Ausweisung aus Saudi-Arabien führte. Erst 1975 wurde er praktisch wieder rehabilitiert. Wenn wir al-Albānī's Verhältnis zur wahhabitischen Strömung definieren wollen, können wir sagen, dass er den Geist des Wahhabitentums gegen die sich daraus gebildete Institution vertrat, was ihn nicht hinderte, ein herzliches Verhältnis zu Bin Bāz zu unterhalten.[36]

Dieses etwas komplexere Verhältnis erklärt auch, warum saudische Gelehrte wie Bin Bāz oder Ibn ʿUṯaimīn immer wieder Referenzpunkte der salafistischen

---

32 Vgl. mit etlichen Beispielen Laurent Bonnefoy, «*Le Salafisme au Yémen: l'antichambre de la violence?*», in: Transcontinentales 7 (2009), URL: http://transcontinentales.revues.org/1152 (letzter Zugriff: 30.03.2013).

33 Zur transnationalen Dimension vgl. Madawi Al-Rasheed, *"The Local and the Global in Saudi Salafi-Jihadi Discourse"*, in: Roel Meijer (Hg.) *Global Salafism. Islam's New Religious Movement*, London 2009, S. 301-320, hier S. 102ff.

34 Diese Unterstützung kann auch einfach auf persönlichen Kontakten beruhen, so Elena Maestri, *"The Gulf in the Southern Mediterranean"*, in: Nathalie Tocci u.a., *Ideational and Material Power in the Mediterranean*, Washington, D. C. 2012, S. 1-9.

35 Vgl. Thomas Hegghammer, Jihad in Saudi-Arabia:Violence and Pan-Islamism since 1979, Cambridge u.a. 2010.

36 Für all diese Punkte vgl. Stéphane Lacroix, *"Between Revolution and Apoliticism "*,S. 66ff.

Diskurse sein konnten. Die Beziehungen zwischen Wahhabitentum, wahhabitischen Gelehrten und Salafisten sind also komplexer als es die einfache Gleichsetzung will.[37]

Um die notwendigen Differenzierungen zu einem vorläufigen Ende zu führen, muss noch auf ein Phänomen verwiesen werden, dass in letzter Zeit besondere Aufmerksamkeit erregt hat: die parteipolitische Aktivität von Salafisten.

Der (partei-)politische Salafismus ist kein neues Phänomen. Die auffälligste Erscheinung war sicherlich die betreffende Partei in Kuwait[38], aber auch in Bahrain[39] und anderen Staaten fand sich schon länger eine solche Präsenz.[40]

Die Orientierung an der politischen Organisation wird einer Strömung zugeschrieben, die unterschiedlich firmiert als *salafīya, tanẓīmīya, siyāsīya* oder *ḥarakīya*, manchmal auch nach einem der „Väter" dieser Orientierung, Muḥammad Surūr, der auch von Ideen aus dem Feld der Muslimbrüder beeinflusst war, kurz *Surūrīya*, was meistens kritisch gemeint war und ist.[41] Die Exponenten dieser Strömung wurden z.B. von einem Vertreter einer Politik der Distinktion bzw. des Lebensstils wie Muqbil al-Wādiʿī als Vertreter illegitimier Neuerungen (*mubtadiʿa*) qualifiziert.[42]

---

37 Wir können die Komplexität noch steigern, wenn wir bedenken, dass Bin Bāz stark beeinflusst von seinem Lehrer Saʿd b. ʿAṭīq war, der Ende des 19. Jahrhunderts in Indien bei den Ahl-e ḥadīṯ studiert hatte (s. z.B. Stéphane Lacroix, «*L'apport de Muhammad Nasir al-Din al-Albani au salafisme contemporain*», S. 51), die wiederum methodisch sich von den Wahhabiten unterschieden, und von dort das Interesse am Hadithstudium mitbrachte, das ihn wiederum mit al-Albānī verband.

38 Vgl. Carine Lahoud, «*Koweït: Salafisme et rapports au pouvoir*», in: Bernard Rougier (Hg.), *Qu'est-ce que le Salafisme?* Paris 2008, S. 123-1358; siehe aktueller Steve L. Monroe, "*Salafis in Parliament: Democratic Attitudes and Party Politics in the Gulf*", in: The Middle East Journal 66 (2012), S. 409-424.

39 Für einen kurzen Einblick in die jetzige Situation – wenn auch mit einem US-Sicherheitspolitik-*bias* – vgl. Will McCants, *Joining the Fray: Salafi Politics after the Arab Spring*, 22.01.2013, URL: http://www.worldpoliticsreview.com/articles/12655/joining-the-fray-salafi-politics-after-the-arab-spring (letzter Zugriff: 04.04.2013).

40 Der den Anhängern dieser Unterströmung von anderen Salafisten gemachte Vorwurf der *ḥizbīya* bezieht sich nicht nur auf parteipolitische Aktivität, jede Organisationstätigkeit ist gemeint. Dies kann auch Stiftungen einschließen (Laurent Bonnefoy, *Salafism in Yemen*, London 2012, S. 61ff.).

41 Lacroix, "*Between Revolution and Apoliticism*", S. 88.

42 Siehe z.B. die Audiodatei "*Abdur-Rahmân 'Abdul Khâliq and Abû Ishâq al-Huwaynî are Mubtadi'a*", URL: http://ahlulbidah.wordpress.com/category/criticised-individuals/muhammad-surur/ (letzter Zugriff: 04.04.2013).

Diese Strömung tritt für die Notwendigkeit einer politischen Aktion ein, um die anti-islamischen Einflüsse abzuwehren. Es handelt sich gewissermaßen um eine Politik des Widerstands auf wahlpolitischem Felde.

Gerade in den letzten Jahren ist diese Strömung präsenter geworden. Durch den Wahlerfolg der salafistischen Partei *Ḥizb an-Nūr* in Ägypten[43] hat sich diese Strömung klar parteipolitisch formiert, was auch in anderen Staaten Nachahmer gefunden und Ägypten für europäische Salafisten attraktiv gemacht hat. Anti-wahlpolitische Standpunkte – aus welchen Gründen auch immer – sind marginal geworden.[44] Die salafistische Strömung in Ägypten war auch vor 2011 vielgestaltiger als es die Wiktorowiczsche Kategorisierung nahelegt. Sicherlich war dieser vorrevolutionäre Salafismus, der ja auch massenmedial präsent war,[45] gezwungenermaßen apolitisch, aber nicht unbedingt der Politik grundsätzlich abgeneigt.

Gerade die Neukonfigurierung des salafistischen Feldes nach den arabischen Revolutionen des Jahres 2011 bedeuten, dass sich die Typologisierungen des Salafismus aus einer vergangenen Zeit heute nicht mehr halten lassen und neu überdacht werden müssen.[46]

Bis jetzt wurde nur implizit auf ein Verständnis von Salafismus Bezug genommen. Dieses muss natürlich expliziert werden.

Grundsätzlich stellen auch Salafisten/-innen eine Anfrage an Muslimen/-innen dar. Sie fordern dazu auf, das eigene Glaubensverständnis zu befragen. Ob das Verständnis der *salaf* durch die *Salafiya* adäquat ist, mag man bezweifeln. Mark Woodward, auf dessen Kritik am gängigen Salafismusverständnis oben hingewiesen wurde, hat dies drastisch formuliert:

> „Muslimische Extremisten haben versucht, sich den Terminus *Salafi* in eben derselben Weise anzueignen wie sich amerikanische evangelische Extremisten den

---

43 Für Tunesien vgl. Monica Marks, *"Youth Politics and Tunisian Salafism: Understanding the Jihadi Current"*, in: Mediterranean Politics, 18 (2013), S. 104-111, für Ägypten Jonathan Brown, *Salafis and Sufis in Egypt*, Washington, D.C. u.a. 2011 und Daniel A. Boehmer/James P. Murphy, *The Politicization of the Egyptian Salafiyya: Principled Participation and Islamist Competition in the Post-Mubarak Era*, Washington, D.C. 2012.

44 Vgl. ebd.; es gibt einige Studien in arabischer Sprache, die mir z.Z. nicht vorliegen.

45 Vgl. Nathan Field/Ahmed Hamam, *"Salafi Satellite TV in Egypt"*, in: Arab Media & Society, Spring 2009, URL: http://www.arabmediasociety.com/?article=712 (letzter Zugriff: 05.04.2013).

46 Siehe die interessante Unterteilung in Ali Bakr, *"Egypt's Salafists: a closer look"*, in: ahramonline 15.10.2012, URL: http://english.ahram.org.eg/NewsContentPrint/18/0/55636/Books/0/Egypts-Salafists-A-closer-look.aspx (letzter Zugriff: 05.04.2013), die für Ägypten viel adäquater erscheint als Versuche, die an den Wictorowiczschen Kategorien festzuhalten versuchen.

Terminus Christ angeeignet haben. Es scheint allerdings, dass sie im Westen damit erfolgreicher gewesen sind als in der muslimischen Welt.“[47]

Eine normative Ablehnung des salafistischen Begriffs der *salaf* ist aber nicht hilfreich, will man über das konkrete Phänomen des Salafismus nachdenken. Es gilt folglich, diese Strömung zu charakterisieren!

Die Phänomene, die hier unter dem Begriff Salafismus behandelt werden, sind kein rein islamisches Phänomen. Grundsätzlich können wir weltweit eine Entkoppelung der historisch verbundenen Religionen und ihrer Kulturen feststellen.[48] In diesem Prozess entsteht etwas, das sich als ‚reine Religion‘ klassifizieren ließe. Um dies zu verdeutlichen, sei ein längeres Zitat erlaubt:

> „Derzeit erleben wir einen Übergang von traditionellen Formen des Religiösen (Katholizismus, muslimischer Hanafismus, klassische protestantische Bekenntnisse wie Anglikanismus oder Methodismus) zu fundamentalistischen und charismatischeren Formen der Religiosität (Evangelikalismus, Pfingstlertum, Salafismus, Tabligh, Neosufismus). Diese Bewegungen sind relativ neu. [...]
>
> In diesem Sinn ist die ‚Rückkehr‘ des Religiösen nur eine optische Täuschung. Besser sollten wir von einer Mutation sprechen. Das Religiöse ist zwar deutlicher sichtbar, aber zugleich ist es häufiger im Niedergang begriffen. Wir haben es eher mit einer Neuformulierung des Religiösen als mit einer Rückkehr zu Praktiken von einst zu tun […]. Diese Tendenzen gehen mit dem Wunsch nach größerer Sichtbarkeit im öffentlichen Raum einher und zielen oft sogar auf einen offensichtlichen Bruch mit den herrschenden Praktiken und Kulturen. Das Religiöse stellt sich als solches zur Schau“.[49]

Wie findet sich in diesem Rahmen nun der Salafismus wieder? Häufig werden allgemeine Begriffe zur Bestimmung der Lehre des Salafismus herangezogen, die für alle Musliminnen und Muslime relevant sind. Eine Diskussion, die es als Distinktionsmerkmal ansieht, dass Salafisten glauben, dass es nur einen Gott gibt, dieser den Menschen in allem überlegen ist und nur ihm allein Verehrung gebührt,[50] erscheint nicht sehr zielführend. Sie verkennt völlig die Bedeutung religiöser Diskurse und der Entwicklung dieser Diskurse für die Entwicklung innerhalb der salafistischen Strömung und in der Auseinandersetzung mit ihr.

---

47 Mark Woodward, *“Time to Stop Fooling Ourselves about Salafis”*, 21. Juli 2008, URL: http://csc.asu.edu/2008/07/21/time-to-stop-fooling-ourselves-about-salafis/ (letzter Zugriff: 02.04.2013).

48 Olivier Roy, *Heilige Einfalt: Über die poltischen Gefahren entwurzelter Religionen*, München 2010 handelt ausführlich darüber.

49 Ebd., S. 23f.

50 Daniel A. Boehmer/James P. Murphy, *The Politicization of the Egyptian Salafiyya: Principled Participation and Islamist Competition in the Post-Mubarak Era*, Washington, D.C. 2012, S. 7.

Der Salafismus in all seinen Spielarten ist eine moderne Frömmigkeitsbewegung, die auf eine Transformation und Reinigung der als unzulänglich begriffenen zeitgenössischen Gesellschaften zielt. Dies kann durch die Konstruktion einer reinen Gemeinschaft, sogar einer Subkultur geschehen, die sich von den Mehrheitsgesellschaften abgrenzt. Diese Gemeinschaft verkörpert die ‚reine' Form des islamischen Religiösen, befreit von allen lokalen, kulturell bedingten Anhaftungen. Ihr kann der/die Einzelne nur durch einen individuellen Akt der Bekehrung oder Erweckung beitreten. Diese Individualität der Entscheidung weist auf die Modernität dieser Strömung hin – und unterscheidet sie auch von traditionalisierten Formen wie dem Wahhabitentum, deren Geist allerdings gerettet werden soll. Die deterritorialisierte, dekulturalisierte Form des Religiösen erleichtert es auch eine medialisierte Form der Vermittlung zu benutzen, sei es in Form von Fernsehsendungen, Videos oder der Medien des Internets, die sich durch bestimmte Marker von anderen unterscheiden. Diese Marker sind ein bestimmter Sprachstil (u.a. Elemente des älteren gelehrten sprachlichen Habitus', aber auch eine direkte, jugendnähere Sprache) und eine bestimmte Art der Gewandung. Angesichts der Wichtigkeit der Abgrenzung der salafistischen Gemeinschaft von anderen verwundert es nicht, dass die Diskussion verbotener Dinge im Vordergrund steht.

In der Gemeinschaft lässt sich auch die utopische Dimension des Salafismus finden. Unter Berufung auf die als ideal gedachte frühe islamische Gemeinschaft wird die eigene Gemeinschaft als die jetzt für die Zukunft zu etablierende erneuerte Idealgemeinschaft fantasiert.

Die neue Sichtbarkeit dieser utopischen Gemeinschaft im öffentlichen Raum nach 2011 wird durchaus von manchen als Auftrag verstanden, der in einer gewaltförmigen Gesellschaft wie es die arabischen nach langen Jahren der Diktatur geworden sind, auch gewaltsam durchgesetzt werden kann und muss.[51] Dies spiegelt sich auch in Teilen der salafistischen Strömung in Europa wider. In welchem Umfang dies eine generelle salafistische Tendenz ist, kann zum jetzigen Zeitpunkt nicht vorhergesehen werden. Islamische Beobachter wie Fahmī Huwaidī haben 2011 prognostiziert, die neue Situation eröffne im salafistischen Diskurs eine friedliche Option.[52]

---

51 Siehe für Tunesien den jüngsten Report International Crisis Group, *Tunisie: violence et défi salafiste*, 13.02.2013 über URL: http://www.crisisgroup.org (letzter Zugriff: 11.04.2013).

52 „*Salafyū Miṣr... as-siyāsa li-ḫidmat ad-daʿwa*", URL: http://maktoob.news.yahoo.com/-سلفيو-مصر-السياسة-لخدمة-الدعوة163121428.html (letzter Zugriff: 06.04.2013)

Auch auf gedanklicher Ebene findet eine Enttraditionalisierung statt. Es wird versucht religiöses Wissen zu positivieren, zu einem jederzeit und zu jeder Frage abrufbaren Korpus von festgelegten Antworten zu transformieren.

Für den Salafismus bedeutet dies eine starke Betonung der als authentisch (neu-)klassifizierten Hadithe. Diese spielen eine wichtige Rolle in der salafistischen Methode (*manhaǧ*).[53] Man kann diese Methode als den Glauben charakterisieren, „dass das historische Erbe der prophetischen Interpretation des Korans – wie es von den herausragenden Autoritäten der ersten drei Generationen der Muslime (*as-salaf aṣ-ṣāliḥ*) verstanden wurde – normativ, statisch und seiner Natur nach universalistisch ist (in Begriffen der Methode/*manhaǧ* und ihrem Nebenprodukt, der Glaubenslehre/*ʿaqīda*). Als solche müssen diese Lehren wortwörtlich befolgt werden und in einem zeitlichen und räumlichen Vakuum von allen folgenden Generationen von Muslimen imitiert werden, in erster Linie dadurch, dass man sich an eine dekontextualisierte Koran-Sunna-Hermeneutik hält, die epistemologisch und methodisch in einer Hadith-gestützten Literatur verankert ist."[54]

Es wäre notwendig, den Gedanken der salafistischen Theoretiker genauer zu folgen, was aus Raumgründen hier unterbleiben muss. Die obigen Anmerkungen zu al-Albānī mögen einen Eindruck davon geben, wie komplex die Diskussion ist.

Um die Begrenztheit der gerade formulierten Definition zu zeigen, sei noch auf eine weitere, sicherlich kleine Untergruppe der salafistischen Strömung in Ägypten hingewiesen: die *Salafyo Costa*.[55] Worum handelt es sich? Zuerst ein-

---

53 Eine detaillierte und präzise Auseinandersetzung mit dem salafistischen *manhaǧ*, die auch islamisch-theologische Ansätze mit einbezieht, ist ein Desiderat erster Ordnung. Erste Ansätze, wie in Brian Wright, *The Legal Methodology of the Salafi Movement in Egypt*, M.A. Thesis, Kairo 2012, zeigen die Fruchtbarkeit einer solchen Auseinandersetzung. Zu nennen ist auch Richard Gauvain, *Salafi Ritual Purity: In the Presence of God*, Abingdon 2013 mit seiner Untersuchung der rituellen Reinheit, ein äußerst wichtiges Thema. Auf Auseinandersetzungen innerhalb der salafistischen Tendenzen veweist auch Roel Meijer, *"Politicising al-jarh wa-l-ta'dil: Rabi' b. Hadi al-Madkhali and the transnational battle for religious authority"*, in: Nicolet Boekhoff-van der Voort/Kees Versteegh/Joas Wagemakers (Hg.), *The Transmission and Dynamics of the Textual Sources of Islam: Essays in Honour of Harald Motzki*, Leiden/New York 2011, S. 375-400.

54 Adis Duderija, *"Constructing the Religious Self and the Other: Neo-traditional Salafi* manhaj", in: Islam & Christian-Muslim Relations 21 (2010), S. 75-93, hier: S.76.

55 Angemerkt sei, dass auch andere Salafisten Positionen einnehmen, die für Meinungspluralität im öffentlichen Raum sind. Erinnert sei an Mohamed Yousry Salama, Mitbegründer der liberalen al-Dostour-Partei, *"Profile: On the life and death of Mohamed Yousry Salama"*, URL:

mal simpel um Salafisten, die sich in einer Filiale der Kaffeehauskette Costa treffen.[56] Wie es ein Blogger formuliert: „Salafisten meinen es ernst mit Gott, der Scharia und ihrem Kaffee."[57] Diese Gruppe bzw. deren Name entstand, als in der Filiale der internationalen Kette in Mohandesin in Kairo einer Gruppe von salafistisch gesinnten Freunden die Ablehnung anderer Kunden entgegen schlug, die, so einer der Gründer, es nicht akzeptieren konnten, dass bärtige Salafisten bei Costa einen Kaffee trinken könnten. Als Reaktion darauf gründeten sie eine Facebook-Gruppe mit dem Namen *Salafyo Costa* und dem Slogan „Wir sind diejenigen, die für eure Getränke zahlen", den sie als Hinweis darauf verstehen, dass nicht unbedingt Salafisten für alle Probleme in Ägypten verantwortlich sind.[58]

Es sei noch einmal betont, dass individuelle Prozesse zur Wendung hin zu einer der Spielarten des Salafismus führen. Eine allgemeine Aussage lässt sich wissenschaftlich verlässlich nicht treffen. Jede angemessene Analyse eines salafistisch zu nennenden Phänomens muss sich der Heterogenität und Individualität der zu untersuchenden Prozesse bewusst sein. Jede Bildung von Typologien muss sich bewusst sein, dass diese nur als heuristische Hilfsmittel dienen können.

Um abschließend ein Beispiel für individuelle Entwicklungen zu geben, sei ein jüngeres Interview zitiert. Shaykh Yasir Qadhi erklärt, er sei nicht länger Salafi:

> "YQ: 'Well I guess 20 years ago when I was a teenager I definitely would have self identified as a Salafi Muslim but over the course of the last decade or so I've kind of sort of grown out of the movement now.'
>
> Interviewer: 'What does that mean, 'grown out of the movement'?'
>
> YQ: 'I found the movement is not as intellectually stimulating as I would like it to be....'[59]

---

http://www.masress.com/en/dailynews/194140 (letzter Zugriff: 06.04.2013). Vgl. auch die Facebook-Seite der „*Salafiyyū Hizb ad-dustūr*", URL: https://www.facebook.com/SlfyAldstwr (letzter Zugriff: 06.04.2013).

56 Dass sich auch eine liberale, säkularistische ägyptische Gruppe nach einem Kaffeehaus nennt, sei angemerkt.

57 *"Beards, Banter, and Brazilian Coffee: Salafis gather at Costa Coffee"*, URL: http://www.albawaba.com/blog_roundup/salafi-costa-coffee-451858 (Zugriff: 02.04.2012).

58 *"Salafyo Costa aims to put a new face on fundamentalism*" URL: http://www.egyptindependent.com/news/salafyo-costa-aims-put-new-face-fundamentalism (letzter Zugriff: 02.04.2013). Sie haben auch einige Videofilme online gestellt, die das gängige Salafistenbild konterkarieren. Der Film *Ayna mahalli?* (Wo ist mein Laden?) zeigt recht gut den Aufruf zur Toleranz seitens der Gruppe.

59 *"Shaykh Yasir Qadhi is no longer a 'Salafi'"*, URL:

Doch zurück zur Frage der Gewalt, da diese in der Diskussion um Salafismus ebenfalls immer wiederkehrt! Die Wendung zur Gewalt ist ebenfalls immer individuell. Sie erwächst aus der Erfahrung des Unwohlseins in der Welt, des Gefühls, in einer Malaise zu leben, um Leo Löwenthals Formulierung[60] aufzunehmen. Diese eigentlich soziale Malaise finde ihren Ausdruck in einem körperlichen Unwohlsein auf individueller Ebene, das mit einem Jucken verglichen werden könne, so Löwenthal. Ein Arzt werde versuchen, die Ursache des Juckens durch ein Heilmittel zu beseitigen, denn das Kratzen, das zwar zuerst Erleichterung verschaffe, helfe nicht grundsätzlich, verstärke eher das Leiden. Im Gegensatz zum Arzt rate der Agitator zum Kratzen.[61]

Das Kratzen bedeutet in diesem Falle die Selbstisolierung in einer Subkultur, die Konstruktion eines fragilen Selbst gegen die Mehrheitsgesellschaften (und insbesondere gegen Frauen), die als moralische Neuerung und daraus entstehende Überlegenheit erfahren wird (s.o.). Um dieses Selbst zu stabilisieren, ist eine Orientierung an einer hierarchisch höher stehenden Zentralfigur wichtig, in unserem Fall am Emir der dschihadistischen *ǧamāʿa*, der Gemeinschaft, ohne die der einzelne Dschihadi Gefahr läuft, in ein schwarzes Loch zu fallen und sich zu zersetzen.[62]

Es handelt sich um eine spezifisch dschihadistische Ausprägung, die es durch die existenzielle Notwendigkeit der Distanz zu anderen, die nicht Mitglied der Gemeinschaft sind, erleichtert, zur Gewalt zu greifen.

Die hier vorgestellten Überlegungen sind angesichts dessen, dass sich die hier betrachteten Phänomene in steter Entwicklung befinden, natürlich vorläufig. Betont sei, dass Untersuchungen zu Salafistinnen noch ein größeres Desiderat sind als Untersuchungen zum Salafismus allgemein. Deshalb scheint es angemessen mit Olivier Roy zu schließen: „Das Religiöse ordnet sich immer wieder neu.“[63]

---

http://www.lamppostproductions.com/?p=5657 (letzter Zugriff: 29.03.2013).

60 Vgl. Leo Löwenthal, *Falsche Propheten: Studien zum Autoritarismus. Schriften 3*, Frankfurt a. M. 1990, S. 29ff.; s. dazu Rüdiger Lohlker, *„Cyberjihad – das Internet als Feld der Agitation“*, in: Orient 43 (2002), S. 507-536.

61 Leo Löwenthal, *Falsche Propheten: Studien zum Autoritarismus.* Schriften 3, Frankfurt a.M. 1990, S. 30f.; hier soll keine kurzschlüssige Gleichsetzung von Dschihadis und Rechtsradikalen vorgenommen werden, von denen Löwenthal spricht. Es geht um ein identes Leiden, jedoch unterscheiden sich die Lösungsvorschläge grundsätzlich.

62 Rüdiger Lohlker, „*Cyberjihad – das Internet als Feld der Agitation*“, S. 520.

63 Olivier Roy, *Heilige Einfalt: Über die poltischen Gefahren entwurzelter Religionen,* München 2010, S. 298.

Literatur

Abu l-Lauz, ʿAbdalḥakīm, *al-Ḥarakāt as-salafīya fī l-Maġrib (1971-2004): baḥṯ anṯrūbulūǧī susīyūlūǧī,* Beirut 2009.

Al-Rasheed, Madawi, "*The Local and the Global in Saudi Salafi-Jihadi Discourse*", in: Roel Meijer (Hg.) *Global Salafism. Islam's New Religious Movement*, London 2009, S. 301-320.

Al-Rasheed, Madawi, *Contesting the Saudi State: Islamic Voices from a New Generation*, Cambridge u.a. 2007.

Amghar, Samir, *Le Salafisme d'aujourd'hui. Mouvements sectaires en Occident*, Paris 2011.

ders., «*Le Salafisme en Europe. La mouvance polymorphe d'une radicalisation*», in: Politique Étrangère 1 (2006), S. 65-78.

Bakr, Ali, "*Egypt's Salafists: a closer look*", in: ahramonline 15.10.2012, URL: http://english.ahram.org.eg/NewsContentPrint/18/0/55636/Books/0/Egypts-Salafists-A-closer-look.aspx (letzter Zugriff: 05.04.2013).

Bayat, Asef, *Life as Politics*, Amsterdam 2010.

Becker, Carmen, "'*Gaining Knowledge': Salafi Activism in German and Dutch Online Forums*", in: *Masaryk University Journal of Law and Technology 3* (2009), S.79-98.

Boehmer, Daniel A./Murphy, James P., *The Politicization of the Egyptian Salafiyya: Principled Participation and Islamist Competition in the Post-Mubarak Era,* Washington, D.C. 2012.

Bonnefoy, Laurent, *Salafism in Yemen*, London 2012.

ders., «*Le Salafisme au Yémen: l'antichambre de la violence*?», in: *Transcontinentales 7* (2009), URL: http://transcontinentales.revues.org/1152 (letzter Zugriff: 30.03.2013).

Brown, Jonathan, *Salafis and Sufis in Egypt*, Washington, D.C. u.a. 2011.

Commins, David Dean, *Islamic Reform: Plitics and Social Change in Late Ottoman Syria*, New York/Oxford 1990.

ders., "*The 'Other' Political Islam: Understanding Salafi Politics*", in: Amel Boubekeur/Olivier Roy (Hg.), *Whatever Happened to the Islamists? Salafis, Heavy Metal Muslims and the Lure of Consumerist Islam*, New York 2012, S. 153-175.

ders., "*Changing Worldviews and Friendships: An Exploration of the Life Stories of Two Female Salafis in the Netherlands*", in: Roel Meijer (Hg.), *globalsalafism. Islam's New Religious Movement*, London S. 404-423.

ders., *Identity in Transition: Connecting Online and Offline Internet Practices of Moroccan-Durch Muslim Youth*, London 2008 über URL: http://www.londonmet.ac.uk/iset (letzter Zugriff: 30.03.2013).

Duderija, Adis, "*Constructing the Religious Self and the Other: Neo-traditional Salafi manhaj*", in: *Islam & Christian-Muslim Relations* 21 (2010), S. 75-93.

Field, Nathan/Hamam, Ahmed, "*Salafi Satellite TV in Egypt*", in: *Arab Media & Society*, Spring 2009, URL: http://www.arabmediasociety.com/?article=712 (letzter Zugriff: 05.04.2013).

Gauvain, Richard, *Salafi Ritual Purity: In the Presence of God*, Abingdon 2013.

Hegghammer, Thomas, *Jihad in Saudi-Arabia:Violence and Pan-Islamism since 1979*, Cambridge u.a. 2010.

International Crisis Group, *Tunisie: violence et défi salafiste*, 13.02.2013 über URL: http://www.crisisgroup.org (letzter Zugriff: 11.04.2013).

Lacroix, Stéphane, "*Between Revolution and Apoliticism: Nasir al-Din al-Albani and his Impact on the Shaping of Contemporary Salafism*", in: Roel Meijer (Hg.), *globalsalafism. Islam's New Religious Movement*, London 2009, S.58-80.

ders., «*L'apport de Muhammad Nasir al-Din al-Albani au salafisme contemporain*», in: Bernard Rougier (Hg.), *Qu'est-ce que le Salafisme?*, Paris 2008, S. 45-64.

Lahoud, Carine, «*Koweït: Salafisme et rapports au pouvoir*», in: Bernard Rougier (Hg.), *Qu'est-ce que le Salafisme?* Paris 2008, S. 123-135.

Lenfant, Arnaud, «*L'évolution du salafisme en Syrie au XXe siècle*», in: Bernard Rougier (Hg.), *Qu'est-ce que le Salafisme?* Paris 2008, S.161-178.

Lohlker, Rüdiger (Hg.), *New Approaches to the Analysis of Jihadism: Online and Offline, Göttingen 2012.*

ders. (Hg.), *Jihadism: Online Discourses and Representations*, Göttingen 2012.

ders., "*Religions, Weapons, and Jihadism. Emblematic Discourses*", in: ders. (Hg.): *Jihadism: Online Discourses and Representations*, Göttingen 2012, S. 65-87.

ders., *Dschihadismus*: Materialien, Wien 2009.

ders., *Islam: Eine Ideengeschichte*, Wien 2008.

ders., „*Cyberjihad – das Internet als Feld der Agitation*", in: Orient 43 (2002), S. 507-536.

Löwenthal, Leo, *Falsche Propheten: Studien zum Autoritarismus*. Schriften 3, Frankfurt a. M. 1990.

Maestri, Elena, "*The Gulf in the Southern Mediterranean*", in: Nathalie Tocci u.a., *Ideational and Material Power in the Mediterranean*, Washington, D. C. 2012, S. 1-9.

Marks, Monica, "*Youth Politics and Tunisian Salafism: Understanding the Jihadi Current*", in: Mediterranean Politics, 18 (2013), S. 104-111.

McCants, Will, *Joining the Fray: Salafi Politics after the Arab Spring*, 22.01.2013, URL: http://www.worldpoliticsreview.com/articles/12655/joining-the-fray-salafi-politics-after-the-arab-spring (letzter Zugriff: 04.04.2013).

Meijer, Roel, "*Politicising al-jarh wa-l-ta'dil: Rabi' b. Hadl al-Madkhali and the transnational battle for religious authority*", in: Nicolet Boekhoff-van der Voort/Kees Versteegh/Joas Wagemakers (Hg.), *The Transmission and Dynamics of the Textual Sources of Islam: Essays in Honour of Harald Motzki*, Leiden/New York 2011, S. 375-400

Monroe, Steve L., "*Salafis in Parliament: Democratic Attitudes and Party Politics in the Gulf*", in: The Middle East Journal 66 (2012), S. 409-424.

Muṣallalī, Aḥmad, *Mausūʿat al-ḥarakāt al-islāmīya fī l-waṭan al-ʿarabī wa-īrān wa-t-turkīya*, Beirut 2004.

Nationaal Coördinator Terrorismebestijding, *Salafism in the Netherlands: A passing phenomenon or a persistent factor of significance?*, Den Haag 2008.

Reene, Jared/Sanford, Scott, *The Fortunes of Political Salafism in Gaza and Algeria*, Washington D.C. 2010

Roex, Ineke/van Stijphout, Sjef/Tillie, Jean, *Salafisme in Nederland: Aard, omvang en dreiging*, Amsterdam 2010.

Roy, Olivier, *Heilige Einfalt: Über die poltischen Gefahren entwurzelter Religionen*, München 2010.

al-Wādiʿī, Muqbil b. Hādī, *Tuḥfat al-muǧīb ʿalā asʾilat al-ḥāḍir wa-l-ġarīb* URL: http://www.muqbel.net/files.php?file_id=5 (letzter Zugriff: 29.03.2013) (Downloadversion).

Wiktorowicz, Quintan, "*Anatomy of the Salafi Movement*", in: *Studies in Conflict and Terrorism 29* (2006), S. 207-239.

ders., *The Management of Islamic Activism: Salafis, the Muslim Brotherhood and State Power in Jordan,* Albany, NY 2001.

Woodward, Mark, *Time to Stop Fooling Ourselves about Salafis*, 21. Juli 2008, URL: http://csc.asu.edu/2008/07/21/time-to-stop-fooling-ourselves-about-salafis/ (letzter Zugriff: 02.04.2013).

Wright, Brian, *The Legal Methodology of the Salafi Movement in Egypt*, M.A. Thesis, Kairo 2012.

"Abdur-Rahmân 'Abdul Khâliq and Abû Ishâq al-Huwaynî are Mubtadi'a", URL: http://ahlulbidah.wordpress.com/category/criticised-individuals/muhammad-surur/ (letzter Zugriff: 04.04.2013).

"Beards, Banter, and Brazilian Coffee: Salafis gather at Costa Coffee", URL: http://www.albawaba.com/blog_roundup/salafi-costa-coffee-451858 (letzter Zugriff: 02.04.2012).

"Organised da'wa against organisations!!", URL: http://pseudosalafees.blogspot.co.at/2008/01/organised-dawa-against-organisations.html (letzter Zugriff: 30.03.2012).

"Profile: On the life and death of Mohamed Yousry Salama", URL: http://www.masress.com/en/dailynews/194140 (letzter Zugriff: 06.04.2013).

"Salafyo Costa aims to put a new face on fundamentalism", URL: http://www.egyptindependent.com/news/salafyo-costa-aims-put-new-face-fundamentalism (letzter Zugriff: 02.04.2013).

„*Salafyū Miṣr as-siyāsa li-ḫidmat ad-daʿwa*", URL: http://maktoob.news.yahoo.com/سلفيو-مصر-السياسة-لخدمة-الدعوة-163121428.html (letzter Zugriff: 06.04.2013).

"Shaykh Yasir Qadhi is no longer a 'Salafi'", URL: http://www.lamppostproductions.com/?p=5657 (letzter Zugriff: 29.03.2013).

II
Salafismus in Deutschland: Aspekte der Radikalisierung und Radikalisierungsprävention

Radikalisierung von Jugendlichen durch salafistische Strömungen in Deutschland

Claudia Dantschke

Vorbemerkungen

Die ZDK Gesellschaft Demokratische Kultur gGmbH ist eine zivilgesellschaftliche Einrichtung, die sich seit nunmehr 15 Jahren in verschiedenen Projekten mit Extremismus und Radikalisierungsverläufen befasst. Am bekanntesten ist die Initiative „EXIT-Deutschland“, die Menschen hilft, die mit dem Rechtsextremismus brechen und sich ein neues Leben aufbauen wollen. Zugleich setzt sich EXIT mit der Vorstellungswelt und dem Verhalten von Rechtsextremisten auseinander, gestützt auf die Werte von persönlicher Freiheit und Würde. Die Autorin arbeitet seit Ende 2001 in der ZDK gGmbH zu den Bereichen türkischer Rechtsextremismus, Islamismus und islamistische Radikalisierung. Gemeinsam mit ihren Kollegen überprüfen sie in ihrer Arbeit dabei auch die Übertragbarkeit von Erfahrungen in der Präventions- und Deradikalisierungsarbeit von „EXIT-Deutschland“ auf den Bereich islamistische Radikalisierung. Im Zentrum steht dabei stets auch die Erörterung der Frage, was radikale Ideologien für Jugendliche attraktiv macht und warum.

Wenn heute von islamistischer Radikalisierung gesprochen wird, dann bezieht sich das inzwischen fast ausschließlich auf den politischen Salafismus. Seit knapp zehn Jahren beobachten die ZDK gGmbH in Deutschland eine zunehmende Hinwendung von Menschen ganz unterschiedlicher Herkunft und Sozialisation zu dieser islamisch-fundamentalistischen Strömung. Eine der Ursachen dafür sind die zahlreichen Aktivitäten salafistischer „Missionare“. Gab es 2005 nur eine Handvoll Prediger, die durch die Lande zogen und auf Seminaren und in Vorträgen für die salafistische Islaminterpretation warben, so geht ihre Zahl heute in die Dutzende. Selbst in kleinen Gemeinden besteht die große Wahrscheinlichkeit, auf Anhänger und Verkünder dieses Sinnangebots zu treffen. Hinzu kommt das umfangreiche Angebot salafistischer Inhalte im Internet, vor allem auch in den von Jugendlichen stark frequentierten sozialen Medien wie Facebook, YouTube und Twitter.

Und auch wenn es auf den ersten Blick so aussehen mag, die Verbreitung des Salafismus ist nur oberflächlich gesehen ein religiöses Phänomen. Wie aber lässt sich das Phänomen dann beschreiben und worin liegt das Problem? Mit einem Blick auf die zwar religiös begründeten, aber in ihrem Kern gesellschaftspolitischen Inhalte und die daraus abgeleiteten Handlungsaufforderungen, lässt sich der politische Salafismus einordnen in die Riege der Ideologien der Ungleichwertigkeit. Die Selbstaufwertung als Angehöriger der „einzig richtigen" Interpretation des Islam geht im politischen Salafismus einher mit der Abwertung nicht nur der Nichtmuslime generell, sondern auch der Muslime, die einer anderen islamischen Interpretation folgen. Zwar propagiert und befürwortet nur eine Minderheit des politisch-salafistischen Spektrums den Einsatz von Gewalt als legitimes Mittel sowohl gegen die demokratische Grundordnung als auch gegen Personen, die zuvor ideologisch begründet zum Feindbild aufgebaut werden. Gemeinsam ist allen politischen Strömungen jedoch die Ablehnung wichtiger demokratischer Grundwerte, wie Pluralismus, Gleichwertigkeit, Selbstbestimmungsrecht und individuelle Freiheitsrechte. Aus diesem Grund sollte der politische Salafismus nicht nur als Thema der Sicherheitsorgane betrachtet werden, sondern als Thema der Gesellschaft insgesamt.

Salafistische Strömungen in Deutschland

Im medialen und damit im breiten öffentlichen Diskurs hat sich mit Bezug auf die Sicherheitsbehörden inzwischen der Begriff „Salafismus" zur Charakterisierung einer radikalen, demokratiefeindlichen Ideologie durchgesetzt. Dabei wird oft ignoriert, dass die „Salafiyya" zunächst eine religiöse Strömung im sunnitischen Islam ist, die sich in literalistischer Lesart an den rechtschaffenen Vorfahren, den „Altvorderen" (arab. *as-salaf aṣ-ṣāliḥ*) orientiert. Gemeint sind damit die Gefährten des Propheten Muhammad und die ersten drei Generationen der Muslime. Das, was wir aktuell unter dem Schlagwort „Salafismus" thematisieren, basiert zwar religiös auf dieser Rückbesinnung auf die „Altvorderen" mit Bezug vor allem auf saudi-arabische und ägyptische Gelehrte, es handelt sich aber um eine moderne Bewegung. Denn oft ist dieser religiöse Rückbezug nicht viel mehr als eine Konstruktion.[1] Im Hinblick auf die Thematik „Radikalisierung" ist deshalb die Bezeichnung „politischer Salafismus"[2] angebracht, auch in Abgrenzung zum ebenfalls aktuell in Deutschland existierenden puristischen salafistischen Spektrum, das ich als a-politisch im ideologischen Sinn charakterisieren würde. Die puristische *salafiyya* in Deutschland umfasst Personen, oft Familien, die in ihrem privaten Bereich streng religiös entsprechend der salafistischen Islaminterpretation leben wollen und von Staat und Gesellschaft erwarten, dass ihnen dies gewährt wird. Im Gegenzug dazu sehen es die Anhänger dieser Szene als verpflichtend an, die öffentliche Ordnung und die Verfasstheit

1 Vgl. Rauf Ceylan und Michael Kiefer, *Salafismus: Fundamentalistische Strömungen und Radikalisierungsprävention*, Springer VS, Sept. 2013.

2 Ceylan und Kiefer verwenden zur Charakterisierung den Begriff „Neo-Salafiyya".

des Staates, der ihnen diese Lebensweise zubilligt, nicht infrage zu stellen. Man kann dieses Verhalten vielleicht mit den Amish-People in den USA vergleichen. Die Islaminterpretation der Puristen orientiert sich an den wahhabitisch-salafistischen Großgelehrten in Saudi-Arabien, die das saudische Königshaus als „Gott gegebene Ordnung" nicht infrage stellen, ja sogar stützen und deshalb auch von radikaleren Vertretern des Salafismus als „Palast-Gelehrte" diffamiert werden. Einige Vereine der Puristen gibt es u.a. in Nordrhein-Westfalen. Da diese weder Staat noch Verfassung angreifen, werden sie auch nicht vom Verfassungsschutz beobachtet. Empirische Studien über diese und auch die weiteren salafistischen Strömungen in Deutschland liegen bisher leider nicht vor.

Dem puristischen gegenüber steht der politische Salafismus, den ich entsprechend der Frage der Akzeptanz politischer Gewalt nicht wie der Verfassungsschutz in zwei[3] sondern in drei Strömungen unterteile:

1) politisch-missionarisch, Ablehnung von Gewalt (Mehrheit);
2) politisch-missionarisch, einschließlich der Legitimation des bewaffneten Dschihad;
3) dschihadistisch.

Allen drei Strömungen des politischen Salafismus gemein ist das gesellschaftspolitische Ziel, die demokratische Ordnung durch eine religiöse Ordnung entsprechend salafistischer Interpretationen zu ersetzen. Die Aktivitäten dieser Gruppen und Prediger in Deutschland sind dabei als lokaler Beitrag zur Umsetzung dieses globalen Zieles zu verstehen. Die politisch-missionarische Mehrheit will dieses Ziel nicht wie bei den militanten Strömungen durch Gewalt, sondern durch Missionierung von Muslimen wie Nichtmuslimen erreichen. Mit persönlichen Ansprachen, Street-*daʿwa* (Straßenmission), Infoständen, Seminaren und weiteren Propagandaaktivitäten wird versucht, Muslime „zurück auf den richtigen Weg" zu führen oder Nichtmuslime durch Konversion, also den Übertritt zum Islam salafistischer Ausrichtung, für die Etablierung der „besseren Ordnung" zu gewinnen.

Eine Minderheit dieses politisch-missionarischen Spektrums legitimiert dabei auch den Einsatz von politischer Gewalt (bewaffneter Dschihad) als angemessen und notwendig, wenn irgendwo in der Welt „der Islam oder die Muslime angegriffen oder unterdrückt" werden. Dabei nehmen sie für sich in Anspruch zu definieren, wann und wo ein solcher Angriff vorliegt: Von dieser Strömung ist der Übergang nicht mehr weit ins dschihadistische Spektrum, wo die Anhänger nicht mehr nur reden sondern handeln.

Die vom Verfassungsschutz veröffentlichten Zahlen für das Spektrum des politischen Salafismus belaufen sich aktuell auf 4.500 für ganz Deutschland,

3 Politisch-missionarisch und dschihadistisch.

wobei Nordrhein-Westfalen, aber auch Hessen oder die Stadtstaaten Berlin und Hamburg als Schwerpunktländer angesehen werden können. Was das weiteste militante Spektrum betrifft, so soll dieses – laut Verfassungsschutz – 850 Personen in ganz Deutschland umfassen. Davon gelten 139 als sogenannte Gefährder, also Personen, die bereits in einem Dschihad-Camp waren, eine Ausbildung genossen haben und denen man jederzeit eine terroristische Tat zutraut.

Diese Differenzierungen sind wichtig, auch um die inneren Reibungen der Szene zu begreifen. Eine pauschale Kriminalisierung „DER Salafisten" ist vor allem in Hinblick auf die Isolierung derjenigen, die sich der politischen Gewalt verschrieben haben, kontraproduktiv. Es sind die nicht-gewaltbereiten missionarischen Gruppen und vor allem die Puristen, die sich innerhalb des salafistischen Spektrums am stärksten gegen die Dschihad-Propaganda stellen, diese kritisieren und zum Teil auch aktiv versuchen – mit Bezug auf salafistische Großgelehrte – dagegen zu argumentieren. In der öffentlichen Auseinandersetzung sollten deshalb die Akteure und Strömungen klar benannt und pauschale Beschreibungen unterlassen werden.

Das soll am Beispiel der Koranverteilaktion „Lies!" kurz erläutert werden: Bei dieser Aktion handelt es sich zunächst um die kostenlose Verteilung deutschsprachiger Koranexemplare in den Fußgängerzonen deutscher Städte. Diese Handlung für sich genommen ist legitim und sollte auch nicht als Problem angesehen werden. Viele junge Muslime engagieren sich inzwischen bei dieser Verteilaktion, weil sie das Gefühl haben, damit etwas gegen „die Islamfeindlichkeit" zu tun. Sie kennen Studien, die besagen, dass der Islam von über 50% der Bevölkerung der Bundesrepublik abgelehnt werde.[4] Sie führen das darauf zurück, dass die Menschen ein verzerrtes Bild des Islam hätten, u.a. durch die „falsche Darstellung der Medien". Wenn sie nun diesen Menschen einen Koran auf Deutsch geben und diese ihn lesen würden, so die Vorstellung der jungen Muslime, dann würden diese den Islam richtig kennenlernen und ihm positiver begegnen. Das Problematische an dieser Verteilaktion ist also nicht der Umstand, dass der Koran verteilt wird, wohl aber die Gruppe, die diese Aktion organisiert, lenkt und leitet. Diese Gruppe nennt sich „Die wahre Religion" und gehört zum politisch-missionarischen Salafismus, einschließlich der Legitimation des bewaffneten Dschihad. Die jungen Muslime, die sich wie beschrieben bei dieser Aktion engagieren, verfügen oft über wenig islamisches Wissen. Sie sind aber bestrebt, sich weiterzubilden und sich zu „wahren Muslimen" zu entwickeln. Das vermeintlich positive Image, das sich die Gruppe „Die wahre

4 Vgl. Religionsmonitor 2013: *„51% aller Befragten sehen den Islam eher als Bedrohung an."*; in: URL: www.bertelsmann-stiftung.de/cps/rde/xbcr/SID-716D395E-01CA883D/bst/RelMo_Befunde_Deutschland_final_130428.pdf (letzter Zugriff: 27.11.2013), S. 4.

Religion“ (DWR) durch diese Koranverteilaktion[5] gerade unter jungen Menschen erworben hat, führt dazu, dass sie sich auf ihrer Suche nach weiteren Informationen und Schulungen mit ihren Fragen an die Predigern dieser radikalen salafistischen Strömung wenden und ihnen folgen. Statt eines reflektierten Umgangs mit Religion, der ihnen ein Leben als gläubiger und praktizierender Muslim in einer demokratischen Gesellschaft ermöglicht, wird ihnen in den Hinterzimmer-Seminaren oder auf den Symposien der DWR ein autoritäres und auf Abgrenzung und Feindbilder setzendes Islamverständnis vermittelt. Es ist deshalb wichtig, in den öffentlichen Debatten diesen Aspekt einer möglichen Radikalisierung in den Vordergrund zu stellen und nicht pauschal die Verteilung kostenloser Koranexemplare.

Politischer Salafismus als radikale Jugendsubkultur

Was macht Salafismus attraktiv?

In den letzten Jahren hat sich der politische Salafismus zu einer radikalen Jugendsubkultur entwickelt. Diese Jugendkultur spricht Jugendliche aller sozialen Schichten oder unterschiedlicher religiöser, nationaler und kultureller Herkunft an. So unterschiedlich diese Jugendlichen sind, eines haben sie gemeinsam: sie sind im religiös-theologischen Sinne Analphabeten. Ob muslimischer oder nichtmuslimischer Herkunft, ob mit Migrationshintergrund oder ohne, sie alle haben nie eine reflektierte religiöse Sozialisation erfahren, die sie befähigt, sich mit theologischen Fragen selbstständig und kritisch auseinandersetzen zu können. Sie haben Religion als formale Familientradition kennengelernt oder kommen aus Strukturen, wo Religion in politisierter Form verkündet und gelebt wurde. Viele von ihnen haben aber auch nie etwas mit Religion zu tun gehabt, stammen aus sehr weltlichen Elternhäusern. Hinzu kommen oft auch gebrochene Familien oder Verlusterfahrungen durch den Tod eines nahen Angehörigen oder Freundes. Die Jugendlichen sind auf der Suche nach Geborgenheit, Zugehörigkeit, Orientierung und auch ein wenig Spiritualität. Bei den Salafisten finden diese ganz unterschiedlich sozialisierten Jugendlichen die Befriedigung dieser Bedürfnisse und eine vermeintliche Antwort auf ihre Fragen[6]:

5 Nach fast zwei Jahren dominiert das Netzwerk „Die wahre Religion“ (DWR) aufgrund dieser Aktion das missionarische Feld des Salafismus in Deutschland. Allein die „DWR“-Facebook-Fangemeinde ist von etwa 8.000 im Herbst 2011, als die Aktion startete, auf inzwischen fast 40.000 angestiegen.

6 Der Islamwissenschaftler Dr. Jochen Müller von ufuq.de hat die Formel „WWWGGG“ (Wissen, Wahrheit, Werte, Gehorsam, Gemeinschaft, Gerechtigkeit) als didaktisches Format für die pädagogische Arbeit entwickelt, um die nachfolgend beschriebenen Aspekte der Attraktivität des Salafismus zu erfassen.

Zunächst ist es das Versprechen, „fundiertes Wissen" über den Islam geboten zu bekommen. Jugendliche, die tief in die Religion einsteigen wollen, Erklärungen und Begründungen suchen, die sie verstehen und die auch ihren Lebensalltag tangieren, finden dies vermeintlich bei den Salafisten. Hier treffen sie auf charismatische Prediger, die mit der Lebenssituation in Deutschland vertraut sind und „den Islam" in einer jugendgerechten Sprache auf Deutsch erklären. Dadurch, dass diese Jugendlichen kein wirklich theologisches Wissen haben, verfügen sie auch nicht über die Kompetenz, die dargebotenen Erklärungen und Vorträge einzuordnen und zu werten. Entscheidend für sie ist es, ob sie emotional berührt werden, ob sie sich in diesen Erklärungen wiederfinden und ob ihre Fragen an die Welt oder den Sinn des Lebens beantwortet werden. Eine abstrakte, nicht an den eigenen Bedürfnissen orientierte Erklärung, würde sie nicht an diese Szene binden.

Ein weiterer wichtiger Aspekt, der den Salafismus für so unterschiedliche Jugendliche attraktiv macht, ist die Behauptung, die „einzig wahre Islaminterpretation" zu vertreten. Die Salafisten suggerieren den Jugendlichen mit ihrem exklusiven Wahrheitsanspruch die Garantie auf das Paradies, während alle anderen Wege in die Irre und damit in die Hölle führen würden. Hinzu kommt die Eindeutigkeit im Hinblick auf Werte, die die Jugendlichen bei den Salafisten finden. In einer globalisierten Welt mit komplexen Entwicklungen, die alte Gewissheiten immer wieder infrage stellen, bietet die dichotome Weltsicht der Salafisten von Richtig und Falsch, Gut und Böse, eine klare Orientierung und Eindeutigkeit. Das reicht von der persönlichen Ebene (Alltagsverhalten, Freundschaften) bis zu den großen politischen Entwicklungen und greift vor allem bei Menschen mit einem schwachen Selbstwertgefühl.

Salafistische Prediger nehmen für sich in Anspruch, den wahren Willen Gottes zu vertreten. Das führt dazu, dass ein kritisches Hinterfragen dieser selbst ernannten Autoritäten einem Zweifel an Gottes Wort gleichkommt. Der Gehorsam, der gegenüber Gottes Willen eingefordert wird, erstreckt sich also auch auf die Autoritäten der Szene. Damit werden sie zu Vorbildern und Leitfiguren, an denen sich die Anhänger orientieren können und auch sollen. Auch das ist für nicht wenige Jugendliche ein attraktives Angebot, vor allem, wenn diese Autoritäten charismatisch sind. Sie erklären, wie der Gläubige sich zu kleiden hat, was er essen darf und was nicht, wie er seinen Tag zu strukturieren hat, ob er eine Ausbildungs- oder Arbeitsstelle annehmen darf oder nicht, mit welchen Personen er Umgang pflegen soll und welche er zu meiden hat – jede Lebensentscheidung wird abgenommen. Viele Jugendliche sind auf der Suche nach Vorbildern, da sie diese in ihrer Familie (z.B. fehlender oder abwesender Vater) oder ihrem sozialen Umfeld bisher vermisst haben.

Speziell Jugendliche mit muslimischem Migrationshintergrund spricht ein weiterer Aspekt an, den sich die Salafisten zunutze gemacht haben. In Deutschland ist der Islam noch längst keine allseits anerkannte und gleichberechtigte Religion und viele Muslime haben das Gefühl, aufgrund ihrer Religion nicht wirklich dazuzugehören. Ausgrenzungs- und Diskriminierungserfahrungen, die permanente Ansprache als Muslim und nicht als Individuum (z.B. einfach als Jugendlicher) können Minderwertigkeitskomplexe befördern und die Empfindung nähren, ein Außenseiter zu sein. In salafistischen Gruppen finden diese Jugendlichen nicht nur eine Akzeptanz aufgrund ihrer Herkunft und Identität als Muslim, sondern gerade deshalb auch eine Aufwertung. Sie werden mit Eintritt in diese Szene nicht nur Teil einer (fiktiven) Weltgemeinschaft, der Umma des Propheten Mohammad, sondern – und das unterscheidet die salafistischen Gruppen von den traditionellen Islamverbänden und Moscheegemeinden – sie werden Teil einer egalitären Gemeinschaft von Gleichen unter Gleichen. Es gibt keine Hierarchien aufgrund der Herkunft, des Ansehens oder des Reichtums der Familie. Alle sind Brüder und Schwestern und der Kopf der Gruppe gilt nur deshalb als Autorität, weil er oder sie über mehr Wissen als die einfachen Mitglieder verfügt. Jeder und jede der Gemeinschaft kann sich aber um dieses Wissen bemühen und demzufolge auch einen Vorbildstatus erlangen. Salafistische Prediger vermitteln den Jugendlichen immer wieder das Gefühl, Teil einer großen und starken Gemeinschaft zu sein und innerhalb dieser Umma der Gruppe anzugehören, die den exklusiven Wahrheitsanspruch vertritt. Vor allem für Jugendliche, die sich zuvor überall fremd fühlten, ist das ein sehr verlockendes Angebot.

Das salafistische Identitätsversprechen an die Jugendlichen ist zudem auch eines, das nicht nur eindeutig, klar abgrenzend und selbstaufwertend ist, es lässt sich auch durch das Outfit (Pluderhosen, Bart und Käppi bei Männern, Kopftuch und weite Kleidung, die den ganzen Körper bis auf Hände und Füße verhüllt bei Frauen) nach außen deutlich demonstrieren.

Diese Weltgemeinschaft, die Umma, ist aber gleichermaßen eine Gemeinschaft in Not. Sie wird bedrängt und angegriffen. Die Opferidentität, die durch die Salafisten in extremer Weise zuspitzt wird, ist aber keine resignative sondern eine wehrhafte. Vor allem die Gewalt legitimierenden Strömungen nutzen die vielen aktuellen Konflikte und Kriege, um daraus das Narrativ des weltweiten Kampfes der Ungläubigen (*kuffār*) gegen „den Islam und die Muslime“ zu stricken. Auch Diskriminierungs- oder Ausgrenzungserfahrungen junger Muslime in Deutschland, sei es in der Schule, am Ausbildungsplatz oder in der Gesellschaft, werden in dieses Narrativ eingeordnet. An den Jugendlichen sei es nun, sich gegen diese Unterdrückung zu wehren – mit vielfältigen Mitteln (Gebet, Mission, Propaganda, Spenden) bis hin zum Kampf. Eine Form, den Jugendlichen diese Option näher zu bringen, sind die zahlreichen Dschihad-*Nasheeds*[7], die im Internet verbreitet werden. Und der permanente Rückgriff salafistischer Prediger auf die Anfeindungen, denen der Prophet Mohammad und seine Gefährten in der Frühphase des Islam ausgesetzt waren, lassen Rückschläge und mangelnde Erfolge verkraftbar erscheinen. Denn nicht nur in Deutschland distanziert sich schließlich die Mehrheit der Muslime von den Salafisten. Und auch im privaten Umfeld stoßen die Salafismus-Einsteiger nicht selten auf massive Ablehnung. Damit sie sich davon nicht beirren lassen, führen salafistische Prediger immer wieder gern eine Überlieferung (*ḥadīṯ*) des Propheten Muhammad ins Feld, die besagt, dass der Islam als etwas Fremdes begonnen habe und am Ende [also vor dem Sieg] als etwas Fremdes wiederkommen werde. „Die wahren Gewinner sind die Fremden – die *ġurabāʾ*, bringt es u.a. Abu Dujana, ein Prediger des radikalen Netzwerkes „Die Wahre Religion", in einem seiner zahlreichen Vorträge auf den Punkt.[8] Das, worunter viele Jugendliche zuvor gelitten haben – als fremd wahrgenommen zu werden, nicht dazuzugehören – wird hier umgekehrt in ein Gefühl der Überlegenheit und des Auserwähltseins, denn „das Paradies ist für die Fremden", wie es in der Überlieferung heißt. An ihnen ist es jetzt, die göttliche Vorhersagung zu erfüllen, durch Mission oder durch Kampf. Für welchen Weg sie sich entscheiden, hängt von verschiedenen Faktoren ab: Dem Umfeld, in dem sie sich bewegen und die Autoritäten, an denen sie sich orientieren, ihrer persönlichen Prägung, z.B. ihr Hang zur Militanz, den Reaktionen von Staat, Gesellschaft und Familie auf ihre Wandlung zum „wahren Muslim" sowie den politischen Entwicklungen, z.B. kriegerische Konflikte, mit denen sie sich identifizieren. Doppelte Standards westlicher Politik z.B. im Umgang mit Menschenrechtsverletzungen tragen ihres dazu bei, das Gerechtigkeitsempfinden empfindlich zu stören. Schließlich nehmen ganz besonders Salafisten für sich in Anspruch, auf der Seite des Rechts und der Gerechtigkeit gegen das Unrecht und die Ungerechtigkeit einzustehen und treffen damit auf ein bei Jugendlichen oft sehr stark ausgeprägtes Gerechtigkeitsempfinden.

Anders als oft angenommen ist das salafistische Identitätsversprechen mit all den hier geschilderten Facetten nicht nur attraktiv für männliche Jugendliche. Im Gegenteil. Es spricht ebenso junge Mädchen und Frauen an. Speziell für Mädchen aus traditionellen muslimisch-patriarchalen Familien kommt jedoch

7 *našīd,* Pl. *anāšīd* (eingedeutschter Plural: Nasheeds) sind religiöse Gesänge ohne instrumentale Begleitung und für viele Muslime eine selbstverständliche Ausdrucksform ihrer Religiosität. Salafisten und Dschihadisten haben diese Gesangsform für sich entdeckt und mit ihren Inhalten versehen.

8 Abu Dujana, *„Die Fremden (ġurabāʾ)"*, hochgeladen am 16.12.2010, URL: www.youtube.com/watch?v=XUvYZWAFxOI (letzter Zugriff: 27.11.13).

hinzu, dass ihnen die strikte Geschlechtertrennung mit einer klar definierten Aufgabenverteilung sowohl für „die Brüder“ als auch für „die Schwestern“ ein Gefühl von Gleichberechtigung vermittelt. Sie haben in ihrem Umfeld die Bevorzugung der Brüder und Cousins erlebt, denen fast jedes Fehlverhalten nachgesehen wird, während sie als Mädchen einer strikten Kontrolle und zahlreichen Verboten unterliegen. Salafistische Prediger greifen diese Diskrepanz in der Behandlung der Geschlechter kritisch auf, ohne dabei jedoch die männliche Dominanz infrage zu stellen. Dieser Dominanzanspruch ist aber an feste moralisch-ethische Vorgaben gekoppelt, die auch für die Jungen und Männer gelten und von diesen einzuhalten sind. Und junge Frauen aus nichtmuslimischen Elternhäusern sehen im salafistischen Angebot die Möglichkeit, als Frau anerkannt und geachtet zu werden, auch wenn sie „nur“ der klassischen Frauenrolle von Ehefrau, Hausfrau und Mutter folgen.

Selbst im militanten Milieu der salafistischen Szene haben Frauen die Möglichkeit, sich zu beweisen. Radikale salafistische und dschihadistische Portale bieten extra Plattformen und Foren, in denen Frauen ihre muslimischen Schwestern gezielt ansprechen und werben. Selbst die Beteiligung am bewaffneten Kampf ist nicht ausgeschlossen, wie die Brüder vom „Sham Center“, eine deutschsprachige dschihadistische Propagandaplattform aus Nordsyrien, in einem Interview mit einem salafistischen Medienportals erklären: „Hier im Gebiet von Latakia gibt es nur vereinzelt Schwestern, die aktiv kämpfen.“ Wichtig sei aber, so die Dschihadisten aus Nordsyrien weiter, dass „viele Muhāǧirūn [Auswanderer] mit ihren Familien sesshaft geworden (sind). Es gibt auch viele unverheiratete Brüder, die gerne in den sicheren Gebieten eine kleine Familie gründen würden. Auch sind die *muǧāhidūn* (Dschihadisten) bereit, ehrenhafte Schwestern als zweite, dritte oder vierte anzuheiraten“.[9] Frauen mit guten Sprachkenntnissen und der „richtigen Überzeugung“ können sich darüber hinaus auch aktiv an der Propaganda-Arbeit beteiligen. Nicht wenige Übersetzungen dschihadistischer Pamphlete ins Deutsche dürften aus weiblicher Hand stammen, betrachtet man das Bildungsniveau mancher selbst ernannter „Gotteskrieger“. Die Möglichkeiten für Frauen, „der Sache“ zu dienen und sich damit ein „Leben im Paradies“ zu verdienen, sind also vielfältig. Die unterschiedlichen salafistischen Strömungen bieten einen jeweils klar definierten Rahmen, innerhalb dessen sich auch Mädchen und Frauen verwirklichen können.

Letztendlich ist Salafismus heutzutage aber auch ein Lebensentwurf, mit dem sich Jugendliche beiderlei Geschlechts am deutlichsten vom Lebensentwurf der Eltern oder den Werten und Normen der Gesellschaft distanzieren und ihre

---

9 Independent Journalist, *Interview mit ShamCenter*, vom 19.09.2013, URL: www.facebook.com/Independentjournal (letzter Zugriff 27.11.13).

Ablehnung zum Ausdruck bringen können. Die Hinwendung zu einer salafistischen Gruppe kann auch Ausdruck des Protestes sein oder schlussendlich nicht mehr als der Wunsch nach Aufmerksamkeit durch Provokation. Allein das Erscheinen im salafistischen Outfit löst beispielsweise im Klassenzimmer nicht selten eine allgemeine Verwirrung und zum Teil auch Angst aus, vor allem dann, wenn „der Sieg des Islams“ prophezeit wird oder „die Mujaheddin als die Löwen der Umma“ glorifiziert werden. Diese Attraktivität bietet der Salafismus aber nur solange, solange er statt sachlicher Auseinandersetzung hysterische Reaktionen hervorruft und lediglich unter sicherheitspolitischen Aspekten diskutiert wird.

Generation Pop-Jihad

Als im September 2007 die sogenannte „Sauerland-Gruppe“ u.a. wegen Mitgliedschaft in einer terroristischen Vereinigung im Ausland (Islamische Jihad Union) und Vorbereitung eines Sprengstoffanschlages festgenommen wurde, rückte mit der Diskussion um den “Homegrown Terrorism“ (hausgemachter Terrorismus) auch das Thema Salafismus immer mehr in das Blickfeld der Öffentlichkeit. Vor Gericht schilderten die vier Hauptbeschuldigten, zwei zum Islam konvertierte Herkunftsdeutsche und zwei türkische Migranten, ihre Hinwendung zu dieser dogmatischen Islaminterpretation sowie ihre Radikalisierung im Umfeld des inzwischen verbotenen Neu-Ulmer Vereins „Multikulturhaus“: „Kein gläubiger Moslem darf die Demokratie akzeptieren“, erklärte einer der Vier im August 2009 vor Gericht, „da in der Demokratie Unzucht, Zinsen und Alkohol erlaubt sind“. Zu der strengen Auslegung islamischer Regeln sei er erst nach der Ermahnung durch einen Bekannten gekommen, der ihm mit dem „Höllenfeuer“ gedroht hatte. Er habe sich „nach und nach gesteigert“, regelmäßig gebetet, sich einen Bart wachsen lassen und in der Moschee einen neuen Freundeskreis aufgebaut. Auch ein weiterer Beschuldigter beschrieb sich als „streng gläubig“. Er halte sich an die räumliche Trennung von Männern und Frauen und höre keine Popmusik.[10]

Vor allem der Pop-Star des politisch-missionarischen Salafismus, der ehemalige Profi-Boxer Pierre Vogel (Abu Hamza), profitierte von der nun einsetzenden öffentlichen Aufmerksamkeit. Im Winter 2008, ein halbes Jahr nach

---

10 Zitiert nach: Holger Schmidt, *„Yilmaz will den Märtyrertod – und stellt fest, dass der Koran schon älter ist*“, Terrorismus in Deutschland vom 11.08.2009, URL: www.swr.de/blog/terrorismus/2009/08/11/yilmaz-will-den-martyrertod-%e2%80%93-und-stellt-fest-dass-der-koran-schon-alter-ist (letzter Zugriff: 27.11.13) und Spiegel online, *„Sauerland-Prozess: Zweiter Angeklagter legt Terror-Geständnis ab“*, URL: www.spiegel.de/politik/deutschland/0,1518,641908,00.html (letzter Zugriff: 27.11.13).

der Festnahme der Sauerland-Gruppe, trennte sich Vogel von den Vertretern der Gruppe „Die wahre Religion“ (DWR) und schuf sein eigenes Netzwerk unter der Bezeichnung „Einladung zum Paradies“ (EZP). In einer gemeinsamen Stellungnahme gaben Vogel und Ibrahim Abou Nagie (einer der Köpfe des DWR-Netzwerkes) im Februar 2008 ihre Trennung bekannt:

> „Der Bruder Abu Hamza möchte gerne in einem großen Stil diese *da'wa*[11]-Arbeit durchführen, nämlich in Hallen, in großen Veranstaltungsräumen. Und wir wollen uns um die Menschen kümmern, die den Islam angenommen haben, die angefangen haben, diese Religion zu praktizieren. Unsere Wege haben sich getrennt nur für Allah und um Allahs willen. Und unser Ziel ist das gleiche.“[12]

Im Sommer 2011 hatte diese Form der „da'wa im großen Stil“ jedoch dazu geführt, dass die missionarische Szene immer mehr auf Abstand zu Vogel ging. Zu sehr hatten das aggressive Auftreten des Vereins „Einladung zum Paradies“ (EZP) in Mönchengladbach zur Durchsetzung des Projektes einer Islamschule sowie Pierre Vogels Großkundgebungen (u.a. in Frankfurt am Main) den salafistischen Missionaren geschadet. Immer stärker war dadurch „der Salafismus“ ins Zentrum der öffentlichen Wahrnehmung getreten. Gleichzeitig hatte sich der repressive Druck der Behörden erhöht und zahlreiche Moscheegemeinden dazu gebracht, Vogel und andere salafitische Prediger zu unerwünschten Personen zu erklären. Diese Art der Aufmerksamkeit stieß in der Szene auf große Kritik. Während der Verein EZP 2011 faktisch vor seiner Auflösung stand, die er im Sommer 2011 dann auch vollzog, gingen Prediger, wie der Wuppertaler Abu Jibril und der Berliner Abd al Adhim, auch öffentlich auf Distanz zum Selbstdarsteller Vogel und dessen Aktionismus. Abū Ǧibrīl erklärte, Vogels Ansprachen, etwa zur Einführung der Scharia, seien zu provozierend. „Wir sind nicht in einem islamischen Land und sollten Leute nicht mit Sachen konfrontieren, mit denen sie sich nicht identifizieren“, ließ sich Abū Ǧibrīl von der Nachrichtenagentur dapd zitieren. Vogel gehe es nur um die Show. „Es wirkt, als wollte er der deutschen Gesellschaft den Krieg erklären“, kritisierte er weiter[13]. Und so verkündete Vogel im Frühsommer 2011, künftig nicht mehr in großen Hallen zu predigen und auf Demonstrationen zu verzichten. Am 20. Juni 2011 gab er dann in einem gemeinsamen Video mit Abu Dujana seine Wiedervereinigung mit der Gruppe „Die wahre Religion“ bekannt. Das Thema „Salafismus“ in Deutschland hatte sich im Sommer 2011 scheinbar selbst relativiert, könnte man meinen.

---

11 Einladung zum Islam, bei salafistischen Strömungen Missionierung von Nichtmuslimen und Belehrung von Muslimen.

12 Video liegt der Autorin vor.

13 Zitiert nach: *„Bevölkerung muss einfach wacher werden“*, 24.06.2011, URL: www.t-online.de/nachrichten/deutschland/gesellschaft/id_47447492/bund-will-radikalisierung-bei-muslimen-bekaempfen-.html. (letzter Zugriff: 13.02.2014).

Doch die Saat von Vogel und weiterer charismatischer Salafi-Missionare war bei einem Teil der Jugendlichen längst aufgegangen.

Mit der im Herbst 2011 von Ibrahim Abou Nagie gestarteten Aktion „Lies!“ – die kostenlose Verteilung deutschsprachiger Koranexemplare in Fußgängerzonen – gelang es nun dem radikalen Lager um die Prediger des Netzwerkes „Die wahre Religion“, sich als führende salafistische Kraft auch im nichtgewaltbereiten missionarischen Feld durchzusetzen. Gleichzeitig formierte sich unter dem Label „Millatu-Ibrahim“[14] ein Jugendnetzwerk als pop-jihadistischer und militanter Arm dieses radikalen Lagers nach dem Vorbild und in Verbindung mit den Gruppen „Islam4UK“ (ehemals Al Ghurabaa), SalafiMedia und Tawheed Movement von Anjem Choudary und Abu Waleed in Großbritannien. Ein dreiviertel Jahr später, am 14. Juni 2012, wurde „Millatu-Ibrahim“ vom Bundesinnenminister verboten, denn „Millatu-Ibrahim ruft Muslime in Deutschland zum aktiven Kampf gegen die verfassungsmäßige Ordnung auf. Die aggressiv-kämpferische Grundhaltung der Vereinigung manifestiert sich in der Beförderung und Inkaufnahme strafrechtswidrigen Verhaltens, einschließlich des Einsatzes von Gewalt als Mittel im Kampf gegen die bestehende verfassungsmäßige Ordnung. Dies belegen exemplarisch die gewaltsamen Ausschreitungen Anfang Mai 2012 in Solingen und Bonn. Millatu-Ibrahim hat diese in sog. Kampfvideos legitimiert und zu weiteren Gewalttaten aufgerufen“, wie das Bundesinnenministeriums dieses Verbot begründete[15]

Dieses pop-dschihadistische Netzwerk war aber nicht aus dem Nichts gekommen. Die führenden Köpfe, wie der Österreicher Mohammad Mahmoud (Abu Usama al Gharieb), der aus dem sauerländischen Hemer stammende Abu Ibrahim (Hasan Keskin) oder der Berliner Abu Talha al Almani (Mamadou Cuspert bzw. Deso Dogg) hatten bereits eine längere Karriere der salafistischen Radikalisierung hinter sich. Sie gehören zu einer Generation Jugendlicher, die in Deutschland bzw. Österreich geboren und aufgewachsen sind, ohne jedoch ihren Platz in der Gesellschaft zu finden. Exemplarisch lässt sich das am Beispiel des Berliner Ex-Rappers Deso Dogg verdeutlichen.

---

14 „Millatu Ibrāhīm“ ist eines der Werke von Abū Muḥammad al-Maqdisī (geb. 1959): geb. als ʿIsām Barqawī in Palästina, aufgewachsen in Kuwait, einer der wichtigsten Ideologen des Dschihadismus. Seit 1994 in Jordanien mehrfach inhaftiert. Er gilt als Mentor des 2006 im Irak getöteten al-Qaida-Chefs Abu Muṣʿab al-Zarqāwī. 2005 rief er zum Dschihad gegen den Westen auf. Die deutsche „Millatu Ibrahim“-Gruppe sieht in al-Maqdisī eines ihrer Vorbilder.

15 Siehe: www.bmi.bund.de/SharedDocs/Pressemitteilungen/DE/2012/06/vereinsverbot.html (letzter Zugriff: 29.11.13).

Vom Gangsta-Rapper zum Jihad-Propagandisten

Missionarische salafistische Prediger, wie die bereits erwähnten Abu Jibriel und Abdul Adhim, predigen weder Gewalt noch schwärmen sie vom bewaffnetem Dschihad. Ihr Ansatz ist die aktive Straßensozialarbeit und Straßenmission. Sie gehen auf muslimische Jugendliche zu, die aus ihrer Sicht falsch leben. Im Vordergrund stehen dabei Jugendliche, die in Gangs oder Cliquen ihr Leben auf der Straße verbringen, sozial eher am Rande der Gesellschaft stehen und sich doch nach Teilhabe und materiellem Wohlstand sehnen. In Ermangelung anderer Alternativen versuchen sie oft, diese Sehnsucht durch Kleinkriminalität oder auch Drogen zu stillen bzw. zu betäuben. Die salafistische Mission besteht nun darin, diesen Jugendlichen einen Ausweg aus dieser Sehnsucht zu bieten: durch die Integration in die salafistische Gemeinschaft und Identität. Viele dieser Jugendlichen erleben in dieser Gemeinschaft zum ersten Mal so etwas wie Geborgenheit und Familie. Ihnen wird die Zugehörigkeit zu einer vermeintlich starken und überlegenen Gruppe suggeriert, ihr bisher schwaches Selbstwertgefühl durch Abgrenzung und Ablehnung von allem „Nichtislamischen“ aufgerüstet. Eine Aufarbeitung dessen, was diese Jugendlichen zu Drogen und Kriminalität getrieben hat, findet jedoch nicht statt. Ihre Sehnsucht nach Teilhabe wird reduziert als „Wunsch nach materiellem Wohlstand“ – ein Übel, das vom Wesentlichen ablenke. Das Wesentliche sei die Vorbereitung auf das eigentliche Leben nach dem Tod, die Hoffnung auf das Paradies. Und ein Leben nach salafistischer Vorstellung sei die beste Garantie, dass diese Hoffnung auch in Erfüllung gehe.

Um insbesondere diese Jugendlichen direkt ansprechen zu können, setzen salafistische Missionare auf Multiplikatoren, die den Jugendlichen nicht nur vertraut sind, sondern auch eine ähnliche Sozialisation haben. Ein Beispiel ist der Berliner Gangsta-Rapper Deso Dogg, der über salafistische „Streetworker“, wie Abdul Adhimn, dem HipHop, den Drogen und der Gewaltkriminalität entsagte und fortan als Reborn-Muslim seinen Seelenfrieden gefunden zu haben schien. Doch das genügte Deso Dogg, der sich nun Abou Maleeq nannte, nicht. Er wollte mehr. Die große Aufmerksamkeit, die er erhielt, als ihn das radikale Netzwerk „Die wahre Religion“ Ende 2010 zu seinem Aushängeschild machte, war zu verlockend. Endlich schien sich das zu erfüllen, was er bereits als 14jähriger gegenüber einer Berliner Jugendrichterin als sein Lebensziel formuliert hatte: „Ich möchte einmal berühmt werden, egal wie“. Die militante salafistische Strömung bot ihm nun genau das, kam sie doch seiner gewalttätigen Vergangenheit sehr entgegen. Mit radikaler Jihad-Propaganda zog er mehr und mehr die Aufmerksamkeit auf sich, betrachtet man die zahlreichen Medienberichte, auch international, über ihn.[16]

So wurde aus dem Gangsta-Rapper Deso Dogg zunächst der Nasheed-Sänger Abou Maleeq, der in seinen Liedern und Vorträgen die eigenen Lebenserfahrungen der Ausgrenzung und sozialen Marginalisierung mit Diskriminierungs- und Ausgrenzungserfahrungen von Muslimen in Deutschland und dem Leid der Muslime weltweit verknüpft, um daraus das Bild einer globalen Opfergemeinschaft zu stricken. Jungen Salafisten wie ihm obliege es nun, diese große Gemeinschaft auch unter Einsatz ihres Lebens von Leid und Unterdrückung zu befreien, wofür ihnen der Status eines Märtyrers sicher sei.

Deso Dogg wurde 1975 als Denis Mamadou Cuspert in Berlin-Kreuzberg geboren, sein Vater stammt aus Ghana, seine Mutter ist gebürtige Deutsche. Kurze Zeit lebte die Familie in Afrika, dann in Berlin. Der Vater verließ die Familie, sein Stiefvater war Angehöriger des amerikanischen Militärs. Cuspert selbst ist Vater von zwei Kindern, sein Sohn heißt Maleeq, seine Tochter Maimouna. Beide leben bei ihren Müttern. In einem Interview, das er unter dem Namen Abou Maleeq dem radikal-salafistischen Internet-Magazin „Dajjal TV" gab, erzählte er, dass sein muslimischer Vater wenige Jahre nach seiner Geburt abgeschoben worden sei.

Er selbst kam bereits früh mit dem Gesetz in Konflikt, verkehrte in kriminellen Milieus, war Gang-Mitglied und bis 2004 mehrfach wegen diverser Delikte inhaftiert, u.a. wegen Verstößen gegen das Betäubungsmittelgesetz. Während seines Gefängnisaufenthaltes 1995 habe er mit der Musik begonnen, um „das sagen zu können, was ich gedacht habe". Ab 2002 stieg er unter dem Pseudonym Deso Dogg zu einer bekannten Größe der Gangsta Rap-Szene (ein Subgenre des Hip-Hop) auf, auch wenn er nie die Bekanntheit eines Bushido erreichte. Ab 2007 begann er, sich wegen mangelnden Erfolges und Enttäuschungen über fehlende Anerkennung von der deutschen Rap-Szene mehr und mehr zu distanzieren. „Eigentlich waren es immer nur Tiefen, bloß manchmal hatte ich eben nicht wahrgenommen, wie tief ich eigentlich stand! Als ich auf die Größen dieser Musikbranche traf, habe ich erst gemerkt, dass ich doch nicht so tief stand, wie ich dachte. Da, wo diese Musiker waren, wollte ich nicht landen", so sein Fazit in dem Interview mit dem Portal „Dajjal-TV".[17]

16 Siehe z.B. Souad Mekhennet, *"German Officials Alarmed by Ex-Rapper's New Message: Jihad"*, The New York Times, 31.8.2011, URL: www.nytimes.com/2011/09/01/world/europe/01jihadi.html?pagewanted=all&_r=0 (letzter Zugriff: 28.11.2013).

17 Dajjal TV – das Endzeit Magazin, URL: www.dajjal.tv/download/get/von-deso-dogg-zu-abou-maleeq-dajjal-tv/51/ (letzter Zugriff: 02.04.2012).

Sein letztes Album „*Alle Augen Auf Mich*" erschien im November 2009 und im November 2010 gab Deso Dogg bekannt, dass er seine Musikkarriere beendet habe und fortan als islamischer Prediger unter dem Namen *Abou Maleeq* auftreten werde. Den Weg dahin hatte er bereits Ende 2009 eingeschlagen, zunächst – wie erwähnt – über den missionarischen-salafistischen Zweig. Gemeinsam mit dem Berliner Verein Tauhid e.V. schuf er die T-Shirt-Marke All4One mit dem englischen Slogan "I'm Muslim Not Terrorist", für die er noch bis Winter 2011 als Werbeträger agierte: „All4One habe ich mit drei anderen Brüdern kreiert. Auf die Idee kam ich durch Tauhid e.V. von islamvoice.com, als sie mich darauf ansprachen, ob wir nicht T-Shirts machen könnten. Darauf fiel mir das Logo ein, welches ich auf vielen T-Shirts mit den NBA[18]-Farben sah. Normalerweise sind auf diesen T-Shirts Kuffar[19] typische Sachen wie Frauen und Sportler abgebildet. Also dachte ich mir, ok, daraus mache ich inschaAllah was für Muslime und boom, da war dann All4One, al-hamdulillah", erzählte er dazu im Dajjal-TV-Interview.[20]

Als Deso Dogg im Herbst 2010 vom radikalen Netzwerk „Die wahre Religion" als authentischer Multiplikator der Ideologie entdeckt und gefördert wurde, gingen die missionarischen Salafisten zwar immer mehr auf Abstand zu ihm, seine Sogwirkung auf einen Teil der Jugendlichen beeinträchtigte das jedoch nicht. Gemeinsam mit dem Österreicher Mohammad Mahmoud (Abu Usama al Gharieb) gründete er im Herbst 2011 in Berlin die militante Kameradschaft „Millatu-Ibrahim" und übernahm das Amt des Pressesprechers. Wie jedes Mal, wenn Cuspert sich neu erfand, brachte er dies mit einem Namenwechsel zum Ausdruck. Als Propagandist des militanten Dschihads adaptierte er den Kampfnamen des 2010 beim Sturm auf eine US-Basis in Afghanistan als „Märtyrer" gefallenen Deutsch-Marokkaners Bekkay Harrach: Abu Talha al-Almani (Abu Talha, der Deutsche).

In zahlreichen Videos stilisierten sich nun der neue Abu Talha al-Almani und seine Kameraden von „Millatu-Ibrahim" als deutscher Arm des globalen Dschihad, jederzeit bereit zu kämpfen und dafür in den Tod zu gehen. Flecktarn und Paschtunenmütze, Patronengürtel und Kalaschnikow prägten fortan das Outfit der selbst ernannten „Löwen von Deutschland". Unterstützung und Anerkennung erhielten sie vom Prediger-Netzwerk DWR, die mit ihrer Koranverteilaktion und der teilweise pauschalen und alarmistischen Berichterstattung darüber immer mehr das veröffentlichte Bild des Salafismus in Deutschland

18 USA – National Basketball Association.

19 Nichtmuslime, hier gemeint als Ungläubige.

20 Dajjal TV – das Endzeitmagazin, URL: www.dajjal.tv/download/get/von-deso-dogg-zu-abou-maleeq-dajjal-tv/51/ (letzter Zugriff: 02.04.2012).

prägten. Als die rechtsradikale Pro NRW den kommunalen Wahlkampf in Nordrhein-Westfalen zum Anlass für islamfeindliche Aktionen nahm, sahen beide Gruppen ihre Chance gekommen, sich gemeinsam als „die wahren und einzigen Verteidiger des Islam und der Muslime in Deutschland" zu profilieren. Dass sie dabei auch von der Sehnsucht nach Anerkennung durch die Muslime weltweit und besonders der „*muǧāhidūn*" getrieben waren, wurde in einem Gespräch mit Abu Talha (Deso Dogg) Mitte April 2012 in Berlin deutlich. „Pro NRW wird uns die Bilder liefern, die wir brauchen", erklärte Abu Talha gegenüber der Autorin in diesem Gespräch. „Wir müssen sie nur in entsprechenden Foren verbreiten und dann wird die Antwort aus der islamischen Welt kommen". Davon sei er felsenfest überzeugt, denn der Islam werde siegen, so sei es offenbart und alles deute darauf hin, dass wir kurz vor der Entscheidung stehen.

Als am 1. Mai in Solingen die Polizei recht rabiat gegen die Millatu-Ibrahim-Demonstranten vorging, um einen gewaltsamen Durchbruch und Angriff auf die genehmigte Pro NRW-Demonstration zu verhindern, schien sich Abu Talhas Erwartung zu erfüllen. Fotos prügelnder Polizisten und am Boden liegender, gefesselter Millatu-Ibrahim-Kämpfer landeten noch am selben Tag in einschlägigen al-Qaida nahen Foren. Doch die erhoffte Resonanz „DER" Muslime blieb aus. Auch der Versuch, einige Tage später in Bonn die Bilder von Solingen zu toppen, zeitigte keinen Erfolg. Im Gegenteil. Die ausufernde Gewalt und vor allem die Messerattacken auf Polizisten isolierten Millatu-Ibrahim endgültig innerhalb der deutschen Salafisten-Szene. Und international blieb die Resonanz verhalten, auch wenn der Deutsch-Marokkaner Yassin Chouka per Video aus Waziristan das Lob der al-Qaida nahen Dschihad-Gruppe „Islamische Bewegung Usbekistan" übermittelte und zu weiteren Aktionen in Deutschland aufrief.

Nach dem Verbot durch das Bundesinnenministerium am 14. Juni 2012 setzte sich Abu Talha zunächst nach Kairo ab, nicht ohne vorher dem deutschen Fernsehsender ZDF ein Abschiedsvideo zuzuspielen, wie es sich für einen potentiellen Märtyrer gehört. Inzwischen meldet er sich mit kurzen Droh-Videos aus Nord-Syrien. Zahlreiche gestylte Fotos zeigen ihn in Kampfmontur im Umfeld der dschihadistisch-salafistischen Organisation „Islamischer Staat im Irak und der Levante" (ad-dawlat al-islamiya fil-iraq wasch-scham) oder an der Seite radikaler dschihadistischer Scheichs. Als er im Haus eines dieser Autoritäten gewesen sein soll, wurde er im September 2013 bei einem Angriff am Kopf verletzt. Seitdem sind keine neuen Videos oder Fotos von ihm veröffentlicht worden. Inzwischen hat er es aber auf Fahndungsplakate des Bundeskriminalamtes geschafft. „‚Terrorismus' steht in dicken Buchstaben über seinem Foto. Darunter hat das Bundeskriminalamt notiert: ‚Die abgebildete Person ist verdächtig, terroristische Anschläge gegen westliche Einrichtungen und Interessen zu planen.' Cuspert, 178 cm groß, athletisch, dunkle Haare, sei gewalttätig und möglicherweise bewaffnet"[21], beschreibt die Frankfurter Allgemeine Zeitung diese Poster, die vor allem in den Auslandsvertretungen aufgehängt werden sollen.

Ikonografie der Ideologie und die Rolle der Musik

Was Cuspert bereits mit der T-Shirt Marke All4One beschrieben hat, wurde nun in der pop-dschihadistischen Szene zu einem regelrechten Markenzeichen: klassische salafistische aber auch dschihadistische Inhalte werden mit Mitteln der westlichen Pop-Kultur (Outfit, Embleme, Musikstil, Grafiken usw.) verbreitet und damit für Jugendliche – egal welcher Herkunft – attraktiv. So ähneln beispielsweise die deutschen Dschihad-Nasheeds von Abu Talha (Deso Dogg) und seinen jugendlichen Nachahmern mehr an Gangsta-Rap als an die arabischen Vorbilder. In den letzten Jahren hat sich also immer mehr eine pop-dschihadistische Jugendkultur herausgebildet als eine eigene Form der Verbreitung radikaler Ideologie – reduziert auf das Wesentliche und emotional unterlegt.

Die Träger dieser Jugendsubkultur sind junge Männer und Frauen, die in Deutschland geboren oder aufgewachsen sind und entweder durch charismatische Prediger oder Multiplikatoren wie Deso Dogg mit salafistischen Vorstellungen und Lebensentwürfen in Berührung kamen. Sie lösen sich jedoch von ihren Vorbildern und werden zunehmend eigenständig propagandistisch aktiv. Zur ersten Generation salafistischer Gelehrter, den Scheichs (*šuyūḫ*), die meist in den 1990er Jahren als Erwachsene nach Deutschland kamen und hier die charismatischen salafistischen Wanderprediger ausgebildet haben, haben diese Jugendlichen so gut wie keinen Kontakt. Ihre Kenntnisse der Theologie der Salafiyya reduzieren sich auf Floskeln, mit denen sie ihre Alltagsrealität zu beschreiben versuchen und ihre Feindbilder, Abgrenzungen und die Ablehnung dieser Gesellschaft begründen. Sie haben oft einen Prozess hinter sich, in dem sie sich von der Familie, der Peer-Group oder der Gesellschaft entfremdet haben. Im Salafismus fanden sie einen Lösungsweg für ihren persönlich empfundenen Unmut und eine ideologische Welterklärung. Dieses Zusammenspiel aus emotionaler Befriedigung und Ideologie macht sie für Gleichaltrige mit einer ähnlichen Sozialisation und analogen Empfindungen nicht nur zu authentischen Vorbildern, sondern auch zu glaubwürdigen Vermittlern der ideologi-

---

21 Karen Krüger, „*In Allahs Gang. Der Rapper Denis Cuspert wollte immer dazugehören, früher zu den Jungs am Kottbusser Tor, heute zu den Islamisten in Syrien. Eine Spurensuche*", FAZ am Sonntag, 27.10.2013.

schen Begründungsmuster. Diese Vermittlung erfolgt vor allem über die sozialen Netzwerke, wie YouTube, Facebook oder Twitter. Die Formen der Vermittlung reichen von Videobotschaften bis hin zu Collagen und Grafiken, Comic-Filmchen oder die Adaption der Nasheed-Tradition in die westliche Hip-Hop-Kultur. Mit der kreierten Symbolik, in Sprache und Bild, lässt sich zudem das eigene Outfit (T-Shirts, Basecaps usw.) auch außerhalb der virtuellen Welt verzieren und der Umwelt als Botschaft demonstrieren. Es erfolgt also eine Reduktion des Salafismus und Dschihadismus auf deren ideologische Kerngedanken. Diese Ikonografie der Ideologie, die Authentizität der Protagonisten, die Vermittlungswege und die Symbolsprache bis hin zum Outfit erlauben es deshalb, beim „Pop-Dschihadismus" von einer radikalen Jugendsubkultur als Produkt der westlichen Pop-Kultur zu sprechen.

Ein wichtiger Teil dieser Jugendkultur ist die Musik, speziell die Pop-Musik. Nach streng islamischer Interpretation ist Musik jedoch verboten, wenn sie nur der Unterhaltung und dem Zeitvertreib dient. Musik soll der religiösen Erbauung dienen, jedoch nur in Form des (männlichen) Gesanges ohne Musikinstrumente (mit Ausnahme von Trommeln, hier gibt es unterschiedliche Interpretationen). Dschihadisten haben diesen religiösen Gesang (*nasheed/anasheed*[22]) gekapert und mit ihren Inhalten versehen. Denn auch sie wissen um die Bedeutung einer emotionalen Ansprache. Dabei kommt dem Text eine zentrale Bedeutung zu. Dazu ein Auszug aus einem radikal salafistischen Forum. Ein Jugendlicher greift dieses Thema auf und fragt: „Musik ist *harām* [islamisch verboten]. Was genau ist denn da *harām*? Einige sagen, dass jegliche Instrumente haram sind. Andere sagen, Trommeln usw. wären *ḥalāl*, also erlaubt. Andere wiederum sagen, dass es am Text liegt?" Entsprechend dieser Erklärungen fragt der Jugendliche dann folgerichtig die anderen Forum-Mitglieder: „Aber dann müsste doch einiges an Rap, also in der Hip-Hop-Kultur, *ḥalāl* sein? Man hat ja sozusagen gute Aussagen im Kopf?"[23]

Die Hip-Hop-Kultur ist gerade für migrantische Jugendliche, von denen viele auch einen muslimischen Background haben, schon immer eine leicht zugängliche und beliebte Ausdrucksform gewesen. Hier können sie ihre Männlichkeit mit Kraftausdrücken und frauen- oder schwulenfeindlichen Texten demonstrieren oder der Gesellschaft ihre Verachtung und ihre Enttäuschung entgegenschleudern. Hip-Hop, vor allem dessen Sub-Genre Gangsta-Rap bzw. Straßenrap, ist die vorherrschende Jugendkultur der migrantischen Underdogs muslimischer Herkunft in den urbanen Zentren. Und diese Jugendlichen sind – wie erwähnt – eine beliebte Zielgruppe salafistischer „Sozialarbeit".

22 Die Autorin verwendet im Text die eingedeutschte Pluralform „Nasheeds".
23 Ehemals im Forum von: www.ahlu-sunnah.com, (letzter Zugriff: 15.05.2011).

Mit ehemaligen HipHop-Stars, wie Cuspert, aber auch weiteren deutschsprachigen Sängern (z.B. Abu Azzam al Almani), ist nun eine eigene deutsche Dschihad-Nasheed-Szene entstanden, die die Jugendlichen längst nicht mehr nur in den Dschihad nach Afghanistan oder Syrien ruft, sondern Deutschland zum Teil des weltweiten Dschihad-Gebietes erklärt. An den Jugendlichen sei es nun, auch hierzulande gegen „die Feinde des Islam" mit allen Mitteln zu kämpfen.

Orchestriert wird diese Szene durch Collagen und Grafiken, u.a. durch den etwa 27 Jahre alten „Abu Zakariya al-Hanafi" aus Bonn mit seinem Abu-Z-Projekt. In einer seiner Collagen greift er z.B. die Hip-Hop-Kultur und die Idole dieser Szene auf und spricht damit viele Jugendliche direkt an. Auf der linken Seite seiner Collage bildet er mit Fotos sechs der bekanntesten Hip-Hop-Stars ab, wie Buschido, Eko Fresh, Massiv usw. Alle diese Stars westlicher Pop-Kultur kommen aus Familien, wo mindestens ein Elternteil aus einem islamischen Land stammt. Sie selbst haben ihren muslimischen Background aber nie zum Thema ihrer Songs gemacht oder sich selbst als praktizierende Muslime präsentiert. Untertitelt ist diese Fotoserie mit einem kurzen, verachtenden Ausspruch: *„Ein Haufen Nichtsnutze"*. Ihnen gegenüber stellt der Macher dieser Collage ein großes Foto des inzwischen durch eine US-Drohne getöteten Chefideologen von al-Qaida, Abu Yaḥyā al-Lībī. Darunter schreibt er in großen Lettern: „Ein Löwe, der die Welt erschüttert". Neben dem abgebildeten al-Libi ist auch das Symbol des „Löwen" hier relevant, zum einen als Anspielung auf den ehemaligen al-Qaida-Führer Osama bin Laden (Usāma heißt auf Deutsch Löwe) und zum anderen auf die Stellung des Löwen als „König der Tiere" und die implizierte Stärke des Löwen[24]. Die Botschaft dieser Collage erschließt sich den jugendlichen Adressaten sofort: „Lauf nicht diesen westlichen Pop-Stars nach, sondern orientiere Dich an den wirklichen Helden und ihren Taten."

Und so wie die Propaganda radikaler Inhalte längst nicht mehr in Moscheen, sondern in Hinterzimmern, auf der Straße oder in sogenannten „Syrien-Benefizveranstaltungen" der Prediger des radikalen Netzwerkes „Die wahre Religion" stattfindet, so hat sich auch die virtuelle Propaganda verlagert. Fanden sich die Propagandavideos zu Zeiten des Werbens für den Dschihad in Afghanistan zuerst immer auf den typischen al-Qaida-nahen Dschihad-Foren, wie ansar1.info, so wird für den Jihad in Syrien nun gleichzeitig überall geworben: in YouTube, auf Facebook und über Twitter. Also dort, wo sich die Jugendlichen virtuell aufhalten, gemacht von Jugendlichen für Jugendliche.

24 Jugendliche Anhänger des radikalen Salafismus nutzen z.B. den Löwenkopf als Profilbild auf Facebook, auch die militante Kameradschaft „Millatu Ibrahim" bedient sich z.B. in ihren Videos immer wieder dieses Symbol. Der Löwe spielt als Ikonografie des Dschihadismus eine große Rolle.

Wir haben es also mit einer militanten, hoch politisierten radikalen Jugendkultur zu tun, für die der religiöse Salafismus nur noch Folie und Begründungsmuster ist, aus dem sie Argumente schöpfen zur Selbstaufwertung und um Aufmerksamkeit zu erhaschen. Gleichzeitig gibt es aber auch eine religiös am Salafismus ausgerichtete Jugendszene, die sich zwar auch zur demokratischen Gesellschaft abgrenzt, diese aber nicht aggressiv bekämpft. Gerade die Hooliganisierung des Salafismus durch die Pop-Dschihadisten hat hier eine Gegenbewegung auch im Jugendbereich erzeugt, die sich nun wieder stärker an den hauptsächlich saudi-arabischen Großgelehrten der Salafiyya orientieren – eine Art Pop-Purismus ist im Entstehen.

Ein kurzes Fazit

Ein öffentlicher Diskurs über den Salafismus, der lediglich auf den Sicherheitsaspekt ausgerichtet ist und pauschal von „den" Salafisten spricht, wird dieser komplexen Entwicklung nicht gerecht. Hinzu kommt, dass im radikalen Bereich eine Law-an-Order Politik und Repression nur als Bestätigung wahrgenommen wird, zur auserwählten Elite zu gehören. Denn wenn du, so die Propaganda, diskriminiert wirst, wenn du von Sicherheits- und Polizeibehörden unter Druck gesetzt wirst, dann ist das der Beweis dafür, dass du auf der richtigen Spur bist: „Allah prüft die, die er besonders liebt, am stärksten."

Es wäre deshalb sinnvoller, der Zivilgesellschaft mehr Vertrauen zu schenken und ihr den Bereich der Prävention und direkten Arbeit mit potentiell gefährdeten Jugendlichen zu überlassen – allerdings bedarf diese Arbeit auch der dazu nötigen Finanzen und Konzepte.[25] Die Sicherheitsbehörden könnten sich dann auf den Sicherheitsbereich konzentrieren, womit sie wahrscheinlich genug zu tun hätten.

Literatur

„Bevölkerung muss einfach wacher werden", 24.06.2011, URL: www.t-online.de/nachrichten/deutschland/gesellschaft/id_47447492/bund-will-radikalisierung-bei-muslimen-bekaempfen-.html. (letzter Zugriff: 13.02.2014).

Bundesministerium des Innern, *„Salafisten: Razzia und Vereinsverbot"*, Pressemitteilung 14.06.2012, URL: http://www.bmi.bund.de/SharedDocs/Pressemitteilungen/DE/2012/06/vereinsverbot.html (letzter Zugriff: 29.11.13).

25 Siehe dazu: Rauf Ceylan und Michael Kiefer, Salafismus: Fundamentalistische Strömungen und Radikalisierungsprävention, Springer VS, Sept. 2013.

Ceylan, Rauf/Kiefer, Michael, Salafismus: Fundamentalistische Strömungen und Radikalisierungsprävention Springer VS, Sept. 2013.

Dajjal TV – das Endzeit Magazin, URL: www.dajjal.tv/download/get/von-deso-dogg-zu-abou-maleeq-dajjal-tv/51/ (letzter Zugriff: 02.04.2012).

Dujana, Abu, *„Die Fremden (Ghuraba)“*, hochgeladen am 16.12.2010, URL: www.youtube.com/watch?v=XUvYZWAFxOI (letzter Zugriff: 27.11.13).

Independent Journalist, *Interview mit ShamCenter*, vom 19.09.2013, URL: www.facebook.com/Independentjournal (letzter Zugriff 27.11.13).

Krüger, Karen, „In Allahs Gang. Der Rapper Denis Cuspert wollte immer dazugehören, früher zu den Jungs am Kottbusser Tor, heute zu den Islamisten in Syrien. Eine Spurensuche“, FAZ am Sonntag, 27.10.2013.

Mekhennet, Souad , “German Officials Alarmed by Ex-Rapper’s New Message: Jihad”, The New York Times, 31.8.2011, URL: www.nytimes.com/2011/09/01/world/europe/01jihadi.html?pagewanted=all&_r=0 (letzter Zugriff: 28.11.2013).

Religionsmonitor 2013, URL: www.bertelsmann-stiftung.de/cps/rde/xbcr/SID-716D395E-01CA883D/bst/RelMo_Befunde_Deutschland_final_130428.pdf (letzter Zugriff: 27.11.13).

Schmidt, Holger, *„Yilmaz will den Märtyrertod – und stellt fest, dass der Koran schon älter ist“*, Terrorismus in Deutschland vom 11.08.2009, URL: www.swr.de/blog/terrorismus/2009/08/11/yilmaz-will-den-martyrertod-%e2%80%93-und-stellt-fest-dass-der-koran-schon-alter-ist (letzter Zugriff: 27.11.13).

Spiegel online, *„Sauerland-Prozess: Zweiter Angeklagter legt Terror-Geständnis ab“*, URL: www.spiegel.de/politik/deutschland/0,1518,641908,00.html (letzter Zugriff: 27.11.13).

Zu politischer Identitätsbildung als Radikalisierungsfaktor bei jungen Muslimen in Deutschland

Sabine Damir-Geilsdorf

Radikalisierungen sind komplexe Prozesse mit vielen Ursachen, in denen sich verschiedene Faktoren verschränken. Dazu tragen persönliche Dispositionen, Identitätskrisen und Orientierungslosigkeit, Wahrnehmungen und Erfahrungen von Unrecht, politischer Ohnmacht etc. bei. *Eindeutige* Sozialprofile und Lebenswege gibt es jedoch weder von muslimischen Extremisten noch von Extremisten aus dem rechten oder linken politischen Spektrum.[1]

Der vorliegende Beitrag befasst sich mit politischer Identitätsbildung als einem möglichen Radikalisierungsfaktor von Muslimen durch eine Analyse von Videos, Foren und Websites aus deutschsprachigen sogenannten salafitischen[2] sowie dschihadistischen Milieus, ergänzt durch einige qualitative Interviews. Dabei werden Fragen aufgeworfen, die weiterer empirischer Studien in Form von breiter angelegten qualitativen Interviews mit den Akteuren selbst und teilnehmenden Beobachtungen bedürfen, in der wissenschaftlichen Auseinandersetzung mit dem Themenkomplex im Deutschland bislang jedoch noch ein eklatantes Forschungsdesideratum darstellen.

Im Folgenden werden zunächst soziologische und politikwissenschaftliche Theorien zu Radikalisierungen umrissen; anschließend erfolgt eine kurze Begriffsbestimmung der Termini Salafiten/Salafisten, die nicht nur in populären öffentlichen Debatten und akademischen Arbeiten, sondern auch in Selbstbezeichnungen für diese sehr heterogenen Bewegungen und Gruppierungen nahezu inflationär und oft widersprüchlich gebraucht werden. Ausgehend von diesen theoretischen Überlegungen wird dann das Material vorgestellt und analysiert. Anhand der Argumentationslinien einzelner Gruppierungen und Personen werden teils gravierende theologische Differenzen gezeigt, die auch zu identitätskonstitutiven Abgrenzungen voneinander führen.

---

1 Vgl. z.B. Randy Borum, *"Radicalization into Violent Extremism: A Review of Social Science Theories"*, in: Journal of Strategic Security 4, (2011) 4, S. 7-35; Saskia Lützinger, *Die Sicht der Anderen. Eine qualitative Studie zu Biographien von Extremisten und Terroristen*, Köln 2010, S. 4ff., S. 67-74.

2 Hier und im Folgenden wird statt „Salafisten“ der Begriff „Salafiten“ benutzt, da die Akteure selbst das Suffix „-ismus“ oft als negative Konnotation betrachten. Vgl. Samir Houcine, *Salafitische Opposition zu Gewalt und Hasspredigten in Deutschland*, Köln 2013 [unveröffentlichtes Manuskript, 65 Seiten], S. 2f., vgl. I.2 .

I. Begriffsbestimmungen und theoretische Überlegungen

I. 1. Radikalisierung und Extremismus

Die Begriffe „Radikalisierung“, und „radikal“ sind in sozialwissenschaftlichen Arbeiten umstritten und unterschiedlich definiert, was vor allem darauf zurückzuführen ist, dass das, was in einer Gesellschaft als „radikal“, „moderat“, „mainstream“ oder „Mitte“ gilt, veränderbar und relativ ist.[3] In der Regel wird Radikalismus als eine Haltung bezeichnet, die deutlich von einem (identifizierten) Wertekonsens der Mehrheitsgesellschaft abweicht und dogmatisch ist, aber *nicht* zwangsläufig auch gewaltbereit.[4] So hat zwar z.B. jemand, der mit ökologischen Argumenten Flugzeuge und Autos vehement ablehnt, eine von der Mehrheitsgesellschaft abweichende Haltung, kann diese aber mit ausschließlich friedlichen Mitteln kommunizieren.

Nach anderen Definitionen bezeichnet der Begriff „radikal“ ein Einstellungs-, Orientierungs- und Handlungsmuster, das auch mit der Bereitschaft und der unterstellten Notwendigkeit verbunden ist, für das angestrebte Ziel Gewalt anzuwenden.[5] Insbesondere Grenzen zwischen Radikalismus und Extremismus werden oft unterschiedlich definiert, wobei einschlägige Arbeiten davon ausgehen, dass auch Extremisten Gewaltanwendung strikt verwerfen können und daher zwischen „kognitivem Extremismus“ als Ziel- und Wertvorstellungen, die dem gesellschaftlichen Konsens drastisch widersprechen und „gewaltbereitem Extremismus“ zu unterscheiden sei.[6]

---

3 Vgl. Peter Neumann, *„Radikalisierung, Deradikalisierung und Extremismus“*, in: Aus Politik und Zeitgeschichte (APUZ 29-31/2013), URL: http://www.bpb.de/apuz/164918/radikalisierung-deradikalisierung-und-extremismus?p=0 (letzter Zugriff: 21.10.2013); Forum für kritische Rechtsextremismusforschung (Hg.), *Ordnung. Macht. Extremismus. Effekte und Alternativen des Extremismus-Modells*, Wiesbaden 2011.

4 Vgl. z.B. Randy Borum, *“Radicalization into Violent Extremism: A Review of Social Science Theories”*, in: Journal of Strategic Security 4 (2011) 4, S. 7-35, hier S. 30; Mark Sedgwick: *“The Concept of Radicalization as a Source of Confusion”*, in: Terrorism and Political Violence 22 (2010), S. 479-494.

5 Vgl. Stefan Malthaner/Peter Waldmann, *„Radikale Milieus: Das soziale Umfeld terroristischer Gruppen“*, in: ders. (Hg.), *Radikale Milieus: Das soziale Umfeld terroristischer Gruppen,* Frankfurt a.M. 2012, S. 11-42, hier S. 20; Clark McCauley/Sophia Moskalenko, *“Mechanisms of political radicalization: Pathways toward terrorism”*, in: Terrorism and Political Violence 20 (2008) 3, S. 415-433, hier S. 416.

6 Vgl. u.a. Peter Neumann, *„Radikalisierung, Deradikalisierung und Extremismus“*, in: Aus Politik und Zeitgeschichte (APUZ 29-31/2013), URL: http://www.bpb.de/apuz/164918/radikalisierung-deradikalisierung-und-extremismus?p=0 (letzter Zugriff: 21.10.2013).

Ideologien spielen bei Radikalisierungen eine wichtige Rolle, indem sie für wahrgenommene Missstände Schuldige identifizieren (die Juden, die Ausländer, der Westen, das monopol-kapitalistische System etc.), Lösungen bereitstellen (z.B. der Gottesstaat, nationale Revolution, die Diktatur des Proletariats) und zur Mitarbeit an diesem Projekt motivieren.[7] In Kombination mit einer erlebten oder nur wahrgenommenen Bedrohung können reduktionistische Freund-Feindbeziehungen zu Vereindeutigungen von Gruppenzugehörigkeiten zugunsten einer einzelnen Gemeinschaft führen, in der neue Solidarität in Form von Kameradschaft und Brüderlichkeit erfahren wird, aber auch zu Vorstellungen von Kampf als notwendigem Mittel für die Geltung oder das Überleben der Gruppe.

Im Extremfall nehmen die Akteure politische Gewalt für die Etablierung der zu erkämpfenden Zukunftsgesellschaft oder die Verteidigung des Kollektivsubjekts als höchste Stufe des Altruismus wahr.[8] Das eigene Sendungsbewusstsein (das extremistische religiöse wie säkulare Gruppen haben können) und eine damit einhergehende moralische Überlegenheit kann Leiden wertvoll und Sterben würdig erscheinen lassen. Dabei scheint relative Deprivation eine zentrale Rolle zu spielen, d.h. die Erfahrung bzw. Wahrnehmung von Benachteiligung, Demütigung, Bedrohung, Fremdherrschaft oder Vertreibung der Gruppe, mit der man sich identifiziert. Diese Deprivation kann ökonomisch, politisch, religiös oder kulturell sein und über Viktimisierungsprozesse Radikalisierung auslösen. Besonders ansprechend scheinen extremistische Ideologien für Menschen zu sein, die in sozialen Bindungen verletzt sind und durch eindeutige Freund-Feindbeziehungen sowie Zuordnungen von Gut und Böse Orientierung erfahren.[9] Identitäten solcher Gruppen werden dabei in der Regel immer wieder neu ausgehandelt und es kann zu Abspaltungen und Gründungen neuer Gruppen kommen, die sich beispielsweis als „Revolutionäre" von „Kompromisslern" und „Abweichlern" trennen.

Aus der politik- und sozialwissenschaftlichen Extremismusforschung ist jedoch bekannt, dass nicht jede reduktionistische Weltsicht und radikale Weltsicht zu Gewalt führt. Die meisten fundamentalistischen Bewegungen greifen nicht zu Gewalt, sondern ziehen sich ostentativ von der Außenwelt zurück. Es kann also festgehalten werden, dass immer eine Vielzahl an Faktoren zusammenkommt, bis Anhänger einer dichotomen Weltsicht oder auch radikalen Ideologie Gewalt als Mittel zum Ziel einsetzen.

---

7 Vgl. Roland Eckard, *„Radikalisierung – eine soziologische Perspektive"*, in: *Aus Politik und Zeitgeschichte* (APuZ 29-31/2013), URL: http://www.bpb.de/apuz/164920/radikalisierung-eine-soziologische-perspektive (letzter Zugriff: 21.10.2013).

8 Ebd.

9 Vgl. Saskia Lützinger, *Die Sicht der Anderen. Eine qualitative Studie zu Biographien von Extremisten und Terroristen*, Köln 2010, S. 64f.

I. 2. Salafismus – Salafiten: Zur Problematik der Begriffsbezeichnungen

Die Bezeichnung „Salafiten" geht auf die sogenannten *as-salaf aṣ-ṣāliḥ* (dt. „rechtschaffenen Altvorderen") zurück, womit in arabischsprachiger religiöser Literatur die ersten drei Generationen der Muslime gemeint sind. Aufgrund von Prophetentraditionen, die auf diese ersten Generationen als Vorbilder verweisen, haben sie jedoch nicht nur unter so genannten Salafiten, sondern unter allen Muslimen einen hohen Stellenwert inne. Viele Muslime meinen, dass die ersten Generationen den Islam ‚authentischer' verstanden und gelebt haben. Salafiten bemühen sich darum, durch Rekurse auf diese (nicht nur von ihnen idealisierte) Frühzeit des Islam, die Religion in einer ‚reinen' Form auszulegen.

Da Rekonstruktionen der Vergangenheit sowie Bezüge auf religiöse Quellentexte mit subjektiven Prozessen der Selektion und Hierarchisierung einhergehen, kann das, was als ‚authentischer', ‚reiner' Islam ausgemacht wird, durchaus differieren. Im 19. Jh. in Ägypten sahen etwa Muḥammad ʿAbduh (1849-1905), Ǧamāl ad-Dīn al-Afġāni (1839-97) und Rašīd Riḍā (1865-1935) im Salafismus eine reformistisch-modernistische Erneuerungsbewegung, die per Rückbesinnung auf unveränderliche Grundwerte eine eigene Moderne für die islamische *umma* herbeiführen sollte. Auf der Arabischen Halbinsel hingegen entwickelte sich unter dem Einfluss von Muḥammad b. ʿAbd al-Wahhāb (1703-1792) eine Richtung, die unter der Rückbesinnung auf die *salaf sāliḥ* vor allem einen strikten Monotheismus, eine literalistische Auslegung der religiösen Quellen und Abwendung von sufischen Praktiken sah, die als unstatthafte religiöse Neuerungen wahrgenommen wurden.

Aus diesen beiden Richtungen wiederum entwickelten sich in unterschiedlichen regionalen Kontexten und Zeiten äußerst heterogene Strömungen, die auf unterschiedliche Gelehrte Bezug nehmen, mitunter aber auch dieselben verschieden interpretieren.[10] Dazu gehören u.a. Ibn Taimiyya (1263-1328), Ibn Qayyim al-Ǧauziyya (1292-1350) sowie saudische Gelehrte des 20. Jahrhunderts wie der ehemalige Großmufti Ibn Bāz (1910-1999) und Ibn ʿUṯaymīn (1925-2001), aber auch al-Albānī (1914-1999), der wiederum dem saudischen Königshaus teils kritisch gegenüberstand. Wie Ahmad Moussalli überzeugend darlegt, kam es vor allem nach dem 11. September 2001 und der Irak-Invasion durch Zusammenschlüsse einiger Salafiten und Wahhabiten (die durchaus nicht gleichzusetzen sind) mit radikalen Islamisten zu neuen Formen religiös-

10 Vgl. näher dazu z.B. Roel Meijer, *"Introduction"*, in: ders. (Hg.), *Global Salafism. Islam's New Religious Movement*, London 2009, S. 1-31; Bernard Haykel, *"On the Nature of Salafi Thought and Action"*, in: Roel Meijer (Hg.), *Global Salafism. Islam's New Religious Movement, London* 2009, S. 33-57.

politischer Bewegungen, die er als „neo-salafitische“ und „dschihadistische“ Gruppierungen bezeichnet.[11]

In Medien werden Salafiten oft durch ein distinktives äußerliches Erscheinungsbild wie Bärte, Kopfbedeckungen und Galabiyyas charakterisiert, was zwar für heutige Gruppierungen oft zutrifft, gravierende ideologische Unterschiede zwischen ihnen jedoch außer Acht lässt. Salafiten, die sich an saudischen Gelehrten orientieren, schließen in der Regel Auslegungen von Koran und Sunna mithilfe menschlicher Logik aus. Neben einer Fokussierung auf die „Erziehung [zum Glauben]“ (*tarbiyya*) sowie „Reinigung [von Üblem]“ (*tasfīya)* spielt dabei oft das u.a. auf Ibn Taimiyya zurückzuführende Konzept des *walāʾ wa l-barāʾah* eine zentrale Rolle. Letzteres bedeutet so viel wie Loyalität zu den Traditionen Muhammads und Fernhalten von Häresie und Unglaube, wird jedoch auch unterschiedlich interpretiert.[12] Anders als die ägyptische Muslimbruderschaft z.B. lehnen sie in der Regel eine politische Partizipation ab. Saudische Gelehrte wie al-Albānī, Ibn Bāz und al-ʿUṯaymīn haben eine Reihe von Fatwas gegen die Muslimbruderschaft erlassen, in denen sie deren politischen Aktivitäten als unislamische Neuerung verurteilen, die zu blutigen Konflikten führen könne sowie zu einer Unterwerfung unter politische Ideologien statt Koran und Sunna.[13] Diese Ansicht gilt allerdings nicht unangefochten: In Ägypten beispielsweise haben einige salafitische Gruppierungen, die jahrelang strikt gegen eine Einmischung in die Politik waren und daher in den 1990er Jahren vom Mubarak-Regime als Gegengewicht zu religiös-politischen Islamisten unterstützt worden waren, nach 2011 programmatische Richtungswechsel vorgenommen, politische Parteien gegründet und an Demonstrationen teilgenommen.

In der deutschsprachigen Forschung werden angelehnt an eine von Quentin Wiktorowicz[14] vorgenommene Einteilung meist drei Gruppierungen von Salafiten unterschieden: Guido Steinberg z.B. differenziert zwischen 1) Puristen,

---

11 Vgl. Ahmad Moussalli, *Wahhabism, Salafism and Islamism: Who is the Enemy?*, London/Washington 2009.

12 Ibn Taimyya erörterte davon ausgehend beispielsweise, dass sich Muslime von Nichtmuslimen auch äußerlich unterscheiden sollten, etwa durch das Tragen von Bärten sowie den Gebrauch der arabischen Sprache, vgl. ebd., S. 13.

13 Vgl. Ahl al-Bidʿah wa l-Hawa, *The Rulings of the Major Scholars of the Sunnah and Salafiyyah on al-Ikhwan al-Muslimeen (Muslim Brotherhood)*, 09/2013, URL: http://ahlulbidahwalhawa.com/2013/09/03/the-rulings-of-the-major-scholars-of-the-sunnah-and-salafiyyah-on-al-ikhwan-al-muslimeen-muslim-brotherhood/ (letzter Zugriff: 10.01.2014).

14 Vgl. Quintan Wiktorowicz, *"Anatomy of the Salafi Movement"*, in: Studies in Conflict and Terrorism 29 (2006) 3, S. 207-239.

welchen „es (zunächst) lediglich um die reine Lehre des Islam und ein gottgefälliges/islamkonformes Leben“ gehe, 2) politischen Salafiten, welche eine politische Agenda verfolgen und einen islamischen Staat fordern und sich dabei an Konzepten orientieren wie den von Sayyid Quṭb propagierten Kampf gegen vermeintlich unislamische Regime und Herrscher sowie 3) salafitischen Dschihadisten, für die „der zum Heiligen Krieg überhöhte bewaffnete Kampf im Mittelpunkt ihres Denkens und Handelns steht“ und die er wiederum in verschiedene Gruppierungen unterteilt.[15] Nach Steinberg sind in Deutschland alle oben genannten Kategorien anzutreffen, Puristen jedoch entweder nur schwach vertreten oder aufgrund ihrer apolitischen Ausrichtung nur wenig sichtbar. [16] Dirk Baehr hingegen zählt die „Puristen“ zu den „Mainstream-Salafisten“ und geht davon aus, dass sie die Mehrheit der in Deutschland lebenden Salafiten bilden.[17] Zu den politischen Salafiten gehören aus seiner Sicht unterschiedlichste Bewegungen und Denker wie z.B. saudische Oppositionelle, die ägyptische Muslimbruderschaft und die Ǧamāʿah al-Islāmiyya.[18]

Das Bundesamt für Verfassungsschutz wiederum unterscheidet in seinen Publikationen nur zwischen politischem und dschihadistischem Salafismus, zählt dabei die „Mehrzahl der salafistischen Einrichtungen in Deutschland“ zum „Phänomenbereich des politischen Salafismus“. Es zeigt auch ein implizites Bedrohungspotential durch diese Gruppen auf: „In Teilbereichen des politischen Salafismus positionieren sich die Akteure ostentativ gegen Terrorismus. Sie vermeiden offene Aufrufe zur Gewalt, so dass ein aktiv kämpferisch-aggressives Vorgehen gegen die freiheitliche demokratische Grundordnung kaum nachzuweisen ist. Dennoch ist festzustellen, dass fast ausnahmslos alle Personen mit

---

15 Vgl. Guido Steinberg, *Wer sind die Salafisten? Zum Umgang mit einer schnell wachsenden und sich politisierenden Bewegung*, SWP-Aktuell 2012/A 28, Mai 2012, URL: http://www.swp-berlin.org/fileadmin/contents/products/aktuell/2012A28_sbg.pdf (letzter Zugriff: 10.10.2013).

16 Ebd.

17 Vgl. Dirk Baehr, *„Salafistische Propaganda im Internet: Von der reinen Mission bis zum globalen Jihad – Die wesentlichen Unterschiede unter den salafistischen Strömungen in Deutschland“*, in: Magdeburger Journal für Sicherheitsforschung, 4. Aus., 2 (2012), S. 236-269, hier S. 249. Ähnlich auch Claudia Danschke im Interview mit Religionen im Gespräch, Mitschrift: Salafisten 8, 2013, URL: http://www.religionen-im-gespraech.de/thema/salafisten-wie-gefaehrlich-sind-sie/mitschrift (letzter Zugriff: 22.10.2013).

18 Dirk Baehr, „Salafistische Propaganda im Internet: Von der reinen Mission bis zum globalen Jihad – Die wesentlichen Unterschiede unter den salafistischen Strömungen in Deutschland“, in: Magdeburger Journal für Sicherheitsforschung, 4. Ausg., Band 2 (2012), S. 236-269, hier S. 244.

Deutschlandbezug, die den gewaltsamen Jihad befürworten, zuvor mit salafistischen Strukturen in Kontakt standen."[19]

Kategorisierungen sind notwendige Vereinfachungen, sie sind aber gerade hier oft zu reduktionistisch. Wenn „Mainstream-Salafiten" bzw. „Puristen", Anhänger der Muslimbruderschaft und andere religiös-politische Gruppierungen sowie terroristische Netzwerke wie al-Qaida alle unter dem Oberbegriff „Salafismus" subsumiert werden, avanciert dieser Begriff zu einer Klammer für verschiedenste Gruppierungen mit wenig Aussagekraft. Der vielfach hervorgehobene Hinweis, dass Übergänge zwischen den einzelnen Gruppen fließend seien,[20] kann zudem fälschlicherweise implizieren, dass sich „puristische" Salafiten jederzeit zu al-Qaida-Anhängern wandeln könnten. Hinzu kommt, dass sich weder die Muslimbruderschaft noch transnationale terroristische Netzwerke wie al-Qaida (*al-Qāʿidah*) selbst als Salafiten bezeichnen. Auch der in Köln lebende Ibrahim Abou Nagie, der mit dem Netzwerk „Die wahre Religion" (DWR) vor allem durch die Koranverteilungsaktion „LIES" mediales Aufsehen erregte, lehnt eine Zuordnung zum Salafismus ab.[21] Der Verfassungsschutz Nordrhein-Westfalen bezeichnet DWR um Abou Nagie jedoch als „Schwerpunkt des politischen Salafismus".[22] Wie im Folgenden gezeigt wird, gibt es insbesondere aus dem puristischen salafitischen Milieu (vgl. II.2.3) zahlreiche Kritik und Warnungen vor diesen Gruppierungen, die in der Forschung bislang kaum beachtet wurden. Es ist also dringend erforderlich, zwischen den äußerst heterogenen Positionen und Verhalten einzelner Personen und Gruppierungen, die unter dem nur wenig aussagekräftigen Oberbegriff Salafismus subsumiert werden, zu unterscheiden. Auch eine Orientierung an Selbstbezeichnungen ist

---

19 Bundesamt für Verfassungsschutz, *Salafistische Bestrebungen*, URL: http://www.verfassungsschutz.de/de/arbeitsfelder/af-islamismus-und-islamistischer-terrorismus/was-ist-islamismus/salafistische-bestrebungen (letzter Zugriff: 10.09.2012). Dazu ist zu bemerken, dass sogenannte „puristische" Salafiten nicht erwähnt werden, weil sie vom Verfassungsschutz nicht beobachtet werden, da sie keine politischen Zielsetzungen verfolgen und nach § 5 Abs. 2 VSG Bln keine extremistischen Bestrebungen haben. Vgl. Senatsverwaltung für Inneres und Sport, *Verfassungsschutz für Berlin 2012*, Berlin 2013, S. 194.

20 Vgl. ebd.; Rauf Ceylan/Michael Kiefer, *Salafismus. Fundamentalistische Strömungen und Radikalisierungsprävention*, Wiesbaden 2013, S. 88f.

21 Vgl. diewahrereligion.de, *Deutsche Welle-Interview*, URL: http://www.diewahrereligion.de/jwplayer/player.html?skin=darksunset.zip&playlist=over&plugins=viral-2,fbit-1&autostart=true&file=videos/Deutsche%20Welle-Interview.mp4 (letzter Zugriff: 09.10.2013).

22 Ministerium für Inneres und Kommunales des Landes Nordrhein-Westphalen, *Verfassungsschutzbericht des Landes Nordrhein-Westfalen über das Jahr 2012*, Düsseldorf 2013, S. 247.

nur bedingt sinnvoll als analytischer Rahmen zur Kategorisierung: Durch den hohen Stellenwert der *salaf aṣ-ṣāliḥ* unter Muslimen berufen sich verschiedenste Gruppierungen auf diese und fechten untereinander mitunter erbitterte Kämpfe darüber aus, wer denn ihre ‚wahren' Befolger seien. Darüber hinaus sind entsprechende Selbst- und Fremdbezeichnungen auch beeinflusst von unterschiedlichen lokalen Gegebenheiten verschiedener Länder, die Abgrenzungsstrategien prägen und sie nicht ohne weiteres übertragbar machen. Für den deutschsprachigen Raum erscheint es sinnvoller, zwischen puristisch salafitischen, religiös-politischen und dschihadistischen Milieus zu unterscheiden.

II. Politische Mobilisierung und Radikalisierung

II.1 Dichotome Freund-Feindbilder

In Vorträgen oder Beiträge in Websites und Foren aus puristischen salafitischen Milieus überwiegen meist Mahnungen zur Rückkehr zu – aus ihrer Sicht – ‚reinen' Glaubensinhalten, Warnungen vor Strafen am Jüngsten Tag sowie Abgrenzungen von anderen Gruppierungen, die aus ihrer Sicht nicht den ‚wahren' Islam befolgen. In Websites des religiös-politischen und dschihadistischen Spektrums überwiegen hingegen politische Bezüge. Dabei werden auch dichotome Weltbilder und eindeutige Freund-Feind-Zuordnungen geschaffen, wie sie für Radikalisierungen typisch sind: Politische Konflikte und soziale Missstände werden nicht nur als Resultat der mangelnden Moral ‚westlicher' Staaten gedeutet, deren Bewohner und Politiker als homogene Masse dargestellt werden, sondern auch als Angriff auf die Muslime. Abu Abdullah vom Netzwerk DWR beispielsweise hebt in einem Vortrag mit dem Titel „Eine Religion namens Demokratie" aus dem Jahr 2013, der im Folgenden exemplarisch für einige ähnliche vorgestellt wird, die einstige Überlegenheit der Wir-Gruppe heraus und den zerstörerischen Einfluss des monolithisch gedachten „Westens":

> „[...] sie haben von uns Fortschritt, Zivilisation gelernt, liebe Geschwister, und es von uns genommen. Daran kann man, liebe Geschwister, sehen, in welch einer Zeit wir, die *umma* [dt. Gemeinschaft] von Muhammad ﷺ , eine Zeit lang gelebt hat: In einer Zeit von *ʿizza* [dt. Ehre], von *karāma* [dt. Würde] , der Ehre, des Stolzes, der Oberhand, der Weltherrschaft, hat diese *umma* gelebt. Jahrhunderte und Jahrhunderte. Aber leider hat sich die Lage verändert und um 180 Grad gedreht." [23]

23 Abu Abdullah, *Eine Religion namens Demokratie*, URL: http://www.youtube.com/watch?v=FBfO8nhHt5o, hochgeladen 06.11.2013 (letzter Zugriff: 13.01.2014).
Hier und im Folgenden werden Abschriften der Videos oder Zitate aus schriftlichen Beiträgen wörtlich wiedergegeben, d.h. auch mit originalen grammatischen oder orthographischen Fehlern. Aus Gründen der Lesbarkeit wurde darauf verzichtet, jedes Mal „[sic]" anzumerken.

Abu Abdullah schildert ein Szenarium der Bedrohung sämtlicher ‚schwacher Gruppen' weltweit außerhalb der Industrienationen: Kinderarbeit verursacht durch kapitalistische Produktionsweisen in einer globalisierten Welt, pädophile ‚westliche' Sextouristen in Südostasien sowie finanzielle Interessen und Motive der Befürworter der US-amerikanischen Invasion in den Irak werden dabei alle gleichgesetzt als das Resultat demokratischer Systeme:

> „Die Demokratie, die sie uns verkaufen wollen, als saubere, reine, ehrliche Weltordnung, menschenwürdige Weltordnung. Wenn diese Demokratie, liebe Geschwister, wo sie sagen, sie sind gegen Sklaverei – wer, wer pocht darauf, auf Billigpreise für die Europäer, so dass Kinder gezwungen werden in der 3. und in der 4. Welt zu arbeiten? Und nicht die Schule zu besuchen? Ist das nicht die Demokratie hier im Westen? [...] Sie unterdrücken die Völker, sie zwingen die Kinder zum Arbeiten. Sind es nicht die europäischen und amerikanischen Touristen in Thailand, die kleine Mädchen dazu zwingen, ihre Körper zu verkaufen? Weil diese hungrig sind, weil diese nichts zu essen haben Und es sind nicht irgendwelche Leute, die dahin gehen und diese Kinder vergewaltigen! Sondern es ist die gehobene Klasse in Europa und Amerika. Die Reichen unter ihnen, die Ärzte und die Rechtsanwälte und die Minister, die dorthin reisen und kleine, minderjährige Kinder vergewaltigen. Für kleines Geld. Sie nutzen die Armut dieser Menschen aus. Und das ist die Demokratie. Sie greifen Länder an wie den Irak beispielsweise. Sie verteilen das Öl, bevor sie angreifen."[24]

Entscheidungsträger der Invasion in den Irak sind nach Abu Abdallah „blutrünstige Menschen" mit „Dollarzeichen im Kopf", die sagen: „Komm, lass uns da hingehen, da ist am meisten Öl, und da sind Muslime, lass uns Muslime töten und lass uns die ausbeuten." [25] „Sie", die die vermeintlichen Atomwaffen des Irak nur vorgeschoben hätten, müssten bestraft werden:

> „Sie haben 1,5 Millionen Menschen dort, unschuldige Menschen getötet, Frauen und Kinder: Und was passiert mit ihnen? Nachdem rausgekommen ist und die ganze Welt, die *kuffār* [Ungläubigen] selbst, ganz klar sagen: Man wusste ganz genau, dass Saddam Hussein gar keine nuklearen Waffen hatte, niemals, man weiß das, Und was ist mit denen? Wurden sie zur Rechenschaft gezogen? Wo ist das Blut von diesen Menschen, wo ist das Blut von 1,5 Millionen Frauen und Kindern, die ermordet wurden? Sie bekommen gar nichts!" [26]

Dabei bleibt unklar, wodurch: Einerseits verweist Abu Abdullah auf die demokratische Institution des Internationalen Gerichtshof in Den Haag, der diese Menschen „einen Kopf kürzer machen" soll. Andererseits stellt er eine Strafe durch Gott in Aussicht, die wohl als Strafe im Jenseits zu verstehen ist. Gleichzeitig erwägt er, dass „sie" bereits vorher eine Strafe durch die Muslime erhalten

24 Ebd.

25 Ebd.

26 Ebd.

könnten, vorausgesetzt Allah würde den Muslimen die ausreichende Stärke dazu verleihen:

> „Müssen sie nicht zum Bundesgerichtshof [sic] nach Den Haag? Müssen sie nicht einen Kopf kürzer gemacht werden? Nein, sie bekommen eine fette Rente und sie werden geehrt. Aber ihre Abrechnung wird bei Allah sein. Und wenn Allah dieser *umma* Macht gibt und Ehre gibt, dann werden sie *in šāʾa Allāh*, bevor sie bei Allah ihre Strafe bekommen, werden sie durch unsere Hände ihre Strafe bekommen.“ [27]

Abu Abdullah ruft hier nicht zur Gewalt auf, da er dazu die von Gott verliehene ausreichende „Macht und Ehre“ der *umma* voraussetzt, die er hier – und wie auch aus anderen seiner Vorträge ersichtlich – derzeit bei Weitem nicht gegeben sieht. Es geht ihm im Folgenden vor allem darum, zu zeigen, dass der Islam eine perfekte und gerechte Ordnung sei, die diametral den verwerflichen politischen Systemen der Ungläubigen gegenüberstehe. Sein Handlungsapell lautet: „Wir müssen unter den Völkern und unter den Muslimen deutlich machen, dass… Wir müssen es den Menschen erklären […], denen eine Gehirnwäsche verpasst wurde. Die verstehen das nicht, sie wissen nicht, dass das, das ist. Das, das ein *ṭāġūt* [dt. Götze] ist, der neben Allah angebetet wird, dass die Demokratie zu einer Gottheit geworden ist!“ [28] Bedrohungsszenarien der Muslime durch die ‚Anderen‘ werden in vielen Videos geschildert. Der ehemalige Boxer Pierre Vogel etwa äußerte, dass es in Deutschland Millionen von Hitler-Anhängern gebe sowie „Millionen von Menschen, die bereit wären, um auf die Straße zu gehen und die Muslime platt zu machen. Und wer was anderes behauptet, der kennt dieses Land nicht.“[29]

Insbesondere der Palästinakonflikt und seit den beiden vergangenen Jahren der Krieg in Syrien dienen oft zur politischen Identitätsbildung. Abdul Adhim beispielsweise, Prediger der Nur-Moschee in Berlin, der der Ǧamāʿat at-Tablīġ angehört,[30] erklärt seinen Zuhörern, das Leiden der Bevölkerung im Gaza-Streifen sei:

> „ein Teil, der unsere Herzen berührt, und sogar verletzt und da tief bohrt. Wo jeder Muslim leidet. Dieser Teil zeigt, ob du gläubig bist oder Heuchler bist. Dieser Teil zeigt, ob du die Liebe zu Allah hast oder die Liebe zur dunyā [dt. diesseitigen Welt] Und zwar das, was den Muslimen und unseren Geschwistern in Gaza in diesen

27 Ebd.

28 Ebd.

29 Pierre Vogel, *Statement nach den Festnahmen am 29.04.2011 in Düsseldorf*, URL: http://www.youtube.com/watch?v=7vBW4BE_pHg, hochgeladen 02.05.2011 (letzter Zugriff: 15.01.2014).

30 Aufgrund ihrer sufischen Bezüge und ihrer Missionstätigkeit durch eine besondere Art des „Auszugs“ in die Welt wird diese Gruppierung von puristischen Salafiten oft scharf kritisiert.

> Tagen geschieht von Unrecht. Wie ihr Blut vergossen wird, wie sie bombardiert wurden und sehen, leider heutzutage die Doppelmoral von der hochzivilisierten westlichen Welt. Wie sie ihre Doppelmoral klar und deutlich zeigen, unversteckt. [31]

Auch weitere politische Konflikte und Kriege wie die Bombardierung Hiroshimas und Nagasakis, die beiden Weltkriege, der Irak- und der Tschetschenien-Krieg würden alle die „Doppelmoral des Westens" und die „Gehirnwäsche" durch die deutschen Medien zeigen. Sein Fazit lautet daher: „Am besten schaut keine deutschen Medien."[32]

Wieder andere Gruppierungen und Personen fordern dazu auf, am Dschihad in Krisengebieten teilzunehmen: Denis Cuspert trat früher als Rapper Deso Dogg auf und ist heute unter dem Namen Abu Talha al-Almani bekannt. Er gehörte der 2012 verbotenen Gruppierung Millatu Ibrahim an und verbindet in seinen Videos Hinweise auf politische Ungerechtigkeiten und einen Kampf der „Kreuzzügler" gegen den Islam[33] mit Aufrufen, zum Dschihad nach Syrien zu gehen. Dazu nutzt er auch weiterhin seine Musik. In einer Hymne, die er seine Zuhörer während eines Vortrages lehrte und schließlich gemeinsam mit ihnen sang, heißt es: „Unsere Geschwister sterben jeden Tag, sind unsere Herzen wirklich schon so hart? Sie sind gefangen, in den Händen der *kuffār*. Hört Ihr nicht ihre Schreie? Fürchtet Allah. Ich werde kämpfen bis zum letzten Atemzug und niemand kann mich stoppen, außer Allah."[34] Nach seiner Auswanderung nach Syrien, wo sich Cuspert offenbar der Qaida-nahen Nusra-Front angeschlossen hat,[35] verkündete er mehrfach, wie schön es sei, als Märtyrer zu sterben[36] und nutzt in seinen Videos u.a. Elemente moderner Popkultur, die den Dschihadismus für junge Muslime offenbar „cool" erscheinen lassen sollen.[37]

---

31 Abdul Adhim, Stellungnahme zur aktuellen Lage in Gaza, URL: http://dawa-news.net/category/palastina/, hochgeladen 19.11.2012 (letzter Zugriff: 20.1.2013) Hervorhebung SDG.

32 Ebd.

33 Vgl. z.B. ders., *Für Muslime gibt es keine Menschenrechte,* 31.08.2013, URL: http://www.youtube.com/watch?v=Rz76W88DTMI (letzter Zugriff: 08.11.2013).

34 Ders., *Worauf warten wir noch?*, hochgeladen 4.12.2011, URL: http://www.youtube.com/watch?v=uGQLATgc3cA (letzter Zugriff: 20.12.2013).

35 *Abu Talha al Almani neu*, hochgeladen 14.08.2013, URL: http://www.youtube.com/watch?v=V0t8SS37HnA#, (letzter Zugriff: 08.11.2013); vgl. auch ders., *Wohin wollen wir gehen*, – Nasheed Syrien, hochgeladen 22.7.2013, URL: http://www.youtube.com/watch?v=cR63lWuLeto (letzter Zugriff: 08.11.2013).

36 Vgl. ders., *Jede Sekunde näher dem Tod*, hochgeladen 19.08.2013, URL: http://www.youtube.com/watch?v=llPW8r-JpXs (letzter Zugriff: 08.11.2013).

37 Vgl. Nico Prucha, *„Die Vermittlung arabischer Jihadisten-Ideologie: Zur Rolle deutscher Aktivisten"*, in: Guido Steinberg (Hg), *Jihadismus und Internet: eine deutsche Perspektive, SWP-Studie 2012 S 23*, Berlin 2012, S. 45-55, hier S. 53ff.

Wieder anders als Cuspert propagieren andere Personen aus dschihadistischen Milieus in deutschsprachigen Foren auch den Angriff auf ‚westliche' Ziele. Bezüge auf religiöse Quellentexte fehlen dabei manchmal gänzlich wie z.B. folgender Beitrag aus einem Thread des Forums „ahlu-sunnah.com" zeigt. Ein User, der unter seinem Beitrag Aussprüche von Malcolm X und Frantz Fanon zitiert, kommentiert darin zwei Imame, die sich nach einem Presseartikel positiv über den Tod von Osama bin Laden äußerten:

> „Zwei Arschkriecher! Wenn sie eine friedlichere Welt wollen sollten sie
>
> 1. Das industriell-militärische Komplex in den USA vernichten.
>
> 2. Obama, Bush und weitere Demokratistische Terroristen sollten ermordet bzw. beseitigt werden. Der größte Terrorist auf diesem Planeten ist der Präsident der Vereinigten Staaten von Amerika, gefolgt von seinen europäischen Kollegen dessen einziger Wunsch darin besteht Muslime zu vernichten, ihre Ressourcen zu stehlen damit die eigene Bevölkerung in Wohlstand leben kann. Erinnert mich irgendwie an Hitler.
> Im übrigen sind diese beiden Arschkriecher das beste Beispiel für das Wirken der medialen Propaganda in Deutschland. Die demokratistischen Terrorarmeen in Afghanistan und Irak, schlachten unsere Kinder ab, vergewaltigen unsere muslimischen Schwestern und Foltern unsere Brüder in Guantanamo und Abu Ghraib. Und da soll Osama bin Laden die Gefahr für Frieden darstellen? Das ist in etwa so als wenn Hitler in die Sowjetunion einmarschiert und die Partisanen seine Armee bekämpfen und die deutsche Presse schreibt das die Partisanen eine Gefahr für den Frieden darstellen. Das Hitler die Gefahr ist darauf kommen sie garnicht."[38]

II.2 Theologische Debatten

II.2.1 Takfīr [dt. Bezichtigung des Unglaubens]

In heutigen salafitischen Schriften finden sich oft Rekurse auf frühere theologische Debatten wie die zwischen Aš῾arīten, Māturīdīten und Mu῾taziliten. Ein zentrales Kriterium für scharfe Abgrenzungen voneinander sind aber insbesondere Diskussionen darüber, ob man andere Muslime als Ungläubige bezichtigen dürfe. Nach Abou Nagie von DWR beispielsweise sind die arabischen Präsidenten Ungläubige und durch ihre politischen Handlungen nicht mehr dem Islam zuzurechnen: „Haben sie nicht die Amerikaner geholfen gegen Irak? Alle, ohne Ausnahme! Helfen sie jetzt nicht die Amerikaner gegen unsere Brüder in Afghanistan? Ja! Dann sind sie *kuffār* [dt. Ungläubige]. Und sie haben die

---

38 Ahlu-sunnah.com, Thema: *Abu Adam aus München freut sich über Tod von Usama Bin Laden*, 05.05.2011, URL: http://www.ahlu-sunnah.com/threads/37263-Abu-Adam-aus-M%C3%BCnchen-freut-sich-%C3%BCber-Tod-von-Usama-Bin-Laden (letzter Zugriff: 19.10.2013).

Demokratie akzeptiert anstatt Allahs Gesetze. Und das ist Beigesellung oder *širk akbar* [dt. großer (aus dem Glauben ausschließender) Polytheismus].“[39] Genauso ist für den zum Netzwerk DWR gehörenden Abu Dujana (geb. 1982) der Unglaube arabischer Herrscher offenkundig: „Die Sache ist klar und deutlich wie die Sonne am hellichten Tag: Wer nicht mit Allahs Gesetzen regiert, ist ein Kāfir [dt. Ungläubiger]. Klar und deutlich.“[40] Aus seiner Sicht ist auch das auf den ‚Westen‘ zurückzuführen, der das Kalifat abschaffte und dadurch die Schwäche der Muslime sowie ethnische Zwistigkeiten unter ihnen herbeiführte.[41]

Besonders Sure 5,44 wird hier oft aufgeführt, in der es heißt: „Diejenigen, die nicht nach dem entscheiden (*yaḥkumu*), was Gott herabgesandt hat, sind die wahren Ungläubigen.“ Das Verb *ḥakama-yaḥkumu*, das im klassischen Arabisch vor allem mit „entscheiden“ und „(schieds)richten“ wiedergegeben werden kann, bedeutet im modernen Arabisch auch „regieren“. In dieser modernen Bedeutung wurde es u.a. von dem Ägypter Sayyid Quṭb (1906-1966) verstanden, der daraus folgerte, dass die arabischen politischen Eliten sowie die Gesellschaft seiner Zeit ungläubig seien, da nur diejenigen als Muslime zu bezeichnen seien, „die diese Religion in ihrer gesellschaftlichen, juridischen und finanziellen Ordnung regieren lassen“.[42] Entgegen anderer Interpretationen dieses Verses in klassischen Korankommentaren wie beispielsweise von aṭ-Ṭabarī (839-923) entwickelte Quṭb daraus das Konzept der alleinigen Souveränität Gottes (*ḥākimiyya*), nach dem sämtliche nicht islamische Ordnungen ein Angriff auf Gottes Herrschaft und auf die Gläubigen sind und appellierte in seinen Schriften für die „Zertrümmerung der Königsherrschaft der Menschen.“[43] Dies wird zwar unterschiedlich rezipiert, diente einigen militanten Gruppierungen jedoch zur Legitimierung von Gewalt als Mittel zum Ziel.

Puristische Salafiten hingegen kritisieren Quṭb aufgrund seiner Kategorisierung muslimischer Herrscher als „Ungläubige“ (sowie seiner Kritik an manchen Prophetengefährten) scharf und bezeichnen seine Anhänger als irregeleitete

39 Youtube, *Die arabische Presidenten [sic] sind KUFFAR!!!* [Vortrag von Abou Nagie], URL: http://www.youtube.com/watch?v=3U2P9mT9BPM, hochgeladen 15.07.2011 (letzter Zugriff: 15.10.2013).

40 Abu Dujana, *Wer Nicht mit Der Shariah Regiert ist ein Kafir* [sic], hochgeladen 18.11.2012, URL: http://www.youtube.com/watch?v=xVhQzZKyfqI (letzter Zugriff: 20.12.2013).

41 Ebd.

42 Sayyid Qutb, *al-ʿAdālah al-iğtmaʿiyya fi l-islām*, 4. Aufl., Kairo 1954, S. 13.

43 Vgl. ders., *Maʿālim fi ṭ-ṭarīq*, Kairo u.a. 1995, S. 83, S. 10; Sabine Damir-Geilsdorf, *Herrschaft und Gesellschaft. Der islamistische Wegbereiter Sayyid Quṭb und seine Rezeption*, Würzburg 2003, S. 78-85, S. 181-190.

„Quṭbisten“, *ḫawāriǧ* oder „*takfīris*“, d.h. Personen, die *takfīr* [andere Muslime des Unglaubens bezichtigen] betreiben. Abou Nagie von DWR etwa ruft in keinem seiner Video-Vorträge zu Gewalt auf, doch seine Kritik an saudischen Gelehrten und seine Bezichtigung arabischer Präsidenten als Ungläubige wird in diesen Milieus auch als Grund angesehen, sich deutlich von ihm zu distanzieren: So erklärte ein junger Mann, der regelmäßig eine solche puristisch-salafitische Moschee-Gemeinde in einem Kölner Stadtteil besucht, in einem Interview: „Das ist ein *takfīri* und ein Hetzer. Wenn ich den auf der Straße sehe, wechsele ich die Seite oder schaue weg. Der hat nicht den *manhaǧ* [dt: Weg des Glaubens/Glaubenslehre] der *salaf*. Mit dem will ich nicht sprechen und nichts mit ihm zu tun haben.“[44] Die besagte Moschee verbreitet auch Warnungen vor Seminaren oder Vorträgen dieser „*takfīris*“ auf ihrer Website: „Wir warnen alle Jugendliche davor, an solchen *takfīr*-Seminaren teilzunehmen, weil diese die Jugendliche in das Übel des *takfīrs* stürzen. Hütet euch selbst und eure Religion vor diesen Leuten und allen, die ihnen beim Verbreiten dieses Übels helfen. Diese sind die Nachkommen der *ḫawāriǧ*, die die Muslime zu Ungläubige erklären!“[45]

Auch Pierre Vogel, der von dieser Gruppe aufgrund seiner gemeinsamen Aktivitäten mit Abou Nagie abgelehnt und vom Verfassungsschutz zum politischen Salafismus gerechnet wird, unterscheidet sich in diesem Punkt wiederum deutlich vom Abu Dujana und Abou Nagie und erläutert, dass nicht alle arabischen Herrscher pauschal zu Ungläubigen erklärt werden dürften.[46]

II.2.2 Verhalten gegenüber Gesetzen der „kuffār“ und dem deutschen Rechtssystem

Wer von wem weshalb als Ungläubiger bezeichnet werden kann, ist nicht nur ein theologisches Problem. Es wird auch darüber debattiert, welche Folgen dies impliziert: Abu Abdullah berichtet in einem Vortrag z.B., dass er in Ägypten Muslime traf, die allein ihre eigene kleine Gruppe als ‚wahre‘ Muslime betrachteten und Muslime, die bei einer roten Ampel stehenblieben oder auf einen Schiedsrichter hörten, den Glauben ansprachen, da dies Gesetze von Ungläubigen und nicht solche der Scharia seien.[47] Diese Art *takfīr* zu betreiben, sei

44 Interview mit Abu Sumaya, 30 Jahre (Name geändert).

45 Basseera.de, *Warnung vor den Takfiris und ihren Helfern*, hochgeladen 08.01.2012, URL: http://www.basseera.de/allgemein/1-allgemein/468-warnung-takfiris-in-abu-bakr-moschee.html (letzter Zugriff: 02.01.2014).

46 Vgl. Pierre Vogel, *Detaillierte Widerlegung der Takfiris*, hochgeladen: 29.11.2010, URL: http://www.youtube.com/watch?v=ObR2Q_P0zPI (letzter Zugriff 20.12.2013).

47 Vgl. Abu Abdullah, *Takfir*, URL: http://www.youtube.com/watch?v=nUz3uTL010I&feature=youtu.be&t=10m30s, hochgeladen 08.03.2011 (letzter Zugriff: 10.12.20139.

wie eine Krankheit und ein solches Urteil stehe nur einem Richter und Rechtsgelehrten in einem islamischen Staat zu: „Du weißt nicht mal, wie man das Gebet verrichtete, aber machst *takfīr*“, so Abu Abdullah, „der Islam von manchen Leuten ist darauf beschränkt, den ganzen Tag über Unglaube zu reden“.[48]

Die hier kritisierten Personen meinten offenbar, sich an Gesetze des Landes nicht halten zu müssen, da es Gesetze der Ungläubigen und nicht die der Scharia seien. Aus puristischen salafitischen Milieus wird hingegen zur Einhaltung von Gesetzen auch in einem nicht islamischen Staat aufgerufen, solange sie (nach ihrem Verständnis) nicht zur Sünde aufrufen. Durch Rekurse auf Rechtsgelehrte und Hadithe verurteilen diese Gruppierungen in der Regel jegliche politische Aktion, selbst die Teilnahme an staatlich genehmigten Demonstrationen und Solidaritätsbekundungen als nicht Islam gemäße Rebellion,[49] argumentieren oft auch mit einer Vorbildfunktion, die sie inne hätten. Nach den gewalttätigen Konfrontationen im Mai 2012 zwischen Pro-NRW Anhängern, die vor der König Fahd Akademie in Bonn Muhammad-Karikaturen zeigten und protestierenden muslimischen Männern, die dabei auch deutsche Sicherheitskräfte angriffen und zwei mit Messerstichen schwer verletzten, bat beispielsweise der Imam der Kölner Taqiuddin Moschee den saudischen Rechtsgelehrten Māhir al-Qaḥṭānī per Telefon um dessen Stellungnahme. Die Mitschrift und deutsche Übersetzung des Videos wurde auf der Website der Moschee sowie verschiedenen anderen Seiten verbreitet. Der Imam der Moschee erklärte: „Die *takfīris* aus dieser Stadt (aber auch anderswo), die von sich behaupten, der *Salafiyya* anzugehören, haben alle Muslime dazu aufgefordert, dorthin zum selben Ort zu kommen […] Sie sagten, das jeder, der nicht kommt und sich nicht an dieser Gegenkundgebung oder Gegendemonstration beteiligt, sündigt und den Propheten (möge Allah ihn loben und heil schenken) nicht liebt,“[50] und hätten bei ihren Angriffen auf die Polizisten teilweise auch Dschihad gerufen. al-Qaḥṭānī,

48 Ebd.

49 Vgl. z.B. Weg der Salaf, *Das Verhindern des Üblen hat Vorrang vor dem Gebieten des Guten*, wo es z.B. heißt „Sogar wenn sie (die Führer) eure Vermögen wegnehmen, euren Rücken peitschen so kämpft nicht gegen sie“, URL: http://www.wegdersalaf.de/fundamente/manhaj/articles/302-das-verhindern-des-ueblen-hat-vorrang-vor-dem-gebieten-des-guten (letzter Zugriff: 10.09.2013); Falāḥ *bin* Ismā'īl Mandakār, *Das Teilnehmen an Demonstrationen in Deutschland*, URL: http://www.basseera.de/download/doc_details/23-das-teilnehmen-an-demonstrationen-in-deutschland-.html, hochgeladen 04.07.2011 (letzter Zugriff: 05.01.2014).

50 Vgl. Basseera.de, *Eine Stellungnahme zu den Krawallen in Bonn* [Mitschrift und deutsche Übersetzung eines Telefonats zwischen dem Imam der Kölner Taqiuddin al-Hilali Moschee und dem saudischen Rechtsgelehrten Mahir al-Qahtani], URL: http://www.basseera.de/videos/manhadj/eine-stellungnahme-zu-den-krawallen-von-bonn.html, hochgeladen 20.05.2012 (letzter Zugriff: 21.10.2013).

der die Karikaturen sowie die tätlichen Angriffe scharf verurteilt, zitiert unter anderem ein Hadith aus der Sammlung von Buḫārī, nach dem Muhammad während des Gebets in Mekka von Feinden zur Belustigung der Umstehenden mit Tiereingeweiden beworfen wurde, aber (zu dieser Zeit) nicht mit Gewalt gegen sie vorging, sondern Bittgebete gegen sie verrichtete.[51] Auch andere, die unter dem Sammelbegriff „Salafisten" subsumiert werden, von denen sich die Puristen jedoch wiederum distanzieren, verurteilten die Gewaltanwendungen in Bonn.[52]

In Medien, die über die Vorfälle in Bonn u.a. als „Salafisten-Krawalle"[53] berichteten, gab es zahlreiche Warnungen vor Salafismus als „Sammelbecken für gewaltbereite Islamisten" oder „Keimzelle des Islamisten-Terrors in Deutschland".[54] Da gleichzeitig oft berichtet wurde, dass in Deutschland ca. 2500 Muslime dem Salafismus angehören,[55] kann dies fälschlicherweise den Eindruck erwecken, als seien diese Menschen alle gewaltbereit.

Dass sich Muslime an Gesetze eines nicht islamischen Staates halten müssen, in dem sie leben, wird meist damit begründet, dass es zwischen ihnen und dem Staat durch die Staatsbürgerschaft oder Aufenthaltserlaubnis einen verbindlichen Vertrag gebe, wobei auch frühislamische Beispiele und Aussagen (meist saudischer) Rechtsgelehrte herangezogen werden.[56] Davon ausgehend wird auch erklärt und verbreitet, dass es die Pflicht der Muslime sei, jemanden, der einen

---

51 Vgl. ebd.

52 Vgl. z.B. Abdul Adhim, *Stellungnahme zu den Ausschreitungen in Bonn*, URL: http://www.youtube.com/watch?v=x0a-zijpjI0, hochgeladen 16.05.2012 (letzter Zugriff: 14.01.2014).

53 Vgl. z.B. Spiegel online, *Pro-NRW-Demo vor Moschee: Kölner Polizei fürchtet neue Salafisten-Krawalle*, 08.05.2012, URL: http://www.spiegel.de/politik/deutschland/koeln-fuerchtet-neue-salafisten-krawalle-wegen-pro-nrw-demo-in-ehrenfeld-a-831903.html (letzter Zugriff: 13.10.2013).

54 Vgl. Focus online, *Salafisten stechen in NRW auf Polizisten ein*, 06.05.2012, URL: http://www.focus.de/politik/deutschland/29-polizisten-zum-teil-schwer-verletzt-salafisten-stechen-in-nrw-auf-polizisten-ein_aid_747917.html (letzter Zugriff: 26.10.2013); Süddeutsche.de, *„Eine Explosion der Gewalt, die wir lange nicht erlebt haben"*, 06.05.2012, ULR: http://www.sueddeutsche.de/politik/eskalation-zwischen-salafisten-und-rechten-pro-nrw-aktivisten-eine-explosion-der-gewalt-die-wir-lange-nicht-erlebt-haben-1.1349490 (letzter Zugriff: 26.10.2013).

55 Ebd. Zahlenangaben darüber, wer zum Salafismus gehört, schwanken (zwischen 2500 und 4000) genauso wie Schätzungen, wer von dieser Minderheit der Muslime in Deutschland als gewaltbereit gilt.

56 Vgl. z.B. den Thread *„Ist Schwarzarbeit helal/haram im Islam"* in Ahlu-sunnah.de, URL: http://ahlu-sunnah.de/foren/archive/index.php/t-4785.html?s=91718ebca53b6215b2295ee6023c21dc, 17.03.2011-21.07.2012 (letzter Zugriff: 15.01.2014).

Terroranschlag plane, an die Behörden zu melden.[57] Dies wiederum stößt in dschihadistischen Milieus auf scharfe Kritik: Nachdem Pierre Vogel z.B. in einem Statement zur Festnahme von al-Qaida Verdächtigen in Düsseldorf im April 2011, die offenbar einen Terroranschlag planten, äußerte: „für jeden Muslim ist es Pflicht, solche Anschläge mit allen ihm möglichen Mitteln zu verhindern“,[58] wurde er von einem User in einem Thread aus dem Forum Ahlu-Sunnah.com als „Rufer zur Falschheit“ beschimpft, andere kommentierten, dass seine Worte den Schluss zulassen „Verfassungsschutz-Hotline lässt grüßen“ und es wurde ihm gewünscht „Gott möge seine Zunge lähmen“.[59]

Auf der Website einer dschihadistischen Gruppierung, die sich „Die siegreiche Gruppe“ nennt, findet sich demgegenüber die Auffassung, dass Leben und Besitz von Ungläubigen grundsätzlich angegriffen werden könnten und Muslime in Europa an keine Verträge mit dem Staat gebunden seien:

> „In unserer heutigen Zeit sieht es so aus die meisten Muslime die nach Europa gekommen sind sind mit einem Dokument gekommen das ihnen Sicherheit gewährt das heist im Normalfall das der Muslim dem Staat und seinen Einwohnern dann auch Sicherheit gewähren muss. Doch die Verträge haben auch ihre Bedingungen es gibt ein Konsens das wenn der Vertragsparnter den Islam angreift das der Vertrag ungültig wird und die vertragsbedingungen nicht mehr gültig sind. Das ist ein andres komplexes Thema wo es viel darüber zu sagen gibt. Doch genau das ist heute der Fall diese Staaten in Europa sind alle am Krieg gegen den islam beteiligt, ihre Medien feinden den Islaam an und beleidigen den Propheten sas und die Medien werden vom Staat kontrolliert und der Staat legt fest wie weit die Medien gehen dürfen. Die heutigen demokratischen Staaten geben ihren Medien die Freiheit den islam zu beschimpfen. Nur dieser Punkt reicht volkommen als Vertragsbruch! Der jude Kaab ibn al-ashraf hatte auch einen Friedensvertrag mit dem Propheten sas aber als Kaab sich über den Propheten sas lustig machte wurde dieser Vertrag ungültig und der Prophet sas machte sein Blut und Besitz halal.

---

57 Vgl. Basseera.de, *Scheikh Falah Mandakar – Konkrete Terrorgefahren melden*, URL: http://www.youtube.com/watch?v=zlXxpeg-7rU&list=FLJsOxF2gHSn6upuIWxF1beA &index=3, hochgeladen 13.10.2011 (letzter Zugriff 10.01.2014).

58 Pierre Vogel, *Statement nach den Festnahmen am 29.04.2011 in Düsseldorf*, URL: http://www.youtube.com/watch?v=7vBW4BE_pHg, hochgeladen 02.05.2011 (letzter Zugriff 15.01.2014). Nach den Ereignissen in Bonn 2012 erklärte Vogel zwar, dass es besser sei „Ruhe zu bewahren“ und solche Eskalationen der Da‘wa schaden würden, distanzierte sich aber auch nicht deutlich davon. Vgl. ders., Demo 05.05.12 in Bonn; Sollen wir uns distanzieren 2/2, URL: http://www.youtube.com/watch?v=QM8CYTZw33I, hochgeladen 07.05.2012 (letzter Zugriff: 15.0.1.2014).

59 Ahlu-Sunnah.com, *Thema: Die Falschheit mancher Prediger in Deutschland*, 26.11.2011-09.05.2011, URL: http://www.ahlu-sunnah.com/threads/31462-Die-Falschheit-mancher-Prediger-in-Deutschland/page11 (letzter Zugriff: 14.01.2014).

Dazu kämpfen die Soldaten dieser Länder gegen Muslime und besetzen die islamischen Länder, das ist eine offene Kriegserklärung. Unter solchen Bedingungen kann es keinen gültigen Vertrag geben."[60]

III. Fazit – Überlegungen zum Radikalisierungsfaktor dschihadistischer Videos

In den hier aufgeführten verschiedenen Beispielen dichotomer Weltbilder und reduktionistischer Freund-Feindzuordnungen in Vorträgen, Predigten, Foren und Websites vermischen sich mitunter Kapitalismuskritik und Antiamerikanismus mit Solidaritätsbekundungen für alle unterdrückten Menschen außerhalb der westlichen Industriestaaten. Schuldige werden eindeutig ausgemacht: „das demokratische System", „der Westen" etc. Es werden auch Bedrohungsszenarien aufgezeigt von ‚den Anderen', die die eigene Wir-Gruppe, d.h. die Muslime, bekämpfen. Insbesondere Schilderungen politischer Konflikte und Kriege in mehrheitlich muslimischen Ländern wie Irak, Palästina und Syrien zielen darauf ab, muslimische Identität zu fördern: durch Apelle zur Solidarität mit Glaubensgeschwistern dort oder durch Erklärungen, deren Leiden sei Teil eines Kriegs ‚der Anderen' gegen den Islam.

Die Beispiele zeigen aber auch, dass es zwischen diesen Gruppierungen und einzelnen Rednern, die oft pauschal als „Salafisten" bezeichnet werden, große Unterschiede in Auffassungen darüber gibt, wer überhaupt als Muslim gilt, ob Gewalt ein legitimes Mittel zum Ziel ist und wie sich Muslime gegenüber Gesetzen in einem nicht islamischen Staat verhalten sollten.

Gewaltanwendungen bei Provokationen wie der erwähnten Pro-NRW-Kundgebungen bezeichnen traditionelle puristische Salafiten – aber auch andere – als nicht mit dem Islam vereinbar und grenzen sich deutlich ab von politisierenden Gruppierungen und deren Missionstätigkeiten wie das Koranverteilungsprojekt „Lies!" Aus ihrer Sicht sind dies so genannte ‚*takfīris*', die sich von ihren Hauptreferenzen wie den saudischen Gelehrten Ibn Bāz, al-Albānī und al-Madḫalī abgewandt haben bzw. andere Vorbilder wie Sayyid Quṭb oder ʿAdnān al-ʿArʿūr haben. Welchen (in der Regel saudischen) Gelehrten zu folgen sei, spielt bei ihnen eine bedeutende Rolle. Stellenwert erlangen diese primär dadurch, dass sie von anderen Gelehrten, die in ihren Kreisen angesehen sind, in irgendeiner Form bestätigt werden. So verwirft etwa jemand aus dem puristischen salafitischen Milieu die in der Fachliteratur manchmal anzutreffende Auffassung, dass sich auch Gruppen wie DWR oder „Einladung zum

60 at-Tāʾifah al-Manṣūrah – Die siegreiche Gruppe, *Das Hukm über Blut, Besitz und Ehre der Kuffar*, URL: http://attibyaan.wordpress.com/2008/08/31/das-hukm-uber-blut-besitz-und-ehre-der-kuffar/, hochgeladen 21.08.2008 (letzter Zugriff: 12.01.2014).

Paradies" auf al-Albānī berufen würden, mit dem Argument: „[…]so folgen sie seiner Lehre in wesentlichen Fragen der Methodologie nicht. Dies wird u.a. durch ihre ablehnende Haltung zu al-Madḫalī deutlich, welcher von al-Albānī und anderen Großgelehrten *gelobt* wurde."[61]

Als „*takfīris*" oder „Hetzer" werden Personen aus Gruppierungen wie Millatu Ibrahim aber auch von anderen aus so genannten „salafistischen" Milieus bezeichnet.[62] Identitäten und Gruppenzugehörigkeiten werden dabei in auffälliger Weise auch durch Abgrenzungen und Gegnerschaften gebildet.

Es fehlen empirische Studien darüber, ob es wirklich fließende Grenzen zwischen den einzelnen Gruppierungen gibt, wie oft behauptet wird (vgl. I.2). Sicher ist jedoch, dass eine Radikalisierung bis zu einem „gewaltbereiten Extremismus" (vgl. I.1) nicht nur durch Feindbilder und dichotome Weltsichten erfolgt, sondern weiterer Ursachen und Auslöser bedarf. Als entscheidender Grund für Selbstradikalisierungen werden oft dschihadistische Videos in neuen sozialen Medien angeführt.[63] Eine zentrale Rolle scheinen jedoch auch Aushandlungen und Diskussionen in den Gruppierungen selbst zu spielen. So könnten gerade puristische Gruppen einen deradikalisierenden Einfluss auf junge Muslime ausüben, aber auch Personen wie Pierre Vogel, die zwar politisieren, jedoch Gewalt deutlich ablehnen.

Der 29jährige Abdulkader, der vor seiner Hinwendung zum Islam der Hiphop-Szene angehörte, erzählte in einem Interview, dass er länger darüber nachdachte und mit verschiedenen Muslimen darüber debattierte, ob es seine Pflicht sei, seinen muslimischen Geschwistern in Syrien durch seinen Einsatz im Dschihad vor Ort zu helfen. Nach pragmatischen Abwägungen, da die Situation in Syrien zu undurchsichtig sei sowie theologischen Debatten nahm er davon jedoch deutlichen Abstand. Einige Dschihad-Videos im Internet kennt er, erklärt aber, dass sie nur eine Minderheit der „Ghetto-kids" ansprechen würden, was auch ihre im Vergleich zu anderen muslimischen Videos geringen Anschauungsraten zeigten:

> „Denn-Muslim-Sein ist für die cool. Auch Ausländer zu sein. Ich kenne Deutsche, die anfangen, Türkisch zu sprechen, weil es cool ist. Solche Videos sprechen ihre Sprache, anders als die Imame in den Moscheen. Auch so Leute wie Pierre Vogel

---

61 Samir Houacine, *Salafitische Opposition zu Gewalt und Hasspredigten in Deutschland*, Köln 2013, S. 10f., 19f. Hervorhebung SDG.

62 Vgl. z.B. die Kritik von Hassan Dabbagh an Abu Usama al-Gharib, einem der Begründer von Millatu Ibrahim: *Warnung vor Abu Usama al-Gharib*, URL: http://www.youtube.com/watch?v=YGBFqmCBHb8, hochgeladen 11.05.2012 (letzter Zugriff: 07.01.2014).

63 Vgl. Viola Frohneberg/Guido Steinberg, *„Videopropaganda und Radikalisierung"*, in: Guido Steinberg (Hg.), *Jihadismus und Internet: eine deutsche Perspektive*, SWP-Studie S23, Berlin 2012, S. 76-88, hier S. 88.

tun das. Für sie ist es genauso erwähnenswert wie für die Medien, Islamwissenschaftler oder so, dass er vorher Boxer war. Die wissen, dass er ihr Leben kennt. Leute wie der machen eine Art Sozialarbeit: die holen die Ghetto-kids von der Straße und bringen ihnen bei, dass man sich an die Gesetze halten muss. Es ist doch besser, sie sind in der Moschee als Kriminelle zu sein oder als in der Disko rumzulungern. Die sind eine Art Pufferzone zwischen dem einen Extrem der kriminellen Ghetto-kids und dem anderen Extrem der Jihadisten."[64]

Er selber ist kein ‚Ghetto-kid', sondern hat ein naturwissenschaftliches Studium absolviert und möchte sich bewusst keiner Gemeinde eindeutig zuordnen, weil ihm, wie er äußert, die klare Aussage und Rechtleitung „eines eindeutigen wichtigen Gelehrten" fehlt.[65]

Diese Gruppierungen alle unter dem wenig aussagekräftigen Begriff „Salafismus" zu subsumieren, hat wenig Aussagekraft (vgl. I.2). Nach einer Umfrage der Bertelsmann Stiftung von 2013 sehen etwa 51% der Deutschen den Islam als eine Bedrohung.[66] Die 25jährige Dima, die keine Kontakte zu Muslimen aus puristisch-salafitischen, religiös-politischen oder dschihadistischen Milieus hat und Kopftuch trägt (genauso wie modische Kleidung, Make-up und bunte Nagellacke) erklärte im Interview, dass sie schon als „Kopftuchschlampe" bezeichnet wurde. Als sie einmal an einem heißen Sommertag mittags an einem großen öffentlichen Platz eine Flasche Wasser aus ihrer Tasche holte, wurde sie beschimpft, dass sie sich doch gefälligst „integrieren" und „ein Bierchen" aufmachen solle.[67] Ausgrenzungserfahrungen wie diese sind in salafitischen Milieus verstärkt anzutreffen. In Kombination mit politischen Ideologisierungen, zunehmenden identitären Rückzügen in solidarische Gemeinschaften der Wir-Gruppe und bestimmten biografischen Faktoren können Wahrnehmungen von Deprivation dabei auch einen radikalisierenden Effekt haben.

Literatur

Abdul Adhim, *Stellungnahme zu den Ausschreitungen in Bonn*, URL: http://www.youtube.com/watch?v=x0a-zijpjI0, hochgeladen 16.05.2012 (letzter Zugriff: 14.01.2014).

Abu Abdullah, *Eine Religion namens Demokratie*, URL: http://www.youtube.com/watch?v=FBfO8nhHt5o, hochgeladen 06.11.2013 (letzter Zugriff: 13.01.2014).

---

64 Interview mit Abdulkader s.o. (Name geändert), 29 Jahre alt, 08.01.2014.

65 Ebd.

66 Vgl. Olaf Müller/Detlev Pollack, *Religionsmonitor. Verstehen was verbindet. Religiosität und Zusammenhalt in Deutschland*, Bertelsmann Stiftung, Gütersloh 2013, S. 2.

67 Interview mit Dima (Name geändert), 25 Jahre alt.

Ders., *Takfir*, URL: http://www.youtube.com/watch?v=nUz3uTL01OI&feature=youtu.be&t=10m30s, hochgeladen 08.03.2011 (letzter Zugriff: 10.12.2013).

Abu Dujana, *Wer Nicht mit Der Shariah Regiert ist ein Kafir [sic]*, hochgeladen 18.11.2012, URL: http://www.youtube.com/watch?v=xVhQzZKyfqI (letzter Zugriff: 20.12.2013).

Abu Talha al-Almani, *Worauf warten wir noch?*, hochgeladen 4.12.2011, URL: http://www.youtube.com/watch?v=uGQLATgc3cA (letzter Zugriff: 20.12.2013).

Ders., *Wohin wollen wir gehen, – Nasheed Syrien*, hochgeladen 22.7.2013, URL: http://www.youtube.com/watch?v=cR63lWuLeto (letzter Zugriff: 08.11.2013).

Abu Talha al Almani neu, hochgeladen 14.08.2013, URL: http://www.youtube.com/watch?v=V0t8SS37HnA#, (letzter Zugriff: 08.11.2013).

Abu Talha al-Almani, *Jede Sekunde näher dem Tod*, hochgeladen 19.08.2013, URL: http://www.youtube.com/watch?v=llPW8r-JpXs (letzter Zugriff: 08.11.2013).

Ders., *Für Muslime gibt es keine Menschenrechte*, 31.08.2013, URL: http://www.youtube.com/watch?v=Rz76W88DTMI (letzter Zugriff: 08.11.2013).

Abdul Adhim, *Stellungnahme zur aktuellen Lage in Gaza*, URL: http://dawa-news.net/category/palastina/, hochgeladen 19.11.2012 (Zugriff 20.1.2013).

Ahlul Bidah wal Hawa, *The Rulings of the Major Scholars of the Sunnah and Salafiyyah on al-Ikhwan al-Muslimeen (Muslim Brotherhood)*, hochgeladen 09/2013, URL: http://ahlulbidahwalhawa.com/2013/09/03/the-rulings-of-the-major-scholars-of-the-sunnah-and-salafiyyah-on-al-ikhwan-al-muslimeen-muslim-brotherhood/ (letzter Zugriff: 10.01.2014).

Ahlu-sunnah.com, Thema: *Abu Adam aus München freut sich über Tod von Usama Bin Laden*, 05.05.2011, URL: http://www.ahlu-sunnah.com/threads/37263-Abu-Adam-aus-M%C3%BCnchen-freut-sich-%C3%BCber-Tod-von-Usama-Bin-Laden (letzter Zugriff: 19.10.2013).

Ahlu-Sunnah.com, *Thema: Die Falschheit mancher Prediger in Deutschland*, 09.05.2011-26.11.2011, URL: http://www.ahlu-sunnah.com/threads/31462-Die-Falschheit-mancher-Prediger-in-Deutschland/page11 (letzter Zugriff: 14.01.2014).

Ahlu-sunnah.de, Thread *„Ist Schwarzarbeit helal/haram im Islam"*, URL: http://ahlu-sunnah.de/foren/archive/index.php/t-4785.html?s=91718ebca53b6215b2295ee6023c21dc, 17.03.2011-21.07.2012 (letzter Zugriff: 15.01.2014).

Baehr, Dirk: *„Salafistische Propaganda im Internet: Von der reinen Mission bis zum globalen Jihad – Die wesentlichen Unterschiede unter den salafistischen Strömungen in Deutschland"*, in: Magdeburger Journal für Sicherheitsforschung 4 (2012) 2, S. 236-269.

Basseera.de, *Scheikh Falah Mandakar - Konkrete Terrorgefahren melden*, URL: http://www.youtube.com/watch?v=zlXxpeg-7rU&list=FLJsOxF2gHSn6upuIWxF1beA&index=3, hochgeladen 13.10.2011 (letzter Zugriff 10.01.2014).

Ders., *Warnung vor den Takfiris und ihren Helfern*, URL: http://www.basseera.de/allgemein/1-allgemein/468-warnung-takfiris-in-abu-bakr-moschee.html, hochgeladen 08.01.2012 (letzter Zugriff: 02.01.2014).

Ders., *Eine Stellungnahme zu den Krawallen in Bonn* [Mitschrift und deutsche Übersetzung eines Telefonats zwischen dem Imam der Kölner Taqiuddin al-Hilali Moschee und dem saudischen Rechtsgelehrten Mahir al-Qahtani], URL: http://www.basseera.de/videos/manhadj/eine-stellungnahme-zu-den-krawallen-von-bonn.html, hochgeladen 20.05.2012 (letzter Zugriff: 21.10.2013).

Borum, Randy: *"Radicalization into Violent Extremism: A Review of Social Science Theories"*, in: Journal of Strategic Security, 4 (2011) 4, S. 7-35.

Bundesamt für Verfassungsschutz, *Salafistische Bestrebungen*, URL: http://www.verfassungsschutz.de/de/arbeitsfelder/af-islamismus-und-islamistischer-terrorismus/was-ist-islamismus/salafistische-bestrebungen (letzter Zugriff: 10.09.2012).

Ceylan, Rauf/Kiefer, Michael, *Salafismus. Fundamentalistische Strömungen und Radikalisierungsprävention*, Wiesbaden 2013.

Dabbagh, Hassan, *Warnung vor Abu Usama al-Gharib*, URL: http://www.youtube.com/watch?v=YGBFqmCBHb8, hochgeladen 11.05.2012 (letzter Zugriff: 07.01.2014).

Damir-Geilsdorf, Sabine, *Herrschaft und Gesellschaft. Der islamistische Wegbereiter Sayyid Qutb und seine Rezeption*, Würzburg 2003.

Dantschke, Claudia im Interview mit Religionen im Gespräch, *Mitschrift: Salafisten* 8, 2013, URL: http://www.religionen-im-gespraech.de/thema/salafisten-wie-gefaehrlich-sind-sie/mitschrift (letzter Zugriff: 22.10.2013).

Diewahrereligion.de, *Deutsche Wellte-Interview*, URL: http://www.diewahrereligion.de/jwplayer/player.html?skin=darksunset.zip&playlist=over&plugins=viral-2,fbit-1&autostart=true&file=videos/Deutsche%20Welle-Interview.mp4 (letzter Zugriff: 09.10.2013).

Eckard, Roland, *„Radikalisierung – eine soziologische Perspektive"*, in: Aus Politik und Zeitgeschichte (APuZ 29–31/2013), URL: http://www.bpb.de/apuz/164920/radikalisierung-eine-soziologische-perspektive (letzter Zugriff: 21.10.2013).

Focus online, *Salafisten stechen in NRW auf Polizisten ein*, 06.05.2012, URL: http://www.focus.de/politik/deutschland/29-polizisten-zum-teil-schwer-verletzt-salafisten-stechen-in-nrw-auf-polizisten-ein_aid_747917.html (letzter Zugriff: 26.10.2013).

Forum für kritische Rechtsextremismusforschung (Hg.), *Ordnung. Macht. Extremismus. Effekte und Alternativen des Extremismus-Modells*, Wiesbaden 2011.

Frohneberg, Viola/Steinberg, Guid, *„Videopropaganda und Radikalisierung"*, in: Steinberg, Guido (Hg.), *Jihadismus und Internet: eine deutsche Perspektive*, SWP-Studie S23, Berlin 2012, S. 76-88.

Haykel, Bernard, *"On the Nature of Salafi Thought and Action"*, in: Roel Meijer (Hg.), *Global Salafism. Islam's New Religious Movement*, London 2009, S. 33-57.

Houacine, Samir, *Salafitische Opposition zu Gewalt und Hasspredigten in Deutschland* [unveröffentlichtes Manuskript, 65 S.], Köln 2013.

Lützinger, Saskia, *Die Sicht der Anderen. Eine qualitative Studie zu Biographien von Extremisten und Terroristen*, Köln 2010, S. 67-74.

Malthaner, Stefan/Waldmann, Peter, *„Radikale Milieus: Das soziale Umfeld terroristischer Gruppen"*, in: diess. (Hg.), *Radikale Milieus: Das soziale Umfeld terroristischer Gruppen*, Frankfurt a.M. 2012, S. 11-42.

Mandakār, Falāḥ *bin* Ismāʿīl, *Das Teilnehmen an Demonstrationen in Deutschland*, URL: http://www.basseera.de/download/doc_details/23-das-teilnehmen-an-demonstrationen-in-deutschland-.html, hochgeladen 04.07.2011 (letzter Zugriff: 05.01.2014).

McCauley, Clark/Moskalenko, Sophia, *"Mechanisms of political radicalization: Pathways toward terrorism"*, in: Terrorism and Political Violence 20 (2008) 3, S. 415-433.

Meijer, Roel, *"Introduction"*. in: ders. (Hg.), *Global Salafism. Islam's New Religious Movement*, London 2009, S. 1-31.

Ministerium für Inneres und Kommunales des Landes Nordrhein-Westfalen, *Verfassungsschutzbericht des Landes Nordrhein-Westfalen über das Jahr 2012*, Düsseldorf 2013.

Moussalli, Ahmad, *Wahhabism, Salafism and Islamism: Who is the Enemy?*, London/Washington 2009.

Neumann, Peter, *„Radikalisierung, Deradikalisierung und Extremismus"*, in: Aus Politik und Zeitgeschichte (APUZ 29-31/2013), URL: http://www.bpb.de/apuz/164918/radikalisierung-deradikalisierung-und-extremismus?p=0, (letzter Zugriff: 21.10.2013).

Prucha, Nico, *„Die Vermittlung arabischer Jihadisten-Ideologie: Zur Rolle deutscher Aktivisten"*, in: Steinberg, Guido (Hg), *Jihadismus und Internt*: eine deutsche Perspektive, SWP-Studie S 23, Berlin 2012, S. 45-55.

Quṭb, Sayyid, *al-ʿAdālah al-iğtmāʿiyya fī l-islām*, 4. Aufl. Kairo 1954.

Ders., *Maʿālim fī t-tarīq*, Kairo u.a. 1995.

Sedgwick, Mark, *"The Concept of Radicalization as a Source of Confusion"*, in: Terrorism and Political Violence 22 (2010), S. 479-494.

Senatsverwaltung für Inneres und Sport, *Verfassungsschutz für Berlin 2012*, Berlin 2013.

Spiegel online, *Pro-NRW-Demo vor Moschee: Kölner Polizei fürchtet neue Salafisten-Krawalle*, 08.05.2012, URL: http://www.spiegel.de/politik/deutschland/koeln-fuerchtet-neue-salafisten-krawalle-wegen-pro-nrw-demo-in-ehrenfeld-a-831903.html (letzter Zugriff: 13.10.2013).

Steinberg, Guido: *Wer sind die Salafisten? Zum Umgang mit einer schnell wachsenden und sich politisierenden Bewegung*, SWP-Aktuell 2012/A 28, Mai 2012, URL: http://www.swp-berlin.org/fileadmin/contents/products/aktuell/2012A28_sbg.pdf (letzter Zugriff: 10.10.2013).

Süddeutsche.de, *„Eine Explosion der Gewalt, die wir lange nicht erlebt haben"*, 06.05.2012, ULR: http://www.sueddeutsche.de/politik/eskalation-zwischen-salafisten-und-rechten-pro-nrw-aktivisten-eine-explosion-der-gewalt-die-wir-lange-nicht-erlebt-haben-1.1349490 (letzter Zugriff: 26.10.2013).

at-Tāʾifah al-Manṣūrah – Die siegreiche Gruppe, *Das Hukm über Blut, Besitz und Ehre der Kuffar*, URL: http://attibyaan.wordpress.com/2008/08/31/das-hukm-uber-blut-besitz-und-ehre-der-kuffar/, hochgeladen 21.08.2008 (letzter Zugriff: 12.01.2014).

Vogel, Pierre, *Statement nach den Festnahmen am 29.04.2011 in Düsseldorf*, URL: http://www.youtube.com/watch?v=7vBW4BE_pHg, hochgeladen 02.05.2011 (letzter Zugriff: 15.01.2014).

Ders., *Demo 05.05.12 in Bonn; Sollen wir uns distanzieren 2/2*, URL: http://www.youtube.com/watch?v=QM8CYTZw33I, hochgeladen 07.05.2012 (letzter Zugriff: 15.0.1.2014).

Ders., *Detaillierte Widerlegung der Takfiris*, hochgeladen: 29.11.2010, URL:

http://www.youtube.com/watch?v=ObR2Q_P0zPI (letzter Zugriff: 20.12.2013).

Weg der Salaf, *Das Verhindern des Üblen hat Vorrang vor dem Gebieten des Guten*, wo es z.B. heißt „Sogar wenn sie (die Führer) eure Vermögen wegnehmen, euren Rücken peitschen so kämpft nicht gegen sie“, URL: http://www.wegdersalaf.de/fundamente/manhaj/articles/302-das-verhindern-des-ueblen-hat-vorrang-vor-dem-gebieten-des-guten (letzter Zugriff: 10.09.2013).

Wiktorowicz, Quintan, *"Anatomy of the Salafi Movement"*, in: Studies in Conflict and Terrorism 29 (2006) 3, S. 207-239.

Youtube, *Die arabische Presidenten [sic] sind KUFFAR!!!* [Vortrag von Abou Nagie], URL: http://www.youtube.com/watch?v=3U2P9mT9BPM, hochgeladen 15.07.2011 (letzter Zugriff: 15.10.2013).

Radikalisierungsmechanismen am Beispiel des Salafismus in Deutschland

Marwan Abou Taam

Während lange davon ausgegangen wurde, islamischer Radikalismus sei ein Importgut, belegen die in den vergangenen Jahren im Phänomenbereich islamistischer Terrorismus gewonnenen Erkenntnisse, dass Radikalisierung auch im westlichen Umfeld stattfinden kann. Aus diesen Erkenntnissen ergibt sich im Sinne einer nachhaltigen Sicherheitspolitik die Notwendigkeit von Deradikalisierungsstrategien, die Möglichkeiten der Auseinandersetzung mit verschiedenen Radikalisierungsstufen aufzeigen:

- Maßnahmen für eine vorausschauende Intervention in der Frühphase der Radikalisierung;
- Strategien zum Umgang mit bereits radikalisierten Personen und zur Begrenzung ihres Einflusses auf andere Individuen;
- Bedingungs- oder personenbezogene Programme zur Rehabilitierung von Betroffenen und Opfer.

Sowohl sicherheitspolitisch relevante Akteure als auch zivilgesellschaftliche Multiplikatoren sind heute mehr denn je gefragt, Möglichkeiten zu finden, um dieser virulenten Herausforderung zu begegnen.

In der Debatte um politisch motivierte Kriminalität werden verschiedene Begriffe verwendet, die gemeinsame inhaltliche Struktureigenschaften aufweisen. So implizieren, *Fundamentalismus* und *Radikalismus* einen Alleinvertretungsanspruch in Bezug auf absolute Wahrheiten. Ihre weltanschauliche Basis ist somit hermetisch abgeschlossen. In der Praxis drückt sich diese Tatsache durch eine dualistische Weltsicht, im Rahmen derer rigide zwischen Gut und Böse unterschieden wird und die eine kulturelle Flucht des Einzelnen in die „Hörigkeit geschlossener Kollektive“ verursacht, aus.

Ferner kann man bei den Anhängern solcher Weltanschauungen eine Flucht aus dem offenen Diskurs konstatieren. Beim religiösen Fundamentalismus geht mit dem Ziel der Durchsetzung religiöser Normen und göttlicher Regeln ein stark moralisierender Rückbezug auf die „unbegründbaren und grundlosen Geheimnisse vermeintlicher Fundamente [des Glaubens]“[1] einher, der das Eindringen des Geistes der Aufklärung in die Religion verhindern soll. Es handelt sich gewissermaßen um eine selbst gewählte oder durch die sozialen Rahmen-

1 Manfred Prisching, *„Fundamentalismus aus der Sicht der Sozialwissenschaften“*, in: Kurt Salamun (Hg.), *Fundamentalismus „interdisziplinär“*, Wien 2005, S. 245.

bedingungen entstandene Unmündigkeit, die durch diesen Rückbezug überwunden wird und Handlungsoptionen für die Bewältigung komplexer Situationen moderner Gesellschaften bietet.

Die von den Anhängern beanspruchte absolute göttliche Wahrheit ist über jede Kritik erhaben und kann den Regeln der Demokratie nicht untergeordnet werden. Auch Formen des nicht-religiösen Radikalismus definieren ihre jeweiligen ideologischen Grundlagen als absolute Wahrheit und entziehen sich dadurch jeglichem kritischen Diskurs. Konsequent weitergedacht bedeutet dies die Abkehr von Liberalität und Demokratie.

Was ist Radikalisierung?

Radikalisierung ist ein inflationär gebrauchter Begriff, mit dem ganz allgemein bestimmte politische Einstellungen bezeichnet werden, die grundlegende Veränderungen an einer herrschenden Gesellschaftsordnung anstreben. Dennoch ist der Begriff zunächst vieldeutig und nicht von vornherein erschließbar. Er leitet sich vom lateinischen radix (= Wurzel) ab und wurde im 19. Jahrhundert vor allem als Richtungsbegriff für die bürgerlich-liberale Freiheits- und Demokratiebewegung benutzt. Anfang des 20. Jahrhunderts wurde der Begriff Radikalismus vor allem im Zusammenhang mit Anhängern von Marxismus, Leninismus und Anarchismus unter dem Begriff Radikalismus gebraucht. Das Streben nach der Verwirklichung einer Sozialutopie, deren rücksichtslose Durchsetzung und das damit verbundene radikale Brechen mit den überlieferten Gesellschaftsstrukturen waren damit die zentralen Merkmale von Radikalismus.

Heute versteht man unter Radikalisierung im engeren Sinne ein kompromissloses Beharren auf Grundpositionen, die gegenüber den Einstellungen und Werten anderer intolerant sind. Auch geht die Definition davon aus, dass im Radikalismus demokratische Grundwerte abgelehnt und in seiner militanten Form gewaltsame Handlungen befürwortet werden.[2] Im internationalen Vergleich zeigt sich, dass es zu Abweichungen vom in Deutschland üblichen Gebrauch des Begriffes kommt. Insbesondere weil im europäischen Diskurs Radikalisierung immer von einer gewaltbefürwortenden Komponente geprägt ist.

In der wissenschaftlichen Debatte werden die Begriffe Extremismus und Radikalismus unterschieden. Während mit Extremismus das Sichbeziehen auf extreme ideologische Positionen an den Rändern des politischen Spektrums gemeint ist, geht mit Radikalismus die Ablehnung institutionalisierter politischer Verfahrensweisen einher. Radikale Personen und Gruppen vertreten somit kompromisslos extreme Positionen. Aus der Sicht der deutschen Verfassungsschutz-

2 Klaus Schubert/Martina Klein, *Das Politiklexikon*. 4., aktual. Aufl., Dietz, Bonn 2006.

organe haben „[r]adikale politische Auffassungen [...] in unserer pluralistischen Gesellschaftsordnung ihren legitimen Platz. Auch wer seine radikalen Zielvorstellungen realisieren will, muss nicht befürchten, dass er vom Verfassungsschutz beobachtet wird; jedenfalls nicht, solange er die Grundprinzipien unserer Verfassungsordnung anerkennt.“[3] Extremismus im Sinne des Verfassungsschutzgesetzes steht hingegen für Bestrebungen, „die gegen den Kernbestand unserer Verfassung – die freiheitliche demokratische Grundordnung – gerichtet sind. Extremistische Bestrebungen sind demzufolge Aktivitäten mit der Zielrichtung, die Grundwerte der freiheitlichen Demokratie zu beseitigen.“[4]

Die fundamentale Ablehnung des demokratischen Verfassungsstaates als Grundlage für die Radikalisierungsdebatte in muslimischen Milieus erscheint als gute Orientierung bei der Bewertung von Radikalisierungsverläufen und bietet einen prüfbaren Maßstab bei etwaigen Deradikalisierungsmaßnahmen.

Radikalisierung – ein Gruppenphänomen

In der Soziologie geht man davon aus, dass der Mensch von seiner sozialen Umgebung geprägt ist; damit ist der Einzelne geformt durch die unmittelbaren gesellschaftlichen Gegebenheiten in seiner sozialen Gruppe. Diese Lebensstilkollektive mit einer ähnlichen Alltagskultur sind Milieus, die durchaus die soziopolitischen Kategorien Schicht und Klasse durchbrechen können. Mit dem Begriff Milieu lässt sich die aktuelle gesellschaftliche Situation einer Gruppe abbilden; er stellt ein eigenständiges Element zur Darstellung der Sozialstruktur dar. Somit wird unter Milieu eine Gruppe von Menschen verstanden, die gemeinsamen objektiven Bedingungen ausgesetzt sind und ihre subjektiven Einstellungen, Denk- und Handlungsweisen mittels Habitus und schließlich in der Praxis als symbolische Lebensstile immer wieder aneinander angleichen. In diesem Zusammenhang benutzt Schulze den Begriff der Szenen. Bei diesen werden „alltagsästhetische Schemata öffentlich anschaulich und damit immer wieder kollektiv homogenisiert und stabilisiert.“[5] Die Teilnahme an Szenen ist also ein Zeichen einer Milieuzugehörigkeit. Das Milieu als spezifische Netzwerkform, die verschiedene gleich oder ähnlich gerichtete Szenen zusammenbringt, beschreibt die Struktur und damit die objektiven Lebensbedingungen einer Gruppe. Darüber hinaus spiegelt der Begriff Milieu die subjektiven inneren Einstellungen und Verhaltensweisen seiner Mitglieder wider. Dabei können sich Personen aus ähnlichen Strukturen hinsichtlich ihrer Präferenzen, Einstellungen und

---

3 http://www.verfassungsschutz.de/de/FAQ/ (letzter Zugriff: Febr. 2013).

4 Ebd.

5 Gerhard Schulze, *Die Erlebnis-Gesellschaft. Kultursoziologie der Gegenwart*, Frankfurt/Main 2000, S. 467.

Verhaltensweisen durchaus sehr voneinander unterscheiden und so völlig verschiedenen Milieus angehören, wobei die Grenzen zwischen den Milieus fließend sind. So lassen sich die Milieus auch tendenziell in Obergruppen zusammenfassen und verändern sich über die Zeit. Die Untersuchung von Radikalisierungsphasen in solchen Milieus ermöglicht die Kategorisierung von Radikalisierungsursachen in den unterschiedlichen Stadien eines vielschichtigen Prozesses.

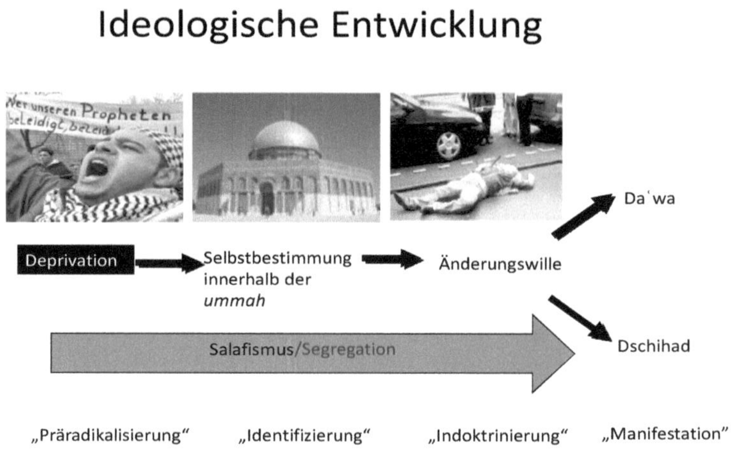

Abb. 1: Wege der Radikalisierung[6]

Die Radikale Gruppe und die Suche nach Identität

Bei vielen Aktivisten islamistischer Organisationen ist festzustellen, dass sie die Elterngeneration als eine von der „wahren" Weltanschauung abweichende Generation sehen. Dies ist damit zu erklären, dass die Elterngeneration für die prekäre Lage verantwortlich gemacht wird. Die Kritik an der Elterngeneration ist nicht vergleichbar mit den Forderungen der Achtundsechziger in Westdeutschland, denn hier wird den Eltern die Loslösung von der Tradition vorgeworfen. Es hat sich innerhalb dieser Gesellschaften und insbesondere bei der Jugend ein Gefühl kollektiver Frustration und Wut durchgesetzt, das bei vielen dazu führt, dass all diejenigen, die erfolgreich ihre Interessen durchsetzen, als

6 Umma: Gemeinschaft aller Muslime weltweit; Dawa: islamische Mission.

Unterdrücker bzw. Aggressoren gesehen und damit als legitime Ziele definiert werden. Salafistische Ideologien, die die menschliche Existenz als Kampf zwischen Gut und Böse interpretieren, finden in solchen Kreisen offene Ohren und Herzen.

Im Kontext gesellschaftlicher Transformationen gelingt es ambitionierten salafistischen Eliten, durch strategische Identitätskonstruktionen den eigenen Herrschaftsanspruch zu festigen und politische Anhängerschaft zu mobilisieren.[7] Diese Manipulation passt sich bestehenden Resonanzstrukturen an[8], denn Identitätskonstruktionen basieren auf historischen Mythen, welche ihrerseits Anknüpfungspunkte für höchst unterschiedliche Entwicklungen bieten können. Salafistische Gruppen profitieren somit in erster Linie von einer Sinnkrise, die im Zuge radikaler gesellschaftlicher Transformationen produziert wird.[9] Sich solchen Gruppen anzuschließen, ist ein Versuch, die eigene Identität zu finden. Betroffene bekommen die Möglichkeit, sich in eine soziale Gruppe einzugliedern, die ihnen eine feste Rolle zuordnet, in der sie sich einbringen können. Die Gruppe, bestehend aus gleichdenkenden und aus einer ähnlichen Situation kommenden Menschen, ist die neue Familie, die einen ideologisch-weltanschaulichen Schutz bietet. Der Anschluss an eine solche Gruppe stattet den Einzelnen mit einer Gruppenidentität aus, die ihn von den Nöten und den alltäglichen Kämpfen befreit. In der salafistischen Gruppe werden klare hierarchische Strukturen und Wertevorstellungen von der Gruppe vorgegeben.

Die Normen der Gruppe sind eine an die bestehenden Resonanzstrukturen der vorherrschenden Kultur angepasste Rekonstruktion. Dadurch, dass sie Zugangskriterien und Obligationen definieren, binden sie den Einzelnen. Die Normen der Gruppe werden von den Gruppenmitgliedern stark internalisiert, weil sie an religiöse Werteideale und Prinzipien gekoppelt werden und die Festigung personaler und kollektiver Identität fördern. Zudem haben die propagierten und meist gelebten Normen der Gruppe eine nicht zu unterschätzende Orientierungsfunktion. Sie typisieren erlaubtes und verbotenes Handeln jenseits der komplexen Realität und vereinfachen die Wahlmöglichkeiten, indem sie eine Selektierung möglicher Optionen vornehmen sowie eine langfristige Ko-

---

7 James Fearon/David Laitin, *"Violence and the Social Construction of Ethnic Identity"*, in: International Organization 54, Nr. 4, 2000, S. 845-877.

8 Vgl. William A. Gamson, *Talking Politics*, Cambridge 1992.

9 Tibi stellt fest, dass der Fundamentalismus sowohl aus einer Sinnkrise wie einer strukturellen Krise resultiert und dass er in diesem Umfeld als eine Heilsideologie wirkt, die ein besseres Leben in Aussicht stellt, indem sie glorreiche Versprechen macht.Vgl. Bassam Tibi, *„Islamischer Fundamentalismus als Antwort auf die doppelte Krise"*, Anhang zu der Neuausgabe von: ders., *Die Krise des modernen Islams*, Frankfurt 1991 (zuerst München 1981), S. 202-279.

ordination von Austauschbeziehungen zwischen den Gruppenmitgliedern und der Außenwelt gewährleisten.

Da die salafistische Gruppe prinzipiell der Umgebung gegenüber feindlich gesonnen ist und sich somit im dauerhaften Kampf mit ihr befindet, verleiht sie dem Einzelnen zudem ein Gefühl der Stärke und – noch wichtiger – der moralischen Überlegenheit. Die Gruppenideologie erlaubt den Einsatz von Gewalt gegen die selbst definierte *Tyrannei.* Sie einigt dadurch alle sich als Opfer Betrachtenden und reguliert eventuell auftretende Schuldgefühle der Gruppenmitglieder, indem stets die Behauptung aufgestellt wird, dass die eigene Aggression lediglich eine Reaktion auf eine tatsächliche Unterdrückung und gegen die Gruppe ausgeübte Gewalt darstellt.[10] In der Selbstwahrnehmung verursacht die Verfolgung durch die staatlichen Organe ein Selbstwertgefühl, das vorher nie erreicht wurde. Somit wird das Interesse des Staates und der Öffentlichkeit an der Gruppe uminterpretiert und als Erfolg definiert. Die Vermengung von Fiktion und Realität reagiert mit der politisch-kulturellen Aktualität und produziert übertriebene Schuldgefühle, die durch die selbst auferlegte Pflicht, die imaginierte *ummah* zu schützen, bekämpft werden sollen. Diese Pflicht muss im Kontext der vorgefundenen Ideologie verstanden werden: Wir haben es also mit Menschen zu tun, die sich als moralisch überlegen empfinden und Gewalt im Kampf gegen den sogenannten *ṭāġūt* (= Unterdrücker) als legitim verstehen.

Die Spannung zwischen Ideal und Realität bleibt trotz der neuen Ideologie groß und verstärkt das von Wut dominierte Schuldgefühl, sodass sogar ein Verlangen zur Selbstbestrafung entstehen kann. Die Schuldgefühle treten auf, wenn die Rivalität zur Elterngeneration mit all ihren Werten als zu stark empfunden, dabei jedoch die eigene Initiative von Misserfolgen gekrönt wird, sodass die Betroffenen annehmen müssen – gemessen an den selbst gesetzten Zielen –, nichts Relevantes leisten zu können. Die Beziehung der Salafisten zu der von ihnen bekämpften Realität ist selbstquälerisch, denn je ausgeprägter der Glaube ist, dass Gott selbst alles lenkt, umso kritischer ist die Situation. Die Realität wird in einer religiösen, von der Weltanschauung bestimmten Logik gedacht. Die Tatsache, dass der allmächtige Gott den *kuffār* (= Ungläubigen) so viel Überlegenheit gibt, wird als eine göttliche Prüfung, ganz im Sinne der Anschauung, dass das Leben lediglich eine solche Prüfung darstellt, verstanden. Überdies wird das Gefühl verstärkt, dass Gott die eigene Gemeinschaft, die „vom rechten Weg" abgekommen ist und sich zurück in die *ǧāhilīya*[11] begeben hat, verlassen hat.

10 Vgl. hierzu die Reden des Usama Bin Laden. Bin Laden wird nicht müde zu betonen, dass die verübte Gewalt ein Akt der Selbstverteidigung sei. Abou-Taam/Bigalke, *Die Reden des Usama Bin Laden*, München 2006.

11 Zustand der Unwissenheit/des Unglaubens.

Die extreme Gewalt, verbunden mit der Bereitschaft zur Selbsttötung, wird als Weg gesehen, die *ummah,* der man sich verbunden fühlt, auf den rechten Pfad zurückzuführen. Im Kontext der Gruppenverehrung für Märtyrer innerhalb der islamischen Zivilisation ist dies sinnvoll, da für die Wahrnehmung der Gruppe keine materiellen Interessen ausgemacht werden können.

Das Selbstopfer wird feierlich angenommen. Die Gewalt wird als Rache für die empfundene Kränkung gesehen. Dass dabei Unschuldige getroffen werden, stört nicht und ist sogar in manchen Fällen gewollt, denn sowohl der Täter als auch seine Gruppe haben das Gefühl, dass sie ebenfalls schuldlos in diese ausweglose Situation gebracht worden sind. Die narzisstische Wut des Agierenden, durch die Leiden in Handeln transferiert wird, trifft nicht nur den ungläubigen Feind, sondern auch den Agierenden selbst, denn derart schwach und verletzbar zu sein, verstößt gegen den selbst gesetzten Anspruch, über moralische Überlegenheit zu verfügen. So hört man nicht selten in gewaltbejahenden salafistischen Diskursen die Aussage: „Ihr habt Flugzeuge, wir haben unsere Körper" oder „Ihr liebt das Leben, wir lieben den Tod".

Die Wut eines Menschen, wenn ihn ein Gefühl der Schwäche und Ohnmacht überwältigt, wird durch das aggressive Vorgehen gegen diejenigen, die von ihm als kulturell-wirtschaftlich-militärische „Unterdrücker" wahrgenommen werden, kanalisiert. Katalysierend wirkt hier natürlich die Tatsache, dass in vielen Fällen terroristische Gewalt nicht kategorisch von der Gesellschaft abgelehnt wird; vielmehr kann man beobachten, dass viele Argumente bezüglich des *ġarb-al-muhaimin* (= dominanten Westens) von der breiten Masse in der islamischen Welt getragen und verbreitet werden. Der Einzelne, der sich einer salafistischen Gruppe anschließt, erfährt große Ehre und Bewunderung in der für ihn relevanten Umgebung. Sein Status erhöht sich. Hierdurch entsteht eine Verbindung zwischen der isolationistischen Gruppe und der Umgebung, während die Gruppe selbst eigentlich als Abspaltung von der Mehrheit entstanden ist.

Die radikale Gruppe im Prozess der Identitätssuche

Die Haltungen einer Gruppe resultieren aus deren Werten und Normen;[12] diese stellen in der betreffenden Gruppe in enger Verflechtung mit Weltanschauungen, Religionen, Ideen und Ideologien den Kern der Gruppenkultur dar.[13] Die radikale Gruppe an sich ist eine Anzahl von Menschen, die in diffusen und unmittelbaren Beziehungen zueinander stehen,[14] welche von einer relativen Dauer-

12 G. Reinhold et al., *Lexikon der Soziologie*, S. 534.
13 Ebd., S. 535.
14 Vgl. ebd., S. 219.

haftigkeit geprägt sind. Interaktionen innerhalb der Gruppe bewirken, dass über einen längeren Zeitraum hinweg Rollenmuster, Interaktionsketten und Gruppenstrukturen entstehen und bestimmte Gruppenziele, Werte, ein Kollektivbewusstsein und somit eine Gruppenidentität entwickelt werden, die als Handlungsleitlinien das Verhalten der Gruppenmitglieder steuern.[15] Dadurch wird den Gruppenmitgliedern ermöglicht, ein Mitglied bei Nichtbefolgung bestimmter Handlungsregeln zu sanktionieren oder es bei einem vorbildlichen Verhalten zu belohnen. Somit entwickelt sich die Gruppe zu einer Kontrollinstanz, denn jede Aktion der Gruppenmitglieder kann an den Werten der Gruppe gemessen werden. Da die Werte, die die Gruppe für sich beansprucht, als aus der Geschichte erwachsene „allgemeine Zielvorstellungen, Orientierungsleitlinien und -standards, Maßstäbe und Legitimationsgrundlagen für das Verhalten von Menschen“[16] empfunden werden, können sie nicht infrage gestellt werden. Die salafistische Gruppe ist ein soziales System, das – in Anlehnung an die Definition sozialer Systeme von Parsons – durch offene Grenzen im Austausch mit der Umwelt steht. Die gesellschaftliche Funktion von Organisationen ist die Lösung gesellschaftlicher Probleme durch Komplexitätsreduktion bzw. die Koordination menschlichen Handelns zur Erreichung spezifischer Ziele.[17] Tatsächlich kann man bei der Untersuchung salafistischer Gruppen feststellen, dass sie für sich beanspruchen, diese Funktionen erfüllen zu können.

Wir wissen heute, dass Werte im menschlichen Verhalten umso fester verankert sind, je mehr sie als Ausdruck absolut gültiger Leitlinien wahrgenommen werden. Dies gilt insbesondere für Werte religiöser Art. Ihnen lassen sich Normen unterordnen, die die abstrakten Werte konkretisieren. Religiöse Werte implizieren verschiedene Regeln und Prinzipien und leiten so das Verhalten der Menschen an.[18] Die Entstehung eines Zusammengehörigkeitsgefühls einer Gruppe hat automatisch zur Folge, dass Mitglieder einer Gruppe zwischen Mitgliedern und Nichtmitgliedern unterscheiden, sodass die Gruppenmitglieder von dem Rest der Gesellschaft abgegrenzt werden. Das *Wir-Gefühl* einer salafistischen Gruppe ist stark mit dem Selbstbild und der Selbsterfahrung der Gruppe verbunden, denn es prägt das Selbstbewusstsein und schließlich die kollektive Identität der Gruppe. Daraus folgt, dass die Werte und Normen, die Rollen-

15 Vgl. ebd., S. 219 ff.; vgl. auch die von Schäfers angeführte Definition, die der von Reinhold et al. sehr nahe kommt, in H. Korte/B. Schäfers (Hg.), *Einführung in die Soziologie*, S. 83.

16 G. Reinhold et al., *Lexikon der Soziologie*, S. 535; vgl. auch Hermann Korte/Bernhard Schäfers (Hg.), *Einführung in die Soziologie*, Opladen 1992, S. 31.

17 Alfred Kieser (Hg.), *Organisationstheorien*, Stuttgart u.a. 1999, S. 142, sowie Niklas Luhmann, *Organisation und Entscheidung*, Opladen 2000.

18 Anthony Giddens, *Soziologie*, Graz-Wien 1995, S. 37.

erwartungen und Rollenverpflichtungen den Gruppenmitgliedern ein kollektives Identitätsbewusstsein geben.[19] In Bezug auf die radikale Gruppe salafistischer Prägung kann man eine Entwicklung bei den bestimmenden Faktoren, die bei der Bildung einer kollektiven Identität aktiviert werden, feststellen. Seit dem Kampf der *muǧāhidīn* gegen die sowjetische Besatzung in Afghanistan und der damit verbundenen globalen Rekrutierung von Dschihadisten wurden – jenseits von Sprache, lokaler und regionaler Geschichte, Bluts- und Stammesverwandtschaft – die Religion und die damit verbundene Zugehörigkeit zur *ummah* zu den Hauptelementen der kollektiven Identität gemacht. Im Rahmen dieser Entwicklung kommt es zu einer Neuinterpretation historischer Ereignisse im Sinne der Gruppenziele, wobei erkannt wird, dass das kollektive Gedächtnis bei der Konstituierung der Gruppe ausschlaggebend ist.

Die selbst rekonstruierte Geschichte der Gruppe im Kontext eines *ummah*-Bewusstseins soll hier als eine zusätzliche Bindungskraft für das Kollektiv wirken. Zusätzlich zur *ummah*-Zugehörigkeit muss ein Gruppenmitglied seine uneingeschränkte Bereitschaft zur totalen Hingabe erklären. Die Identität wird zu einem relativ beständigen Bereich eines Objektes. Somit ist die Identität der Gruppe nicht die Summe aller Identitäten der Gruppenmitglieder, sondern das, womit sich die meisten Gruppenmitglieder gleichermaßen identifizieren.

Der Einzelne, der sich einer salafistischen oder gar gewaltbereiten Gruppe angliedert, verrät zunächst über sich, dass er die in ihr propagierte Ideologie als Struktur teilt und im Extremfall Gewalt als Mittel billigt; er zeigt auch große Bereitschaft, zur Verwirklichung der Ziele der gewählten Gruppe in Aktion zu treten. Derart eingestellte Menschen behaupten, eine Transformation gesellschaftlicher, politischer und wirtschaftlicher Rahmenbedingungen zu wollen und vertreten rein universalistische Ziele, die auf den ersten Blick ziemlich altruistisch erscheinen. Die salafistische Gruppe bietet hier zunächst ein Forum für gleich bzw. ähnlich gesinnte Menschen. Wie bereits oben erwähnt wurde, stellt die Gruppe eine Gruppenidentität bereit, die die individuelle Identität mit all ihren Schwächen überschattet. Die Fortexistenz der Gruppe wird mit dem Fortbestehen der eigenen Existenz gleichgesetzt, sodass eine sich selbst verstärkende Dynamik entsteht, die den Fortbestand der Gruppe garantiert. Die innere Dynamik und die soziokulturellen Werte der salafistischen Gruppe erklären nicht nur die Rekrutierungskraft dieser Gruppe, sondern auch das Verbleiben und die Treue der Mitglieder in der bzw. zur gewählten Gruppe. Die salafistische Gruppe hat eine eigene Gruppenkultur mit spezifischen Traditionen und Werten, die prinzipiell totalitär sind und vom Einzelnen die absolute Solidarität mit der Gruppe in ihrer Gesamtheit, nicht unbedingt mit dem einzelnen Individuum, ver-

19 Vgl. G. Reinhard et al., *Lexikon der Soziologie*, S. 249.

langen. Der Kontakt nach außen wird vehement abgelehnt und radikal sanktioniert, denn dieser soll nur von speziell für ihn bestimmten Gruppenmitgliedern, die in ihrer Ideologie stark gefestigt sind, entsprechend strategischer Vorgaben aufgenommen werden. Wenn sich die Gruppe mitteilt, ob mit Gewalt oder mit Worten, handelt es sich stets um einzelne Schritte in ihrem Kampf. Kein Gruppenmitglied äußert seine eigene Meinung, denn es gibt nur das Kollektiv. Die Migration in die salafistische Gruppe isoliert den Einzelnen psychisch und sehr oft auch physisch von seiner „normalen" Umgebung. Vertrauensbeziehungen existieren nur zu anderen Gruppenmitgliedern. Die Kräfte, die dadurch entwickelt werden, können auch in Sekten beobachtet werden. Je stärker sich eine Person in die Gruppe eingliedert, umso weiter entfernt sie sich von ihrer ursprünglichen Lebenswelt. Eine Integration in die Gruppe bedeutet die komplette Auflösung des Individuums im Sinne der Gruppenidentität und der mit ihr verbundenen hierarchisch-einbahnigen totalen Kontrolle durch die Gruppe. Von religiösen Sekten wissen wir, dass nicht nur soziale Kontakte vorgeschrieben werden, sondern auch, dass Verehelichungen von Gruppenmitgliedern diktiert werden. In salafistischen Gruppen können wir ähnliche Vorgänge beobachten. Kontakte nach außen sind erhebliche Sicherheitslücken für die Gruppe. Die totale Identifikation der Mitglieder mit ihrer Gruppe wird von der Gruppe nicht mit dem entsprechenden Vertrauen zum Einzelnen belohnt, denn es kann nicht ausgeschlossen werden, dass der Einzelne die Gruppe bewusst oder unbewusst verraten könnte. Dies wird insofern hingenommen, als dass jeder davon ausgeht, dass die „vertrauenswürdige" Hierarchiespitze den Überblick habe und wisse, was gut für die Sicherheit des Einzelnen und damit für die ganze Gruppe sei. Überdies wissen die Mitglieder einer salafistischen Gruppe von der fehlenden Perspektive, die sie außerhalb der Gruppe hatten. Zwischen den Gruppenmitgliedern entwickeln sich im Laufe der Zeit existenzielle Bindungsverhältnisse. Daraus ergibt sich, dass Ansehen und Ruf innerhalb der Gruppe, das hierarchische Aufsteigen und die Akzeptanz durch die Mitglieder der Gruppe weitaus wichtiger sind, als es die Wahrnehmung von außen ist. Für religiös motivierte Gruppen sind die religiösen Texte von großer Bedeutung. Sich darin auszukennen, fasziniert und bindet zugleich. Daher ist die religiöse Indoktrination Ziel und Mittel zugleich. Das Mitglied wird dadurch in seiner Selbstwahrnehmung aufgewertet und kann gleichzeitig im System „salafistische Gruppe" besser funktionieren.

Gewalt als Strategie

Auch eine radikale Gruppe ändert de facto ihre Zielsetzung. Dies wird nie zugegeben, doch kann man beobachten, dass im Kontext der Gruppendynamik die

Weiterexistenz der Gruppe zu deren eigentlichem Ziel wird. Die Hauptstrategie bei der Realisierung dieses Ziels ist oft die Gewalt. Gewalt hat somit gruppeninterne und -externe Funktionen. Durch die Gewalt signalisiert die Gruppe den Mitgliedern nicht nur ihre Aktivität und Schlagkraft; vielmehr verschlechtert die Gewalt die Chancen der Reintegration der Gruppenmitglieder in die Gesellschaft und führt zu einer intensiven Verfolgung durch die Sicherheitsapparate. Die Isolierung der Gruppe von der Gesellschaft verschärft die Abhängigkeit der einzelnen Aktivisten von der Gruppe. Gruppeninterne Kommunikation und Informationsflüsse sind die einzigen Informationsquellen für den Einzelnen. Die Gruppe kann eine Selektion vornehmen und die Informationen entsprechend der Gruppenideologie vorbereiten und propagandistisch weitergeben. Dabei entsprechen die Informationen inhaltlich der ideologischen Vorbildung der Gruppenmitglieder und bestätigen vorgefasste Meinungen. Die Brutalität des Anschlags, die unschuldigen Opfer, die gesamte Situation wird propagandistisch als Rache für erlebtes Unrecht dargestellt. Dabei ist es nicht von Bedeutung, ob das Gruppenmitglied persönlich ein Unrecht erlebt hat. Die *ummah* wurde angegriffen; daher ist der „Andere" als Kollektiv zu sehen. Seine Opfer leiden als Folge seines Fehlverhaltens.

Kontakte können vom ersten Anschlag an und mit jedem weiteren Anschlag intensiver nur noch innerhalb der Gruppe stattfinden. Eine Gewalttat festigt somit die Gruppenidentität und den Zusammenhalt der Gruppe und löst erhebliche gruppendynamische Prozesse aus, die selbstverständlich in die Aktivität der Gruppe münden. Festigend für die Gruppenidentität wirkt hierbei das Motiv der Reduktion von Ungewissheit. Die Depersonalisierung[20] nach innen bei gleichzeitiger Enthumanisierung des Gegners entspringt dem Bedürfnis, Ungewissheiten zu überwinden. Die Kategorisierung als Gotteskämpfer per Definition führt zur Gleichschaltung innerhalb der Gruppe, sodass im Extremfall das eigene Überleben nichtig wird, denn die Existenz der Gruppe ist Strategie und Ziel jedes einzelnen Mitglieds zugleich. Hier wirkt keine Deindividuation[21] im Sinne einer Anonymisierung der Gruppenmitglieder; vielmehr dominiert die Gruppenidentität über die des Einzelnen, der in diesem Moment nicht als Individuum gesehen wird; auch sieht dieser sich selbst nicht als solches. Die Gruppe wirkt auf den Betrachter in dem Moment extrem organisch.

Zusätzlich wirken natürlich auch anderweitige Mechanismen, die man in anderen Gruppenbildungsprozessen beobachten kann. Das Schaffen von Ähn-

---

20 J. C. Turner, *"A self-categorization theory"*, in; J. C. Turner/M. A. Hogg/P. J. Oakes/S. D. Reicher/M. S. Wetherell (eds.), *Rediscovering the social group. A self-categorization theory*, Blackwell, New York/NY1987, pp. 42-67.

21 S. D. Reicher/R.Spears/T. Postmes, *"A social identity model of deindividuation phenomena"*, in: European Review of Social Psychology, 6, S. 161-198.

lichkeit innerhalb der Gruppe durch eine gezielte Informationsstrategie prägt die Gruppenzugehörigkeiten und macht das Verhalten der Mitglieder vorhersagbar. Spätestens mit zunehmender Intensität und durch verstärkten Verfolgungsdruck von außen wird die Privatsphäre des Einzelnen aufgehoben. Handeln die Akteure im Gottesauftrag, so besteht der Hang zum Totalitarismus, sodass die Grenze zwischen „privat" und „öffentlich" generell keine Rolle spielt. Die Gruppe verlangt totale Hingabe, was den totalen Verzicht auf Persönlichkeitsrechte impliziert. Diese Tatsache gilt insbesondere für die Personen auf den unteren Stufen der Machthierarchie innerhalb der Gruppe. Je weiter oben eine Person steht, desto ominöser und unerreichbarer wird sie. Sie wird zur charismatischen Führungsperson hochstilisiert und verklärt, sodass ihr tatsächliches Verhalten jenseits jeglicher Rationalität von den einzelnen Mitgliedern aufgefasst wird. Damit dient die Gruppenzugehörigkeit der Validierung der Wahrnehmungen, Einstellungen und Gefühle der Gruppenmitglieder durch die Gruppe und insbesondere des Führers. Dieser kann kraft seines Charismas Gruppenmitglieder mit abweichenden Meinungen zur Angleichung ihrer Meinung auffordern und gegebenenfalls massiv abstrafen. Die patriarchalische Autorität greift hier in ihrer Totalität durch und verschafft sich Geltung – gegebenenfalls unter Einsatz von massiver Gewalt gegen die Abweichler, was von der Gruppe im Rahmen der übergeordneten Sache auch erwartet und verlangt wird. Für den Gottesauftrag sind keine Opfer zu groß.

In der salafistischen Gruppe werden Meinungsverschiedenheiten nicht toleriert. Nur so kann man die Vielfalt an salafistischen Gruppierungen trotz gleicher Ideologie verstehen, denn Abweichungen können nur im Rahmen einer Neugründung ausgelebt werden. Dies ist die logische Konsequenz eines totalitären Denkens, das nur zwei Alternativen zulassen kann: total richtig/total falsch bzw. gläubig/ungläubig.

Gewaltexzesse im Kollektiv forcieren dabei, wie oben angedeutet, den Zusammenhalt der Gruppe. Somit gilt die Anwendung von Gewalt als Beweis für die Zugehörigkeit zur Gruppe und wirkt nach außen hin in ihrer für Außenstehende irrational anmutenden Art und Weise als Selbstzweck. Im Rahmen der dschihadistisch-salafistischen Gruppe gibt die Ausübung von Gewalt dem Einzelnen die Möglichkeit, innerhalb der Gruppe aufzusteigen oder Karriere zu machen. Durch die Anwendung von Gewalt verschafft man sich Ansehen. Das Selbstaufopfern ist in dieser Logik die höchste Stufe. Das erhöht nicht nur die Stellung des Akteurs, sondern auch die der Gruppe, was die feierliche Akzeptanz innerhalb der Gruppe erklärt. Die Festigung einer fiktiven sozialen Gemeinschaft durch das Blut der Märtyrer ist eine zentrale Strategie. Eine terroristische Gruppierung, die sich dieser Strategie bedient hat, kann nur schwerlich wieder von ihr abrücken, denn dies wäre in der Gruppe nicht vermittelbar. Definiert man in Anlehnung an Coleman[22] Organisationen als korporative Akteure, die sich durch Ressourcenzusammenlegung bilden, so gilt für die terroristische Gruppe, dass ihre Effektivität von dem Grad der ideologischen Bindung und der mit ihm in Zusammenhang stehenden Fähigkeit zur totalen Auflösung des Einzelnen in den Zielen und Strukturen der Gruppe abhängig ist. Die komplexe interne Organisationsstruktur der Gruppe erschwert die direkte Rückbindung von Handlungsverantwortung an eine Person, sodass für den Rechtsstaat die Möglichkeit des Nachweises einer Tat im Rahmen von justiziellen Prozessen nur schwer möglich ist. Auch werden durch ihre Komplexität moralische Appelle an die Gruppe nichts taugen, denn anders als bei Individuen gilt hier die Logik des übergeordneten Zieles bei einer gleichzeitigen Negierung von Emotionen. Zudem sind solche Appelle wirkungslos, weil gerade die Gruppe die gültige Moral vertritt; ein moralischer Appell von außen kann also nur Verführung und Unmoral sein. Damit kann das Handeln einer terroristischen Gruppierung nur durch die direkte Sanktionierung bei einer gleichzeitigen argumentativen Trennung der Gruppe von ihrer sozialen Umgebung beeinflusst werden. Bedenkt man, dass andauernde Gewalt in Macht umgemünzt wird,[23] so wird deutlich, dass die von der terroristischen Gruppe ausgeübte Gewalt durchaus auch einen externen Zweck verfolgen kann. Die Eliten innerhalb der Gruppe verfolgen oft eindeutig messbare und beschreibbare diesseitige Machtziele. Die Gewalt ist somit ein zentraler Bestandteil einer Strategie, die doppelt wirken soll. So soll sie die Mobilität der Gruppe aufrechterhalten und gleichzeitig dem politisch-weltanschaulichen Gegner imponieren. Dass die Gewalt im Gesamtkontext eher eine Kompensation einer sichtbaren und rational messbaren Schwäche und Ausdrucksform einer zivilisatorisch tief greifenden Unsicherheit im Kontext einer sich zunehmend globalisierenden Welt ist, wird von den Akteuren vehement zurückgewiesen. Es scheint, als ob die von salafistischen Gruppierungen ausgeübte Gewalt in den meisten Fällen eher ein Ausdruck narzisstischer Wunden und ein letzter Versuch, sich einen Platz eines wie auch immer gearteten Akteurs zu sichern, ist. Diese verzweifelten Versuche der Kommunikation durch eine grausame Aggression[24] gegen die Umgebung in ihrer Gesamtheit soll über diese Wunde hinwegtäuschen und der Gruppe eine gewisse Handlungsfähigkeit vortäuschen.

---

22 Almond, Gabriel A./Coleman, James (Hg.) 1960, *The Politics of the Developing Areas*, Princeton, N.J., S. 113-115.

23 Vgl. Elias Canetti, *Masse und Macht*, Frankfurt am Main 1980, S. 333.

24 Vgl. Raymond Battegay, *Aggression ein Mittel der Kommunikation?*, Bern 1979.

Deradikalisierungsstrategien als Reaktion?

Deradikalisierung ist einerseits ein individueller Prozess, bei dem eine radikalisierte Person ihr Bekenntnis zu extremistischen Denk- und Handlungsweisen, insbesondere zur Befürwortung von Gewalt zur Durchsetzung ihrer Ziele, sowie ihr entsprechendes Engagement aufgibt. Andererseits beschreibt Deradikalisierung Maßnahmen, die darauf abzielen, Personen oder Gruppen dazu zu bewegen und dabei zu unterstützen, sich aus dem extremistischen Umfeld herauszulösen und extremistische Handlungen aufzugeben (*disengagement*) sowie entsprechende Denkweisen abzulegen. Die beste Form der Deradikalisierung ist die (Rück-) Gewinnung von jungen Menschen für die Demokratie. Toleranz, Respekt gegenüber Andersdenkenden und ziviler Umgang mit Konflikten sind Kernkompetenzen der modernen Gesellschaft. Jungen Menschen muss verdeutlicht werden, dass diese ausreichende Möglichkeiten für die Selbstentfaltung bieten und mit der Religion in keinem Konflikt stehen. Es ist kein Widerspruch, Muslim und Demokrat zu sein. Somit bedarf es der Dekonstruktion allgemeingültiger Vorstellungen von Rollenzuschreibung und der Rekonstruktion des Bürgerbegriffs entlang einer verfassungsrechtlich garantierten Bürgerschaft. Dies geschieht natürlich nicht durch eine Direktive des Politischen; vielmehr müssen zivilgesellschaftlich orientierte Kräfte den politischen Diskurs mitbestimmen, um verändernde Kräfte in der Gesellschaft entwickeln zu können.

Zur erfolgreichen Umsetzung von Deradikalisierungsmaßnahmen ist die Vernetzung von Teilkompetenzen (Polizei, Jugendämter, Migrationsbeauftragte, Integrationsministerium usw.) eine wichtige Voraussetzung. Dies gilt ebenfalls für die Einbindung muslimischer Partner. Die einzelnen Akteure können ihre jeweiligen Erfahrungen in islamisch geprägten Milieus einbringen und Synergien entwickeln, welche in Zeiten knapper finanzieller Mittel von besonderer Bedeutung sind. Im sogenannten „Stockholmer Mehrjahresprogramm" (2010-2014), das die Staats- und Regierungschefs auf dem Europäischen Rat im Dezember 2009 in Stockholm verabschiedet haben, nimmt die effiziente und nachhaltige Terrorismusprävention eine herausragende Stellung ein.[25] Die Fortführung und der Ausbau praxisnaher Ansätze, insbesondere in Bezug auf die Verhinderung von Radikalisierung/Rekrutierung, terroristische Nutzung des Internets und Terrorismusfinanzierung sind dabei von zentraler Bedeutung. Die Vorhaben orientieren sich hierbei an den vier Säulen der Terrorismusbekämpfungsstrategie: Prävention, Schutz, Verfolgung und Reaktion. Dies bedeutet: Zur Gewährleistung des Schutzes vor terroristischen Anschlägen kommt der Verhinderung von Radikalisierung eine unvermindert hohe Bedeutung zu.

25 Vgl. Mitteilung der Europäischen Kommission an das Europäische Parlament und den Rat vom 10.06.2009, KOM 2009, S. 262.

Großbritannien legte bereits im Jahr 2007 eine weitreichende Strategie zur Bekämpfung des islamistischen Terrorismus vor.[26] In dieser Strategie nimmt die Deradikalisierung in islamischen Milieus unter Einbindung muslimischer Akteure eine zentrale Stellung ein. Im Jahr 2009 wurde die Präventionsstrategie durch die "The United Kingdom's Strategy for Countering International Terrorism" ergänzt. Hauptthemen der „United Kingdom's Strategy" sind die Ausbildung/Vorbereitung der sicherheitspolitisch relevanten Akteure auf den Ernstfall, die Anpassung der Strukturen/Kommunikationswege an die neuen Herausforderungen und die Gestaltung der zivil-polizeilichen Zusammenarbeit. Der präventive Ansatz von 2007 wird in die neue Strategie unter der Überschrift "„stopping people becoming terrorists or supporting violent extremism" integriert. Den Kern der Strategie bilden Trainings- und Sensibilisierungsmaßnahmen. Die Bevölkerung soll für mögliche Terrorgefahren sensibilisiert und zu erhöhter Wachsamkeit erzogen werden. Geschult werden Personen, die an Orten bzw. Einrichtungen wie etwa Hotels und Einkaufszentren arbeiten, die möglicherweise Ziel eines terroristischen Anschlags werden können.

Tatsächlich bedarf es in der Auseinandersetzung mit Radikalismus einer Kommunikationsplattform, die die Kräfte im Kampf um die Köpfe Betroffener für die Demokratie bündelt. Qualifizierte Netzwerke sind notwendig, um antidemokratische sowie extremistische Stimmen in der Gesellschaft rechtzeitig zu erkennen und um ihnen zielgerichtet mit passenden Instrumentarien zu begegnen, um die Radikalisierungsspirale zu unterbrechen. Zur Ausbildung solcher Netzwerke sind notwendig:

- Aufklärung in sowie Zusammenarbeit mit Schulen,
- Präventionsprojekte in Jugendclubs,
- Zusammenarbeit der Polizei mit den kommunalen Vertretern,
- Präventionsprojekte in betroffenen/potenziellen Milieus,
- Aussteigerprogramme,
- Aufbau von Informationskanälen,
- Gewinnung von Vertrauenspersonen in den betroffenen Gemeinden sowie
- Ausbildung von Gesprächspartnern und Multiplikatoren.

26 *"Prevent Strategy – Presented to Parliament by the Secretary of State for the Home Department by Command of Her Majesty"*, London 2011, URL: www.homeoffice.gov.uk (letzter Zugriff: August 2013).

Die rechtsstaatlichen Grundlagen und die demokratischen Werte der Gesellschaft müssen dementsprechend durch Kommunikation, Öffentlichkeitsarbeit und tatsächliche Umsetzung verdeutlicht werden. Dabei sollte es eine Deradikalisierungsstrategie vermeiden, ganze religiöse bzw. ethnische Gruppen zu kriminalisieren und als Bestandteil einer ressortübergreifenden gesamtgesellschaftlichen Vorgehensweise konzipiert werden. Im Falle des islamistischen Radikalismus sollten Muslime eingebunden werden – mit der Zielsetzung, junge Menschen von der islamistischen Ideologie fernzuhalten und sie für die Demokratie zu gewinnen.

Literatur

Abou-Taam/Bigalke, *Die Reden des Usama Bin Laden*, München 2006.

Battegay, Raymond, *Aggression ein Mittel der Kommunikation?*, Bern 1979.

Canetti, Elias, *Masse und Macht*, Frankfurt am Main 1980.

Almond, Gabriel A./Coleman, James (Hg.), *The Politics of the Developing Areas*, Princeton/N.J., 1960.

Fearon, James/Laitin, David, *"Violence and the Social Construction of Ethnic Identity"*, in: International Organization 54, Nr. 4, 2000, S. 845-877.

Gamson William A., *Talking Politics*, Cambridge 1992.

Giddens, Anthony, *Soziologie*, Graz-Wien 1995.

Kieser, Alfred (Hg.), *Organisationstheorien*, Stuttgart u.a. 1999.

Korte, H./Schäfers, B. (Hg.), *Einführung in die Soziologie*, Opladen 1992.

Luhmann, Niklas, *Organisation und Entscheidung*, Opladen 2000.

Mitteilung der Europäischen Kommission an das Europäische Parlament und den Rat vom 10.06.2009, KOM 2009.

"Prevent Strategy – Presented to Parliament by the Secretary of State for the Home Department by Command of Her Majesty", London 2011,
URL: http://www.homeoffice.gov.uk (letzter Zugriff: August 2013).

Prisching, Manfred, *„Fundamentalismus aus der Sicht der Sozialwissenschaften"*, in: Salamun, Kurt (Hg.), *Fundamentalismus „interdisziplinär"*, Wien 2005.

Reicher, S. D./Spears, R./Postmes, T., *"A social identity model of deindividuation phenomena"*, in: European Review of Social Psychology, 6, S. 161-198.

Reinhold, Gerd, *Lexikon der Soziologie*, München 2000.

Schubert, Klaus/Klein, Martina, *Das Politiklexikon*, 4., aktual. Aufl., Dietz, Bonn 2006.

Schulze, Gerhard, *Die Erlebnis-Gesellschaft. Kultursoziologie der Gegenwart*, Frankfurt/Main 2000.

Tibi, Bassam, *„Islamischer Fundamentalismus als Antwort auf die doppelte Krise"*, Anhang zu der Neuausgabe von: ders., *Die Krise des modernen Islams*, Frankfurt 1991 (zuerst München 1981), S. 202-279.

Turner, J. C., *"A self-categorization theory"*, in; Turner, J. C. et al. (eds.*), Rediscovering the social group. A self-categorization theory*, Blackwell, New York/NY1987, pp. 42-67.

Verfassungsschutz.de, *FAQ*: URL: http://www.verfassungsschutz.de/de/FAQ/ (letzter Zugriff: Febr. 2014).

Thesen zum Umgang mit der neosalafistischen Mobilisierung – Zwischen Hilflosigkeit und gezielter pädagogischer Intervention

Michael Kiefer

I. Einleitung

Die Zahlen zur neosalafistischen Mobilisierung, die im Jahr 2013 von diversen deutschen Sicherheitsbehörden vorgestellt wurden, sind ohne jede Frage besorgniserregend. Der Neosalafismus – eine noch vor wenigen Jahren in Westeuropa nahezu bedeutungslose Randerscheinung des Islamismus – zählt heute alleine in Deutschland mehr als 5000 Anhängerinnen und Anhänger. Außerordentlich irritierend ist vor allem das schnelle Wachstum neosalafistischer Gruppierungen in den urbanen Siedlungsräumen. So zählte 2011 der Verfassungsschutz Nordrhein-Westfalen 500 Aktivisten. Zwei Jahre später vermeldete das Ministerium eine Verdreifachung der Anhängerschaft. Mittlerweile werden alleine in Nordrhein-Westfalen1500 überwiegend junge Männer der neosalafistischen Szene zugerechnet.[1] Auch wenn nicht ganz klar ist, wie der Verfassungsschutz zu seinen Zahlen gelangt und wer überhaupt als Salafist angesehen werden kann, wird die erhebliche Zunahme der Szene auch von Expertinnen und Experten außerhalb der Sicherheitsbehörden nicht bestritten. Angesichts dieser Entwicklung scheint in allen gesellschaftlichen Feldern Handlungsbedarf geboten. Doch wie soll man mit der neosalafistischen Mobilisierung umgehen? Was können wir tun gegen eine aufsuchende Missionsarbeit von Szeneakteuren, die dazu geführt hat, dass mehr als 250 junge Männer als Kombattanten im syrischen Bürgerkriegsgeschehen ihr Unwesen treiben? Welche Möglichkeiten zur Prävention bestehen und wer sind jeweils die richtigen Akteure? Schließlich: Welche finanziellen Ressourcen müssen Bund und Länder bereitstellen, um eine nachhaltige Präventionsstrategie entwickeln zu können? Befriedigende Antworten auf diese wichtigen Fragen, vermag derzeit niemand zu geben. Ursache hierfür sind hier eine Reihe von Versäumnissen, fehlende Expertise und Ressourcen. Die nachstehenden Thesen verstehen sich als grundlegender Problemaufriss, der auf umfangreiche wissenschaftliche Herleitungen verzichtet und als Positionierung, die alle relevanten Akteure in Wissenschaft, Politik und gesellschaftlichen Handlungsfeldern zur Diskussion anregen sollen.

1 Stoldt, Till, *„Die Ohmacht gegenüber den Salafisten“*, URL: http://www.welt.de/regionales/duesseldorf/article117144505/Die-grosse-Ohnmacht-gegenueber-den-Salafisten.html (letzter Zugriff: 04.12.2013).

II. Thesen

1. Der Begriff „Salafismus", der in der in der nichtmuslimischen Mehrheitsgesellschaft ausschließlich für eine Form des religiös begründeten Extremismus steht, führt bei vielen Muslimen immer wieder zu Missverständnissen und Irritationen, da der Terminus im religionsgeschichtlichen Kontext eine positive Konnotation aufweist. Um Missverständnisse zu umgehen, sollte der Begriff „Neosalafismus" verwendet werden.

In der politik- und sozialwissenschaftlichen Fachliteratur, den einschlägigen Verfassungsschutzberichten und in den Medien wird seit geraumer Zeit der Begriff „Salafismus" zur Kennzeichnung extremer islamistischer Bewegungen verwendet, deren krude anmutende Religionsauffassung sich nur auf einen idealisierten frühen Islam der Prophetengefährten bezieht. Aus der Perspektive der klassischen islamischen Wissenschaften und der großen sunnitische Rechtsschulen ist diese Bezeichnungspraxis durchaus nicht unproblematisch. Zunächst muss gesehen werden, dass der Begriff *salafī* für viele Muslime eine sehr positive Konnotation aufweist. Der Begriff *salaf* (Altvordere) bezeichnet die Gefährten des Propheten, deren Wirken in der traditionellen islamischen Literatur unisono als vorbildlich zur Darstellung gebracht wird. Hinzu kommt, dass bereits im neunten Jahrhundert Aḥmad Ibn Ḥanbal eine Rechtsschule begründete (*ḥanbaliyya*), in der der Koran *sola scriptura* gelesen wurde und als weitere Quelle lediglich die Sunna und die Berichte der *salaf* hinzugezogen wurden.[2] Die Anhänger dieser Rechtsschule werden seit dem zweiten islamischen Jahrhundert in der innerislamischen Diskussion häufig mit dem Terminus *salafī* belegt. Ausgehend von dieser historisch verbürgten Betrachtungsweise erscheint eine Übertragung des Begriffs *salafiyya* auf zeitgenössische radikal islamistische Gruppen nicht sinnvoll, da er in der Diskussion mit Muslimen zu gravierenden Missverständnissen führen kann. Deshalb wird hier zur Abgrenzung deshalb der Begriff „Neosalafiyya" bzw. „Neosalafismus" vorgeschlagen.

2. Die neosalafistische Bewegung ist sehr heterogen. Nicht alle Teile vertreten eine gewaltbefürwortende Ideologie und können daher nicht Gegenstand polizeilicher und kriminalpräventiver Maßnahmen sein.

In den Medien wird seit zwei Jahren der Neosalafismus als eine homogene, tendenziell gewaltförmige Bewegung zur Darstellung gebracht. Generiert wird diese Sicht der Dinge durch die Berichterstattung der Verfassungsschutz-

2 Abou-Taam, Marwan, *„Die Salafiyya-Bewegung in Deutschland"*, URL: http://www.bpb.de/politik/extremismus/islamismus/136705/die-salafiyya-bewegung-in-deutschland?p=all (letzter Zugriff: 20.07.2012).

behörden, die lediglich zwischen einem „politischen" und „dschihadistischen" Salafismus unterscheiden. Ferner wird davon ausgegangen, dass es einen „fließenden Übergang vom politischen zum jihadistischen Salafismus" gäbe.[3] Aus islamwissenschaftlicher Perspektive kann dieser Kategorisierung widersprochen werden. Neben Gruppierungen, die dem „politischen" oder „dschihadistischen" Spektrum zugerechnet werden können, gibt es Zusammenschlüsse oder Einzelpersonen, die einer puristisch orientierten Strömung zugerechnet werden können. Diese Gruppen, die sich unter anderem an der Lehre von Muḥammad Nāṣir ad-Dīn al-Albānī orientieren, verfolgen teilweise explizit keine politische Agenda und lehnen Gewalt als Mittel der politischen Auseinandersetzung strikt ab.

3. Der Terminus „Radikalisierung" weist erhebliche Unschärfen auf. Präzise und überprüfbare Kriterien, aufgrund derer ein Radikalisierungsgeschehen erfasst und bewertet werden kann, sind derzeit für Wissenschaft und gesellschaftliche Handlungsfelder (Schule, Jugendhilfe und Gemeinde) nicht gegeben. Auffälliges Verhalten von Jugendlichen – so das demonstrative Bekenntnis zu neosalafistischen Akteuren und Narrativen – ist nicht zwangsläufig Ausdruck einer Radikalisierung.

Außenwirksame Selbstentwürfe, die sich religiöser Symbole und Narrative bedienen, können bei oberflächlicher Betrachtung leicht fehlinterpretiert werden. Das Tragen „islamischer" Kleidung und demonstrativ gelebte Religiosität müssen nicht zwangsläufig mit einer gewaltaffinen Haltung einhergehen. Vorschnelle Bezichtigungen, die von Lehrkräften oder Akteuren der Jugendhilfe vorgenommen werden, können unerwünschte Effekte – z.B. Beziehungsabbrüche – herbeiführen. Pädagogische Interventionen bedürfen der sorgsamen Vorbereitung und können nur auf der Grundlage von mehrfach überprüften Informationen durchgeführt werden.

4. Der Wissenstand über die neosalafistische Jugendbewegung und ihre Rekrutierungs-und Mobilisierungsstrategien ist unzureichend. Derzeit gibt es keine präzise Bestandsaufnahme des neosalafistischen Spektrums in Deutschland.

Die schnell wachsenden neosalafistischen Bewegungen sind bisher nicht Gegenstand einer systematischen interdisziplinären Forschung. Bislang vorgelegte Berichte (unter anderem aus Polizeikontexten) und Expertisen bemühen sich zumeist um eine deskriptive Erfassung des Phänomens. Aus der Perspektive einer

3 Bundesamt für Verfassungsschutz, *Salafistische Bestrebungen in Deutschland*, Köln 2012, S. 8.

sozialraumbezogenen Präventionsarbeit brauchen wir vor allem möglichst detailreiche Analysen zu Rekrutierungsanstrengungen neosalafistischer Akteure. Die Leitfragen lauten hier: Welche Gruppen werden von neosalafistischen Akteuren fokussiert? An welchen sozialen Orten treten Aktivisten in Erscheinung? Wie erfolgen Ansprachen? Welche Versprechungen werden gemacht und welcher Methoden bedient sich die „Bindungsarbeit"?

5. Gleichfalls unzureichend ist der wissenschaftliche Erkenntnisstand zu sogenannten Radikalisierungsprozessen. Allgemein wird von einer multifaktoriellen Verursachung ausgegangen. Hierbei bleibt bislang jedoch unklar, welche Faktoren als bedeutsam oder weniger bedeutsam eingestuft werden können.

Radikalisierung ist ohne jede Frage ein komplexes Geschehen. Die Welle der nach Syrien ausgereisten jungen Aktivisten aus dem neosalafistsischen Spektrum untermauert die These, dass der gewaltbereite Neosalafismus insbesondere junge Männer in der Altersgruppe zwischen 15 und 25 Jahren anspricht. Ferner kann auf der Grundlage vorliegender Biografien konstatiert werden, dass scheinbar adoleszente und postadoleszente Männer aus bildungsbenachteiligten Milieus anfällig für neosalafistische Eindeutigkeitsangebote sind. Schließlich zeigen die religiösen und weltanschaulichen Hintergründe der Ausreisenden, dass der Neosalafismus sich längst zu einem Phänomen entwickelt hat, das die gesamte Gesellschaft betrifft. Auf Grundlage der vorliegenden Beobachtungen, die keinesfalls als umfassend angesehen werden können, lassen sich jedoch Radikalisierungsverläufe nicht schlüssig rekonstruieren. Forschungsbedarf besteht insbesondere zu der Annahme einer „Selbstradikalisierung", die durch Texte, Bilder und Animationen aus dem Internet ("Cyber Mobilization")[4] ausgelöst werde und sich angeblich weitgehend ohne personale Interaktion vollzöge und der sogenannten „blitzartigen Radikalisierung", die unter anderem durch gezielte Ansprachen neosalafistischer Akteure initiiert werde.

6. Radikalisierungsprävention ist ein voraussetzungsreiches Unterfangen. Eine erfolgreiche Prävention kann nur auf der Grundlage präziser Zielsetzungen und fundierter Sachkenntnisse durchgeführt werden.

---

4 Vortrag von BfV-Präsident Dr. Hans-Georg Maaßen zum Thema *„Cyber Mobilization"* im Rahmen des 16. Europäischen Polizeikongress am 19. Februar 2013 in Berlin, URL: http://www.verfassungsschutz.de/de/oeffentlichkeitsarbeit/vortraege/rede-p-polizeikongress (letzter Zugriff: 13.02.2014).

Akteure der Präventionsarbeit isolieren und korrelieren mutmaßliche Risikofaktoren und versuchen pädagogische Handlungsstrategien zu entwerfen. Dieser Prozess hat ein wissensbasiertes Fundament zur Voraussetzung. Unsystematische Beobachtungen, Kolportagen von Sozialraumakteuren und darauf aufbauende Mutmaßungen ersetzen keine wissenschaftliche Expertise.

7. Der Maßnahmenfächer der in europäischen Staaten durchgeführten Radikalisierungsprävention reicht von allgemeinen Fördermaßnahmen (universelle oder primäre Prävention) bis hin zu gezielten Interventionen der Sicherheitsbehörden (tertiäre Prävention). Zahlreiche Erfahrungen der vergangenen zehn Jahre zeigen überaus deutlich, dass Maßnahmen der primären und sekundären Prävention von sicherheitsrelevanten Maßnahmen der tertiären Prävention getrennt werden müssen.

Die klassischen Felder einer jeden Präventionsarbeit umfassen in Anlehnung an Caplan und Gordon die Felder: 1. Primäre oder universelle Prävention, 2. Sekundäre oder selektive Prävention und 3. Tertiäre oder indizierte Prävention.[5] In mehreren europäischen Ländern gab es in den zurückliegenden zehn Jahren aufwendige Präventionsprogramme, die Maßnahmen in allen Präventionsbereichen umfassten. Die Steuerung der Präventionsprojekte lag oft bei den Sicherheitsbehörden. Die breite Fächerung der Präventionsmaßnahmen, die von allgemeinen, nicht zielgruppenspezifischen Integrationsmaßnahmen bis hin zu konkreten Terrorabwehrmaßnahmen reicht, birgt nach Bürkli ein großes Problempotential, das zu einer „Versicherheitlichung" der Beziehungen zwischen Muslimen und Staat beitragen könne. Diese Sicht befördere bei Muslimen unter anderem den Eindruck, der Staat würde Präventionsprogramme durchführen, um Muslime zu bespitzeln.[6] Maßnahmen der primären und sekundären Prävention sollten daher von zivilgesellschaftlichen Trägern durchgeführt werden.

8. Die Präventionsarbeit in Jugendhilfe und Schule ist Aufgabe der in diesen Bereichen tätigen professionellen Fachkräfte. Akteure der Sicherheitsbehörden und des Verfassungsschutzes sollten in diesen Bereichen nicht tätig werden, da hierdurch eine unerwünschte „Versicherheitlichung" der Präventionsarbeit und negative Wir-Gruppenanordnungen eintreten können.

---

5 Ceylan, Rauf/Kiefer, Michael, *Salafismus – Fundamentalistische Strömungen und Radikalisierungsprävention*, Wiesbaden 2013, S. 111-114.

6 Bürkli, Danni, „*Antworten auf die jihadistische Radikalisierung in Europa*", in: Center for Security Studies (CSS) (Hg.), Bulletin 2011 zur Schweizerischen Sicherheitspolitik, Zürich 2011, S. 59f.

In der aktuellen Diskussion um Maßnahmen der Präventionsarbeit, die unter anderem die Ausreise von Schülern nach Syrien verhindern soll, wird von Innenpolitikern immer wieder die Forderung aufgestellt, der Verfassungsschutz möge in Schulen oder Jugendhilfeeinrichtungen direkte Präventionsarbeit leisten. Derartige Forderungen sollten von Eltern, pädagogischen Fachkräften und muslimischen Gemeinden zurückgewiesen werden, da so der bereits dargestellte Effekt der „Versicherheitlichung" eintreten kann. Ferner ist zu konstatieren, dass Akteure aus dem Verfassungsschutz sich ausschließlich auf ihre Kernaufgaben beschränken sollten. Pädagogische Interventionen sind ausschließlich Aufgabe des pädagogischen Fachpersonals, das im Regelfall über die zwingend erforderlichen fachlichen Voraussetzungen verfügt.

8. In der neosalafistischen Mobilisierung finden wir in einem hohen Ausmaß Konvertiten als Akteure, die aus differenten ethnischen, religiösen oder weltanschaulichen Kontexten stammen. Radikalisierungsprävention ist daher eine gesamtgesellschaftliche Aufgabe und somit kein ausschließliches Arbeitsfeld der muslimischen Gemeinden.

Bereits ein oberflächlicher Blick auf die religiösen und ethnischen Hintergründe der nach Syrien ausgereisten Kombattanten zeigt, dass der gewaltaffine Neosalafismus ein Problemfeld beschreibt, dass sich aus unterschiedlichen gesellschaftlichen Milieus speist. In der dschihadistischen Szene finden wir Menschen mit und ohne Migrationshintergrund, ehemalige Christen, Atheisten und Muslime. Aufgrund der Heterogenität der Anhängerschaft kommt den Moscheegemeinden in der Präventionsarbeit keine herausragende Bedeutung und Verantwortung zu. Sie sind nicht verantwortlich für potentielle Konvertiten und besitzen im Regelfall keine Zugänge zu diesem Personenkreis. Daher können die Gemeinden auch keine gezielte Präventionsarbeit entfalten.

9. Präventionsmaßnahmen im schulischen und außerschulischen Bereich, die ausschließlich oder mehrheitlich auf eine muslimische Zielgruppe ausgerichtet sind, können zu unerwünschten negativen Markierungen oder gar Stigmatisierungen führen.

In den bisherigen Ausführungen dürfte deutlich geworden sein, dass die Radikalisierungsprävention ein gesamtgesellschaftliches Handlungsfeld darstellt. Präventionsprogramme, die ausschließlich muslimische Zielgruppen fokussieren, werden der Faktenlage nicht gerecht und markieren die Zielgruppe negativ.

10. Bei vielen Maßnahmen der Radikalisierungsprävention steht nicht selten ein Defizit-Scenario im Hintergrund, in dem der Zielgruppe diverse Problemlagen und hieraus abgeleitete Gefährdungen zugeschrieben werden. Derartige Defizitorientierungen - der Jugendliche als Problemfall – können sich in der praktischen Arbeit als kontraproduktiv erweisen, da die mutmaßlichen Probleme in den Vordergrund der Handlungsstrategie gesetzt werden. Die Potentiale der Jugendlichen geraten so, wenn auch ungewollt, in den Hintergrund. In nahezu allen Bereichen der Jugendhilfe haben sich in den vergangenen Jahren ressourcenorientierte Handlungsansätze, die dem Adressaten positiv begegnen, bewährt und sind daher auch in der Radikalisierungsprävention zu bevorzugen.

Eine freiwillige und aktive Teilnahme an Präventionsprojekten kann nur dann erreicht werden, wenn Jugendliche einen persönlichen „Gewinn“ erzielen können. Erreicht werden kann dieser durch unter anderem überpositiv empfundene Gemeinschaftserlebnisse und über weitreichende Partizipationsmöglichkeiten, die es den Teilnehmern ermöglichen, ihre Ideen gemäß ihrer Potentiale umzusetzen. Die Stärkung und Stabilisierung eines positiven Selbstbildes kann als eine zentrale pädagogische Herausforderung beschrieben werden. Gerade hier hat Schule vielerorts Versäumnisse vorzuweisen. Vor allem Jugendliche aus bildungsbenachteiligten Milieus beschreiben in ihrer Schullaufbahn frühe Deklassierungserfahrungen, deren emotionale Verarbeitung sich schwierig gestalten kann.

11. Maßnahmen der Radikalisierungsprävention werden in Deutschland zumeist in temporären Anordnungen durchgeführt, die im Regelfall eine maximale Laufzeit von drei Jahren umfassen. Dauerhafte Präventionseffekte lassen sich jedoch nur in Projekten oder Maßnahmen erreichen, die langfristig oder auf Dauer angelegt sind.

Radikalisierungsprävention wird in Deutschland bislang in eher experimentellen Anordnungen durchgeführt. Beispiel ist hier das Bundesprogramm „Initiative Demokratie stärken“, das Präventionsprogramme maximal drei Jahre fördert. Eine unmittelbare Anschlussfinanzierung ist grundsätzlich ausgeschlossen. Konkret bedeutet dies, dass Akteure der Präventionsarbeit nach Ablauf des Projekts den Arbeitsplatz wechseln müssen. Wertvolle Projekterfahrungen gehen verloren und die methodische Weiterentwicklung der Präventionsarbeit ist faktisch ausgeschlossen. Künftige Bundes- und Länderprogramme sollten so konzipiert sein, dass erfolgreiche Projekte verstetigt werden können.

12. Eine erfolgreiche Radikalisierungsprävention kann nur dann entwickelt werden, wenn alle relevanten Akteure des Sozialraums (Lehrkräfte, Schulsozialarbeit, Peers, Eltern, Geschwister und Gemeinde) in angemessener Weise beteiligt werden. Eine hierfür unabdingbare Prämisse ist eine auf Dauer angelegte und moderierte Netzwerkstruktur, die alle Beteiligten zeitnah mit allen wichtigen Informationen versorgt.

Radikalisierungsprozesse vollziehen sich selten gänzlich unbemerkt. Eltern, Geschwister, Freunde, Lehrkräfte und Schulsozialarbeiter registrieren im Regelfall ein ganzes Ensemble von kleineren und größeren Veränderungen. Betroffene aus dem familiären und schulischen Umfeld wissen zumeist nicht, wie sie mit der neuen Orientierung des Familienmitglieds oder des Schülers umgehen sollen. Die vorhandene Verunsicherung kann in Hilflosigkeit und Handlungsunfähigkeit münden. Sie kann aber auch alarmistischen Aktionismus auslösen. Beide Reaktionsmuster sind ohne jede Frage Ausdruck einer Überforderung. Grundsätzlich gilt, dass Familienangehörige oder Lehrkräfte ein gemutmaßtes oder tatsächliches Radikalisierungsgeschehen nicht alleine bewältigen können. Ideal ist es, wenn alle relevanten Akteure sich frühzeitig intensiv austauschen und gemeinsam gegebenenfalls notwendige Schritte erörtern. Ein derartiges Vorgehen braucht jedoch eine bestehende Netzwerkstruktur als Voraussetzung, die im Bedarfsfall aktiviert werden kann. Zu beachten ist ferner, dass eine effiziente Netzwerkarbeit nur durch eine professionelle Moderation erreicht werden kann.

13. Im Gegensatz zu einer intervenierenden Prävention, die sich direkt an gefährdete Personen richtet und deren Wirkung sich unmittelbar überprüfen lässt, können Projekte und Maßnahmen der primären und sekundären Radikalisierungsprävention in der Regel ihre Wirksamkeit nicht eindeutig nachweisen. Ursache sind hier methodologische Probleme. Der Einsatz üblicher Evaluationsinstrumente (z.B. einmalige Befragungen der Teilnehmenden) ermöglicht keine wissenschaftlich seriösen Aussagen zur Maßnahmenwirksamkeit.

Politik und nachgeordnete Bewilligungsbehörden müssen sich darüber im Klaren sein, dass große Teile der Radikalisierungsprävention ihre Wirksamkeit nur mit einem erheblichen Forschungsaufwand nachweisen können. Dieser Sachverhalt sollte nicht gegen Präventionsprojekte gewendet werden.

14. In der schulischen und außerschulischen Präventionsarbeit, die sich mit der neosalafistischen Mobilisierung auseinandersetzt, gibt es bislang nur

wenige erprobte Formate und Methoden. Präventionsarbeit vollzieht sich daher zumeist in experimentellen Anordnungen.

Bislang gibt es keine systematische Erfassung der Praxis und Methodik der Radikalisierungsprävention in Deutschland. Nahezu alle Projekte werden in „Inselsituationen" durchgeführt, die durch einen fehlenden Fachaustausch gekennzeichnet sind. Das Resultat der bisherigen Projektanordnungen ist eine unreflektierte Praxis, die über keinen differenzierten Methodenfächer verfügt. Künftige Bundes- oder Länderprogramme müssen dem fachlichen Austausch einen großen Stellenwert beimessen, der auch in angemessenen finanziellen Ressourcen seinen Niederschlag findet. Darüber hinaus ist eine wissenschaftliche Begleitforschung unerlässlich.

15. Für Maßnahmen und Projekte der Radikalisierungsprävention existieren derzeit keine fachlichen Standards, die als Prämisse zu einem hochwertigen pädagogischen Handeln angesehen werden müssen. Eine Professionalisierung des Arbeitsbereichs ist zwingend erforderlich. Akteure der Präventionsarbeit sollten über profunde Kenntnisse in den Bereichen Neosalafismus, Radikalisierung und ihre Faktoren und Methoden der Präventionsarbeit verfügen.

Die fachliche Qualifikation der Akteure ist in der Regel unzureichend. Islam- und religionswissenschaftlich geschulte Projektmitarbeiterinnen und Mitarbeiter verfügen teilweise lediglich über geringe Kenntnisse und Vorerfahrungen in der Jugendarbeit. Umgekehrt ist zu konstatieren, dass sozialpädagogisch geschulte Mitwirkende zumeist nur über geringe Kenntnisse zu neosalafistischen Aktivitäten verfügen. Eine hochwertige Präventionsarbeit kann nur in einer fachübergreifenden Zusammenarbeit realisiert werden, die sozialarbeiterische, pädagogische, psychologische und islamwissenschaftliche Expertise vereint.

16. Eine sozialraumbezogene Radikalisierungsprävention benötigt funktionierende Partnerschaften mit allen relevanten muslimischen und nichtmuslimischen Akteuren des Sozialraums. Die Erfahrungen der vergangenen fünf Jahre zeigen überaus deutlich, dass Partnerschaften partizipativ und gleichberechtigt gestaltet werden müssen. Asymmetrische Partnerschaften, die durch Machtrelationen gekennzeichnet sind, führen zu kontraproduktiven Effekten, die die Erreichung der Präventionsziele gefährden können.

Die Festlegung der Präventionsziele, die Auswahl der Akteure und Formate sollte möglichst in gleichberechtigten Partnerschaften erfolgen. Fertige Konzepte, mit festgesetzten Rahmenbedingungen und Durchführungsbestimmungen stoßen bei nichtstaatlichen Organisationen und muslimischen Gemeinden selten auf ungeteilten Zuspruch. Das Thema Radikalisierungsprävention trifft insbesondere bei muslimischen Gemeinden auf mitunter erhebliche Vorurteile, die in den vergangenen Jahren durch islamfeindliche Diskurse genährt wurden. Bei der Anbahnung von Partnerschaften sollten bestehende Sensibilitäten angemessen berücksichtigt werden.

Literatur

Abou-Taam, Marwan, *„Die Salafiyya-Bewegung in Deutschland"*, URL: http://www.bpb.de/politik/extremismus/islamismus/136705/die-salafiyya-bewegung-in-deutschland?p=all (letzter Zugriff: 20.07.2012).

Bundesamt für Verfassungsschutz, *Salafistische Bestrebungen in Deutschland*, Köln 2012.

Bürkli, Danni, *„Antworten auf die jihadistische Radikalisierung in Europa"*, in: Center for Security Studies (CSS) (Hg.), *Bulletin 2011 zur Schweizerischen Sicherheitspolitik*, Zürich 2011, S. 59f.

Ceylan, Rauf/Kiefer, Michael, *Salafismus – Fundamentalistische Strömungen und Radikalisierungsprävention*, Wiesbaden 2013.

Maaßen, Hans-Georg, *„Cyber Mobilization"*, 16. Europäischen Polizeikongress am 19. Februar 2013 in Berlin, URL: http://www.verfassungsschutz.de/de/oeffentlichkeitsarbeit/vortraege/rede-p-polizeikongress (letzter Zugriff: 13.02.2014).

Stoldt, Till, *„Die Ohmacht gegenüber den Salafisten"*, URL: http://www.welt.de/regionales/duesseldorf/article117144505/Die-grosse-Ohnmacht-gegenueber-den-Salafisten.html (letzter Zugriff: 04.12.2013).

Personenverzeichnis

Personenverzeichnis

Marwan Abou Taam, Dr., ist wissenschaftlicher Mitarbeiter des Landeskriminalamtes Rheinland-Pfalz und assoziierter Projektpartner des Forschungsprojektes Hybride europäisch-muslimische Identitätsmodelle, Identitäts- und Abgrenzungstendenzen von Menschen mit muslimischem Migrationshintergrund im deutsch-europäischen Innen- und Außenverhältnis der Humboldt-Universität zu Berlin.

Rauf Ceylan, Prof. Dr., lehrt Religionswissenschaft/Islamische Religionspädagogik an der Universität Osnabrück. Zu seinen Forschungsschwerpunkten gehören u.a. die Rolle und Funktion von Imamen/Moscheen und der religiöse Extremismus.

Sabine Damir-Geilsdorf ist Professorin für Islamwissenschaften an der Universität zu Köln mit den Forschungsschwerpunkten: Arabische Gesellschaften und Kulturen.

Claudia Dantschke ist tätig für die ZDK Gesellschaft Demokratische Kultur gGmbH, Berlin.

Moussa Al-Hassan Diaw, M.A., Dipl.-Päd., ist Doktorrand an der Universität Osnabrück, Dozent am Hochschulstudiengang für Islamische Religionspädagogik in Wien und Sprecher von EUISA, dem Netzwerkpartner der EU Organisation "Radicalisation Awarnes Network".

Bacem Dziri, M.A., ist Graduiertenstipendiat der Konrad-Adenauer-Stiftung und wissenschaftliche Hilfs- und Lehrkraft am Institut für Islamische Theologie der Universität Osnabrück. Er promoviert derzeit am Institut für Orient- und Asienwissenschaften der Rheinischen Friedrich-Wilhelms-Universität Bonn zum Thema: „Moderne innerislamische Toleranzdiskurse – Der *Iḫtilāf* (Dissens) zwischen Gnade und Plage"..

Silvia Horsch, Dr., ist Postdoktorandin am Institut für Islamische Theologie an der Universität Osnabrück mit den Schwerpunkten: Transformationen islamischer Konzepte von der Vormoderne zur Moderne, historische und zeitgenössische Konzepte von Dschihad und Märtyrertum sowie europäische Islamrezeption

Benjamin Jokisch, Dr. habil, ist Wissenschaftlicher Mitarbeiter am Institut für Iranistik der Freie Universität Berlin.

Michael Kiefer ist Postdoc am Institut für Islamische Theologie an der Universität Osnabrück und Leiter des Dialoggruppenprojekts "Ibrahim trifft Abraham" in Düsseldorf.

Abdurrahim Kozalı, Prof. Dr., lehrt am Institut für Islamische Theologie Osnabrück Islamisches Recht und Glaubenspraxis (*fiqh*).

Rüdiger Lohlker ist Professor für Islamwissenschaften an der Universität Wien mit den Forschungsschwerpunkten: moderne islamische Bewegungen, islamisches Denken, Islam und arabische Welt im Internet, islamisches Recht.

Elhakam Sukhni, M.A. ist Islamwissenschaftler und wissenschaftlicher Mitarbeiter am Institut für Islamische Theologie Osnabrück mit den Forschungsschwerpunkten: Politischer Islam, Djihādismus und der Nahe Osten.

Sami Zemni, Prof. Dr., belongs to the Center for Conflict and Development Studies at Ghent University/Belgium. He currently holds the Francqui Research Chair, who made the research for this contribution possible.

Reihe für Osnabrücker Islamstudien

Herausgegeben von Bülent Ucar und Rauf Ceylan

Band 1 Bülent Ucar / Ismail H. Yavuzcan (Hrsg.): Die islamischen Wissenschaften aus Sicht muslimischer Theologen. Quellen, ihre Erfassung und neue Zugänge im Kontext kultureller Differenzen. 2010.

Band 2 Bülent Ucar (Hrsg.): Die Rolle der Religion im Integrationsprozess. Die deutsche Islamdebatte. 2010.

Band 3 Bülent Ucar (Hrsg.): Islamische Religionspädagogik zwischen authentischer Selbstverortung und dialogischer Öffnung. Perspektiven aus der Wissenschaft und dem Schulalltag der Lehrkräfte. 2011.

Band 4 Christiane Paulus (Hrsg.): Amīn al-Ḫūlī: Die Verbindung des Islam mit der christlichen Reformation. Übersetzung und Kommentar. 2011.

Band 5 Amir Dziri: Al-Ǧuwaynīs Position im Disput zwischen Traditionalisten und Rationalisten. 2011.

Band 6 Wolfgang Johann Bauer: Aishas Grundlagen der Islamrechtsgründung und Textinterpretation. Vergleichende Untersuchungen. 2012.

Band 7 Ali Türkmenoglu: Das Strafrecht des klassischen islamischen Rechts. Mit einem Vergleich zwischen der islamischen und der modernen deutschen Strafrechtslehre. 2013.

Band 8 Rauf Ceylan (Hrsg.): Islam und Diaspora. Analysen zum muslimischen Leben in Deutschland aus historischer, rechtlicher sowie migrations- und religionssoziologischer Perspektive. 2012.

Band 9 Bülent Ucar (Hrsg.): Islam im europäischen Kontext. Selbstwahrnehmungen und Außenansichten. 2013.

Band 10 Wolfgang Johann Bauer: Bausteine des Fiqh. Kernbereiche der *ʼUṣūl al-Fiqh*. Quellen und Methodik der Ergründung islamischer Beurteilungen. 2013.

Band 11 Lahbib El Mallouki: Zweckrationales Denken in der islamischen Literatur. Al-maqāṣid als systemhermeneutisches Denkparadigma. 2013.

Band 12 Bülent Ucar / Martina Blasberg-Kuhnke (Hrsg.): Islamische Seelsorge zwischen Herkunft und Zukunft. Von der theologischen Grundlegung zur Praxis in Deutschland. 2013.

Band 13 Kathrin Klausing: Geschlechterrollenvorstellungen im Tafsīr. 2014.

Band 14 Mohammed Hashim Kamali / Saffet Köse: Menschenrechte aus zwei islamtheologischen Perspektiven. 2013.

Band 15 Ṭāha Ǧābir Fayyāḍ Al-ᶜAlwānī: Verhaltensethik einer innerislamischen Streitkultur. Übersetzt und mit einer Einführung versehen von Bacem Dziri. 2013.

Band 16 Assem Hefny: Herrschaft und Islam. Religiös-politische Termini im Verständnis ägyptischer Autoren. 2014.

Band 17 Rauf Ceylan/Benjamin Jokisch (Hrsg.): Salafismus in Deutschland. Entstehung, Radikalisierung und Prävention. 2014.

www.peterlang.com

www.ingramcontent.com/pod-product-compliance
Ingram Content Group UK Ltd.
Pitfield, Milton Keynes, MK11 3LW, UK
UKHW041924210426
5322IPUK00002B/36

9 783631 644584